冶金工业出版社

普通高等教育“十四五”规划教材

西安理工大学教材建设项目（编号：JCY2217）

# 国 际 金 融

主　编　沈　燕
副主编　扈文秀　杨　沁　王　昕

全书数字资源

北　京
冶 金 工 业 出 版 社
2024

## 内 容 提 要

本书包括 3 篇：第 1 篇为国际金融基础，包括导论、国际收支、外汇与汇率，主要介绍有关基本概念与基本原理；第 2 篇为国际金融实务，包括外汇市场与外汇交易；第 3 篇为国际金融管理，包括国际金融市场、外汇风险及管理、国际储备、国际金融机构、国际货币体系、欧洲货币体系与欧元、国际资本流动。

本书可作为高等院校国际经济与贸易、金融学、经济学、财务管理等专业的教材，也可供广大经济工作者自学或参考。

**图书在版编目(CIP)数据**

国际金融／沈燕主编．—北京：冶金工业出版社，2024. 8. —（普通高等教育“十四五”规划教材）. —ISBN 978-7-5024-9906-8

Ⅰ. F831

中国国家版本馆 CIP 数据核字第 2024U4Y197 号

**国际金融**

**出版发行** 冶金工业出版社　**电　话** (010)64027926

**地　址** 北京市东城区嵩祝院北巷 39 号　**邮　编** 100009

**网　址** www. mip1953. com　**电子信箱** service@ mip1953. com

责任编辑 王 颖　美术编辑 吕欣童　版式设计 郑小利

责任校对 葛新霞　责任印制 窦 唯

北京建宏印刷有限公司印刷

2024 年 8 月第 1 版，2024 年 8 月第 1 次印刷

787mm×1092mm 1/16；16. 5 印张；397 千字；251 页

**定价 49. 90 元**

**投稿电话 (010)64027932　投稿信箱 tougao@cnmip. com. cn**

**营销中心电话 (010)64044283**

**冶金工业出版社天猫旗舰店 yjgycbs. tmall. com**

（本书如有印装质量问题，本社营销中心负责退换）

# 前　言

2020年以来，受新冠疫情的影响，全球经济复苏压力加大，金融市场剧烈震荡，各国货币、财政政策双管齐下，但效果不及预期。本书是在全球经济格局面临深刻调整，以及国际金融体系酝酿重大变革的背景下编写而成的。

本书详细探讨了国际收支、汇率决定机制以及国际货币体系的理论与实际操作。不仅关注经典理论，还融入了国际金融领域的最新研究成果、最新数据和实务操作的最新动态。在内容的难易程度方面，本书力求将复杂的理论模型以简洁明了的方式呈现，确保读者能够轻松掌握。同时，本书也总结了国际金融实务的技术要点，强调了理论与实务之间的相互指导与促进作用，为读者提供了全面的学习框架。

本书的结构安排与课程需求相匹配，基础概念旨在帮助学生掌握最基本的国际收支和外汇；理论知识重点突出，主要包括国际收支理论、汇率决定理论；实践应用拓展到外汇交易工具和外汇风险防范等。书中既提供了本科生需要掌握的基本理论知识和分析问题的方法，又融入该领域的前沿理论研究成果，具有一定的指导性和参考价值。

此外，为了让读者能够在较短的时间内获取更加完整的知识、更加丰富的信息，本书在每章开始提供“学习目标”，章末提供相关“案例分析”和章节“重要概念”，并提供“延伸阅读”以帮助读者拓宽知识面，达到对知识掌握的融会贯通和举一反三。

本书具有以下特点。

(1) 融入“思政”内容。本书强调“知识点—案例—思政育人目标”紧密关联，每章都设计与重点难点问题相关的案例，在案例分析中体现思政教学的文化基因和价值范式的传承与更新。培养读者的大国情怀、文化自信、社会主义道路自信、辩证分析问题与正确认识市场经济的能力。理论联系实际，加强对概念的运用实践，聚焦关键知识，结合更多国内元素和重要切入点，使思考题和核心文献起到学习书中知识点的辅助、延伸作用。

同时，本书以习近平新时代中国特色社会主义思想为指导，弘扬工匠精神，在每章结尾都介绍了我国金融学、国际金融学领域的专家泰斗，希望学生在学习国际金融相关知识的同时能够了解该领域专家学者的敬业和奉献精神，培养自己不断创新、追求卓越、持之以恒、精益求精的能力。

（2）坚持“讲好中国故事”。本书根据国际金融形势的发展与时俱进，将最新案例、大事件与课程知识点相融合，主要章节在分析国际金融市场的状况后会安排专门的一节介绍我国的实践。把我国的背景知识与国际接轨，力求在国际金融教学中融入我国的问题分析，让读者通过对比分析全面了解国内外金融市场发展现状及前景。

（3）作者经验丰富。本书的主编与副主编都具有20年以上从事“国际金融”课程教学的丰富经验，熟悉国家金融政策和金融市场发展历史，作者主讲的“国际金融（双语）”课程被评为省级、校级精品课程，从源头上能够保证教材质量。

此外，本书尽可能地使用最新的数据资料，力图展示近年来我国对外金融以及国际金融市场发展的最新进展。

本书由西安理工大学经济与管理学院财会金融系沈燕博士担任主编，扈文秀、杨沁和王昕担任副主编，王良参编。

本书得到西安理工大学教材建设项目（编号：JCY2217）的支持，在此表示感谢！

由于编者水平所限，书中不妥之处，敬请广大读者批评指正！

编　者

2024年2月于西安

# 目　录

## 第1篇　国际金融基础

## 第3篇　国际金融管理

# 第 1 篇　国际金融基础

## 0　导　论

### 0.1　基 本 概 念

学习国际金融首先要知道什么是“金融”。金融即货币资金的融通，也就是与货币、信用、银行直接相关的经济活动的总称。例如：货币的发行与回笼、存款的存入与取出、贷款的发放与收回等，都是金融活动。

国际金融是指世界各国之间经济活动中所发生的货币、信用关系和金融活动。比如由国际商品和资金往来所产生的国际收支；由国际收支结算所产生的汇率和外汇；由国际收支不平衡所产生的国际储备；国际资本流动的债务、国际货币制度以及国际金融市场。

### 0.2　国际金融学的发展

国际金融业务和理论发展有着悠久的历史。自从有国家间的经济往来，就产生了国际金融业务。在长期的实践过程中，遇到了许多问题（例如：哪些货币能够被人接受，以什么样的价格才能够接受外国的货币），从而产生了国际金融理论。因此可以说国际金融理论的萌芽可追溯到 200 多年前，它是在国际贸易学的基础上产生的。但作为一门独立的学科，它形成于 20 世纪 60 年代。特别是 20 世纪 30 年代国际金本位体系崩溃以后，国际金融领域发生了急剧变化，这种变化在 20 世纪 70 年代布雷顿森林体系崩溃后尤为明显。20 世纪 80 年代以来，经济金融化和一体化趋势加速，国际金融的新现象、新问题层出不穷，国际金融的领域不断拓宽，几乎渗透到国际经济和各国经济的每个角落。值得注意的是，第二次世界大战后，国际贸易的增长速度大大超过了世界生产的增长速度，而国际金融交易的增长速度又大大超过了国际贸易的增长速度。国际金融业务的空前发展，促使国际金融理论成为当代经济学中的一个重要分支。

国际金融学的发展历史如下所述。

（1）古典时期：18 世纪末至 19 世纪中期，亚当·斯密等经济学家开始研究国际贸易和货币问题。

（2）现代时期：20 世纪初至第二次世界大战结束，随着美元成为主要货币和布雷顿森林体系的建立，国际金融学开始形成。

（3）后布雷顿森林时期：20世纪70年代至今，国际金融学面临着全球化、新兴市场经济体崛起等新的挑战和机遇。

我国自实行经济体制改革和对外开放政策以来，贸易、对外直接投资与经济总量都保持高速增长，取得了举世瞩目的经济成就，国际金融日益受到人们的重视。然而，包括中国在内的广大发展中国家和新兴市场国家，由于在很多方面还存在着薄弱环节，如国内金融市场发展不完善、容易受到国际金融市场的影响，特别是在国际规则制定上缺乏话语权，面对全球化的凶猛势头，可谓风险重重。在这样的背景下，中国怎样才能够乘全球化之势发展经济，同时又不被全球化的利刃所伤，是一个具有挑战性的问题。

在日益全球化的世界中，国际金融作为一门学科，重要性日益凸显。这不仅是针对中国等发展中国家而言，即使是对美国等发达国家也是如此。在西方很多高等学府，国际金融都是最受欢迎的课程之一。然而，由于经济背景、历史习惯的差异，东西方对国际金融范畴的理解相差甚远。西方国际金融课程着眼于探讨跨国公司为实现股东价值最大化的目标，如何在一体化程度不断增强的国际市场上做出尽量正确的财务决策。我国的国际金融课程教学起步比较晚，有关国际金融学的论著或教材基本上来源于西方，同时又具有中国特色，更多倾向于货币金融。融入中国特色的国际金融学体系，随着我国社会主义市场经济体制下金融和资本市场的发展而不断地发展和完善，是一个开放的体系。其内容随着时代的发展，特别是国际、国内金融领域内发生的重大事件及出现的重要理论而需要不断地更新、充实和发展。同时，如何讲好中国故事，融入中国元素，将人民币及中国国际金融发展现状与国际金融课程相结合是国际金融学科体系进一步融合的要求。

## 0.3　我国目前所处的国际金融环境

（1）开放度增加。中国逐渐加大对外开放力度，不断放宽金融市场准入限制，吸引外资进入中国金融市场。同时，中国积极参与国际金融合作与治理，加入国际金融机构，提升在全球金融体系中的影响力和地位。

（2）贸易活动增多。中国是全球最大的贸易国之一，对外贸易规模持续扩大。这意味着中国需要进行大量的国际贸易支付和结算，对外汇市场和国际支付系统的需求也相应增加。

（3）金融市场发展迅速。中国的股票市场、债券市场和期货市场等金融市场不断发展壮大，并逐步实现国际化。同时，中国的金融科技领域也在不断创新和发展，推动金融技术和服务的国际化。

（4）人民币国际化。随着中国经济的崛起和人民币国际化进程的推进，人民币在国际贸易和金融中的作用不断增强。人民币汇率形成机制逐渐市场化，人民币跨境使用得到进一步推动。

（5）金融风险挑战。随着中国金融市场的快速发展，金融风险也带来了一定的挑战。金融监管和风险管理成为中国金融体系健康发展的重要议题。

## 0.4 国际金融研究的主要问题

国际金融研究的是国际的货币关系和金融活动。它研究的主要问题有：

（1）由国际商品和资金往来所产生的国际收支问题，包括国际收支的平衡和调节问题；

（2）由国际收支结算所产生的汇率和外汇问题，其中汇率问题是核心；

（3）由国际收支不平衡所产生的国际储备问题，包括国际储备的数量和构成问题；

（4）为各国提供贷款及金融指导和国际货币基金组织；

（5）为规范各国间货币金融交往而产生的国际货币问题，包括国际货币的确定问题、各国货币之间的汇率确定问题和各国国际收支调节的是世界性协调问题；

（6）区域性货币同盟与欧洲货币体系；

（7）为国际金融业务提供交易场所的国际金融市场问题，包括货币市场、资本市场和金融期货期权市场的问题；

（8）国际资本流动及其可能引发的债务危机、金融危机、货币危机。

## 0.5 学习“国际金融”课程的现实意义

在日常生活中，国际金融活动可谓时时处处存在。个人国际旅行、企业从事国际贸易、投资者进行跨境投资、政府机构开展对外经贸合作和招商引资等，常常会遇到货币兑换、国际信贷、国际投资等问题。通过学习国际金融课程能够帮助学生达到以下目标。

（1）拓宽国际视野：通过学习国际金融，学生可以了解全球金融市场的运作和国际经济关系，帮助他们培养全球化思维和拓展国际视野。

（2）技能培养：课程涵盖了许多金融工具和技术，学生可以学习和应用各种金融分析方法，提高金融分析和决策能力。

（3）就业竞争力：掌握国际金融知识可以增加大学生在金融行业中的就业竞争力，特别是在跨国公司、银行、投资机构等国际金融机构工作的机会。

（4）个人财务规划：对于个人而言，了解国际金融有助于更好地理解和管理自己的个人财务，并做出更明智的投资和资产配置决策。

因此学习和掌握国际金融的基本知识和基本原理，了解有关的市场操作，将大大有助于学生相关工作的开展，也是个人和企业实现财富保值增值的重要保障。

### 案例分析

**学习目的：**中美贸易摩擦对国际金融产生带来巨大影响，表现在了汇率、资本流动、国际收支等方面，说明国际贸易是国际金融产生的根源，即国际金融源自国际贸易。同时，汇率、资本流动、国际收支等国际金融领域的变化又会对中美国际贸易产生反作用，会导致中美贸易摩擦升级。从国际贸易的发展说明国际金融的起源，说明国际金融产生源自国际贸易与国际投资带来的国际资本流动需求；从国际金融对中美国际贸易的反作用，说明全球化下的金融的影响力巨大。以此案例分析，让学生明白了解国际贸易与国际金融间的关系，明确本课程学习的意义。

## 案例 1：中美贸易摩擦与国际金融

（资料来源：如果中美摩擦延伸到金融领域——金融摩擦可能的手段和影响（海通宏观宋潇）来自搜狐网站）

**A　案例材料**

美国讨论限制资本流入中国，中美摩擦再生变数。

2019 年 9 月 27 日，彭博新闻报道称美国正在讨论通过将中国公司从美国证券交易所摘牌、限制美国人通过政府养老基金投资中国市场、限制中国公司纳入美国公司编撰的指数等方式制约美国资本流入中国。但是这些政策目前还处于初步讨论阶段，美国政府内部还在评估政策实施的方式与可能的影响。

中概股大幅调整导致美国股市下跌。受到报道影响，在美国上市的中概股均出现不同程度的调整，其中阿里巴巴股价从 9 月 26 日的 175 美元大幅下跌至 9 月 27 日的 166 美元，单日下跌幅度达到 5.2%。受到市场避险情绪升温的影响，美国纳斯达克综合指数单日跌幅也超过 1%。

2018 年 6 月美国宣布对 500 亿美元的中国商品征收 25%的关税，中美贸易摩擦正式拉开序幕。2018 年 9 月美国又宣布对 2000 亿美元商品征收 10%的关税，并于 2019 年 5 月将税率提高到 25%。对于剩余的 3000 多亿美元商品，美国于 2019 年 8 月 1 日宣布征收 10%的关税，随后宣布将所有商品关税再提高 5%。2019 年 9 月 1 日 3000 亿美元中第一批商品 15%的关税也已经开始实施。目前来看，美国已经宣布对所有中国出口商品加征关税，并且已实施的关税税率在 15%~25%的较高水平。

2019 年 6 月华盛顿邮报称，3 家中国银行与美国的金融业务合作被停止，而 2019 年 8 月 6 日美国财政部声称中国长期对外汇市场进行持续大规模干预，并将中国列为所谓的“汇率操纵国”。2019 年 10 月 10 日至 11 日，中美启动第 13 轮经贸高级别磋商。

**B　思考问题**

（1）中美贸易摩擦会对人民币兑美元汇率产生怎样的影响？

（2）中美贸易摩擦会对中国的国际收支产生怎样的影响？

（3）中美贸易摩擦会对国际资本流动产生怎样的影响？

（4）如果发生上述金融领域的摩擦，会对中美贸易产生哪些反作用？

**C　思政育人目标**

（1）了解中美贸易摩擦中美国出现的贸易逆差源于美国自身，与中国无关，对人民币汇率施压、打贸易战是错误选择，应着手于国内消费、投资的调节。

（2）了解美元的特殊地位是支撑美国长期大量贸易逆差，减少美国贸易逆差的根本在于国际货币体系的改革，中国人民币国际化在此过程中将发挥作用。

（3）事实说明贸易战最终损害了美国的消费者和企业，中国不惧怕贸易战，因为有

“底气”。

(4) 使学生深刻理解贸易全球化的积极作用，培养学生坚持全球化、促进贸易自由化便利化的大国担当使命与爱国精神。

(5) 学生分组分工合作，查找资料，阅读案例，组内讨论，课堂辩论，提升综合素质。

# 1　国 际 收 支

我们经常可以从报纸或网络上看到介绍一个国家国际收支状况的新闻，如“2023 年一季度，美国经常账户逆差占 GDP 比重回落至 3.4%左右，仍超过疫情前水平”。“日本 2023 财年上半年（4 月至 9 月）经常项目顺差额达 12.71 万亿日元（1 美元约合 150 日元），是 2022 年同期的 3 倍。由于进口大幅减少，逆差额下降至 1.41 万亿日元；服务贸易方面，由于旅行收支顺差扩大，逆差额下降至 2.33 万亿日元。海外投资收益同比增加 6942 亿日元，至 18.38 万亿日元。”“中国 2023 年前 8 个月实现贸易顺差 5534 亿美元，再次创下历史新高。而韩国却从 2022 年 4 月开始连续 14 个月贸易逆差，直到 2023 年 6 月才再次恢复顺差，2023 年前 8 个月韩国贸易逆差为 239 亿美元，而 2022 年全年的贸易逆差为 473 亿美元。”什么是外汇？什么是经常项目？什么是资本项目？什么是国际收支？什么是国际收支顺差和逆差？它们与一个国家的宏观经济又有什么关系？有哪些措施和办法可以用来调节国际收支的顺差和逆差？本章将从外汇和国际收支的基本概念出发，介绍国际收支等各个项目、国际收支不平衡的判断、导致国际收支失衡的原因、国际收支不平衡可能导致的结果、调节国际收支不平衡的措施等内容。

**学习目标：**

- 了解外汇的基本概念；
- 明确国际收支的内涵；
- 对国际收支平衡表作全面的了解与分析；
- 掌握国际收支失衡的原因与调节措施。

## 1.1　外汇的基本概念

在开放经济条件下，可以观察到一国的居民在从事国际交易，比如中国的航空公司从美国进口飞机；德国的西门子公司向全球销售其电子电气设备；阿拉伯国家的石油富商在美国购买房产，这些都是国际交易。不同于国内交易，国际交易的特点是在交易过程中需要使用外国货币。如果阿拉伯国家石油富商想要购买美国的房产，就要以本国的货币兑换成美元来支付。而美国居民在使用美元购买日本的丰田轿车后，日本的丰田公司则必须将美元兑换成日元以支付日本工人的工资等开支。

### 1.1.1　外汇的定义

外汇是国外汇兑的简称，这一概念有动态和静态之分。动态含义是指人们将一种货币兑换成另一种货币，借以清偿国际债权债务关系，是一种专门性经营活动。静态含义是指以外币表示的用以进行国际结算的支付手段。

国际结算可以通过多种工具进行：(1) 利用在国外银行的活期存款，例如，中国的航空公司进口美国飞机，不直接支付现金，而是通过在美国银行的美元存款直接转账完成支付，此时，美元存款即为外汇。(2) 利用各种票据，如汇票、支票、本票。(3) 利用各种有价证券，如股票、债券。比如中国某企业购买了美国 A 企业的股票，在与美国 B 企业进行贸易时可转让该股票完成支付。此时美国 A 企业的股票即为外汇。(4) 利用各种外币债权，通过转让债权进行国际结算。如中国某企业进口日本医疗器械，可以把美国公司暂未支付其的款项（债权）转让给日本公司，由美国公司完成对日本公司的支付。此时美元债权即为外汇。

### 1.1.2 外汇的特点

(1) 外汇是以外币表示的，可用作对外支付的金融资产。这一特点体现了外汇的相对性。金融资产有货币形态和有价证券形态。任何以外币计价的实物资产和无形资产都不构成外汇。

(2) 外汇是在国外能够得到承认的货币债权。这一点反映了外汇的偿付性。无论是空头支票、被拒付的汇票还是被取消资格的上市公司股票都不是外汇。

(3) 外汇是以可兑换货币表示的支付手段，即外汇具有可兑换性。国际货币基金组织根据各国政府所实施的外汇管制的宽严程度对货币的兑换性进行分类，一国若能实现经常账户下的货币自由兑换，该国货币就被列入可兑换货币。

国际货币基金组织根据各国政府所实施的外汇管制宽松程度对其货币的兑换性大体分如下 3 类。

(1) 可自由兑换货币：指国际收支中的经常项目下的货币兑换不加任何限制。

(2) 有限制的可兑换货币：指经常项目下对本国居民限制非居民不限制，但对资本项目交易仍加管制的货币。

(3) 不可兑换的货币：指国家对贸易收支、非贸易收支和资本项目收支，都实施严格的外汇管制，境内没有外汇市场，本国货币不能自由兑换成别国货币。

由此可见，国际金融领域的“外汇”范围非常广泛，并非日常生活中所理解的“外国货币”。

## 1.2 国际收支的基本概念

### 1.2.1 国际收支的概念

国际收支是指一国居民在一定时期内与外国居民之间的经济交易的系统记录。国际收支这一概念的内涵十分丰富，应从以下几方面加以把握。

#### 1.2.1.1 国际收支是一个流量概念

当人们提起国际收支时，总是需要涉及是属于哪一段时期的。这一报告期可以是一年，也可以是一个月或一个季度等，完全根据分析的需要和资料来源的可能来确定。各国通常以一年为报告期。若不弄清楚国际收支概念的流量内涵，往往就容易将其与国际借贷混淆起来。国际借贷，或称国际投资状况是指一定时点上一国居民对外资产和对外负债的汇总，是一个存量概念。

1.2.1.2　国际收支所反映的内容是经济交易

所谓经济交易是指经济价值从一个经济单位向另一个经济单位的转移。根据转移的内容和方向经济交易可划分为5类：（1）金融资产与商品和劳务的交换，如商品和劳务的买卖，即贸易和非贸易往来；（2）商品和商品、商品和劳务之间的交换，如物物交换；（3）金融资产与金融资产之间的交换，如资金借贷、证券买卖；（4）无偿的、单向的商品和劳务转移，如无偿援建；（5）无偿的、单向的资金转移，如经济援助、捐款、战争赔款、侨汇。

国际收支记载的是国际经济交易，但这一概念经历了一些沿革，它出现于17世纪初，当时欧洲重商主义大肆鼓吹出口要大于进口，保持顺差。国际交往只注重贸易收支，因此在很长的一段时期，国际收支被简单地解释为一国的外贸收支。随着国际经济交易内容的不断扩大，国际收支被用来指一国的外汇收支。各种国际经济交易，只要涉及外汇收支，就都属于国际收支范畴。这就是目前所称的狭义的国际收支。第二次世界大战后，没有外汇收支的交易如无偿援助、补偿贸易等在国际经济中的重要性大大加强。为了便于一国当局掌握对外经济交易的全貌，国际收支的概念不再以支付为基础，而是以交易为基础。目前各国普遍采用的正是这一广义的国际收支概念。使用“国际收支”这一名词来表示一国的国际经济交易，实际上并不贴切。1945年国际联盟曾建议改称“国际交易账户”，但由于人们沿用这一名称已久，这一建议没有得到采纳。

1.2.1.3　一国国际收支所记载的经济交易必须是在该国居民与非居民之间发生的

判断一项经济交易是否应包括在国际收支范围内，所依据的不是交易双方的国籍，而是依据交易的双方是否有一方是该国居民。只有居民和非居民之间的经济交易才是国际经济交易。居民与公民的概念尽管在很大程度上有重叠，但两者并不等同。公民是一个法律的概念，而居民则是以居住地为标准，包括个人、政府、非营利团体和企业4类。个人居民是指那些长期居住在本国的自然人。即使是外国公民，只要他在本国长期从事生产、消费行为，也属于本国的居民。按照这一原则，国际货币基金组织作了如下规定：移民属于其工作所在国家的居民，逗留时间在一年以上的留学生、旅游者也属所在国的居民，但官方外交使节、驻外军事人员一律算是所在国的非居民。至于非个人居民、各级政府、非营利私人团体属所在国的居民，企业（无论是公有的还是私有的）也属于从事经济活动所在国的居民。但国际性机构如联合国、国际货币基金组织、世界银行等是任何国家的非居民。

国际收支既是一国对外经济贸易关系的缩影，又是一国在国际经济中所处地位及其变化的反映，因而可以通过国际收支观察一国宏观经济的变动趋势，并提出调整对外经济的政策。

### 1.2.2　国际收支平衡

在当代，国际收支是世界各国国民经济的一个重要组成部分，一国的国际收支平衡与否，影响到其货币汇率及对外贸易政策的制定，以至于整个国民经济。因此，国际收支平衡已成为各国调节经济的四大目标之一。在我国，国际收支平衡也是国民经济管理的四大综合平衡体系之一。

如果一国一定期间内国际经济交易总收入大于总支出，称为国际收支顺差（surplus）；总收入小于总支出，称为国际收支逆差或赤字（deficit）；国际经济交易总收入等于总支出，称为国际收支平衡。国际收支平衡有两种形态。

1.2.2.1 静态平衡

静态平衡是指在一年期内，国际收支数额相等。静态平衡目标明确，以一年为周期符合会计、统计习惯，被许多国家采用，但是也存在一些缺陷：（1）实现困难。国际收支实践表明，平衡总是暂时的，失衡却是经常的。国际收支往往是从不平衡到平衡，又出现新的不平衡的动态过程。（2）对经济起干扰作用。静态平衡要求在每年末实现平衡，往往会出现为实现平衡而打乱国民经济计划的情况。因此以静态的平衡制约动态的经济会给经济带来消极作用。

1.2.2.2 动态平衡

动态平衡是指在一定期间未实现国际收支平衡。有些国家为实现国民经济增长会按照五年计划进行经济建设，不强调每年都实现国际收支平衡，只要求在五年期满时，完成经济计划和国际收支平衡。与静态平衡相比其特点为：（1）实现较容易，以动态的平衡灵活地辅助动态的经济建设，才能体现按经济发展的实际情况和客观规律办事。（2）把经济建设目标与国际收支平衡目标互相结合，分清主次，合理安排。在计划期间，以实现经济建设目标为主，根据形势的变化和事态发展对国际收支平衡的掌握可以适当灵活。比如在计划期间，为争取时效而多借一些外债和多吸收一些外资，只要有利于经济建设，可以允许当年存在一定数额的逆差。

一般而言，各国都是综合运用静态平衡与动态平衡来实现国际收支平衡的。

## 1.3 国际收支平衡表

### 1.3.1 概念和编制方法

新中国成立以来相当长的时期内，我国没有编制国际收支平衡表，因为过去我国与西方国家间的资金借贷关系较少。1980 年我国恢复在国际货币基金组织和世界银行的合法席位以后，按照会员国的义务，需要向上述国际组织报送包括国际收支平衡表在内的有关资料。编制国际收支平衡表是进行国际收支管理、搞好国民经济综合平衡和制定对外经济政策的基础和依据，对于我国具有尤为重大的意义。

所谓国际收支平衡表是把一国的国际收支，即一定时期内的国际经济交易，按某种适合于经济分析的需要编制出来的一种统计报表。具体来说，国际收支平衡表是一国根据交易内容和范围设置科目和项目，并按照复式簿记的原理对一定时期内的国际经济交易进行统计的记录，对各笔交易进行分类、汇总而编制出的分析性报表，见表 1-1。

国际收支平衡表是按照“有借必有贷，借贷必相等”是复式簿记原理来系统记录国际经济交易的。采用这一记账方式是因为绝大多数国际经济交易为商品、劳务和金融资产双向转移。而复式簿记原则上要求同时进行借方记录和贷方记录，因此可以对每笔交易作出完整的反映。在交易属于单向转移而不是交换或者因为别的原因，记账的项目只有一方不能自动成双的情况下，就要使用某个特种科目记账以符合复式簿记的要求，例如“无偿转移”“对应科目”等。这样，一国居民所进行的每一笔国际经济交易都会产生金额相同的一项借方记录和一项贷方记录。因此，原则上说国际收支平衡表的借方总额和贷方总额是相等的，其净差额为零。

**表 1-1　国际收支平衡表记账原理**

| 借方（−） | 贷方（+） |
|---|---|
| 进口货物 | 出口货物 |
| 本国居民接受非居民提供的服务 | 本国居民对非居民提供的服务 |
| 非居民从居民获得的初次收入 | 居民从非居民获得的初次收入 |
| 非居民从居民获得的二次收入 | 居民从非居民获得的二次收入 |
| 居民从非居民获得外国资产所有权 | 非居民从居民获得本国资产所有权 |
| 本国对外金融资产增加 | 本国对外金融资产减少 |
| 本国对外金融负债减少 | 本国对外金融负债增加 |
| 储备资产增加 | 储备资产减少 |
| 借记误差与遗漏：经常账户和资本与金融账户净差额之和为贷方余额 | 贷记误差与遗漏：经常账户和资本与金融账户净差额之和为借方余额 |

国际收支平衡表的记账惯例是：对于一项资产不论是实际资产是金融资产，作为贷方科目是表示持有额的减少，作为借方科目则是表示持有额的增加；对于负债，作为贷方项目是表示其持有额的增加，作为借方项目则表示减少；无偿转移和对应科目，在它们所需要抵冲的是借方项目时就在贷方项目出现，在它们要抵冲的是贷方项时就以借方出现。

对于这一记账惯例，有便于记忆的两个经验法则。

（1）凡是引起的本国从国外获得货币收入的交易记入贷方，凡是引起本国对国外货币支出的交易记入借方，而这笔货币收入和支出本身则相应计入借方和贷方。

（2）凡是引起外汇供给的经济交易都记入贷方，凡是引起外汇需求的经济交易则记入借方。

因此，商品劳务出口和进口分别会产生外汇的供给和外汇需求，分别记入贷方和借方。同样，外债的偿还产生外汇的需求，记入借方；而外国偿还贷款给本国将产生外汇供给，由此记入贷方。

**例 1-1**：A 国出口一批价值为 100000 美元的货物给 B 国，由此产生 B 国对 A 国的一笔货币支付。应该如何在两国的国际收支平衡表中进行记录呢?

这笔出口交易对于 A 国来说产生了货币收入，记入贷方，贷记 100000 美元；因为 B 国进口商以其本国银行存款进行支付，这一货币收入反映为 A 国对外金融资产的增加，因此借记 100000 美元，记录在资本与金融账户中。简单示例见表 1-2。

**表 1-2　A 国国际收支平衡表**

| 国 际 收 支 | 借记 | 贷记 |
|---|---|---|
| 经常账户：商品出口 | | 100000 美元 |
| 资本与金融账户：货币和存款 | 100000 美元 | |

与此同时，B 国的国际收支平衡表也要对这项经济交易进行记录。实际资源的进口引

起本国对外国支出外汇，记入借方；该笔进口交易导致B国在银行的存款下降，即金融资产减少，因此要在金融账户的贷方还要进行记录。简单示例见表1-3。

**表1-3 B国国际收支平衡表**

| 国 际 收 支 | 借记 | 贷记 |
|---|---|---|
| 经常账户：商品进口 | 100000美元 | |
| 资本与金融账户：货币和存款 | | 100000美元 |

**例1-2：** A国政府动用官方储备50万美元向B国提供无偿援助，同时提供了相当于2000万美元的各种必需物资，包括100辆公共汽车和海关扫描仪等急需物资。

该笔交易首先引起A国官方储备的减少，记入储备资产的贷方；提供相当于2000万美元的物品，推断为出口增加，记入货物的贷方。这两笔交易都属于A国政府对外国政府的无偿援助，记入经常转移的借方。简单示例见表1-4。

**表1-4 A国国际收支平衡表**

| 国 际 收 支 | 借记 | 贷记 |
|---|---|---|
| 经常账户：政府间转移 | 2050万美元 | |
| 资本与金融账户：储备资产 | | 50万美元 |
| 经常账户：货物出口 | | 2000万美元 |

根据上述方法将一国在一定时期内的所有国际经济交易的货币价值记录下来，就能够得到一国的国际收支平衡表。

### 1.3.2 国际收支平衡表的内容

世界各国编制国际收支平衡表的格式不尽相同，每种格式都反映了各国国情的需要和特点，但其基本结构还是按照IMF的要求大致统一的。根据IMF《国际收支和国际投资头寸手册（第六版）》，（原名《国际收支手册》）的规定，国际收支平衡表主要包括4个账户（或项目），即经常账户、资本账户、金融账户、净误差与遗漏账户。具体见表1-5。

**表1-5 国际收支平衡表**

| 国 际 收 支 | 贷方 | 借方 | 差额 |
|---|---|---|---|
| **经常账户** | | | |
| 货物和服务 | | | |
| 货物 | | | |
| 服务 | | | |
| 初次收入 | | | |
| 雇员报酬 | | | |
| 利息 | | | |
| 公司的已分配收益 | | | |
| 再投资收益 | | | |
| 租金 | | | |

续表 1-5

| 国 际 收 支 | 贷方 | 借方 | 差额 |
|---|---|---|---|
| 二次收入 | | | |
| 对所得、财富等征收的经常性税收 | | | |
| 非寿险净保费 | | | |
| 非寿险索赔 | | | |
| 经常性国际转移 | | | |
| 其他经常转移 | | | |
| 养老金权益变化调整 | | | |
| 经常账户差额 | | | |
| **资本账户** | | | |
| 非生产、非金融资产的取得/处置 | | | |
| 资本转移 | | | |
| 资本账户差额 | | | |
| 净贷出（+）/净借入（-）(来自经常账户和资本账户) | | | |
| **金融账户（按职能类别）** | 金融资产净获得 | 负债净产生 | 差额 |
| 直接投资 | | | |
| 证券投资 | | | |
| 金融衍生品（储备资产除外）和雇员认股权 | | | |
| 其他投资 | | | |
| 储备资产 | | | |
| 资产/负债变化总额 | | | |
| 净贷出（+）/净借入（-）（来自金融账户） | | | |
| **净误差与遗漏账户** | | | |

资料来源：摘自《国际货币基金组织手册（第六版）》即《国际收支和国际投资头寸手册（第六版）》。

任何一个国家的国际收支都是由其对外政治、经济、文化交往活动而引起，并随对外关系的发展内容日益增多。为了集中扼要地反映情况，一般都按国际收支发生的原因和性质分类归纳为不同项目，包括如下内容。

（1）经常账户。经常账户又称为经常项目，是一国与外国经常发生的收支项目，反映两国实际资源的转移，在整个国际收支总额中占主要地位。

1）货物和服务账户。该账户是经常账户乃至整个国际收支平衡表中最重要项目，记录一国居民与非居民之间货物和服务的交换活动。

①货物。货物账户记录有形物品和商品的进出口交易，又称有形贸易。根据国际收支的一般原则，所有权的变更决定国际货物交易的范围和记载时间，即货物的出口和进口应在货物的所有权从一个居民转移到一个非居民时进行记录。按照这一原则，某货物所有权已经转移，但货物尚未出入国境，也应列入国际收支平衡表的经常项目下的货物中。某商品虽已出入国境，但所有权并未改变，则不列入货物账户中。一般情况下，出口货物所有权的变更时间是出口商停止在其账上把出口货物作为自己的实际资产并在金融账户上记入

相应的一笔账，进口货物所有权变更的时间是进口商把货物在自己账上列为实际资产并相应地记入金融账户。国际货币基金组织规定：各国在编制国际收支平衡表时，进出口商品的数量以海关统计为准，进出口的价格一般按照 FOB（离岸价）价格统计。

②服务。服务账户又称为无形贸易账户，记录服务的输入和输出。包括贸易从属费用收支、外交文化和其他费用收支。服务输出计入贷方，服务输入计入借方。近年来，随着国际经济服务贸易的不断发展，服务贸易在国际交易中占据日益重要的位置。服务项目包括：加工服务，不拥有相关货物的企业承担的加工、装配、贴标签和包装等服务；维护和维修服务，居民为非居民（反之亦然）所拥有的货物提供的维护和维修工作；运输，将人和物体从一个地点运送至另一个地点，包括相关辅助和附属服务，以及邮政和邮递服务；旅行，非居民在访问某经济体期间从该经济体处购买自用或馈赠的货物和服务；建设，以建筑物、工程性土地改良及其他此类工程建设为形式的固定资产的建立、翻修、维修或扩建，还包括场地准备、一般建筑，以及油漆、测量和爆破等特殊服务；保险和养老金服务，人寿保险和年金、非人寿保险、再保险、货运险、养老金、标准化担保服务，以及保险养老金计划和标准化担保计划的辅助服务；金融服务，除保险和养老基金服务之外的金融中介和辅助服务；知识产权使用费；电信、计算机和信息服务；其他商业服务；个人、文化和娱乐服务；别处未提及的政府服务。

目前，劳务收支的重要性日益突出，很多国家的劳务收支在该国的国际收支中占有举足轻重的地位，有时甚至超出有形贸易收支。

2）初次收入。初次收入账户用于记录居民与非居民机构单位之间的初次收入流量，反映的是机构单位因其对生产过程所做的贡献或向其他机构单位提供金融资产和出租自然资源获得的回报。初次收入包括：雇员报酬；股息；再投资收益；利息；归属于保险、标准化担保和养老基金保单持有人的投资收益；租金；对产品和生产的税收和补贴。初次收入可分为以下两类。

①与生产过程相关的收入。雇员报酬是向生产过程投入劳务的收入。对产品和生产的税收和补贴也是有关生产的收入。

②与金融资产及其他非生产资产所有权相关的收入。财产收入是提供金融资产和出租自然资源所得的回报。投资收益是提供金融资产所得的回报，包括股息和公司收益提取、再投资收益和利息。但是，对金融衍生产品和雇员认股权的所有权不产生投资收益。

在初次收入中，属于本国的收入记入贷方，属于本国的支出记入借方。

3）二次收入。二次收入账户用于记录居民与非居民之间的经常转移。转移可分为资本转移和经常转移。资本转移是指资产的所有权在居民和非居民之间的转移。经常转移分为个人转移和其他经常转移。个人转移包括居民向非居民提供的或从其那里获取的所有现金和实物的经常转移。其他经常转移包括对所得和财富等征收的经常性税收、社保缴款、社会福利、非寿险和标准化担保的净保费等。

各种不同类型的经常转移计入该账户，表明其在经济体间收入分配过程中的作用。转移可以为现金或实物。初次收入为提供劳务、金融资产和出租自然资源而获得的回报。二次收入则是通过政府或慈善组织等的经常转移对收入的重新分配。主要包括如下内容。

①各级政府的无偿转移，如战争赔款，政府间的经援、军援和捐赠，政府向国际组织定期缴纳的费用，以及国际组织向各级政府定期提供的转移。

②私人的无偿转移，包括居民住户向非居民住户提供的或从其获取的所有现金或实物的经常转移，如侨汇、捐赠、继承、赡养费、资助性汇款、退休金等。

在二次收入中，由外国转移至本国的资金记入贷方，由本国转移到国外的资金记入借方。

（2）资本账户。资本账户用于记录居民与非居民之间的应收和应付资本转移，以及居民与非居民之间非生产、非金融资产的取得和处置，具体包括资本转移与非生产、非金融资产取得和处置两个项目。资本转移包括三个方面的内容：固定资产所有权的转移；同固定资产取得和处置相联系的或以其为条件的资金转移；债权人不索取任何回报而取消的债务。

非生产、非金融资产（自然资源；契约、租约和许可；营销资产和商誉）的取得和处置包括不是由生产创造出来的有形资产（土地和地下资产）和无形资产（如专利、版权、商标、经销权等），以及租赁或其他可转让合同的取得和处置。经常账户项下服务中记录的是无形资产的运用所引起的收支，而资本账户的资本转移项下记录的是无形资产所有权的买卖所引起的收支。

（3）金融账户。金融账户用于记录居民与非居民之间的对外资产和负债所有权变更的交易。一个经济体的对外资产包括持有的货币性黄金、在国际货币基金组织的特别提款权、对非居民的债权。金融账户根据金融工具和职能类别分为直接投资、证券投资、金融衍生工具、其他投资、储备资产五大类。

直接投资是跨国投资的一种，特点是一个经济体的居民对另一个经济体的居民企业实施了管理上的控制或重要影响。由于存在控制或重要影响，直接投资的动机和行为方式往往不同于其他形式的投资。除股权外，直接投资者还可以提供其他类型的融资和技术诀窍。直接投资通常涉及持久的关系，在某些情形下也可能是短期的关系。直接投资可以采取两种形式：1）将资产（包括货币资金、实物资产或无形资产等）直接投入国外，创建新的公司或建立分支企业；2）拥有外国企业10%或10%以上的普通股或投票权。10%是《国际收支和国际投资头寸手册（第六版）》中规定的最低比例。投资者拥有某企业不低于10%的普通股或投票权，可以使其在直接投资企业中享有10%或以上的表决权，从而可以对该企业的经营管理施加有效的影响。直接投资的期限比较长，通过这种投资可以建立长期的关系，获取长远利益。

证券投资是居民与非居民之间没有被列入直接投资或储备资产的，有关债务或股本证券的跨境交易和头寸。其中，债务证券主要包括：1）长期债券、中期债券、无抵押品的公司债券等；2）货币市场工具，或称可转让的债务工具，如短期国库券、商业票据、银行承兑汇票、可转让的大额存单等；3）派生金融工具，又称衍生金融工具，如金融期权、金融期货等。股本证券包括股票、参股或其他类似文件，如美国存股证（ADRS）、欧洲存股证（EDRS）、全球存股证（GDRS）。

《国际收支和国际投资头寸手册（第六版）》将金融衍生工具作为一个独立账户单列出来，以便于风险的识别和防范。因为随着金融市场的不断扩大，该项目下的交易逐渐增多，带来了更大的风险。

其他投资包括没有列入直接投资、证券投资、金融衍生产品、雇员认股权及储备资产的头寸和交易。没有列入直接投资或储备资产的金融资产和负债则包括在其他投资中。这些金融资产和负债包括：其他股权；货币和存款；贷款（包括国际货币基金组织信贷的使用，以及来自国际货币基金组织的贷款）；非人寿保险技术准备金、人寿保险和年金权益、养老金权益、启动标准化担保的准备金；贸易信贷和预付款；其他应收/应付款；特别提款权分配（特别提款权持有列入储备资产）。

储备资产是由货币当局控制，随时可供货币当局用来满足国际收支资金需求，干预汇兑市场以影响货币汇率，以及用于其他相关目的（如维护人们对货币和经济的信心，作为向外国借款的基础）的对外资产。储备资产必须是外币资产和实际存在的资产，不包括潜在的资产。储备资产包括货币性黄金、持有的特别提款权、在国际货币基金组织的储备头寸、货币和存款、证券（包括债务和股本证券）、金融衍生产品及其他债权（贷款及其他金融工具）。它是调节国际收支的一个很重要的项目。一国在面临国际收支顺差或逆差时，通常都会通过增减储备资产来获得平衡。

（4）误差与遗漏。误差与遗漏是人为设置的一个账户，它是基于会计上的需要。由于各种国际经济交易的统计资料来源不一，有的数据还来自估算，加上一些人为的因素，平衡表实际上就几乎不可避免地会出现净的借方差额和贷方差额，基于会计上的需要一般就人为设置一个项目以抵消上述统计偏差。一切统计上的误差均归入净误差与遗漏账户。经过这样处理国际收支平衡表就成为名副其实的平衡表了。

一国国际收支账户持续出现的同方向、较大规模的净误差与遗漏常常是人为因素造成的。对该账户进行分析，往往可以发现实际经济中存在的一些问题。例如，一国实行资本和金融账户管制时，为躲避管制而形成的资本外逃会假借合法交易名义。这会反映为净误差与遗漏账户的借方余额。

### 1.3.3 国际收支平衡表的分析

一个国家的国际收支平衡表集中反映了该国在一定时期内对外资金流量的变动情况。这种变动既要受本国政治、经济等各方面的影响，也要受到其他国家种种因素的影响，所以目前世界各国不仅对本国的国际收支状况进行分析，而且对有关国家的国际收支状况也要进行分析，以此作为制定本国对外经济、金融政策的依据。

国际收支平衡表内各个项目都反映了各种不同的经济活动，而且项目之间也有一定的联系，因此，如要全面掌握一国对外经济情况，需对国际收支平衡表进行整体地和具体的分析。

#### 1.3.3.1 静态分析法

计算和分析国际收支平衡表中的各个项目及差额，找出形成差额的原因及对总差额的影响，分析总差额形成的原因。此外也可以进行横向比较分析，也就是将本国与其他相关国家同一时期的国际收支平衡表进行对照分析，以便找出本国在对外经济关系中存在的问题和矛盾，更好地处理国别关系，推动本国与世界各国的经济合作与交流。具体分析应从四个方面着手。

（1）逐项分析各个项目。贸易收支中包括商品出口和进口，了解出口数额的大小及其在经常账户中所占的比重，可以了解一个国家的贸易发达程度；而进口数额的多少可以反映该国对国外市场的依赖程度。又如，了解一国长期资本流动中直接投资和证券投资所占的比重，能提供该国在引进外资、海外扩张和资本市场状况等方面的资料。

（2）分析局部差额。贸易收支差额（trade balance）也称净出口（NX），它是出口额 X 与进口额 M 头寸之差。贸易收支差额的状况对国际收支总差额的影响往往最大。贸易收支差额集中反映一国在国际市场上的竞争能力，也在一定程度上表现出一国的经济实力。其在很大程度上决定一国国际收支的总差额。需要注意的是，理论分析中的进出口不仅包含货物，也往往包括服务。尽管贸易项目仅仅是国际收支的一个组成部分，不能代表国际收支的整体，但是对于某些国家来说，贸易收支在全部国际收支中所占比重相当大，以至于经常性地把贸易收支作为国际收支的近似代表。贸易收支在国际收支中还有它的特殊重要性。商品的进出口情况综合反映了一国的产业结构、产品质量和劳动生产率状况，反映了该国产业在国际市场上的竞争能力。因此，即使是发达国家这样资本项目比重相当大的国家，也仍然非常重视贸易收支的差额。

当贸易出现顺差而不是逆差时，一国的境况是更好还是更坏并不是显而易见的。美国是一个富裕的债权国，它向发展中国家提供贷款，为了偿还这些贷款，发展中国家同美国进行的贸易必须有盈余，以换取偿还贷款所需要的外汇。在现实世界里，确实存在着类似的情况，如富裕的国家出现贸易赤字而贫穷的国家出现贸易盈余。这里的关键在于分析国际收支时要考虑其他经济情况，赤字本身未必不好，盈余本身也不一定就是好的。

经常账户差额（current account balance）把一旦发生就不可逆转的交易，即商品劳务交易和单项转移收支加总在一起，反映了实际资源在一国与他国之间的转让净额。由于一国拥有多少实际资源可支配使用对经济增长和发展十分重要，因此经常项目差额往往就被用来作为一国的国际收支目标。经常项目逆差表示该国从它引进资源大于该国投入其他国家的资源，可用来分析和衡量一国国际收支的真实平衡状况，对一国对外经济关系及国民经济的健康发展有着重要的作用和影响。其中，货物进出口差额即贸易收支差额的作用尤为突出。对于发展中国家，逆差并不一定是坏事，说明该国利用了别国的资源。

资本账户差额（capital account balance）即资本转移、非生产和非金融资产的收买或放弃项目的差额。通过单独对资本账户进行分析，可以了解一国对外无偿的资本转移或接受国际捐赠的情况，并了解该国无形资产的国际交易情况，衡量一国经济软实力。

2008 年，国际金融危机前后，以股票、债券为代表的国际资本市场的活跃度、体量和发展速度较 21 世纪初有了显著增加，同时包括期权、期货等金融衍生产品的国际交易活动随着技术创新如雨后春笋般蓬勃发展起来。为更好地衡量一国国际资本性投资收益变化情况，金融账户与资本账户在《国际货币基金组织、手册（第六版）》中独立设置，使相应的差额更加直观，便于进行不同维度的分析。

通过金融账户差额（financial account balance）可以分析一国对外资本的流动情况、国际投资方向变化、利用外资水平等。直接投资流入大于流出往往表明该国鼓励引进外资，并且引进的外资额都可能超过其海外投资规模。而如果直接投资和证券投资流出大于流入，则表明该国积极鼓励海外投资并且海外投资扩张实力很强。

特别地，金融账户项下的储备资产项目的变化情况不仅在会计上作为平衡国际收支账户使用，其差额更可以反映出国际收支的顺差和逆差情况。需要注意的是，储备资产的记账符号与国际收支的顺逆差的方向正好相反。

（3）分析各个局部差额的平衡情况。如果出现以下三种情况可能会产生国际收支总差额顺差：1）经常账户顺差，但资本和金融账户逆差，且前者多于后者；2）经常账户、资本和金融账户都是顺差；3）经常账户逆差，但资本和金融账户是顺差，并且后者多于前者。

相反，如果出现以下三种情况可能会导致国际收支总差额出现逆差：1）经常账户顺差额大于资本和金融账户的逆差额；2）经常账户和资本与金融账户都是逆差；3）经常账户的逆差额大于资本和金融账户的顺差额。

上述六种情况的含义有很大的不同，比如经常项目出现顺差的同时又有大量短期资本流入，说明该国货币汇率坚挺并且有进一步升值的趋势；如果经常账户是逆差又有大量短期资本净流入，则表明该国积极引进外资并以此来改善国际收支状况。

（4）分析国际收支总差额。客观来说，国际收支总差额逆差并不一定是坏事，而顺差太多也不一定是好事。因为顺差额只反映一国现有外汇的多少以及清偿能力，并不反映一国真实的储备水平和经济实力。关键是要看经常项目的收支状况，它在一国国际收支中起着决定性作用，至于国际资本流动仅仅是外部条件。资本流入可能会使一国国际收支总差额实现顺差、清偿能力增强，对一国经济发展起到积极的促进作用，但是如果使用国际流动资本不当，也可能产生消极作用甚至出现债务危机。因此，对国际收支平衡表作科学分析非常重要。

1.3.3.2 *动态分析法*

分析若干年连续时期的国际收支平衡表。一国在某一时期的国际收支往往同以前各期是相互联系的，是一个动态的联动过程。因此可以进行动态的纵向比较，即连续分析一国不同时期的国际收支平衡表，考察该国不同时期国际收支变动的趋势及其原因。根据国际收支的发展变化过程，对暂时性和持续性国际收支差额加以区分，分别研究其形成的具体原因，为制定相应的政策和策略提供依据。

表 1-6 的中国国际收支平衡表反映了 2017—2022 年中国大陆地区（不包含中国香港、中国澳门和中国台湾）与世界其他国家或地区的经济交易。

**表 1-6 中国国际收支平衡表（2017—2022 年）** 单位：亿元人民币

| 项目 | 2017 年 | 2018 年 | 2019 年 | 2020 年 | 2021 年 | 2022 年 |
|---|---|---|---|---|---|---|
| **1. 经常账户** | **12685** | **1882** | **7116** | **16963** | **22734** | **27177** |
| 贷方 | 185304 | 195272 | 202232 | 207789 | 253481 | 266099 |
| 借方 | −172619 | −193391 | −195116 | −190826 | −230746 | −238922 |
| **1. A 货物和服务** | **14578** | **6053** | **9173** | **24508** | **29719** | **38850** |
| 贷方 | 163847 | 175694 | 181617 | 188383 | 229204 | 250235 |
| 借方 | −149268 | −169641 | −172444 | −163875 | −199485 | −211385 |
| **1. A. a 货物** | **32076** | **25359** | **27180** | **35055** | **36254** | **45140** |
| 贷方 | 149470 | 160237 | 164760 | 172637 | 207327 | 225467 |
| 借方 | −117393 | −134878 | −137579 | −137582 | −171073 | −180327 |
| **1. A. b 服务** | **−17498** | **−19306** | **−18007** | **−10547** | **−6535** | **−6290** |
| 贷方 | 14377 | 15457 | 16858 | 15746 | 21877 | 24767 |

续表 1-6

| 项　　目 | 2017年 | 2018年 | 2019年 | 2020年 | 2021年 | 2022年 |
|---|---|---|---|---|---|---|
| 借方 | -31875 | -34763 | -34864 | -26293 | -28412 | -31057 |
| 1. A. b. 1 加工服务 | 1208 | 1137 | 1059 | 876 | 869 | 908 |
| 贷方 | 1220 | 1155 | 1085 | 911 | 915 | 964 |
| 借方 | -12 | -18 | -26 | -34 | -46 | -56 |
| 1. A. b. 2 维护和维修服务 | 251 | 307 | 444 | 297 | 261 | 266 |
| 贷方 | 403 | 475 | 700 | 529 | 508 | 560 |
| 借方 | -152 | -168 | -256 | -231 | -246 | -294 |
| 1. A. b. 3 运输 | -3777 | -4429 | -4072 | -2626 | -1171 | -1573 |
| 贷方 | 2515 | 2805 | 3186 | 3895 | 8286 | 9805 |
| 借方 | -6292 | -7234 | -7258 | -6521 | -9457 | -11377 |
| 1. A. b. 4 旅行 | -14824 | -15652 | -15080 | -8356 | -6323 | -7085 |
| 贷方 | 2603 | 2668 | 2473 | 683 | 731 | 647 |
| 借方 | -17427 | -18319 | -17553 | -9039 | -7054 | -7732 |
| 1. A. b. 5 建设 | 242 | 327 | 352 | 308 | 365 | 455 |
| 贷方 | 825 | 896 | 996 | 864 | 993 | 963 |
| 借方 | -583 | -569 | -643 | -556 | -628 | -508 |
| 1. A. b. 6 保险和养老金服务 | -499 | -441 | -429 | -658 | -925 | -1031 |
| 贷方 | 274 | 325 | 332 | 206 | 322 | 304 |
| 借方 | -773 | -766 | -761 | -864 | -1248 | -1335 |
| 1. A. b. 7 金融服务 | 122 | 82 | 104 | 57 | 10 | 74 |
| 贷方 | 231 | 221 | 270 | 334 | 295 | 336 |
| 借方 | -109 | -139 | -166 | -276 | -285 | -262 |
| 1. A. b. 8 知识产权使用费 | -1617 | -1992 | -1914 | -2018 | -2264 | -2098 |
| 贷方 | 324 | 368 | 455 | 591 | 759 | 892 |
| 借方 | -1941 | -2360 | -2369 | -2609 | -3023 | -2990 |
| 1. A. b. 9 电信、计算机和信息服务 | 507 | 428 | 553 | 440 | 690 | 1196 |
| 贷方 | 1814 | 1988 | 2413 | 2685 | 3271 | 3739 |
| 借方 | -1307 | -1559 | -1860 | -2244 | -2580 | -2543 |
| 1. A. b. 10 其他商业服务 | 1143 | 1266 | 1336 | 1340 | 2185 | 2812 |
| 贷方 | 4003 | 4377 | 4773 | 4807 | 5604 | 6352 |
| 借方 | -2860 | -3111 | -3437 | -3466 | -3419 | -3540 |
| 1. A. b. 11 个人、文化和娱乐服务 | -134 | -161 | -216 | -137 | -119 | -85 |
| 贷方 | 52 | 63 | 66 | 70 | 93 | 92 |
| 借方 | -185 | -225 | -282 | -207 | -212 | -177 |
| 1. A. b. 12 别处未提及的政府货物和服务 | -119 | -180 | -144 | -72 | -114 | -130 |
| 贷方 | 115 | 116 | 109 | 173 | 100 | 114 |

续表 1-6

| 项 目 | 2017 年 | 2018 年 | 2019 年 | 2020 年 | 2021 年 | 2022 年 |
|---|---|---|---|---|---|---|
| 借方 | -234 | -295 | -254 | -245 | -214 | -244 |
| **1. B 初次收入** | **-1090** | **-4038** | **-2764** | **-8116** | **-8006** | **-12957** |
| 贷方 | 19554 | 17745 | 18828 | 16931 | 21132 | 12867 |
| 借方 | -20645 | -21783 | -21592 | -25047 | -29139 | -25823 |
| 1. B. 1 雇员报酬 | 1011 | 535 | 214 | 15 | -90 | 456 |
| 贷方 | 1468 | 1193 | 983 | 1014 | 1104 | 1384 |
| 借方 | -456 | -657 | -769 | -999 | -1194 | -928 |
| 1. B. 2 投资收益 | -2131 | -4690 | -3051 | -8271 | -8092 | -13628 |
| 贷方 | 18040 | 16416 | 17722 | 15720 | 19810 | 11209 |
| 借方 | -20171 | -21106 | -20773 | -23992 | -27902 | -24837 |
| 1. B. 3 其他初次收入 | 30 | 117 | 73 | 140 | 176 | 215 |
| 贷方 | 47 | 137 | 123 | 197 | 218 | 274 |
| 借方 | -17 | -20 | -50 | -56 | -43 | -59 |
| **1. C 二次收入** | **-804** | **-133** | **706** | **571** | **1022** | **1284** |
| 贷方 | 1902 | 1833 | 1787 | 2474 | 3145 | 2997 |
| 借方 | -2706 | -1966 | -1080 | -1903 | -2123 | -1713 |
| 1. C. 1 个人转移 | -173 | -25 | 4 | 27 | 59 | 105 |
| 贷方 | 472 | 408 | 278 | 286 | 346 | 385 |
| 借方 | -644 | -433 | -274 | -259 | -287 | -280 |
| 1. C. 2 其他二次收入 | -631 | -108 | 702 | 544 | 963 | 1179 |
| 贷方 | 1431 | 1425 | 1508 | 2188 | 2799 | 2612 |
| 借方 | -2062 | -1533 | -806 | -1644 | -1836 | -1433 |
| **2. 资本和金融账户** | **1212** | **9901** | **1800** | **-6181** | **-14153** | **-21164** |
| **2. 1 资本账户** | **-6** | **-38** | **-23** | **-5** | **6** | **-20** |
| 贷方 | 15 | 20 | 15 | 11 | 17 | 16 |
| 借方 | -22 | -58 | -38 | -17 | -11 | -36 |
| **2. 2 金融账户** | **1218** | **9939** | **1823** | **-6176** | **-14159** | **-21143** |
| 资产 | -28604 | -23873 | -18009 | -46257 | -57766 | -19005 |
| 负债 | 29822 | 33812 | 19831 | 40081 | 43607 | -2138 |
| 2. 2. 1 非储备性质的金融账户 | 7354 | 10976 | 461 | -4244 | -2006 | -14294 |
| 资产 | -22468 | -22836 | -19370 | -44326 | -45613 | -12155 |
| 负债 | 29822 | 33812 | 19831 | 40081 | 43607 | -2138 |
| 2. 2. 1. 1 直接投资 | 1825 | 5987 | 3457 | 6666 | 10665 | 1707 |
| 2. 2. 1. 1. 1 资产 | -9314 | -9465 | -9447 | -10611 | -11524 | -10116 |
| 2. 2. 1. 1. 1. 1 股权 | -9185 | -7480 | -7506 | -9295 | -9824 | -5530 |
| 2. 2. 1. 1. 1. 2 关联企业债务 | -129 | -1985 | -1942 | -1315 | -1700 | -4586 |

续表 1-6

| 项目 | 2017年 | 2018年 | 2019年 | 2020年 | 2021年 | 2022年 |
|---|---|---|---|---|---|---|
| 2.2.1.1.1.a 金融部门 | -1202 | -1376 | -1205 | -1639 | -2468 | -2459 |
| 2.2.1.1.1.1.a 股权 | -1191 | -1326 | -1318 | -1653 | -2181 | -2076 |
| 2.2.1.1.1.2.a 关联企业债务 | -10 | -49 | 112 | 14 | -287 | -384 |
| 2.2.1.1.1.b 非金融部门 | -8112 | -8089 | -8242 | -8971 | -9056 | -7657 |
| 2.2.1.1.1.1.b 股权 | -7993 | -6154 | -6188 | -7642 | -7643 | -3454 |
| 2.2.1.1.1.2.b 关联企业债务 | -119 | -1935 | -2054 | -1330 | -1413 | -4202 |
| 2.2.1.1.2 负债 | 11139 | 15452 | 12904 | 17277 | 22188 | 11823 |
| 2.2.1.1.2.1 股权 | 9440 | 12275 | 11184 | 15085 | 19392 | 10518 |
| 2.2.1.1.2.2 关联企业债务 | 1699 | 3177 | 1720 | 2191 | 2797 | 1305 |
| 2.2.1.1.2.a 金融部门 | 816 | 1161 | 1269 | 1168 | 1595 | 844 |
| 2.2.1.1.2.1.a 股权 | 605 | 989 | 1097 | 754 | 1203 | 768 |
| 2.2.1.1.2.2.a 关联企业债务 | 211 | 172 | 172 | 414 | 392 | 76 |
| 2.2.1.1.2.b 非金融部门 | 10323 | 14292 | 11635 | 16109 | 20594 | 10979 |
| 2.2.1.1.2.1.b 股权 | 8835 | 11286 | 10087 | 14331 | 18189 | 9750 |
| 2.2.1.1.2.2.b 关联企业债务 | 1487 | 3005 | 1548 | 1778 | 2405 | 1229 |
| 2.2.1.2 证券投资 | 1951 | 6966 | 4003 | 6495 | 3266 | -18783 |
| 2.2.1.2.1 资产 | -6374 | -3481 | -6181 | -10349 | -8085 | -11637 |
| 2.2.1.2.1.1 股权 | -2203 | -1138 | -2049 | -8959 | -5466 | -3218 |
| 2.2.1.2.1.2 债券 | -4172 | -2343 | -4132 | -1390 | -2620 | -8420 |
| 2.2.1.2.2 负债 | 8326 | 10447 | 10184 | 16843 | 11351 | -7146 |
| 2.2.1.2.2.1 股权 | 2440 | 3997 | 3123 | 5445 | 5328 | 2397 |
| 2.2.1.2.2.2 债券 | 5886 | 6451 | 7061 | 11398 | 6023 | -9543 |
| 2.2.1.3 金融衍生工具 | 24 | -415 | -165 | -761 | 661 | -358 |
| 2.2.1.3.1 资产 | 104 | -326 | 94 | -365 | 1102 | 210 |
| 2.2.1.3.2 负债 | -80 | -89 | -259 | -395 | -442 | -567 |
| 2.2.1.4 其他投资 | 3553 | -1563 | -6834 | -16645 | -16598 | 3140 |
| 2.2.1.4.1 资产 | -6884 | -9565 | -3836 | -23001 | -27106 | 9388 |
| 2.2.1.4.1.1 其他股权 | 3 | -95 | -102 | -33 | -35 | -14 |
| 2.2.1.4.1.2 货币和存款 | -3860 | -986 | -7012 | -9902 | -10712 | 771 |
| 2.2.1.4.1.3 贷款 | -3051 | -5355 | 1820 | -9380 | -9087 | 7014 |
| 2.2.1.4.1.4 保险和养老金 | -4 | -35 | -80 | -226 | -281 | -375 |
| 2.2.1.4.1.5 贸易信贷 | -1220 | -4530 | 2424 | -2473 | -3929 | 519 |
| 2.2.1.4.1.6 其他 | 1250 | 1437 | -887 | -986 | -3063 | 1473 |
| 2.2.1.4.2 负债 | 10437 | 8002 | -2997 | 6356 | 10508 | -6248 |
| 2.2.1.4.2.1 其他股权 | 0 | 0 | 0 | 0 | 0 | 0 |
| 2.2.1.4.2.2 货币和存款 | 7391 | 3416 | -3826 | 6354 | 4291 | -3653 |

续表 1-6

| 项　　目 | 2017 年 | 2018 年 | 2019 年 | 2020 年 | 2021 年 | 2022 年 |
|---|---|---|---|---|---|---|
| 2.2.1.4.2.3 贷款 | 3457 | 2056 | 2859 | −1129 | 617 | −1113 |
| 2.2.1.4.2.4 保险和养老金 | 44 | 15 | 123 | 212 | 213 | 166 |
| 2.2.1.4.2.5 贸易信贷 | −155 | 2776 | −1898 | 461 | 2153 | −2041 |
| 2.2.1.4.2.6 其他 | −300 | −261 | −255 | 459 | 539 | 393 |
| 2.2.1.4.2.7 特别提款权 | 0 | 0 | 0 | 0 | 2695 | 0 |
| 2.2.2 储备资产 | −6136 | −1037 | 1362 | −1932 | −12153 | −6850 |
| 2.2.2.1 货币黄金 | 0 | 0 | 0 | 0 | 0 | −249 |
| 2.2.2.2 特别提款权 | −49 | 2 | −34 | −25 | −2693 | 127 |
| 2.2.2.3 在国际货币基金组织的储备头寸 | 146 | −47 | −1 | −159 | 5 | −15 |
| 2.2.2.4 外汇储备 | −6233 | −992 | 1397 | −1748 | −9466 | −6712 |
| 2.2.2.5 其他储备资产 | 0 | 0 | 0 | 0 | 0 | 0 |
| **3. 净误差与遗漏** | **−13896** | **−11783** | **−8916** | **−10782** | **−8581** | **−6013** |

注　1. 本表计数采用四舍五入原则。

2. 根据《国际收支和国际投资头寸手册（第六版）》编制，资本和金融账户中包含储备资产。

3. “贷方”按正值列示，“借方”按负值列示，差额等于“贷方”加上“借方”。本表除标注“贷方”和“借方”的项目外，其他项目均指差额。

4. 金融账户下，对外金融资产的净增加用负值列示，净减少用正值列示。对外负债的净增加用正值列示，净减少用负值列示。

5. 年度人民币计值的国际收支平衡表由单季人民币计值数据累加得到。季度人民币计值的国际收支平衡表数据，由当季以美元计值的国际收支平衡表，通过当季人民币对美元季平均汇率中间价折算得到。

6. 国际收支平衡表采用修订机制，最新数据以国家外汇管理局最近一次公布为准。

资料来源：作者整理自中国国际收支平衡表时间序列（BPM6）中国国际收支平衡表　国家外汇管理局门户网站。

## 延伸阅读

### 亚洲金融危机爆发前东南亚各国经常项目收支长期恶化

（资料来源：何新华，从国际收支状况看东南亚金融危机发生的必然性，世界经济，1998（10））

现代经济是一种开放经济，各国经济之间的联系日益密切，各国经济之间的长期合作是建立在其国际收支的长期平衡的基础之上，国际收支的长期失衡势必导致该国对外经济关系、金融体系甚至整个国民经济的严重危机。尽管国际收支的经常项目和资本项目各自的不平衡有时是可以相互弥补。

泰国就曾较长时期地依靠资本项目顺差弥补经常项目逆差，而当其泡沫经济破灭投资资本大量撤出时，由国际收支失衡引发的金融危机就不可避免地发生了。自 1994 年以来，东亚大多数国家的经常项目收支一直在恶化，因为东亚国家的进口增长速度已经相当于国内生产总值速度的一倍半，而亚洲国家在欧美市场的出口总额已经停止增长。这主要体现在劳动密集型产品上，产品升级较慢，随着国际竞争力日益下降，在 1996 年世界性电子产品市场需求萎缩的影响下东南亚各国出口急剧下降，韩国的大宗出口产品是半导体记忆芯片，受国际市场影响记忆芯片自1995年大幅降价后一直没有起色，由于日元自1996年以来贬值20%，韩国出口的竞争力被削弱，世界银行和1996—1997年的贸易逆差骤然增长。韩国家用电器的生产和出口1997年上半年均为负增长，第一季度的贸易逆差达到74亿美元，1997年的经常项目赤字接近200亿美元。1996年东亚各国出口增加率普遍下降，韩国为3.7%、泰国为-0.019%、马来西亚为5.3%、印度尼西亚为9.0%。1996年东亚各国的经常项目赤字，韩国为237亿美元、泰国147亿美元、马来西亚为52亿美元、印度尼西亚为89亿美元。

巨额经常项目赤字对宏观经济的影响是深远的。它意味着国内购买力向外流出，影响国内需求相对不足。由于出口少于进口外汇的供给少于外汇使用，而汇率稳定还取决于外汇供求，这种状况对汇率形成向下压力，经常性项目赤字出现。在固定汇率制下它耗费外汇储备，使货币当局干预外汇市场的能力下降，因此经常项目长期赤字和外债负担过重使外国投资者对东亚各国货币和经济前景产生怀疑，并开始撤资，投机者也乘虚而入。

## 1.4 国际收支失衡及其调节

### 1.4.1 国际收支失衡概述

国际收支失衡是指国际收支出现逆差或顺差。国际收支平衡和国际收支平衡表平衡是两个不同概念。国际收支平衡表由于人为地将其差额补平因此可以认为它永远平衡，但这仅仅是形式上的平衡。国际收支是否平衡关键看自主性交易所产生的借贷金额是否相等。

国际经济交易包括自主性交易和补偿性交易。自主性交易是指那些基于商业利润动机和其他的考虑而独立发生的交易。这些交易所产生的货币收支并不必然相抵，由此可能导致对外汇的超额需求或超额供给从而引起汇率的变动。补偿性交易是并不为本身理由而是因自主性交易而发生，本质上说是一种弥补自主性交易收支不平衡的融通性交易，比如资金借贷、国际储备变动。

如果在国际收支平衡表上划出一条水平线，在这一水平线之上放上所有的自主性交易项目，在此线之下放上补偿性交易，那么当线上差额为零时，可称为国际收支处于均衡状态（Equilibrium）。当线上借方金额大于贷方金额时，我们称国际收支出现赤字，反之则为盈余。由自主性交易达成的主动平衡才是各国国际收支平衡追求的目标。自主性交易的平衡与否是判断一国国际收支是否实现真实平衡的标准。

综上所述，正是因为存在上面自主性交易与补偿性交易的不同，所以导致国际收支顺差和逆差的概念。

无论逆差还是顺差都会对一国经济造成不利影响。如果一国国际收支持续逆差会使该国的官方储备不足，国际清偿能力下降，这将迫使该国压缩进口从而影响一国的经济发展。对发展中国家来说，不利于引进国外的先进技术和先进设备。如果靠借款弥补逆差，容易陷入债务危机的困境。发展中国家为使经济迅速发展，大量举债以应付进口，最后债台高筑，反而阻碍了经济的发展。此外，国际收支逆差不利于民族经济的发展，很多国家的国际收支逆差是由贸易逆差引起的，贸易逆差意味着进口大于出口，国内市场被国外商品占领，民族经济萎缩。那么顺差是否一定好呢？国际收支大量顺差会使一国产生通货膨胀的压力。这是因为大量顺差会使国内货币供应量增加，如果该国顺差主要是由于贸易顺差造成的，商品的出口大于进口会减少国内产品的供给，从而加重通货膨胀的压力。此外，一国国际收支特别是贸易收支长期拥有大量顺差容易导致与其他国家的贸易摩擦，并招致其他国家的报复。

### 1.4.2 国际收支失衡的原因

为了及时调节国际收支的不平衡，需要分析其产生的根本原因以便采取相应措施。引起国际收支失衡的主要原因如下所述。

（1）经济结构的影响。由经济结构不合理导致的失衡被称为结构性不平衡。商品结构的变化，对国际收支产生影响。各国都有自己的出口产品结构，我国目前主要以出口机电产品、劳动密集型产品等为主。美国主要出口商品为工业供应品和资本货物。国际市场对某些商品需求的改变会影响到商品出口，如果国内生产结构不能适应变化，就会导致国际收支失衡。例如海洋运输原来以煤为动力，英国的原煤出口收入很多，随着石油产业的发展，海洋运输逐渐以石油为能源，致使英国原煤出口收汇大量减少，国际收支出现逆差。英国及时对出口产品进行结构调整，开发了北海油田。石油出口收入的增加，改善了英国国际收支逆差。

（2）资本国际移动的影响。从短期看，资本输出国的资本项目表现为逆差影响国际收支，但输出资本在以后时期的利息、利润、收益流回又将改善该国国际收支状况。对资本输入国而言，当时国际收支表现为顺差，在以后产生的还本付息又将减少顺差甚至变为逆差，1980—1982 年，我国刚刚开始打开国门，向国际金融组织大量贷款资本项目为顺差，1983—1984 年开始还贷，导致资本流出大于资本流入。若输入资本为短期游资，还可能因资本撤走而影响国际经济的稳定。

（3）物价变动的影响。汇率不变的情况下，国内物价上涨，则出口商品在国际市场上价格上升竞争力下降，客观上抑制了出口，增加了进口，使得外汇收入减少，支出增加，造成国际收支的逆差。国内物价下降则有利于出口，进口商品在国内价格偏高使外汇收入增加支出减少发生顺差。其次国际市场大宗商品价格的变化，也直接影响到该商品的主要进出口国家的国际收支平衡。

（4）汇率变动的影响。本币汇率上升，即本国货币对外价值增加，则偿还债务时支付的本币会减少。而本币升值时国际储备的外汇储备部分实际价值下降，即储备资产减少，都会导致国际收支不平衡。

（5）周期性经济危机的影响。由周期性经济波动引发的失衡被称为周期性不平衡。市场经济国家由于受商业周期的影响，周而复始地出现繁荣、衰退、萧条、复苏四个阶段，在周期的不同阶段对国际收支会产生不同的影响，一般来说繁荣时期生产高涨，对外贸易大幅度增加，国际收支经常项目可能出现顺差，外汇储备也随之增加，国际收支就可能是顺差，而经济萧条时期，由于生产下降出口萎缩，外汇支出增加会导致国际收支逆差。此外，由于当今国际经济关系日益密切，主要发达国家的商业周期，往往会影响其他国家的经济情况引起国际性的商业周期，致使各国的国际收支发生不平衡现象。

## 延伸阅读

### 我国出口产品结构持续优化升级

（资料来源：张翼，从“新三样”领跑看外贸韧性和动能，
光明日报，2023. 8. 10）

2023 年 7 月 18 日，苏州港太仓港区国际集装箱码头，由中远海运集团打造的中国新能源汽车出口专班（苏州港）首航，装载着 2797 台新能源汽车的巨型货轮扬帆远行前往南美。江苏口岸迎来汽车“出海热”，据南京海关统计，2023 年上半年，江苏口岸出口汽车 31. 1 万辆，同比增加 230. 5%。其中，新能源汽车出口 11. 1 万辆，同比增加 417. 6%。

江苏的汽车出口热并非个例。目前，在青岛海关所属日照海关关员现场监管下，20 辆新能源巴士车有序吊装到“艾利斯”轮船舶甲板，随后搭乘货轮自山东港口日照港出发，驶往南美洲墨西哥港口。“共建‘一带一路’国际合作不断深入，通过日照港出口的新能源车辆渐成规模。”山东港口日照港股份三公司市场营销中心主任张伟介绍。

据中国汽车工业协会的统计，2023 年上半年，我国汽车企业共出口整车 214 万辆，同比增长 75. 7%。其中，新能源汽车出口 53. 4 万辆，同比增长 1. 6 倍。从服装、家电、家具等为代表的“老三样”到以新能源汽车为代表的“新三样”，中国出口产品结构持续优化升级，折射出中国经济高质量发展的新趋势，也为全球绿色低碳转型作出了积极贡献。

“在外贸承压的态势下，我国大力开拓新兴市场、打造高水平开放平台、培育壮大优势产业，不断汇聚外贸新动能。”海关总署新闻发言人、统计分析司司长吕大良指出，2023 年上半年，“新三样”产品，即电动载人汽车、锂电池、太阳能电池合计出口增长 61. 6%，拉动整体出口增长 1. 8 个百分点，绿色产业动能充沛。

中国汽车工业协会副秘书长陈士华在接受记者采访时表示，新能源汽车出口的高速增长充分体现出我国汽车产业竞争力显著提升。经过几十年的发展，中国汽车的制造水平和电动化转型水平不断提高，中国的企业敢于创新，不断进行产品研发和技术创新，在汽车业“换道超车”的竞争中取得了显著的成绩。“智能化”正在成为中国车的标志，高水平自动化也被国际同行普遍看好。

行业热度之外，口岸服务也是原因之一。通过开辟出口汽车“绿色通道”，设立汽车业务专窗；加强对相关国家技术、标准和规则的研究，业务专家上门宣讲相关贸易政策；推广“提前申报”“抵港直装”等便利措施，海关一系列政策举措不断助力中国汽车加速“出海”。

### 1. 4. 3 国际收支不平衡的调节

国际收支失衡后，有时并不需要政府当局立即采取措施来加以消除，经济体系中存在某些机制，往往能够使国际收支失衡，至少在某种程度上得到缓和，乃至自动恢复均衡，包括货币—价格机制、利率机制、收入机制。而大多数情况下，一国当局往往不能完全依靠经济体系的自动调节机制，来使国际收支恢复均衡，而需要主动采取适当的政策措施，比如汇率政策、融资政策、财政政策、货币政策和直接管制等。

1.4.3.1 自动调节机制

A 货币—价格机制

在金本位制下的国际收支自动调节机制，就是大卫·休默所揭示的“价格铸币流动机制”。金本位制下，黄金具有国内货币和世界货币双重职能。当一国国际收支出现顺差时黄金流入量加大，导致货币供给量增加商品价格上涨，本国商品在国外市场上的竞争力下降，出口减少，进口增加，从而使顺差减少乃至消失，反之亦然。调节过程如图 1-1 所示。

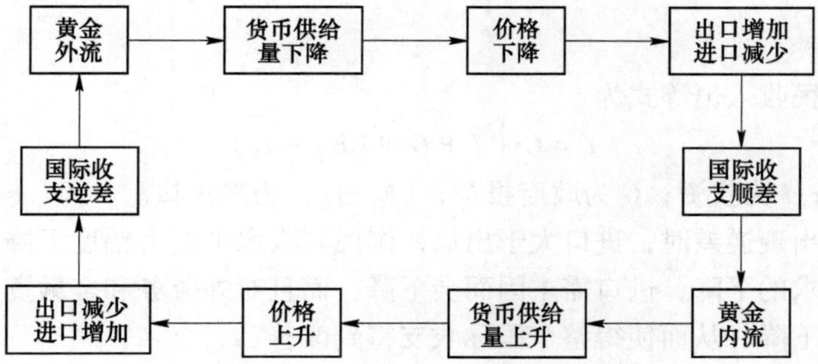


图 1-1 金本位制下的货币价格机制

在纸币流通条件下不再存在世界货币，对每个国家而言都有本币和外币之分，好像失去了自动调节机制的重要条件，但是国际经济一体化又把各国货币紧密联系在一起，使得自动调节机制仍然发挥一定作用。

逆差时外汇收入减少，外汇支出增加，外汇的入不敷出使逆差国不得不拿出本国货币在国际上兑换外汇，使本国货币供应量减少，出口产品价格下降，出口量增加，同时国内利率上升，外资流入逆差减少。顺差时正好相反。其调节过程如图 1-2 所示。

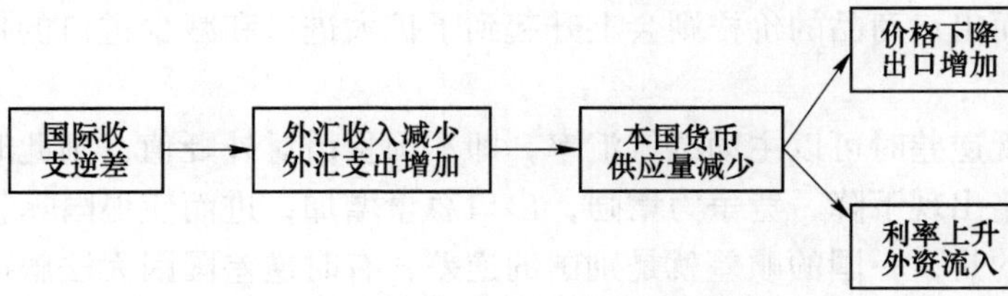


图 1-2 纸币流通条件下的货币价格机制

B 利率机制

在国际收支大量顺差时，货币供应量充足，利率作为货币的价格会出现下跌，使得国内外汇资金外流，顺差减少，当国际收支大量逆差时，本币存量减少，利率上升，吸引外资流入，逆差则会减少。

需要注意的是，利率提高所产生的效果要受到一些因素的影响。

(1) 安全因素。当一国国内政局稳定，经济繁荣，外资流入可以有较高收益，并且安全，就会达到通过提高利率吸引外资的预期效果。反之，国内政治经济状况恶化，即使提高利率也吸引不了外资，因为安全得不到保障，收益也无保证。

（2）黄金市场和外汇市场的动态。黄金价格涨落幅度较大时，资金投入上的时间差会获取巨额利润，这时国际游资就不会受到某国资本市场高利率的诱惑。或者外汇市场某种货币汇率起伏波动较为频繁，流动资本就会投入外汇市场以赚取差价。

（3）调整利率有正负方面的作用。提高利率固然可以吸引外资，减少逆差，但是利率的提高增加了本国商品成本，不利于出口，而贸易收支才是一国国际收支最重要的部分，所以在根本上不利于改善国际收支。相反，降低利率可以刺激本国投资，但不利于吸引外资，本国资金也可能外逃，加剧了国际收支逆差，所以通过利率变动吸引外资的效果不一定理想。

C　收入机制

四部门的国民收入恒等式为：

$$Y = C + I + G + (E_X - I_X) \tag{1-1}$$

式中，$C$ 为消费；$I$ 为投资；$G$ 为政府投资；（$E_X-I_X$）为净出口。

当国际收支出现逆差时，进口大于出口，国民收入水平会大幅度下降，国民收入下降会引起社会总需求的下降，进口需求因而会下降，而且对外劳务和金融资产的需求都会在不同程度上出现下降，从而使得整个国际收支得到改善。

1.4.3.2　调节政策

国际收支的自动调节机制虽然有其优点，但它们只能在某些条件或经济环境下才会发生作用，而且作用的程度和效果无法保证，所需要的过程也会比较长，因此当国际收支出现失衡时，一国当局往往不能完全依靠经济体系的自动调整机制，来使国际收支恢复均衡，而需要主动采取适当的政策措施对国际收支失衡主动进行干预。

A　汇率政策

汇率政策是指运用汇率的变动来平衡国际收支逆差，当国际收支出现顺差时，可以主动调高本币汇率，即本国货币对外价值增加，在国内价格不变的情况下，进口商品的价格将会出现下降，而出口商品的价格则会上升起到了扩大进口和减少进口的作用，使得顺差减少。

国际收支出现逆差时可以主动调低汇率，即本国货币对外贬值，则此时以外币计价的本国出口产品价格出现下降，竞争力增强，出口总量增加，进而使得国际收支逆差缩小。

需要注意到的是，一国的顺差就是别国的逆差，有时逆差国因无法解决逆差问题而使经济日趋恶化，可能会使用政治或其他方面的压力迫使顺差国货币升值或调高汇率。此时顺差国考虑到其本国的利益，虽不情愿这么做，但在一定情况下抗拒不了某种强大的压力，也不得不勉强服从。20 世纪 80 年代的日本就遇到过这种情况。

另外，汇率调整所起的效果有一定的条件限制：（1）贸易对方国的反应，如果对方采取相应的报复措施，那么使用汇率政策对内贬值所起到的效果就会被抵消；（2）进出口商品的需求弹性，所谓需求弹性是指商品价格的变化引起商品需求变化的程度。当前西方国际金融理论中，普遍应用“马歇尔—勒纳条件”来判断一国货币贬值能否改善国际收支，即在供给有充分弹性时，如果需求弹性满足 $E_x + E_m > 1$，则本国通货贬值可以改善贸易收支，并进而改善国际收支。

一般来说，利用调低汇率解决国际收支逆差的国家较多，而采用调高汇率解决顺差的国家却不多，主要是因为调高汇率对金融市场和出口的负面影响较大。

B 融资政策

融资政策又称为外汇缓冲政策，是指一国运用官方储备的变动或临时向外筹借资金来抵消超额的外汇需求或供给，通过这一政策来融通一次性或季节性的国际收支赤字，是一种既简便又有益的做法，它能够使本币汇率免受暂时性失衡所造成的无谓波动，有利于本国对外贸易和投资的顺利进行。然而，一国官方储备规模毕竟是有限的，因此不能完全依靠这种资金融通的办法来弥补那些巨额的、长期的国际收支赤字，否则将招致国际储备的枯竭或外债的大量累积，对于赤字问题的解决还是无济于事。当那些长期性国际收支赤字出现时，调节政策的实施是不可避免的，但在调整期间适当地运用融资政策来作为辅助手段，放慢调整速度，就可以为调整创造宽松的环境，使国内经济避免因调整过猛带来的难以承受的震动。

C 财政政策与货币政策的搭配

一国的经济政策主要指财政政策和货币政策，这两种政策各有松紧之分，财政政策与货币政策通称为支出增减型政策。当国际收支出现顺差时，国内货币供应量充足，此时可以采用宽松的财政政策，即增加财政预算，扩大财政开支，降低税率，刺激投资增加就业。可以提高消费水平，使物价上涨进口增加，减少顺差。相反，当国际收支出现逆差时可以采用紧缩性的财政政策，压缩财政开支，提高税率，抑制投资，使物价下降，从而增加出口减少逆差。

宽松的货币政策即放松银根，是指降低利率、刺激消费，从而可以减少国际收支顺差，而紧缩的货币政策即为紧缩银根，通过提高利率、回笼资金，增加出口，从而减少逆差。

1985—1986 年，我国国内经济发展过热，国内投资和消费开支猛增，引起进口的相应猛增，造成国际收支赤字，我国随后就采取了紧缩性货币政策和鼓励出口控制进口的措施，从而扭转了赤字局面。

然而，这类政策的局限性在于国际收支的改善是以牺牲国内经济为代价，往往与国内经济目标发生冲突。如紧缩性政策在减少进口支出的同时，也抑制了本国居民对国内产品的需求，由此会导致失业和生产能力过剩。如果所造成的负担主要落在了投资上，还会影响长期的经济增长，因此，特别在本国经济业已不振，失业已经严重的情况下，国际收支赤字的出现常常使当局的宏观经济政策陷入左右为难的泥潭。只有在国际收支赤字是因为总需求大于充分就业条件下的总供给引起的情况下，采取紧缩性经济政策才不至于牺牲国内经济目标。也就是说这类政策不适宜用来纠正国际收支的周期性赤字。

D 直接管制

在国际收支出现结构性失衡时，许多国家都对国际经济交易采取直接干预办法，这样可以收到迅速而明显的效果。常用的方法如下所述。

（1）贸易管制，即“奖出限入”。如实施进口配额、进口许可证、出口补贴、出口退税、出口信贷优惠或外汇流程等手段。

（2）外汇管制。在出现严重的国际收支逆差时对外汇买卖、外汇收支实行严格的管制，可以防止资本外逃改善国际收支。

（3）关税管制。如提高进口商品税率、规定进口商品中的国产成分比重和进口商品苛刻的技术检验规范以及复杂的报关程序等。

直接管制具有收效迅速和针对性强等特点，但它并不能真正解决国际收支问题，只能将显性国际收支失衡转变为隐性国际收支失衡。因此，一旦管制取消，国际收支失衡仍会出现。与此同时，若一国实行直接管制政策，既会遭到国际经济组织的反对，又会引起其他国家的不满和报复，因此各国政府应谨慎使用这种政策。

E　供给调节政策

调节国际收支的政策从供给角度讲，有产业政策和科技政策。通过产业政策的制定，调整国内生产的供给结构；通过科技政策，加快知识对产出的推动作用。改善一国的经济结构和产业结构可以增加出口商品和劳务的生产，提高产品质量，降低生产成本，以此达到增加出口产品和进口替代品的作用。供给调节政策是根本上能够解决国际收支失衡的政策，但是作用过程较为漫长。

此外，在一国国际收支不平衡出现时，还可以寻求国际社会的帮助与支持，加强经济和金融的合作，如成立国际金融机构、协调各国金融政策以及开展贸易谈判、利用国际信贷等。国际货币基金组织（简称 IMF）、世界银行、世界贸易组织就是国际经济合作较为成功的典范。例如，国际货币基金组织的宗旨就是调节各国国际收支短期不平衡，协调各国金融政策，维持国际金融秩序等；世界银行帮助各国调节国际收支长期不平衡，提供国际信贷支持等；世界贸易组织协调各国贸易收支不平衡，组织国际贸易谈判等，它们从不同方面对世界各国国际收支失衡的调节起着不同程度的帮助作用。

总体而言，当一国国际收支出现失衡时，要针对形成的原因采取相应对策。例如，如果一国的国际收支失衡是由经济周期波动引起的，可使用外汇缓冲政策或者通过国际经济合作进行调节；如果国际收支逆差是由货币性因素引起的，可采用汇率政策来改善；如果国际收支失衡是由收入性不平衡引起的，可实行调节国内支出的措施，即采取紧缩性的财政政策与货币政策；如果发生结构性的失衡，则可采用直接管制以及调整经济结构的相关政策。每一种调节政策都有优缺点，一国可以采取几种政策进行搭配调节，尽量以最小的经济代价和社会代价来减少国际收支失衡，甚至最终达到国际收支平衡。

### 1.4.4　国际收支内外平衡的冲突与协调

宏观经济调控目标包括充分就业、物价稳定、经济增长和国际收支平衡。经济增长是长期动态的经济问题，故在短期内一国的目标为内部平衡和外部平衡，这就要求在实现国际收支平衡的同时，需兼顾到内部平衡。为实现内外平衡目标，可供一国当局选择使用的政策工具有财政政策、货币政策、汇率政策和直接管制，其中对于直接管制措施，除非迫不得已，否则一般不轻易采用。传统上人们按其功能将政策区分为两类，支出增减型政策和支出转换型政策，财政和货币政策主要是通过改变国内支出总量来发挥作用的，通常被合并视为一种工具即支出增减政策。汇率政策和直接管制则被视为支出转换政策，那么一国当局如何运用这两类政策工具来实现其内外平衡目标呢？

为解决内外均衡的冲突问题，经济学家进行了大量的研究，其中基础性的工作由荷兰的经济学家丁伯根给出，其理论精髓被总结在“丁伯根法则”中。获得首届诺贝尔经济学奖的丹麦经济学家简・丁伯根提出，政策工具的数量或控制变量数至少要等于目标变量的数量，而且这些政策工具必须是相互独立（线性无关）的。根据这一原则，在一国可灵活调节汇率水平的条件下实现内外平衡目标是不成问题的，大多数西方学者都认为应以汇率政策来完成外部目标，以财政货币政策来完成内部的目标。

然而，在固定汇率制度下，一国难以运用汇率变动来作为政策工具，只有支出增减政策可供当局使用，这样内外平衡目标在对支出增减政策的要求上就存在着冲突的可能，这种冲突被称为“米德冲突”，即在许多情况下，单独使用支出调整政策或支出转换政策而同时追求内、外均衡两种目标的实现，将会导致一国内部均衡与外部均衡之间冲突。显然用一种政策手段确实无法同时完成两个目标。此后丁伯根发展了米德的观点，以财政政策实现内部均衡，以货币政策和汇率政策实现外部均衡。财政政策通常对国内经济的作用较大，而货币政策则对国际收支的作用较大，因此，应该分配给财政政策以稳定国内经济的任务，分配给货币政策以稳定国际收支的任务，或者根据国内经济与国际收支的不同情况，将二者适当地搭配，以同时实现国内经济与国际收支的均衡。

### 延伸阅读

## 中国已出现“米德冲突”

（资料来源：陈旭敏．中国已出现“米德冲突”[J].
股市动态分析，2007（33）：27）

2007 年 7 月，中国居民消费价格指数为 5.6%，创下 1997 年 2 月以来的新高。其中，食品价格涨幅达到 15.4%，鲜菜价格同比上涨了 18.7%。此前 6 月涨幅仅为 4.8%，而鲜蛋价格的涨幅也高达 37.9%。

新一轮宏观紧缩，似乎正在中国一触即发。

加息？再提法定准备金率？土地政策？行政手段再次霸王硬上弓？或兼而有之？目前尚不得而知，但是按照中国政府此前的政策趋势和思维，一切都只是时间问题。

不过，无论中国出台怎样的紧缩政策，中国的通胀压力或许可能暂时低头。可是，如果国际收支失衡的局面不能根本扭转，通胀的幽灵随时可能再次抬头，就像现在 CPI 指数的压力再次简单地重复 2004 年的情形一样。

中国已进入标准的“米德冲突”。英国经济学家米德提出的这个概念旨在说明：一国如果要同时实现内部均衡和外部均衡，则必须同时使用支出调整和支出转换政策。单独强调任何一种政策，将导致一国内部均衡与外部均衡之间的冲突。换句话说，在中国，通货膨胀和贸易顺差就像跷跷板的两头，官方的经济政策按下任何一头，另一头都将高高跷起。

道理就是这么简单，一旦中国为了抑制通胀，在国内实行紧缩政策，最后将是国内需求减少，更多的产品在目前的开放经济中到境外寻找出路，接踵而至的又是贸易顺差迭高不下，外汇占款泛滥、流动性过剩、银行贷款冲动。

相反，如果中国要减少正在高位运行的贸易顺差，就必须在国内实行扩张性的财政政策和货币政策，加大目前国内的消费和投资，而这种经济政策的后果将对目前的中国通胀压力雪上加霜，而其他许多针对贸易顺差的政策，在它们改变国内需求前，一切都是纸上谈兵。

为避免米德冲突，就需要为不同的目标制定相互独立且有效的政策工具，即满足所谓的丁伯根法则（Tinbergen's rule）。但是丁伯根法则看上去在中国已经碰壁。至少，从目前的情况来看，这个药方仍未使高烧不退的中国经济回春。

当然，目前中国的通胀压力仍是虚热，仍未形成实质性通胀，或是结构型通胀。通胀压力主要为食品价格推动的结构性通胀，核心 CPI 和工业品出厂价格指数仍在低位运行。

但是，从趋势看，全面通胀正在中国蠢蠢欲动，从衡量投资品和消费品的 GDP 缩减指数来看，上半年高 4.1%，同比上升 1.6 个百分点。而中国的服务价格也在趁热打铁，与此同时，土地、房地产、股票等资产价格也在全面上扬。相反，中国的贸易顺差却未见减速，继 6 月份中国外贸顺差创下历史新高后，7 月份中国的贸易顺差仍在历史次高位运行，高达 243.6 亿美元。

或许，中国的这种经济政策冲突，可通过国际经济政策合作来解决。但是目前“中国威胁论”仍在全球流行，中国所需要的高科技产品都只是珍贵的“鱼饵”，不是万不得已西方绝不会允许中国进口。而中低端的消费品，中国这个“世界工厂”的车间中应有尽有。

更重要的是，作为目前国际货币体系核心的美国，即使任由美元在风雨中飘摇，即使它的财政赤字和贸易赤字都在历史高位，也绝不收缩国内的财政政策和货币政策。

对中国来说，与其在贸易顺差和通货膨胀两害中挣扎，不如两者择其轻，实行适度通胀，但前提是，改变目前倾向于政府和企业的收入分配方式，大幅提高居民收入，使其高于通胀涨幅，从而彻底改变中国粗放式的经济增长方式。

## 1.5　国际收支调节理论

### 1.5.1　国际收支弹性论

弹性分析理论产生于 20 世纪 30 年代，是一种适用于纸币流通制度的国际收支理论。由英国经济学家马歇尔提出，后经英国经济学家琼·罗宾逊和美国经济学家勒纳等发展而形成的。该理论把汇率水平的调整作为调节国际收支不平衡的基本手段，紧紧围绕进出口商品的供求弹性来探讨货币贬值改善国际收支的条件。

#### 1.5.1.1　弹性的概念

弹性是两个变化率之比，比值越高，弹性越大。弹性分析理论涉及需求弹性和供给弹性。需求量变动的百分比与价格变动的百分比之比称为需求对价格的弹性，简称需求弹性。供给量变动的百分比与价格变动的百分比之比称为供给对价格的弹性，简称供给弹性。如果某种商品价格变化很小，但是其需求量和供给量变化很大，那么这种商品的需求弹性和供给弹性就大；反之就小。在超市里，我们经常看见一些小零食降价促销，但是如食盐等生活必需品则很少采用降价的办法来促销，其理论依据就是小零食的弹性大，而食盐这样的生活必需品的弹性小。

在进出口方面有四个弹性，即进口商品的需求弹性、出口商品的需求弹性、进口商品的供给弹性、出口商品的供给弹性。

进口商品的需求弹性 $E_M$ = 进口商品需求量的变动率/进口商品价格的变动率

出口商品的需求弹性 $E_X$ = 出口商品需求量的变动率/出口商品价格的变动率

进口商品的供给弹性 $S_M$ = 进口商品供给量的变动率/进口商品价格的变动率

出口商品的供给弹性 $S_X$ = 出口商品供给量的变动率/出口商品价格的变动率

进出口商品的供求弹性分别反映了进出口的供给量和需求量对价格变化的敏感程度。弹性大，说明进出口商品价格能在较大程度上影响进出口商品的供求数量。

### 1.5.1.2 弹性分析理论的假设前提

弹性分析理论着重考虑本币贬值对贸易收支和贸易条件的影响，强调国际收支中的相对价格效应。弹性分析理论是建立在一定的假设前提之下的，包括如下内容。

（1）假定其他条件不变，只考察汇率变化对进出口商品的影响。

（2）当不存在劳务进出口和资本移动时，国际收支等于贸易收支。

（3）充分就业和收入不变，因而进出口商品的需求就是这些商品及其替代品的价格水平的函数。

（4）假定本国进出口商品的供给弹性均为无穷大，即进出口商品的价格不变，而供给可以无限增加。

### 1.5.1.3 弹性分析理论的内容

弹性分析理论的基本思路是汇率变动通过国内外商品之间，本国生产的贸易品（出口商品和进口替代品）与非贸易品之间的相对价格变动，对一国的进出口供给和需求产生影响，从而影响一国的国际收支。

汇率反映了两种货币之间的比价。汇率的高低决定了本国商品和外国商品之间的相对价格。若本国货币贬值，在出口商品的本币价格不变的情况下，以外币表示的本国出口商品的价格下降，且下降的幅度刚好等于货币贬值的幅度；同时，在进口商品的外币价格不变的情况下，进口商品的本币价格上升。这将诱使本国居民将需求由外国商品转向本国商品（进口替代品），从而减少进口需求，这同时会刺激外国居民减少自己国内商品的需求，而增加对进口商品的需求。

在进出口商品的供给弹性均为无穷大的情况下，当本国货币贬值时，外币表示的出口商品价格下降将使出口量增加，只有当出口量增加的幅度大于价格下降的幅度时，出口额才会增加，而后一条件取决于外国对本国出口商品的需求弹性。对进口而言，只有当进口量下降的幅度大于进口品价格上升的幅度时，进口额才会减少，这又取决于国内对进口商品的需求弹性。因此，在进出口供给弹性无穷大的条件下，货币贬值对贸易收支的作用取决于进出口商品的需求弹性。

马歇尔-勒纳条件是指货币贬值只有在出口商品的需求弹性和进口商品的需求弹性之和大于 1 时，贸易收支才能改善，即贬值取得成功的必要条件是 $E_M+E_X>1$。当 $E_M+E_X=1$ 时，货币贬值对贸易收支不发生作用；$E_M+E_X<1$ 时，货币贬值会使贸易收支逆差扩大。

表 1-7 ~ 表 1-9 以人民币为例说明了在不同弹性条件下人民币贬值对进出口的影响。（假设人民币汇率由 1 美元 = 5 元人民币贬值到 1 美元 = 8 元人民币）

表 1-7　人民币贬值对出口的影响

| 序号 | 汇率 | 国内成本 | 国际市场价格 | 出口毛利 | 出口价格变化幅度 | 销售数量 | 销售量变化幅度 | 需求弹性 | 出口总额 |
|---|---|---|---|---|---|---|---|---|---|
| 1 | 1∶5 | 4 | 1 美元 | 1 元人民币 | — | 100 | — | — | 100 美元 |
| 2 | 1∶8 | 4 | 0.75 美元 | 2 元人民币 | 25% | 110 | 10% | 0.4 | 82.5 美元 |
| 3 | 1∶8 | 4 | 0.75 美元 | 2 元人民币 | 25% | 120 | 20% | 0.8 | 90 美元 |

马歇尔-勒纳条件也说明了本币贬值会引起进出口商品价格变动，进而引起进出口商品的数量发生变动，最终引起贸易收支变动。贸易收支额的变化，最终取决于两个因素：(1) 贬值引起进出口商品单位价格的变化；(2) 由进出口商品单位价格变化引起的进出口商品数量变化。

表 1-8　人民币贬值对进口的影响

| 序号 | 汇率 | 国际市场价格 | 进口毛利 | 国内售价 | 国内价格变化幅度 | 销售数量 | 销售量变化幅度 | 需求弹性 | 进口总额 |
|---|---|---|---|---|---|---|---|---|---|
| 1 | 1∶5 | 1 美元 | 1 元人民币 | 6 元人民币 | — | 100 | — | — | 100 美元 |
| 2 | 1∶8 | 1 美元 | 1 元人民币 | 9 元人民币 | 50% | 90 | 10% | 0.2 | 90 美元 |
| 3 | 1∶8 | 1 美元 | 1 元人民币 | 9 元人民币 | 50% | 80 | 20% | 0.4 | 80 美元 |

表 1-9　人民币贬值对进出口贸易收支的影响

| 序号 | 汇率 | 出口总额 | 进口总额 | 国内售价 | 进出口需求弹性之和 | 贸易差额 |
|---|---|---|---|---|---|---|
| 1 | 1∶5 | 100 美元 | 100 美元 | 6 元人民币 | — | 0 |
| 2 | 1∶8 | 82.5 美元 | 90 美元 | 9 元人民币 | 0.6 | −7.5 美元 |
| 3 | 1∶8 | 90 美元 | 80 美元 | 9 元人民币 | 1.2 | +10 美元 |

然而，在实际经济生活中，当汇率变化时，国际贸易中商品流量对价格波动的反应是渐进的。在贬值初期，实际国际收支状况反而有可能恶化。从货币贬值到贸易收支改善之间存在一个时滞，这因为本币贬值以后，虽然以外币表示的出口商品的市场价格可以降低，但是这种价格的降低并不能马上带来出口的增长，因为出口商按照新的价格到国际市场上去寻找新的买主获得订单需要一段时间。而进口商品由于贸易合同已经签订，进口数量的减少需要一段间，同时进口替代品的寻找与供应也需要时间。因此，本币贬值所带来的贸易收支改善需要一定的时间，在这段时间里，贸易收支有可能进一步恶化，从而形成一条类似于英文字母“J”的曲线，故又称为 J 曲线效应，具体如图 1-3 所示。

如图 1-3 所示，假定在 $t_1$ 点某国出现贸易收支逆差，本国货币实行贬值，贬值并没有迅速带来贸易收支的改善，从 $t_1$ 到 $t_2$ 时期贸易收支是恶化的，逆差达到顶点 $B$ 之后逐渐趋缓，从 $t_2$ 到 $t_3$ 时期慢慢改善恢复到初始状态 $C$，自 $t_3$ 以后进出口对货币贬值的反应充分大，贸易收支逆差变为顺差。

### 1.5.1.4　对国际收支弹性论的评价

A　国际收支弹性论的贡献

(1) 纠正了货币贬值一定能改善国际收支的片面看法。该理论表明：货币贬值能否改

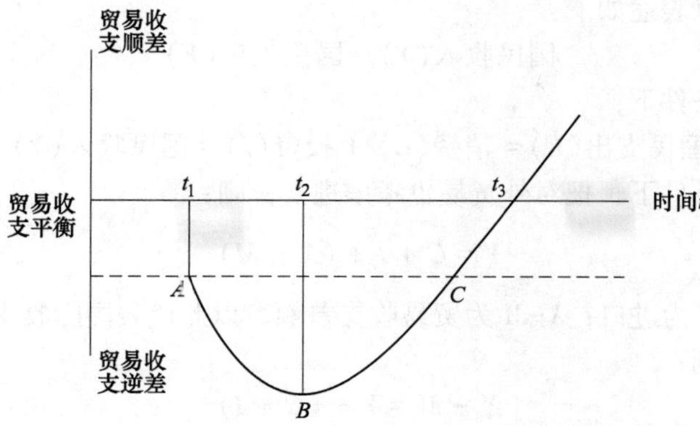


图 1-3 J曲线效应

善国际收支取决于该国进出口产品的需求弹性。只有当进出口产品的需求弹性绝对值之和大于1、进出口产品的供给弹性趋于无穷大时，本币贬值才能改善一国的国际收支。

(2) 指出了货币贬值对不同国家有不同的影响。这一点适应了当时西方国家制定经济政策的需要，并在许多国家调节国际收支的实践中取得了一定的效果。一般来说，发达国家的进出口产品大多是弹性较大的工业制成品，货币贬值改善国际收支的作用较大；而发展中国家的进出口产品大多是弹性较小的初级产品，货币贬值改善国际收支的作用要小一些。

B 国际收支弹性论的缺陷

(1) 使用的是局部均衡分析。它只考虑了汇率变动对进出口贸易的影响，而假定其他条件不变。事实上，国际收支还受其他经济变量（如收入水平）的影响。贸易收支与国民收入之间是存在相互影响关系的。即使是汇率变化，也会通过对其他变量（如价格、工资）的影响而削弱对国际收支的调节作用。比如本币贬值一般会导致本国物价水平上涨，使得出口下降、进口增加，从而削弱本币贬值使国际收支改善的程度。

(2) 其假设存在矛盾。该理论假设收入不变而价格可变，即经济处于充分就业状态，这与马歇尔-勒纳条件中出口供给弹性无穷大的假定是矛盾的。

(3) 它忽略了收入效应对贸易收支的影响。将贸易收支等同于国际收支，没有考虑本币贬值对资本账户的影响。显然，这不符合国际经济交易的发展现状。

### 1.5.2 国际收支吸收论

吸收论（Absorption Approach）又称支出分析法，它是1952年詹姆士·爱德华·米德和当时在国际货币基金组织工作的西德尼·亚历山大提出的，在凯恩斯宏观经济学的基础上，从国民收入和总需求的角度，系统研究货币贬值政策效应的宏观均衡分析。它从凯恩斯的国民收入方程式入手，着重考察总收入与总支出对国际收支的影响，并在此基础上，提出国际收支调节的相应政策主张。该理论在国际收支理论和凯恩斯宏观经济理论之间建立了全面的联系，标志着国际收支理论进入了成熟发展阶段。

#### 1.5.2.1 主要观点

吸收分析理论以凯恩斯的国民收入方程式展开分析。按照凯恩斯的理论，国民收入与国民支出的关系可以表述如下：

$$\text{国民收入}(Y)=\text{国民支出}(E) \tag{1-2}$$

在封闭经济的条件下：

$$\text{国民支出}(E)=\text{消费}(C)+\text{投资}(I)=\text{国民收入}(Y) \tag{1-3}$$

在开放经济的条件下，把对外贸易也考虑进去，则：

$$Y=C+I+(X-M)$$

式中，$X$ 为出口；$M$ 为进口；$X-M$ 为贸易收支差额，以此代表国际收支差额。把这个等式移项稍做变化，得到：

$$X-M=Y-(C+I) \tag{1-4}$$

式中，$C+I$ 为国内的总支出，即国民收入中被国内吸收的部分，吸收分析理论由此得名。从式（1-4）可以看出，贸易收支差额实际上就是国民收入与国内吸收之间的差额。假定 $B=X-M$，$A=C+I$ 则有：

$$B=Y-A \tag{1-5}$$

式（1-5）表明贸易差额等于国民收入与国内总吸收之差。如果国民收入 $Y$ 超过了国内总吸收 $A(Y>A)$，则国家可以将剩余产品用于出口，实现贸易盈余（顺差）；相反，如果国内总吸收大于国民收入（$Y<A$），则超过的部分需要由进口弥补，发生贸易赤字（逆差）；而当国民收入等于国内总吸收时（$Y=A$），国际收支平衡。因此，可以得出结论：调节国际收支的方法无非是调节收入 $Y$ 或总吸收 $A$ 。

举一个通俗的例子来说明这个问题，假定张三月收入只有 2000 元，却消费和投资 2200 元，那么他肯定只能是负债 200 元，即出现了逆差。假定他只消费和投资了 1800 元，则会出现 200 元的盈余，即顺差。就张三这个例子而言，在出现逆差的情况下，有两个决对策：一个是努力提高月收入；另一个是减少消费和投资，即通常老百姓所说的“开源”和“节流”。

1.5.2.2　关于贬值效应的分析

同弹性分析法一样，吸收分析法也考察了贬值对贸易余额的影响。亚历山大将吸收分为两部分：一部分为诱发性吸收；另一部分为自主性吸收。即：

$$A=cY+D \tag{1-6}$$

式中，$c$ 为边际吸收倾向；$D$ 为独立于收入之外的吸收。

将式（1-6）代入式（1-5），并用增量表示，得：

$$B=(1-c)\Delta Y-\Delta D \tag{1-7}$$

A　贬值通过影响国民收入对国际收支的影响

a　闲置资源效应

如果贬值国存在尚未得到充分利用的资源，则贬值可以刺激国内外居民对本国产品的需求，通过乘数效应使国民收入倍增。随着国民收入的增加，国内支出也会增加。贬值对国际收支的影响取决于 $c$ 值的大小。当 $c<1$ 时，国内支出增加小于国民收入增加，国际收支改善；当 $c=1$ 时，国民收入增加完全被国内支出的增加所抵消，国际收支不变；而当 $c>1$ 时，国民收入增加引发的国内支出大于国民收入的增加，进口增加，国际收支恶化。

b 贸易条件效应

一国货币贬值后，进出口数量不能立即进行调整，贸易差额将因为贸易条件的恶化而恶化，使实际国民收入下降。随着国民收入水平的下降，总吸收水平随之下降，贸易差额 $dB=dY-dA=dY-cdY=(1-c)dY$，收入变化对国际收支的影响则仍取决于 $c$ 值。

B 贬值通过影响吸收对国际收支的影响

a 现金余额效应

人们一般希望以实际货币余额形式持有的收入占其实际总收入的比率保持不变。但贬值会推动国内物价上涨，货币购买力下降，在名义货币供给量不变的情况下，将使人们以货币形式持有的财富，即现金余额的实际价值下降。为了使真实现金余额恢复到愿意持有的水平，人们一方面会减少商品和劳务开支，即减少吸收；另一方面会卖出有价证券，引起证券价格下降，从而使利率上升，再度减少吸收。

b 收入再分配效应

贬值造成物价上涨，能促进收入的再分配。物价上涨可能有利于利润收入者而不利于工资收入者。而一般来说，利润收入者的边际吸收倾向小于工资收入者，收入再分配将使总吸收下降，国际收支状况得到改善。

c 货币幻觉效应

即使货币收入与价格同比例上升，实际收入没有发生变化，但人们的货币幻觉会使他们只注意到价格的上升，因而减少消费，增加储蓄，使一国的总吸收下降。

d 其他直接效应

这些效应对贸易收支的变动可能有利，也可能不利。

(1) 预期价格效应。预期贬值后价格将进一步上升，人们会提前购买商品和服务。

(2) 投资成本效应。进口投资品的价格上升将形成对国内投资开支的抑制。

(3) 国外支出下降效应。进口商品的本币价格上升对国外消费开支也会产生抑制作用。

从上面的分析，可以看出吸收分析理论主张采用改变总收入与总吸收的政策调节国际收支。国际收支逆差表明一国的总需求超过总供给，即总吸收超过总收入。这时，就应当运用紧缩性的财政政策和货币政策减少对贸易商品（进口）的过度需求，以纠正国际收支逆差。但紧缩性的财政政策和货币政策在减少进口需求的同时，也会减少对非贸易商品的需求和降低总收入，因此还必须运用支出转换政策，如汇率政策、直接管制等，消除紧缩性的财政和货币政策的不利影响，使进口需求减少的同时收入能增加。这样一来，贸易商品的供求相等，非贸易商品的供求也相等；需求减少的同时收入增加，就整个经济而言，总吸收等于总收入，从而达到内外部均衡。

吸收分析法特别重视从宏观经济的整体角度来考察贬值对国际收支的影响，认为当一国经济中存在闲置资源时，贬值可以通过闲置资源效应对国际收支产生影响，但是，当一国经济达到充分就业时，没有闲置资源可以用于扩大生产，国民收入不能增加，则贬值只能通过压缩吸收达到改善国际收支的目的。

#### 1.5.2.3 对国际收支吸收论的评价

A 国际收支吸收论的贡献

(1) 采用一般均衡分析方法。国际收支吸收论建立在凯恩斯宏观经济学的基础之上，采用一般均衡分析方法，将国际收支和整个国民经济的诸多变量联系起来进行分析，从而克服了国际收支弹性论局部均衡分析的局限性。

（2）从货币贬值对总收入和总吸收的相对影响来考察货币贬值对国际收支的影响、它认为，货币贬值要起到改善国际收支的作用：一方面，必须要有闲置生产资源，因为只有存在闲置生产资源，在货币贬值后出口生产才能扩大；另一方面，边际吸收倾向小于 1，因为只有当吸收增长少于收入增长（$\Delta A<\Delta Y$）时，货币贬值才能改善国际收支，这意味着货币贬值政策与紧缩性政策相结合能改善国际收支。

（3）具有强烈的政策搭配含义。这使其具有较强的实用性。它认为，当国际收支存在逆差时，在采用货币贬值措施的同时，应采用紧缩性财政政策和货币政策来减少吸收（需求），从而使内部经济和外部经济同时达到平衡。

B 国际收支吸收论的缺陷

（1）假定货币贬值是出口增加的唯一原因，并以贸易收支代替国际收支，因此从宏观角度看，它具有不够全面和自相矛盾的地方。

（2）没有对以收入和吸收为因、以贸易收支为果的观点提供任何令人信服的逻辑分析。实际上，收入与吸收固然会影响贸易收支，但贸易收支也会反过来影响收入和吸收。

（3）没有考虑到货币贬值后相对价格变动在国际收支调整过程中的作用。事实上，在货币贬值后，可贸易产品的价格相对于不可贸易产品的价格上升，必然会导致资源的再分配。如果此时的资源已接近充分利用，则贸易收支的改善主要依靠吸收的减少。但是，如果主要减少的不是进口支出和对出口产品的支出，而是对不可贸易产品的支出，那么贸易收支又如何得以改善？显然，货币贬值引起的可贸易产品相对价格上升在这一过程中的作用是不可忽视的，所需的正是将从非贸易部门释放出来的这部分生产资源疏导到增加出口产品和进口替代品的生产上。

（4）忽略了资本流动在国际收支中的作用。国际收支吸收论没有涉及国际资本流动，对于国际收支理论来说，这是一个很大的缺陷。

不过，国际收支吸收论在国际收支调节理论的发展过程中具有一种承前启后的作用。一方面，它指出了国际收支弹性论的缺点，又吸纳了国际收支弹性论的某些合理内容，因而它是在国际收支弹性论基础上的一大大进步；另一方面，它指出了国际收支失衡的宏观原因，并注意到国际收支失衡的货币方面（如现金余额效应和货币幻觉效应）。因此，国际收支吸收论成为 20 世纪 60 年代后期出现的国际收支货币论的先驱。

### 1.5.3 国际收支货币论

国际收支货币论又称为货币分析法，该理论认为货币供求决定一国国际收支状况。强调国际收支本质上是一种货币现象，决定国际收支的关键是货币需求和供给之间的关系。货币论的最早版本是 1752 年英国哲学家大卫·休谟在《政治论丛》中提出的价格—铸币流动机制，阐述了在国际金本位制下各国国际收支具有自发调节的功能。但是自休谟提出这一机制后，货币与国际收支均衡的理论一直没有得到实质性的进展。20 世纪 40 年代，伯恩斯坦等人认为，一国信贷扩张和货币供应量与国际收支状况存在着密切的关系，各国不同程度的信贷扩张将导致相应程度的国际收支变化，但论证是不系统的。20 世纪 50 年代，米德首先系统提出货币分析法后，许多经济学家又作了进一步的研究。货币分析法在其正式形成过程中分成两个学派。一派以国际货币基金组织为基地，代表人物是该组织前研究部主任，丹麦经济学家 J. J. 波拉克。该学派所建立的模型可用于宏观经济管理，在只能得到有关货币统计的最基本信息的情形下尤为适用。这种货币分析法被广泛应用于国际货币基金组织对其成员国的业务之中。另一派是在罗伯特·蒙代尔、哈里·约翰逊和雅各布·弗兰克尔的领导下，于 20 世纪 60 年代在芝加哥大学发展起来的。该学派沿用了弗里德曼现代货币主义的某些理论，将封闭经济条件下的货币主义原理引申到开放经济中，货币论才以一种新的姿态亮相。他们从货币角度对国际收支问题进行了分析，并提出了国际收支货币论或货币分析法。货币论强调国际收支在本质上是一种货币现象，决定国际收支的关键是货币需求和货币供给之间的关系。因此，国际收支货币论是建立在货币主义学说基础上的关于国际收支失衡的分析方法，它认为只要保证货币供给的增加与国民收入的实际增长一致，即可实现国际收支的平衡。货币分析法在 20 世纪 70 年代中后期盛极一时，至今仍是分析国际收支问题的一种重要理论。

1.5.3.1　主要观点

货币分析理论可以用下面的公式加以描述：

$$M_S = M_d \tag{1-8}$$

式中，$M_S$为名义货币供应量；$M_d$为名义货币需求量。

从长期来看，可以假定货币供应等于货币需求。而货币需求又是本国国民收入和利率的函数，公式为：

$$M_d = kPY \tag{1-9}$$

式中，$P$ 为本国的价格水平；$Y$ 为真实国民收入；$k$ 为常数，代表 $P$ 或 $Y$ 的变化引起的货币需求的变化程度，$k>0$，即随着 $P$ 或 $Y$ 的上升，货币需求将增加。

货币主义学派认为，在充分就业的均衡状态下，一国的货币需求 $M_d$ 是收入、利率、价格等变量的稳定函数。也就是说，从长期来看，货币需求是稳定的。

$$M_S = m(D + R) \tag{1-10}$$

式中，$D$ 是指中央银行通过国内信贷或国内资产提供的基础货币供应；$R$ 是指中央银行通过持有外汇储备而提供的基础货币供应，在我国央行的资产负债表上体现为“外汇占款”；$m$ 为货币乘数，是指银行体系通过辗转存贷创造货币，使货币供应数倍于基础货币的系数。在一定的社会经济条件下，$m$ 是一个大于零的常数。这样，可得到下面的等式：

$$M_S = mD + mR \tag{1-11}$$

为方便分析，假定货币供给量等于基础货币，即 $m=1$，将式（1-8）代入式（1-11），整理得到：

$$R = M_d - D \tag{1-12}$$

货币分析理论将国际收支看作一种货币现象，认为国际收支不平衡是货币不平衡，即人们意愿的货币持有量与货币当局货币供给量差异的结果。如果人们的货币需求量大于中央银行的货币供给量，则对货币的超额需求将由货币从国外的流入来弥补，从而引起国际收支顺差；相反，当货币供给通过国内信贷扩展而增加时，中央银行的货币供给量大于人们的货币需求量，人们就会将多余的、过剩的货币供给流向国外，从而引起国际收支逆差。

货币论认为，国际收支不平衡在本质上都是货币性的，因此国际收支的不平衡都可以由国内货币政策来解决。这里的国内货币政策主要指货币供给政策。由货币分析理论的假设前提可知货币需求是收入、利率的函数，而货币供给在很大程度上可由政府操纵，因此膨胀性的货币政策可以减少国际收支顺差，而紧缩性的货币政策可以减少国际收支逆差。

该理论强调为平衡国际收支而采取的贬值、进口限额、关税、外汇管制等贸易和金融干预措施，只有当它们的作用是提高货币需求，尤其是提高国内价格水平时，才能改善国际收支。如果在施加干预措施的同时伴有国内信贷膨胀，则国际收支不一定能改善，甚至可能恶化。

#### 1.5.3.2　货币分析理论与弹性分析理论、吸收分析理论的区别

弹性分析理论、吸收分析理论强调的是商品市场流量均衡在国际收支调节中的作用，货币分析理论强调货币市场存量均衡的作用；弹性分析理论、吸收分析理论注重经常账户交易，强调贸易差额，而货币分析理论则将国际资本流动作为考察对象，强调综合差额；弹性分析理论、吸收分析理论注重对线上项目即自主性交易分析，而货币分析理论则主张从线下项目即补偿性交易分析国际收支，如通过分析线下的国际储备的变化来分析国际收支。总的来看，3种国际收支调节理论试图解释国际收支的不同侧面，它们在很大程度上是互补的。而不是相互替代的。

#### 1.5.3.3　对国际收支货币论的评价

##### A　国际收支货币论的贡献

(1) 国际收支货币论重新唤起了人们在国际收支分析中对货币因素的重视。自从凯恩斯主义统治西方经济学界以后，货币因素就被人们淡忘了。凯恩斯主义在国际收支分析中只强调实际因素，几乎没有涉及货币因素。随着国际收支货币论的兴起，被遗忘的货币因素在国际收支调整中得到了人们应有的重视。

(2) 国际收支货币论从开放经济的角度将货币的来源区分为国内部分和国外部分，此后，这一基本原理成为汇率决定的货币供求说的基础。

##### B　国际收支货币论的缺陷

虽然国际收支货币论的基本观点及其提倡的国际收支调节方法，在国际收支理论研究以及各国宏观经济实践中都有广泛影响，但质疑的声音并未因此消失。就国际收支货币论自身而言，其局限性主要表现在以下几个方面。

(1) 过分突出了货币因素在国际收支决定中的作用。国际收支货币论认为货币是国际收支失衡及其调节的唯一重要因素，而把收入、支出和贸易条件等其他因素看成次要的，这实质上是把现实的经济因果关系颠倒了。

(2) 用外汇储备变动替代国际收支差额存在明显的不足。国际收支货币论只注重估计国际收支的最终结果——官方外汇储备账户的变动，而忽略了国际收支的结构问题即经常账户和资本与金融账户的自身平衡及相互影响问题。如果经常账户逆差从数量上恰好等于资本与金融账户顺差，那么以国际收支货币论的观点，官方储备不变说明国际收支平衡，无须采取任何调节政策或措施。但是，依靠借债来平衡经常账户逆差将增加未来年份的外债还本付息负担，一旦资本流入中断，经常账户差额无法弥补，国际收支失衡问题便会立即显现。所以，只关注外汇储备账户的国际收支政策取向缺乏前瞻性，容易使政府陷入被动局面。

（3）关于货币需求函数稳定的假设受到质疑。货币需求函数是否稳定这一问题长期以来都存在争论，这个争论主要来源于凯恩斯主义和货币主义的争斗。凯恩斯主义者认为，货币需求受利率影响较大，货币需求会随着经济形势和利率波动而发生变化，因而货币需求并不稳定。但是，货币主义者认为，货币需求主要受恒久性收入影响，由于恒久性收入是一定时期的平均收入，相对比较稳定，因而货币需求函数也是稳定的。因此，如果货币需求不稳定，则货币论的各种政策主张将受到挑战。

（4）在政策层面也存在一定的局限性。国际收支货币论提出要改善国际收支状况必须采取紧缩性货币政策，这显然是以牺牲国内的实际消费、投资、收入和经济增长为代价的，这一点受到了许多发展中国家经济学家的批评。

### 1.5.4 政策配合调节理论

随着经济的发展，一国国际收支与其国内经济的关系越来越密切，实现和保持内外部平衡是一国制定经济政策的最高目标。外部平衡追求的目标是国际收支平衡和汇率稳定；内部平衡要达到的目标是保持国内物价稳定、充分就业和经济增长。这是理论上的内外平衡，现代经济中，内外部同时达到平衡较为困难。但是，两种平衡是有机联系的，在研究外部平衡时，也要研究内部平衡。弹性分析理论、吸收分析理论和货币分析理论都是以实现外部平衡即国际收支平衡为最高目标。政策配合调节理论是凯恩斯有关国际收支理论的一种学说，是凯恩斯学派经济学家蒙代尔于 1962 年提出的，此后其他一些经济学家对这一理论进行了发展和补充，致力于同时实现内部平衡与外部平衡的研究。

#### 1.5.4.1 内外部平衡冲突和外部失衡的纠正

作为开放经济的主要政策目标，内部平衡和外部平衡是相互影响的，它们之间存在极为复杂的关系。当政府采取措施努力实现某一平衡目标时，可能会同时实现开放经济另一平衡问题的改善，也可能对另一平衡问题造成干扰或破坏。一般称前者为内外平衡一致，后者为内外平衡之间的冲突。

内外平衡冲突的根源在于经济的开放性。这一开放性要求同时实现经济的内在稳定和合理开放，而这两点对特定变量要求的调整方向并不总是一致的，由此造成内外平衡的冲突。

内外平衡冲突的产生与某种特定的调控方式是直接相对应的。在米德最早的研究中，是针对固定汇率制度下调节社会总需求的不同影响进行分析的，从而将开放经济运行的特定区间定义为内外平衡之间的冲突。从更广义的角度来看，凡是实现某一平衡的努力对另一平衡的干扰或破坏都可以称为内外平衡之间的冲突。

内外平衡冲突问题说明：在开放经济下，单纯运用调节社会总需求这一封闭经济的政策工具是不足以同时实现内外平衡目标的，开放经济的调控需要有新的政策工具，需要对政策工具有新的运用方式。

在经济发展过程中，当外部失衡超过一定限度时，必须采取对策加以纠正。纠正外部失衡的对策有三种，分别是支出增减型政策、支出转换型政策和直接管制。

#### 1.5.4.2 主要观点

在本章第 1.4 节中介绍了“丁伯根原则”，即为实现 $n$ 个经济目标，政府至少要运用

$n$ 种独立有效的政策。还提到了固定汇率制度下的内部均衡和外部均衡的冲突问题，即“米德冲突”。由于存在着米德冲突，要想获得理想的内部平衡和外部平衡的目标，就必须配合使用经济政策。

1962 年，美国经济学家蒙代尔在向国际货币基金组织提交的题为《恰当运用财政货币政策以实现内外稳定》的报告中正式提出：分配给财政政策以稳定国内经济的任务，而分配给货币政策以稳定国际收支的任务，这就是“蒙代尔分配法则”。蒙代尔认为，财政政策通常对国内经济的作用大于对国际收支的作用，而货币政策对国际收支的作用较大，它倾向于扩大本国与外国之间的利差，促使大量资本在国际上移动，进而影响国际收支。按照蒙代尔分配法则，分派给财政政策实现内部均衡的目标，同时分派给货币政策实现外部均衡的目标。只有这样才能实现内外部同时均衡。根据一国的国内经济和国际收支情况。可以构成不同的财政政策与货币政策的搭配方案，见表 1-10。

**表 1-10　财政政策与货币政策的搭配**

| 国内经济状况 | 国际收支状况 | 财政政策分配 | 货币政策分配 |
|---|---|---|---|
| 通货膨胀 | 逆差 | 紧缩 | 紧缩 |
| 通货膨胀 | 顺差 | 紧缩 | 扩张 |
| 失业增加、经济衰退 | 顺差 | 扩张 | 扩张 |
| 失业增加、经济衰退 | 逆差 | 扩张 | 紧缩 |

#### 1.5.4.3　对内外部平衡理论的评价

蒙代尔提出的政策分配与有效市场分类原则丰富了开放经济的政策调控理论，对一国宏观经济政策的决策有一定的参考价值。但是，该原则存在以下不足。

（1）经济生活实际上远比理论上的论述复杂得多。在决定政策取向时，不仅要考虑本国经济的需要，还要顾及外国可能作出的反应。一国货币贬值可能引起其他国家的竞争性贬值，从而对国际贸易的发展造成极大的破坏。

（2）蒙代尔的政策分配原则假定经济衰退与通货膨胀是两种独立的情况，财政政策和货币政策也相互独立。实际上，两种政策很难截然分开。20 世纪 70 年代也出现了滞胀现象，这时政策搭配的任务要复杂得多，政策工具的数目可能不止两个。

（3）该原则只强调了利率变化对资本流动的影响，忽视了汇率与经济条件的变化、国际经济波动的传递、国际的资金的投机性冲击和政治经济情况的变化等因素对资本流动的影响。

## 1.6　我国的国际收支

### 1.6.1　我国国际收支的基本状况

#### 1.6.1.1　我国国际收支管理的历史沿革

新中国成立以来，我国的国际收支随着社会主义经济的发展，经历了从狭义的外汇收支过渡到广义的国际收支的演变过程，这一过程可划分为两个阶段。

（1）1949—1979 年的 30 年间，由于我国与国际的政治经济文化等方面的交往较少，主要对外经济活动一直是对外商品贸易和侨汇业务，其他经济交往几乎是零，因此我国没有编制国际收支平衡表，只是编制了外汇收支平衡表，用以反映我国对外商品贸易和非贸易往来中的以侨汇为主的外汇收支。

在此期间，我国虽然也曾参与过一些国际借贷和其他形式的融资活动，如“一五”期间向苏联借入 74 亿旧卢布的长期贷款，但这些融资无论在数量和规模上都十分有限，尚未构成完整意义上的国际收支。在这一时期我国向世界 70 多个发展中国家提供的经济技术援助开支，也作为财政支出处理，未列入外汇收支平衡表。

（2）1979 年至今，随着我国改革开放进程的推进，我国对外经济交往的领域越来越广，内容也越来越丰富，对外贸易和利用外资的规模不断扩大，旅游、金融、保险、服务、贸易、对外承包、文教、科技等非贸易往来呈现出前所未有的发展势头。实践表明不断扩大的国际经济交往，使我国的国际收支范围和规模发生了重大变化，仅仅依赖原来的外汇收支统计已不能全面综合地反映我国对外经济交往情况，必须突破原来的外汇收支局限，建立一套既适合我国国情又符合国际通行标准的国际收支平衡表。

1980 年，我国正式恢复在国际货币基金组织和世界银行中的合法席位以后，遵照会员国需向上述国际组织定期报送国际收支平衡表的义务，从 1980 年开始我国正式编制了国际收支平衡表，并建立了国际收支统计制度。1984 年 10 月，我国对国际收支统计制度进行了补充修改，使得国际收支平衡表在项目设置分类上更有国际可比性，同时国际收支平衡表由每半年编制一次改为每一季度编制一次。1985 年 9 月，国家外汇管理局正式公布了我国 1982—1984 年的国际收支平衡表。定期编制和公布国际收支平衡表，有利于我国对国际收支的加强。

#### 1.6.1.2 我国国际收支状况的基本特征

##### A 国际收支规模迅速扩大

改革开放以来随着对外经济交往的不断加深，我国货物进出口总额总体上升，近 20 年一直处于贸易顺差状态，如图 1-4 所示。

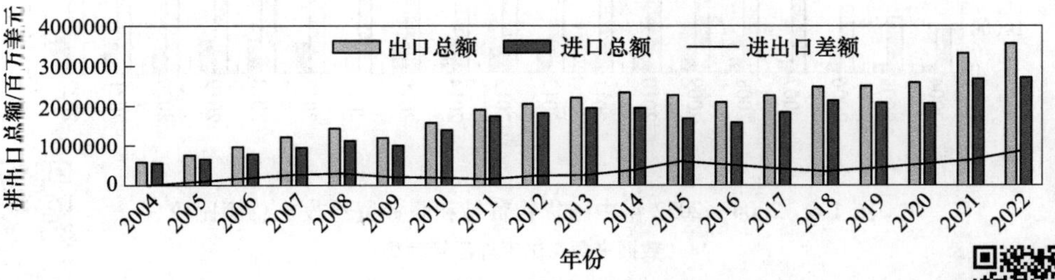


图 1-4 2004—2022 年中国货物进出口总额
（资料来源：国家统计局）

彩图

除了经常项目下的商品及服务进出口，我国在吸引外资流入的同时积极探索对外投资。2022 年，中国对外直接投资流量 1631.2 亿美元，居全球第 2 位，连续 11 年列全球前三，连续七年占全球份额超过一成。2022 年年末，中国对外直接投资存量达 2.75 万亿美元，连续六年排名全球前三。中国境内投资者共在全球 190 个国家和地区设立境外企业 4.7 万家。近 60% 分布在亚洲，北美洲占 13%，欧洲占 10.2%，拉丁美洲占

7.9%，非洲占7.1%，大洋洲占2.6%。其中，在共建“一带一路”国家设立境外企业1.6万家。图1-5展示了2007—2022年实际利用外商直接投资金额和对外直接投资流量。

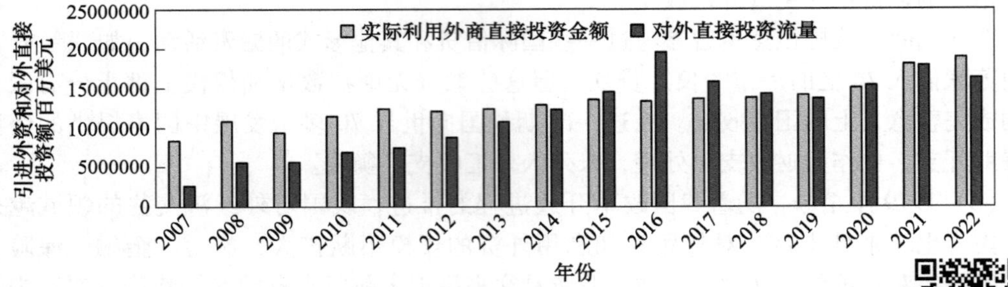


图1-5 2007—2022年中国引进外资和对外直接投资额

（资料来源：国家统计局）

彩图

B 国际收支的构成更加复杂

1980年以前，我国对外经济活动相对较少，国际收支主要集中在商品进出口与侨汇收入，而1980年以后除了进出口和侨汇这两个传统项目外，其他如旅游、运输、劳务承包、资本账户的收支急剧增加，我国利用外资的规模与形式有较大变化，我国的政府部门金融机构频繁进入国际资本市场发行债券融资。2004—2022年货物贸易和服务贸易比较情况如图1-6所示。

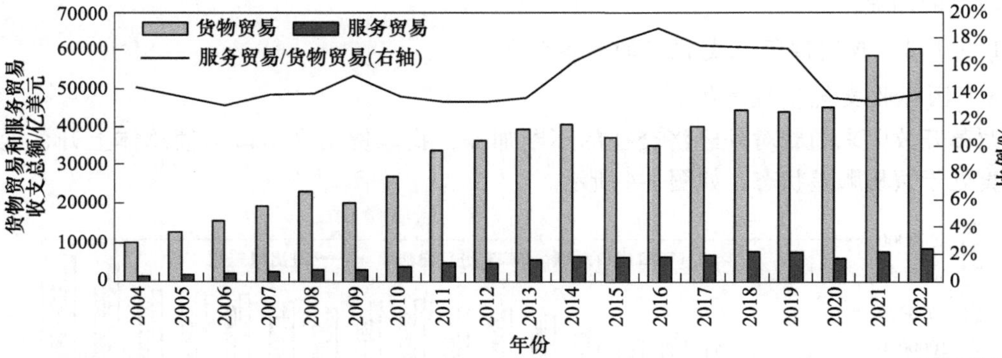


图1-6 2004—2022年中国货物贸易和服务贸易收支总额比较

（数据来源：国家外汇管理局）

彩图

2012年之前，我国年均吸收债券投资仅数十亿美元。2012—2016年，合格境外机构投资者制度（QFII/RQFII）不断完善，年均吸收债券投资增加至200亿美元以上。2017年以来，我国债券市场开放扩大，境外投资者直接投资银行间债券市场更加便利，“债券通”正式实施，我国国债等逐步被纳入国际主流指数，年均吸收跨境债券投资跃升至1000亿美元。2017—2022年三季度，我国吸收债券投资增量累计近4300亿美元，仅低于美国、日本等，在全球位居第6位，与其他新兴经济体总和相当。2018年，我国吸收跨境债券投资存量首次跃升至新兴经济体首位，2021年，我国吸收跨境债券投资规模占主要新兴经济体吸收总规模的比重上升至1/3。图1-7展示了2000—2022年我国对外证券投资与境外对我国证券投资的比较。

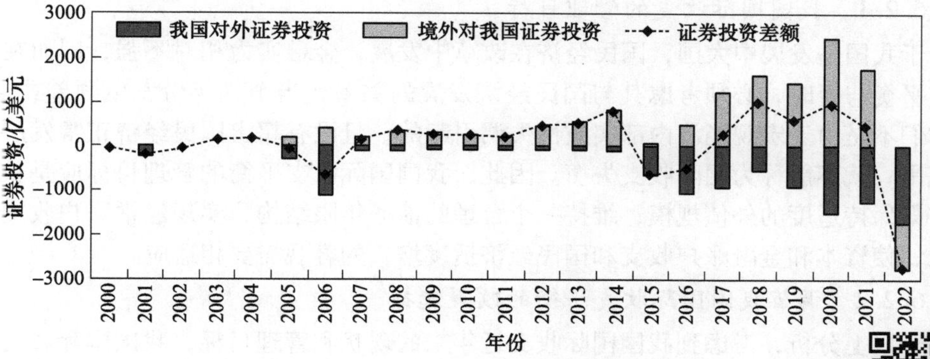


图1-7　2000—2022年中国跨境证券投资净额

（数据来源：国家外汇管理局）

彩图

C　国际收支受国民经济的影响明显

1982—1990年9月，我国的国际收支受国民经济发展波动的影响经历了盈余—赤字—盈余—赤字—盈余的循环。相应的我国外汇储备经历了“上升—下降—上升—下降—上升”的过程，其中，6年是上升，3年是下降，1985—1986年、1989年 、1992年的国际收支，赤字主要是同期国内经济发展过热，宏观经济失控所造成的。国内投资和消费开支猛增，势必带来进口的相应猛增。对此，我国随后都采取了紧缩性货币政策和鼓励出口控制进口的措施，扭转国际收支赤字的局面。1997年，我国经济成功实现软着陆之后，国民经济进入了平稳发展阶段，国际收支出现稳步发展的态势，外汇储备实现了持续的增加。

D　国际收支在国民经济中的地位不断提高

这主要反映在对外经济活动在国民经济中所占比重逐步加大。进出口总额与国民生产总值之比，也就是外贸依存度，从1982年的13.3%上升到了2007年的61.6%，此后，由于国民生产总值的快速上升该比例略有下降，但是也保持在30%以上，具体如图1-8所示。

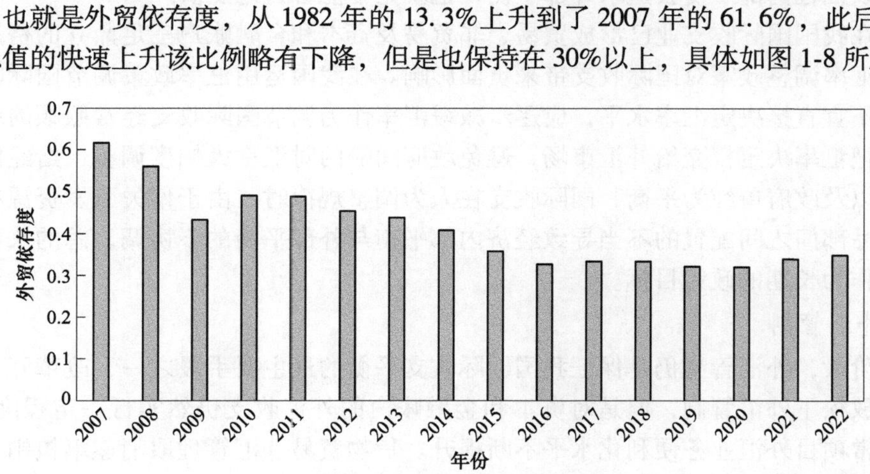


图1-8　2007—2022年中国外贸依存度

（数据来源：国家外汇管理局）

### 1.6.2　我国国际收支的管理目标和调节政策

1.6.2.1　我国国际收支的管理目标

由于我国是发展中大国，国民经济在改革中发展，金融实力相对不强，因而在判断国际收支平衡与否时，必须考虑其与国民经济发展的关系，当个别年份发生顺差或逆差时，只要它们不是由于宏观经济内部实质性失调引起的，且没有超出国民经济正常发展所能承受的范围，就不能称为国际收支失衡。因此，我国国际收支平衡的管理目标应是长期动态均衡，即保持适度的外债规模，维持一个合理的债务年限结构，实现经常账户收支平衡略有盈余，使资本和金融账户收支和国民经济适度增长的客观需要相适应。

1.6.2.2　调节我国国际收支平衡的政策选择

综合以上分析，考虑到我国国际收支近年来的现状和管理目标，我国国际收支平衡的调节应采取以下政策措施。

A　财政货币政策

财政政策方面，自我国取消财政对出口和大部分进口补贴后，税收成为财政杠杆调节国际收支的最主要手段。目前我国主要运用关税、出口退税和对外商投资的税收优惠等手段来调节对外经济活动。

货币政策方面，我国除了通过紧缩和放松货币总量调节宏观经济，从而作用于对外经济活动外，还具体对进出口贸易有针对性地发放优惠贷款，达到调节进出口贸易的目的。

B　汇率政策

运用汇率政策调节国际收支平衡会面临一个两难选择：提高本币汇率，本币升值贸易品价格竞争力下降，外部经济平衡难以维持；降低本币汇率，本币贬值，国内通货膨胀压力增大，国内经济供求无法平衡。在这种情况下，我国运用汇率政策调节国际收支，必须进行准确定位，即我国是发展中大国，维持经济的供求内部平衡比维持外部平衡更为重要，不能以牺牲内部平衡去追求外部平衡，也就是不能盲目地贬值。

同时在我国国际收支业已形成贸易、非贸易及资本和金融账户三足鼎立的格局下，应力求避免汇率调整政策对国际收支带来负面影响。在我国运用汇率政策调节国际收支平衡时，政府不宜直接决定汇率水平，应逐步减缓汇率作为调节国际收支经常照顾的政策工具力度，而把汇率决定权交给外汇市场，避免政府间隔的对汇率大幅度调整，给经济运行带来冲击，以及政府单纯为平衡，国际收支在人为调整规律时，由于偏失引发资源在贸易品和非贸易品部门之间配置的不当导致经济内部平衡与外部平衡的不协调，总的来看应把人民币稳定作为长期的政策目标。

C　外汇管制

在现阶段，外汇管制仍是保证我国国际收支平衡的最主要手段之一，改革开放后尽管我国逐步放松了外汇管制，但是对资本和金融账户的外汇收支仍然实行一定程度的管制。目前，经常项目外汇业务便利化水平不断提升。货物贸易外汇管理取消逐笔核销制度，建立起“总量核查、动态监测、分类管理”的新监管体系。逐步在全国实施贸易外汇收支便利化政策，更加便利审慎合规银行和信用优良企业的贸易收支。服务贸易外汇管理取消事前审批，购付汇可在金融机构直接办理，单笔等值 5 万美元以下的收付汇业务无需审核单证。优化留学购付汇、薪酬结售汇等个人外汇业务办理。支持跨境电商等贸易新业态健康发展。

资本项目可兑换达到新高度。以金融市场双向开放为重点推进资本项目开放，证券投资项下形成了以机构投资者制度、互联互通机制、境外投资者直接入市为主的跨境投资制度安排。跨境直接投资实现基本可兑换，外商直接投资外汇管理全面落实准入前国民待遇和负面清单管理，支持有能力、有条件的企业积极稳妥“走出去”，支持私募股权投资基金开展跨境产业、实业投资。跨境融资全口径宏观审慎管理框架基本建立，开展外债便利化试点支持高新技术和专精特新企业跨境融资，便利跨国公司跨境资金统筹使用。

预计今后在相当的时期内，我国国际收支调节在较大程度上还要依靠这一直接管制手段，但随着我国社会主义市场经济运行机制的完善和经济实力的增强，外汇管制将逐步放松直至取消，国际收支的调节将主要依靠汇率利率等经济杠杆的灵活运用。

## 案例分析

**学习目的：** 让学生进一步了解东南亚金融危机的发展、影响，深入分析其产生的一般原因与根本原因。让学生在案例的分析与讨论中了解自己身处的国际金融环境。同时，案例中提出的诸多的国际金融问题，例如，什么是卖空行为？汇率究竟是自由浮动好还是钉住浮动更好？国际收支平衡对一国经济的影响究竟有多大？一国的汇率贬值会对一国经济带来哪些方面的影响？为何汇率的贬值会具有传染效应？启发学生带着问题去思考和学习该门课程。

### 案例2：亚洲金融危机与次贷危机

（作者整理，主要参考资料为：袁木．亚洲金融危机及对我国的启示［J］．当代思潮，1998（2）：9．回顾韩国1997—1998年金融危机：从全民捐金到丧失金融等国家主权 | 美国　日本 | 奥运会网易订阅）

**A　案例材料**

a　亚洲经济的神话

第二次世界大战后，日本经济的兴起是国际经济中最引人注目的事件。用“贫困的富饶”来形容日本一点也不过分。一个自然资源极其匮乏、90%以上的能源需要从国外进口的国家，其经济在战后经过数次的繁荣，获得了非凡的积累。20世纪70年代初，亚洲“四小龙”崛起，再次促使世界经济增长中心的转移。在近30年时间里，“四小龙”跻身于中等发达国家和地区的行列。70年代后，亚洲“四小虎”又依靠“进口替代工业化战略和出口导向工业化战略”，对外贸易极为迅速地扩张，带动经济高速增长。80年代后期中国经济的崛起，从1985年以来，中国出口的平均增长率维持在15%以上，以中国庞大的资源条件，成为世界市场上一个强大竞争者。

事实上，20世纪60—90年代初期，东亚经济中形成了一个比较完整的产业链条，即所谓的“雁行模式”。在雁行模式中，日本扮演了技术来源和投资来源的作用，日本的产业结构不断升级换代，并将进入成熟期和大规模制造期的产业转移到更有成本优势的亚洲“四小龙”，亚洲“四小龙”的产业升级之后，这些行业进一步转移到劳动力低廉的东南亚“四小虎”和中国沿海地区。这种环环相扣、逐级转移的区域分工模式带动了东亚经济的次第起飞。

1994 年，在亚洲经济的一片看好声中，麻省理工学院经济学教授克鲁格曼宣称：东亚的增长前景并不看好，所谓“亚洲四虎”只是“纸老虎”，世界经济的中心没有也不可能迅速转向亚洲。

b　亚洲金融危机的发生——“一个浪潮、四个波澜”

（1）由泰国的汇率危机引发了东南亚金融危机。1997 年 2 月初，国际投机商大量抛空泰铢，引起泰国金融体系不稳；5 月，又大肆炒作泰铢，使泰铢兑美元汇率跌至十年来最低点。经受数度猛烈攻击后，7 月 2 日，泰国政府宣布终止实行 14 年之久的联系汇率制，泰铢汇率实行浮动，当天兑美元汇率急剧下跌近 20%。起源于泰国的金融危机，先是对印度尼西亚、菲律宾和马来西亚等国造成冲击，后又波及新加坡、越南，甚至延伸到印度、巴基斯坦。东南亚各国纷纷放弃联系汇率制，实行浮动汇率制。

（2）东南亚金融危机波及中国台湾、中国香港的汇市和股市。国际投机势力在对东南亚金融市场的攻击告一段落以后，便将矛头对准中国台湾。1997 年 10 月 17 日，中国台湾“央行”放弃对汇市的干预，宣布将由市场供需决定新台币价格，新台币兑美元的汇率迅速跌破 1 美元兑 30 新台币大关，创下十来年最低水平。国际投机势力又加紧了对港元的攻击，威胁已实施 14 年的联系汇率制，但其真正对象是在股市。据估计，国际投机商利用这种手段在中国香港获利已超过 35 亿港币，并使香港社会资产损失达数千亿港元。

（3）韩国、日本遭受金融危机的冲击。1997 年 10 月以来，韩国金融市场出现动荡，韩元下跌，股市急挫，利率猛升。从 10 月 20 日起，韩元由 920 韩元兑 1 美元一路下泻，连创新低。1997 年 11 月以来，日本接连发生多起银行和证券公司倒闭事件，引发了新一轮货币危机，致使日元贬值。日本股市也发生动荡，特别是日本四大证券商之一的山一证券公司破产，预示日本金融状况还可能进一步恶化。

（4）全球股市发生动荡。1997 年 10 月以来，中国香港股市暴跌，引发全球股市动荡。美国道琼斯指数 10 月 27 日大跌 554 点，创历史纪录，随即引起全球股市暴跌。

c　亚洲金融危机的影响——多米诺骨牌效应

（1）东南亚经济低增长。

从经济方面看，由于金融危机的爆发，东南亚各国，特别是金融危机的“重灾国”印度尼西亚、泰国、马来西亚等国经济严重衰退。

其一，各国经济大滑坡，东亚经济奇迹一夜之间梦幻般地破灭。据设在新加坡的太平洋经济合作理事会发表的报告，1998 年印度尼西亚经济负增长约 14%，泰国负增长 7%，马来西亚负增长 5%，新加坡保持了 1%的增长。

其二，由于经济形势恶化，东南亚国家生产经营困难，造成巨大损失。从 1997 年 7 月至同年 12 月 19 日，印度尼西亚盾贬值 51%，泰国泰铢贬值 46%，马来西亚林吉特贬值 34%，菲律宾比索贬值 33%，新加坡元贬值 14%。金融危机冲击相对较轻的越南、老挝、缅甸等国也未能幸免。

其三，银行瘫痪，大批公司、企业破产倒闭。金融危机爆发后，泰国有 56 家金融公司被宣布永远停业。这些被停业的金融公司占泰国金融公司的一半以上，存款额占全国金融业存款额的三分之二。印度尼西亚在 1997 年 11 月关闭了 16 家私人银行。菲律宾的 4 家银行也在 1997 年倒闭。除银行业外，许多公司企业因货币贬值，资金短缺，无法经营而破产。泰国大批员工被解雇，加入失业队伍中。

其四，对外贸易萎缩。由于东南亚国家仍处于劳动密集型产业阶段，出口工业所需的生产设备、材料、配件、中间产品都要依靠进口，因此，货币贬值为出口带来的益处被进口所抵销。

(2) 韩国。

在 1997 年之前，美资和日资是韩国外资的主要来源。

1997 年第二季度，作为“过来人”的日本已经忍受楼市、股市“双市泡沫”破裂 8 年，风险控制意识极强，他们看到泰国及东南亚的金融市场情况后，马上感觉不对劲，立刻紧张起来。泰国金融危机刚爆发，还没有向其他国家蔓延的时候，日本已经嗅到不祥的气息，他们不声不响，以各种名义有条不紊地从韩国的各大银行、企业抽调巨量资金，换成外汇后出逃，所以 1997 年 7—8 月炎热的夏季，却让韩国的股市和楼市开始泛出寒意和诡异。

1997 年第 4 季度，亚洲金融危机蔓延到了韩国，大恐慌开始在韩国经济的各个领域蔓延。美国资本虽然反应比日本慢，但动作比日本简单粗暴，直接釜底抽薪，集体逃离韩国。

危机降临，是该看看国家的家底了。此时韩国的家底是：外债余额超过 1100 亿美元、国家外汇储备不足 100 亿美元。

于是，韩国经济和金融历史上最惨绝人寰的情形发生了：所有海外银行停止对韩国政府、银行和企业的贷款！韩元贬值的速度和幅度可以达到 7 天贬值超过 50%！韩国在略做抵抗后宣布放弃韩元与美元的固定汇率！

只用了 7 天，作为“亚洲四小龙”之首的韩国，利利索索、痛痛快快地输掉了这场涉及汇市、股市、楼市、债市等金融核心资产的战争，令人惊掉下巴。

接下来的时间，泰国等东南亚国家刚刚现场直播过的惨剧，在韩国上演升级版：第 1 个撑不住的是韩宝钢铁——韩国第 2 大钢铁企业，“大韩民国 30 大财阀”之一！不到 90 天，“大韩民国 30 大财阀”中的 19 家宣布资金链断裂、已申请破产！至于大量为大财阀做配套、做下游产业链的中小企业，不用说，是成片成片的倒闭！

速度快、反差大，没有做过任何心理建设的韩国民众，恍惚间产生一种错觉：昨天还在大干快上、莺歌燕舞；今天怎么就破产清算、上吊跳楼。

如果说经济危机还有一个缓冲期，那么金融危机就是一个“快”字，一旦爆发，不到尸横遍野，绝不收手。

后面的结果是，不到 6 个月，韩国经济全面陷入瘫痪。韩国政府不得不宣布：现在国家外汇储备已经枯竭，政府正向美国、日本、各欧洲友好国家请求援助。

(3) 日本。

1997 年初期，日本股市平均市盈率达到 104 倍，在世界各大成熟市场名列第一。而如果在经济快速的上升期，市盈率非常高，市场也是可以接受的，毕竟今后的动态市盈率会很快下降，但自从 1990 年以来，日本经济迟滞不前，因此保持高市盈率实际上已经不可能了。

平均市盈率人为地维持在一个超过 100 倍的水平之上，已经严重脱离基本面。而同时，日本脆弱不堪的银行系统正在承受着巨大压力，不良债权居高不下，一直是日本银行不愿意承认的事实，过度信贷造成很多呆账、死账乃至可能的糊涂账。

事实上，虚拟经济对实体经济的打击非常之大，这是很多研究经济的人没有认识到的一个重大课题。自从 1989 年日本股市从 40000 点见顶以来，日本股市一路下滑，已经下跌了约 60%，银行大量资金被吸进“股市黑洞”化为泡影，1997 年 11 月 14 日，日经指数跌至 16000 点，国内 20 家最大银行这一天仅仅从股份单上的收益损失即达到 120 亿美元，而这之前的损失高达 900 多亿美元。

东南亚股市的暴跌，让日本股市也开始跟随下跌。

一些银行开始出现大规模亏损。比如，东京三菱银行当时可以称为世界银行界的巨擘，刚刚合并时其资产值列全球第一，远远超过美国花旗银行，然而在 3 月份的季度报告内不得不宣布，出现了税前 8650 亿日元的巨额亏损，而 1996 年同期则赢利 1194 亿日元。其在发布季报的报告中称，之所以发生亏损，是因为自行冲销了坏账。这些坏账就包括股市暴跌所持股份的价格下跌。

1997 年许多日本企业几乎一夜之间倒了下来。

4 月，日产互助人寿保险公司被勒令停业。

5 月，日本著名券商山一证券附属经纪行小川证券停业。

10 月，京都共荣银行倒闭。

日本商业界巨子八佰伴倒闭。

11 月 3 日，日本第七大券商三洋证券破产。

17 日，日本十大银行之——北海道拓殖银行倒闭。

24 日，日本第四大券商——山一证券倒闭。

26 日，日本德阳银行破产。

金融风暴刮起的龙卷风刚刚在日本登陆，就连根拔起了几棵貌似强壮的大树，那些抗风险能力差的中小企业，就只能在寒风中簌簌发抖了。

1997 年的日本，破产事件一件接着一件，日本金融界、地产界、企业界却谈“倒”色变，生怕下一个倒下去的是自己。

**B　思考问题：**

(1) 亚洲经济腾飞的根源何在？

(2) 金融危机爆发前东亚各国的国际收支结构有什么共同特点？

(3) 亚洲金融危机的主要原因是什么？

**C　思政育人目标**

(1) 理解一国保持国际收支平衡、把握对外开放步骤、制定合适宏观政策、保持全球经济均衡的重要性。

(2) 了解中国经受住了历次危机的冲击，充分说明了我国社会主义及金融的制度优越性与正确性。

(3) 了解当前国际货币体系亟须改革，以保证所有成员国的利益公平而非一部分国家的利益。

(4) 树立学生履行时代赋予使命的责任担当，激发学生学习报国的理想情怀。

(5) 学生分组分工合作，查找资料，阅读案例，组内讨论，课堂辩论，提升综合素质。

## 本章重要概念

| | | | |
|---|---|---|---|
| 外汇 | 国际收支 | 国际收支平衡表 | 经常项目 |
| 居民 | 非居民 | 自主性交易 | 补偿性交易 |
| 资本项目 | 金融项目 | 丁伯根原则 | 米德冲突 |
| J 曲线效应 | 马歇尔—勒纳条件 | 蒙代尔分配法则 | |

## 思考练习题

1-1 简述国际收支的概念。理解国际收支概念应该注意哪些问题。
1-2 简述国际收支平衡表的构成内容、编制原则和记账方法。
1-3 简述国际收支不平衡的类型，哪些因素会导致国际收支长期不平衡？
1-4 简述国际收支平衡的含义，说明可以从哪些差额入手分析一国的国际收支状况。
1-5 什么是外汇，外汇有哪些特点？
1-6 国际收支自动调节机制有哪些？
1-7 当一国出现国际收支逆差时可以采取哪些政策性调节措施？
1-8 请自行设计 10 笔国际经济交易，涉及经常账户、资本账户、金融账户，以此编制国际收支平衡简表，并分析各项差额。
1-9 为何会产生 J 曲线效应？
1-10 比较四个国际收支理论的异同。

## 课程思政

### “中国金融学科奠基人”——黄达

黄达（1925—2023 年）被誉为“中国金融学科奠基人”，是中国人民大学经济学教授，长期致力于货币银行学、金融市场等领域的研究。他对中国金融学科的建设和发展作出了杰出的贡献。黄达教授在货币银行学、金融市场、金融体制等领域有着深入的研究，提出了许多重要的理论观点和政策建议。他非常注重金融学的教育和普及工作，主编了多部具有里程碑意义的金融学教材，如《金融学》《货币银行学》等。这些教材不仅系统地介绍了金融学的基本理论和知识，而且结合中国的实际情况，具有很强的实用性和针对性。他的学术思想对中国金融市场的改革和发展产生了深远的影响。

# 2 外汇与汇率

**学习目标：**

- 了解汇率的基本概念；
- 掌握汇率的主要种类；
- 掌握汇率的决定与影响因素；
- 理解并掌握汇率变动对一国经济的影响。

## 2.1 基本概念

### 2.1.1 外汇的分类

在第1章当中，已经介绍了外汇是以外币表示的用于进行国际结算的支付手段和资产。按货币能否自由兑换，可将外汇分为自由外汇和记账外汇。

（1）自由外汇是指不需要外汇管理当局批准就可以自由兑换成其他货币，或是向第三者办理支付的外国货币与支付凭证。

例如美元、英镑、欧元、日元、瑞士法郎等国家的货币以及这些货币所表示的支票汇票、股票、公债和旅行支票等。

（2）记账外汇又称为清算外汇、协定外汇，是指未经货币发行和批准不能自由兑换成其他货币，或对第三者进行支付的外汇。

记账外汇只能根据两国政府间的清算协定在双方银行开立专门账户记载使用，使用的计价结算货币可以是双方国家中的一种货币，也可以是双方选定的第三国货币或复合货币，必须确定有关货币之间的汇率。例如中国与东欧各国发生的贸易与非贸易往来，在1978年以前很长一段时间采用的计价货币是卢布，后来改为瑞士法郎。

### 2.1.2 外汇的作用

外汇是以外币表示的，用于结算的支付手段，它是国际经济交流不可缺少的工具，对推动国际经济贸易的发展作出了巨大贡献，具体来讲外汇主要有以下几方面的作用。

（1）便利了国际的货币流通。国家间经济、技术交往能够充分发挥各国的相对优势，提高各国的生产水平和福利水平，然而一国货币一般不能在别国流通，对别国的商品技术和劳务没有直接的购买力，而外汇作为国际支付手段，使不同国家间的货币购买力的转移得到实现，从而加快了各国经济的发展。

（2）促进了国际贸易的发展。外汇是国际清偿债权债务的重要清算工具，在国际经济联系的发展过程中，如果没有外汇，则商品的进出口、资本的输出入、技术的转让及侨汇等支付全部都要通过使用充当“世界货币”的黄金来结算，而这种结算方式会耗费大量的运费和保险费，并且还会耽搁支付时间，风险大并造成资金积压。用外汇清偿国际债权、债务不仅节省运送现金的费用，避免风险缩短支付时间，加速资金周转，更重要的是运用以外币表示的信用工具，通过银行账户转账或充抵的方法来办理收付，实现了国际的非现金结算，扩大了资金融通范围，从而促进国际贸易发展。

（3）便利了国际资金供需的调剂。外汇作为国际支付手段，能够调剂各国之间的资金余缺，促使资金的移动从一国走向国际化。由于资金的供求可以在世界范围内得到调节，从而使一些国家能够突破本国的积累，利用外资发展经济，促进了世界经济水平的提高，目前各国经济已越来越多地依赖于国家信贷和国际投资。

### 2.1.3 汇率

正如国内商品交易的需要产生了国内货币流通一样，国际商品交易及其他经济活动带来了不同国家间的货币流通。不同的是国际货币流通是不同国家的货币之间的相互交换。

清偿由进出口贸易而引起的债权债务关系，是国际汇兑产生的主要原因，例如中国的汽车生产商向法国出口一批新能源汽车，法国进口商用欧元进行支付，价值 100 万欧元。这笔资金可以放在中国汽车生产商在法国一家银行的账户上，那么中国汽车生产商就拥有了一笔以欧元表示的外汇存款。如果同时中国一家贸易公司从另一家法国商人那里进口一批香水，需要用欧元进行支付价值，价值 100 万欧元，这家中国香水进口商就需要寻找用人民币兑换成欧元的机会，它可以用一定数量的人民币向中国的汽车生产商购买 100 万欧元，同时要求法国的银行将欧元支付给法国的香水出口商从而完成债务清偿。此中自然涉及一个问题，中国的贸易公司要以多少人民币兑换 100 万欧元呢？需要通过两种货币兑换比率来进行测算，这就是汇率问题。

2.1.3.1 汇率

汇率又称为汇价、外汇牌价、外汇行市，即外汇买卖的价格，是一个国家的货币折算成另一个国家货币的比率。

例如：1 美元=7 元人民币，表示购买 1 美元需要付出 7 元人民币或购买 1 元人民币需要付出约 0.14 美元。

汇率作为两国货币之间的比价，不仅仅是确定不同货币兑换的比例，更重要的是通过汇率这个媒介，把两国商品的价格用同一种货币来表示，为国际结算提供方便。

常用的外汇名称、国际标准代码及货币符号见表 2-1。

**表 2-1 常用的外汇名称、国际标准代码及货币符号**

| 货币名称 | 国际标准代码 | 货币符号 |
|---|---|---|
| 中国人民币 | CNY | ¥ |
| 日元 | JPY | JP¥ |
| 美元 | USD | US$或$ |
| 欧元 | EUR | € |

续表 2-1

| 货币名称 | 国际标准代码 | 货币符号 |
|---|---|---|
| 英镑 | GBP | £ |
| 瑞士法郎 | CHF | SF |
| 加拿大元 | CAD | C$ |
| 新加坡元 | SGD | S$ |
| 新西兰元 | NZD | NZ$ |
| 俄罗斯卢布 | SUR | P |
| 菲律宾比索 | PHP | ₱ |
| 韩元 | KRW | ₩ |
| 澳大利亚元 | AUD | A$ |

#### 2.1.3.2 汇率的种类

汇率不仅是货币理论上的一个重要问题，也是外汇业务中的一个实务问题，因此从不同角度出发，可以对汇率划分不同的种类。

A 按汇率制度来分

固定汇率：指一国货币同另一国货币的汇率基本固定，汇率的波动仅限制在一定幅度之内。

在金本位制度下，黄金输送点是汇率波动的界限，第二次世界大战后到 20 世纪 70 年代初的固定汇率制度下，汇率波动的幅度被规定在一定的界限以内，如果汇率涨至上限或跌至下限，相关国家政府就要采用干预措施维持既定汇率。

浮动汇率：指由市场供求关系决定的汇率，即一国货币当局不规定本国货币与另一国货币的官方汇率，不规定汇率波动的上下限，不承担维持汇率波动界限的义务。

在一般情况下，汇率随外汇市场供求力量的变化而自由波动，外国货币供不应求时外汇汇率就坚挺，外国货币供过于求时外汇汇率就疲软。

B 按汇率是否统一划分

单一汇率：指一种货币（或一个国家）只有一种汇率，这种汇率通用于该国所有的国际经济交往。

复汇率：指一国货币对另一国货币存在着两个或两个以上的汇率。

有些国家实行贸易汇率和金融汇率分开的双重汇率，而有些国家对出口贸易、进口贸易、非贸易分别制定不同的汇率。

C 按外汇买卖成交后交割时间的长短不同划分

即期汇率：又称为现汇汇率，是指在外汇市场买卖现汇的汇率，即买卖双方成交后在两个营业日内办理外汇交割时所用的汇率。

远期汇率：又称为期汇汇率，是买卖双方事先约定的，据以在未来一定日期进行外汇交割的汇率，即远期外汇交易中所使用的汇率。

D 按制定外汇汇率的方法划分

基本汇率：指本国货币与国际上某一关键货币的汇率。这一关键货币是本国对外经济交往中最常使用的，并且是可自由兑换的货币。

美元是国际支付中使用较多的货币，很多国家把美元当作制定汇率的主要货币，因此常常把本国货币与美元之间的汇率作为基本汇率。

套算汇率：又称交叉汇率，指根据基本汇率套算出来的其他国家货币之间的汇率。

例如，我国某日制定的人民币兑换美元的基本汇率是 USD1 = CNY7. 1824，与此同时伦敦外汇市场上英镑兑换美元的汇率为 GBP1 = USD1. 2713，此时可计算出人民币兑换英镑的套算汇率为：

$$GBP1 = CNY(1.2713 \times 7.1824) = CNY9.1309$$

两种基本汇率采用不同标价法时可采用上述“同边相乘法”计算套算汇率。

当两种基准汇率采用相同标价法时，则将两种汇率“同边相除”即可算出套算汇率。

例如：我国某日制定的人民币兑换美元的基本汇率是 USD1 = CNY7. 1824，与此同时，日本东京外汇市场上日元与美元的基本汇率为 USD1 = JPY148. 17，由此可以计算日元与人民币之间的套算汇率为：

$$JPY1 = CNY(7.1824/148.17) = CNY0.04847$$

E　按银行买卖外汇的特点划分

买入汇率：又称买入价，是银行从客户或同业手中买入外汇时所使用的汇率。

卖出汇率：又称卖出价，是银行向客户或同业卖出外汇时所使用的汇率。

银行外汇买入价和卖出价之间会有一定差价，一般为 1‰~5‰，作为银行买卖外汇业务的收益，买入价和卖出价的算述平均值为中间汇率或称为中间价。

现钞汇率指买卖外汇现钞时所使用的汇率，也有买入价与卖出价之分。一般来讲外汇现钞的买入价比一般外汇票据等支付凭证的买入价低，即现钞买入价小于现汇买入价，因为原则上外汇不能在本国流通，银行购入外汇支付凭证以后通过划账可以很快存入外国银行获得利息或调拨动用。但银行买入现钞后要经过一定时间积累到一定数以后，才能将其运送到外国银行，在此期间买进现钞的银行要承受一定的利息损失，况且现钞运往国外的过程中还要支付运费、保险费等。部分外汇现钞的卖出汇率与现汇卖出汇率相同。表 2-2 列出的是人民币汇率牌价表，可以看出人民币汇率采用直接标价法，以 100 单位外币为标准折合人民币若干元。

**表 2-2　人民币外汇牌价表**

2024 年 1 月 22 日　　单位：人民币元

| 货币名称 | 现汇买入价 | 现钞买入价 | 现汇卖出价 | 现钞卖出价 |
|---|---|---|---|---|
| 澳大利亚元 | 472. 97 | 472. 49 | 476. 14 | 477. 52 |
| 加拿大元 | 534. 37 | 533. 82 | 537. 95 | 539. 51 |
| 瑞士法郎 | 826. 11 | 825. 45 | 831. 91 | 834. 23 |
| 丹麦克朗 | 104. 68 | 104. 49 | 105. 52 | 106. 02 |
| 欧元 | 781. 31 | 775. 41 | 786. 78 | 788. 82 |
| 英镑 | 912. 52 | 911. 58 | 918. 63 | 921. 29 |
| 日元 | 4. 8528 | 4. 8527 | 4. 8854 | 4. 8873 |
| 韩元 | 0. 5352 | 0. 5247 | 0. 5394 | 0. 5479 |

续表 2-2

| 货币名称 | 现汇买入价 | 现钞买入价 | 现汇卖出价 | 现钞卖出价 |
|---|---|---|---|---|
| 挪威克朗 | 68. 26 | 68. 13 | 68. 8 | 69. 13 |
| 新西兰元 | 438. 88 | 437. 87 | 441. 92 | 443. 86 |
| 菲律宾比索 | 12. 71 | 12. 5 | 12. 87 | 13. 31 |
| 卢布 | 8. 01 | 7. 98 | 8. 33 | 8. 7 |
| 瑞典克朗 | 68. 73 | 68. 61 | 69. 29 | 69. 62 |
| 新加坡元 | 534. 81 | 534. 38 | 538. 51 | 540. 07 |
| 泰国铢 | 20. 12 | 20. 08 | 20. 28 | 20. 6 |
| 美元 | 718. 4 | 718. 24 | 721. 26 | 721. 26 |

资料来源：中国银行网站。

### 2. 1. 3. 3　汇率的标价方法

外汇是可以在国际上自由兑换、自由买卖的资产，也是一种特殊商品。汇率就是这种特殊商品的“特殊价格”。一般商品的价格是用货币表示的，但人们不能反过来用商品表现货币的价格。在国际汇兑中，不同货币之间却可以相互表示对方的价格。因此，外汇汇率也就具有双向表示的特点，既可用本币来表示外币的价格，又可用外币表示本币价格。这里本币和外币都有同样的表现对方货币价格的功能。至于是用本币表示外币还是用外币表示本币，则取决于一国所采用的标价法。

确定两种不同货币之间的比价，先要确定用哪个国家的货币作为标准，由于确定的标准不同便产生了三种不同的外汇汇率标价方法。

（1）直接标价法：又称应付标价法计，用一定单位的外国货币为标准来计算应付出多少单位的本国货币，也就是用本币来表示一单位外币的价格。

除了英国和美国等个别国家之外，国际上绝大多数国家都采用直接标价法。美国曾经也采用直接标价法，但在第二次世界大战后，随着美元在国际结算和国际储备中逐渐取得统治地位，以及国际金融市场的高速发展，为了与国际外汇市场上其他国家货币对美元的标价一致，美国从 1978 年 9 月 1 日起，除了对英镑和欧元使用直接标价法外，对其他货币一律改用间接标价法。我国的人民币汇率采用直接标价法。

例如，我国外汇牌价使用直接标价法，从表 2-2 可以查到 2024 年 1 月 22 日

1 美元 = 7. 1824 元人民币

在直接标价法下，外国货币的数额固定不变，外币价值的升降以本国货币数额的变化来表示。汇率越高就表示单位外币所能够换取的本国货币越多，说明本国货币的币值在降低。

另外，银行在进行报价时通常会同时报出买入价和卖出价，需要注意的是：第一，买入价和卖出价是从银行的角度讲的，而非从客户的角度，因此，客户从银行买入外汇采用的是外汇卖出价，客户向银行卖出外汇采用的是外汇买入价；第二，买与卖的对象是外汇，比如在美国纽约外汇市场，银行买卖的是美元以外的货币。

在实际外汇交易中的不同标价法下，买入价与卖出价的排列顺序是不一样的。在直接标价法下：

中国银行的外汇牌价 USD1 = CNY 7.1824—7.1857

买入价　卖出价

（银行买入美元价）（银行卖出美元价）

即前面的数字是外汇买入价，后面的数字是外汇卖出价，并且前面的数字小于后面的数字，符合“贱买贵卖”的买卖原则。

（2）间接标价法，又称为应收标价法，即以一定单位本国货币为标准来计算应收进多少单位的外国货币。

前英联邦国家多使用间接标价法，如英国、澳大利亚、新西兰等。市场上采取间接标价法的汇率主要有英镑兑美元、澳元兑美元等。纽约外汇市场中除了英镑和欧元以外，其他货币与美元之间都采用间接标价法。在间接标价法下，汇率越高表示单位本币所换得的外国货币越多，说明本国货币的比值在上升，外币在贬值。

例如，伦敦外汇市场上 2024 年 1 月 22 日报价

1 英镑 = 1.2724 美元

在间接标价法下，本币数量固定不变，折合外币的数量则随着外币币值和本币币值的变化而变化。如果一定单位的本币折算成外币的数额比原来多，则说明本币汇率上升，外币汇率下跌。

在间接标价法下：

伦敦外汇市场的报价 GBP1 = USD 1.2724—1.2757

卖出价　买入价

（银行卖出美元价）（银行买入美元价）

此时，前面的数字是外汇卖出价，后面的数字是外汇买入价，即伦敦商业银行卖出 1.2724 美元的外汇时收取 1 英镑的本币，或者卖出 1 美元外汇收取 1/1.2724 英镑的本币；买入 1.2757 美元外汇时支付 1 英镑本币，或者买入 1 美元外汇时支付 1/1.2757 英镑的本币。虽然前面的数字小于后面的数字，但分析发现，美元的买入价为 1/1.2757 = 0.7838 英镑，美元的卖出价为 1/1.2724 = 0.7859 英镑，仍然符合“贱买贵卖”的外汇买卖原则。

（3）美元标价法。人们将各种标价法下数量固定不变的货币称为基准货币（Base Currency），把数量变化的货币称为标价货币（Quoted Currency）。显然，在直接标价法下，基准货币为外币，标价货币为本币；在间接标价法下，基准货币为本币，标价货币为外币。在外汇市场上报价时通常基准货币在前，标价货币在后，中间以“/”分隔。如 USD/CNY = 7.1824 表示 USD 是基准货币，CNY 是标价货币，1 美元等于 7.1824 元人民币；GBP/USD = 1.2724 表示 GBP 是基准货币，USD 是标价货币，1 英镑等于 1.2724 美元。

由于美元是包括石油等大宗商品在国际贸易中结算时主要使用的货币，具备较高的国家信用等级背书，是国际货币基金组织创设的特别提款权（SDR）中主要的组成部分，也是世界上广泛使用的货币，因此外汇市场中也可以使用美元标价法和非美元标价法。

美元标价法是以美元作为基准货币，其他货币作为标价货币，即用 1 单位美元折算成若干其他货币的标价法。由于美元在国际贸易中应用广泛，在外汇市场上交易量大，因此外汇市场中各种货币一般都采用美元标价法。但美元对英镑、澳元、欧元的汇率采用非美

元标价法，即英镑、澳大利亚元、欧元等作为基准货币，美元是标价货币。

由于外汇市场供求关系变化造成的货币对外汇价的上升称为货币升值，表现为直接标价法下的汇率降低。由于外汇市场供求关系变化造成的货币对外汇价的下降称为货币贬值，表现为直接标价法下的汇率升高。在美元标价法下，市场参与者不必区分直接标价法和间接标价法，都按市场惯例进行报价和交易。美元标价法目的是简化报价并广泛地比较各种货币的汇价。

例如，瑞士苏黎世某银行面对其他银行的询价，报出的货币汇价为：USD/CHF = 0. 8685，表明 USD1 = CHF0. 8685；伦敦某银行面对询价，报出的货币汇价为 GBP/USD = 1. 2740，表示 1 英镑 = 1. 2740 美元。

## 2. 2　汇率的决定及影响汇率变动的因素

汇率是两种不同货币的比价，各国货币之所以可比，是因为它们都具有或代表一定的价值量，因此两国货币的价值量是决定其汇率的基础，但在不同的货币制度下，货币所具有或所代表的价值情况不尽相同，因而决定汇率的基础也有差异。

### 2. 2. 1　汇率决定的基础

#### 2. 2. 1. 1　金本位制度下汇率的决定基础

金本位制度包括金币本位制、金块本位制和金汇兑本位制。金币本位制是典型的金本位制，后两者是削弱了的、没有金币流通的金本位制度。典型的金本位制度具有的特点是：各国货币均以黄金铸成，金铸币有一定重量和成色，有法定的含金量；金币可自由流通、自由铸造、自由输出入；辅币和银行券可以按其票面价值自由兑换为金币。

金币本位制度下，各国均规定了每一金铸币单位包括的黄金重量及成色，即含金量。两国货币间的比价要用其各自所包含的含金量多寡来折算。两种货币的含金量之比叫铸币平价（mint par），铸币平价是决定两国货币汇率的基础。

例如，在 1929 年大危机之前，世界各国普遍实行基本位置，英国规定每一英镑含纯金 7. 3224 g，美国规定每一美元含纯金 1. 504656 g，这样按含金量对比，英镑与美元的铸币平价，即汇率为：

$$1 \text{ 英镑} = 7.3224/1.504656 = 4.8665 \text{ 美元}$$

即 1 英镑的含金量是 1 美元含金量的 4. 866 倍，因此 1 英镑等于 4. 8665 美元，这是英镑与美元汇率的决定基础。

铸币平价虽然是汇率决定的基础，但它不是外汇市场上买卖外汇时的实际汇率行市。在外汇市场上，由于受外汇供求因素的影响，汇率行市有时高于、有时低于铸币平价。

金本位制度下，外汇供求关系变化的主要原因在于国际债权债务关系的变化，尤其是国际贸易引起的债权债务清偿，当一国在某个时期出口增加，有大量贸易顺差时，外国对该国货币的需求旺盛，同时本国的外汇供给增加，从而导致本币汇率上涨。反之，当一国在某个时期进口增加出口减少，有大量贸易逆差时，该国对外汇需求增大，同时外国对该国货币需求减少，从而导致本币汇率下跌。

但是汇率波动并非漫无边际，它是有一定界限的，这个界限就是黄金输送点。黄金输送点之所以能成为汇率上下波动的界限，是由于在金币本位制下各国间办理国际结算可以采用两种方法所决定的。第一种方法是利用汇票等支付手段进行非现金结算，但如果由于汇率变动使得使用汇票结算对它们不利时，则可以改用第二种方法，即直接运送黄金的办法，黄金输送点就是铸币平价加上运送黄金的费用。汇率波动的幅度受黄金输送点的限制，如图 2-1 所示。

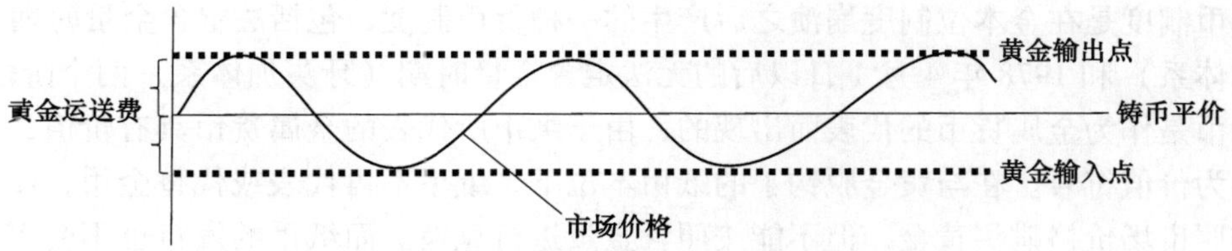


图 2-1　金币本位制下的汇率波动

例如，在第一次世界大战之前，英国和美国之间运送黄金的各项费用为黄金价值的 0.5%~0.7%，以 1 英镑计，运送黄金的各项费用约为 4.866×0.007＝0.03 美元。英美两国的贸易可能会出现两种情况。

（1）假定美国对英国有国际收支逆差，将对英镑的需求增加，则英镑汇率必然上涨。

如果 1 英镑上涨到 4.8965 美元（铸币平价 4.8665 美元加运送黄金的费用 0.03 美元）以上时，则在美国负有英镑债务的企业就不会购买英镑外汇，而宁愿在美国购买黄金运送到英国兑换成英镑偿还债务。因此，引起美国黄金流出的汇率就是黄金输出点（4.8965 美元），汇率的波动不可能超出黄金输出点。

（2）反之，假定美国对英国的国际收支为顺差，则英镑的供给增加，英镑的汇率必然下跌。如果 1 英镑跌到 4.8365 美元（铸币平价 4.8665 美元减运送黄金的费用 0.03 美元）以下时，则美国持有英镑债权的企业就不愿意直接收取英镑外汇，而宁愿在英国用英镑购买黄金送回美国，允许黄金输入的汇率就是黄金输入点，汇率的波动不可能低于黄金输入点（4.8365 美元）。

由此可见，在金币本位制下，汇率波动的界限是黄金输送点，即最高不超过黄金输出点（铸币平价加运费），最低不低于黄金输入点（铸币平价减运费），汇率的波动幅度相当有限，汇率比较稳定。

第一次世界大战爆发后，参战各国的金币本位制崩溃，战后各国分别实行了金块本位制和金汇兑本位制。在金块本位制度下，纸币的价值以黄金为基础，代表黄金流通并与黄金保持固定的比价。金块大部分由政府掌握，其自由输出入受到限制。以后随着经济的发展，黄金的流通和支付手段职能逐渐被纸币所取代，货币制度演变为金汇兑本位制。黄金储备集中在政府手中，在日常生活中黄金不再具有流通手段的职能，输出入受到极大的限制，在金块和金汇兑本位制下，货币汇率由纸币所代表的含金量之比来决定称为法定平价。法定平价也是金平价的一种表现形式。

例如，第二次世界大战后美元的含金量为 0.888671 g，法国法郎的含金量为 0.16 g，则美元兑法郎的比价为：

$$1\text{ 美元}=0.888671/0.16=5.55419\text{ 法郎}$$

在金块和金汇兑本位制下，实际汇率因供求关系而围绕法定平价上下波动，但是由于黄金不能自由输出入，所以汇率波动的幅度也不再受制于黄金输送点，黄金输送点实际上已不复存在。汇率波动的幅度由政府规定和维护，政府通过设立外汇平准基金来维护汇率的稳定。当外汇汇率上升时抛售外汇，外汇汇率下降时买入外汇。很显然与金币本位制相比，金块本位制和金汇兑本位制下的汇率稳定程度很低。

2.2.1.2 纸币流通制度下汇率的决定基础

纸币制度是在金本位制度崩溃之后产生的一种货币制度，包括法定含金量时期（布雷顿森林体系）和1978年4月1日以后的无法定含金量时期（牙买加体系）两个阶段。

纸币是作为金属货币的代表而出现的，由于纸币所代表的金属货币具有价值，所以纸币被称为价值符号。在与黄金脱钩了的纸币本位下，纸币不再代表或代替金币，流通纸币可以按照市场价格购买黄金，但不能按照含金量进行兑换。而纸币的发行也不受黄金准备金的限制，因此通货膨胀、货币贬值不可避免。纸币贬值表明纸币的法定含金量与其实际代表的价值严重脱节，在这种情况下，纸币的汇率不应由纸币的黄金平价来决定，而应当以两国货币所代表的实际价值即货币购买力为依据。

根据购买力评价理论，一国之所以需要外国货币，是因为它可以购买外国的商品和劳务。反之，外国需要本国货币是因为它可以购买本国的商品和劳务。因此，以本国货币交换外国货币，其实质是以本国的购买力去交换外国的购买力，而汇率则是两国货币在各自国家领袖具有了购买力的对比。

纸币本位制度之下的汇率决定理论还很多，除了购买力平价说外还有国际借贷说、汇兑心理说、换汇成本说、货币供求说、资产市场说等。

### 2.2.2 影响汇率变动的主要因素

纸币制度下国际汇率体系经历了布雷顿森林体系下的固定汇率和20世纪70年代以后的浮动汇率两个时期，与金本位制度下的汇率截然不同。一方面，纸币制度下的汇率，无论是固定的还是浮动的，都已失去了保持稳定的基础，这是由纸币的特点造成的。另一方面，外汇市场上的汇率波动也不再具有黄金输送点的制约，波动就是无止境的，任何能够引起外汇供求关系变化的因素都会造成外汇行市的波动。

一国的国际收支包括经常项目收支和资本与金融项目收支，前者反映商品市场与他国商品市场之间的联系，后者反映金融市场国内外联系。因此，任何影响国内外商品市场和金融市场供求状况的因素变动都会反映在汇率的变动上。根据纸币流通条件下几十年，特别是实行浮动汇率制以来汇率变动的实际情况来看，影响各国汇率变动的深层因素如下所述。

2.2.2.1 国际收支

在第1章当中曾谈到调整汇率是调节国际收支不平衡的一个重要手段，同样国际收支的变化也是影响汇率变化的重要因素。一国国际收支发生顺差，则外国对该国货币的需求也相对地增加，使该国货币汇率上升；如果国际收支为逆差，则该逆差国对国外货币的需求会增加，使该国货币汇率出现下降。在固定汇率时期，国际收支是决定汇率的特别重要的因素。在当时条件下，国际收支逆差往往是货币贬值的先导。20世纪70年代以后随着浮动汇率取代固定汇率，一些名义经济因素如利率和通货膨胀对汇率的影响则变得更加重要了。

第二次世界大战后初期美国巨额的贸易顺差促使美元供不应求，出现了美元荒，为美元成为中心货币奠定了基础。而20世纪60年代以后，美国巨额的国际收支逆差又迫使美元在1971年和1973年两次大幅度贬值。20世纪80年代以后，美国对日本持续大量的贸易逆差，也是导致美元兑日元不断贬值，日元对美元汇率步步攀升。

### 2.2.2.2 通货膨胀

在纸币流通的条件下，两国货币之间的比价从根本上说是由各自所代表的价值量决定的价。物价是一国货币价值在商品市场的体现，通货膨胀就意味着该国货币代表的价值量的下降，即物价上涨。因此国内外通货膨胀率差异就是决定汇率长期趋势中的主导因素。在国内外商品市场相互密切联系的情况下，一国如果出现较高的通货膨胀率，就必然会反映在经常账户收支上。具体来看，高通货膨胀率引起国内物价上涨，会削弱商品在国际市场上的竞争能力，引起出口的减少，同时提高外国商品在本国市场上的竞争能力造成的进口增加。

另外通货膨胀率差异可能会通过影响人们对汇率的预期作用于资本账户收支。如果一国通货膨胀率较高，人们就会预期该国货币的汇率将趋于疲软，由此进行货币替换，即把手中持有的该国货币兑换为其他货币，造成该国货币在外汇市场上现实下跌。总而言之，如果一国通货膨胀率高于他国，该国货币在外汇市场上就会趋于贬值，反之则趋于升值。20世纪80年代，日元和西德马克之所以长期属于硬货币，主要是这两个国家的通货膨胀率一直很低。而英国和意大利的通货膨胀率经常高于西方国家的平均通货膨胀率，故这两种货币经常贬值。

一般说来，一国货币从对内贬值转移到对外贬值要有一个过程。这种转移过程往往需要半年，甚至可能要几年。从长期看，汇率终将根据货币实际购买力而自行调整到合理的水平。

### 2.2.2.3 经济增长差异

经济增长反映了一国经济实力的增长，其对汇率的影响是通过作用于国际收支的各个方面而实现的。一方面，当一国经济增长率较高意味着居民收入增加，从而使进口增加；另一方面，较高的经济增长率往往伴随着劳动生产率的提高，这会使生产成本降低导致本国产品的竞争能力增强，有利于出口。同时，较高的经济增长率往往意味着一国较高的利润率，由此吸引外国资金流入本国进行直接投资，从而改善本国的资本账户收支。总之，高的经济增长率会对本国币值起到有力的支持作用，并且通常这种影响持续的时间也较长。

### 2.2.2.4 利率

利率是影响短期汇率变动的一个重要因素，价格水平的变动影响着一国的商品流出入。而利率作为货币在金融市场上的价格，其变动则会作用于一国资金流出入。如果一国的利率水平相对于他国提高，就会刺激国外资金流入增加、本国资金流出减少由此改善资本账户收支，提高本国货币的汇价；反之，如果一国的利率水平相对于他国下降，则会恶化资本账户收支。在国际资本流动规模巨大，远远超过国际贸易额的今天，利率差异对汇率变动的作用比过去更为重要。

20世纪80年代初期，美国为降低通货膨胀率，将中央银行的贴现率不断提高，市场利率随之上升，西欧各国和日本资金持有者将英镑、西德马克、法国法郎、日元等换成美元在美国进行投资，由于对美元需求的大幅度增加，使得美元对主要西方国家的货币全部上涨，在当时形成了美元一枝独秀的局面。

2.2.2.5 市场心理预期

市场预期被引入汇率的研究领域是在20世纪70年代初期。预期对汇率的影响很大，其影响程度有时远远超过其他因素对汇率的影响，它是影响国际资本流动的一个重要因素。在国际金融市场上短期性资金达到了十分庞大的数字，这些巨额资金对世界各国的政治、经济、军事等因素都具有高度的敏感性。受着预期因素的支配，一旦出现风吹草动就到处流窜，或为保值，或为攫取高额投机利润。这就常常给外汇市场带来巨大的冲击，成为各国货币汇率频繁起伏的重要根源。可以说预期因素是短期内影响汇率变动的最主要因素，只要市场上预期某国货币不久会下跌，那么立即就可能出现抛售该国货币的活动，造成该国货币市场价格大幅下降。

影响人们预期心理的主要因素有信息、新闻和传闻。信息是指外汇买卖和汇率变动有关的资料数据的消息，例如经济增长率、外汇储备、货币供给量、资本流动及国际收支等。新闻既有经济新闻也包括政治新闻。传闻则是未经证实的消息。有时信息、新闻和传闻难以区分，预期心理受这些因素的影响，具有十分易变、琢磨不定的特点。

2.2.2.6 中央银行的直接干预

由于汇率变动直接影响一国的进出口贸易和资本流动，而这些又影响到国内的消费、投资、生产和物价，因而为避免汇率变动对国内经济造成的不利影响，一国的中央银行经常对汇率进行直接干预。例如为了不使本国货币汇率过于上升，中央银行在外汇市场上会抛出本币，买进外汇；又如为了不使本币汇率过于下跌，中央银行会在外汇市场上抛出外汇，买进本币。

通常说来，中央银行干预外汇市场的措施有四种：第一，直接在市场上买卖外汇；第二，调整国内的财政政策、货币政策等；第三，在国际范围内公开发表导向性言论，以影响市场心理；第四，与国际金融组织和有关国家配合或联合，进行直接或间接干预。毋庸置疑，这种通过干预直接影响外汇市场供求的情况，虽无法从根本上改变汇率的长期走势，但对汇率的短期走向会有一定影响。各国货币当局在第二次世界大战以后通过直接干预抵消了市场供求因素对汇率的影响，将固定汇率制度维持了25年之久，足以说明直接干预的成效。

2.2.2.7 重大的国内外政治事件或偶然事件

重大的国内外政治事件也是影响汇率变化的因素。汇率对政治事件的反应尤为敏感，因为政治事件对经济因素会产生直接或间接的影响。国际上的军事行动（如1991年的海湾战争、2001年9月11日恐怖分子对纽约世贸中心的突发袭击、2003年3月20日美英联军发动的对伊拉克的战争）均对美元汇率产生了重大影响，2022年2月爆发的俄乌战争对俄罗斯卢布的汇率走势也产生了巨大影响。此外，一国首脑人物的政治丑闻、错误言论，中央银行官员的调离、任免，以及一些偶然事件都会对短期汇率走势产生不同的影响。

除了上述几个因素对汇率的影响外，还有总需求与总供给、财政赤字、国际储备等因素也会影响到汇率的变动。在不同时期，各种因素对汇率变动的影响作用有轻重缓急之分，它们的影响有时会相互抵消，有时会相互促进，因此只有对各项因素进行综合全面的考虑，对具体情况作具体分析，才能对汇率变动的原因作出较为正确的判断。

### 2.2.3 汇率变动的经济影响

汇率是连接国内外商品市场和金融市场的一条重要纽带。一方面汇率的变动受制约于一系列经济因素，但另一方面汇率的变动又会对其他经济因素产生广泛的影响。了解汇率变动的经济影响，无论对于一国当局制定汇率政策，还是对于一个企业进行汇率风险管理都是极其重要的。汇率的变动无非是下浮或上浮两个方面，下面将集中分析汇率贬值的经济影响，对于升值的经济影响则可以反过来叙述。

#### 2.2.3.1 本币贬值对进出口贸易收支的影响

从理论上讲，一国货币贬值首先使进出口商品的相对价格发生变化。一方面，以外币表示的出口商品价格下降，会引起出口量的增加。同时，若出口产品的外币价格未变，则出口利润的增加会促使国内出口商积极性提高，出口数量增加。至于出口值是否也相应增加，则取决于出口量的增加所带来的收益能否在抵销出口商品价格下降所带来的损失后有剩余。另一方面，以本币表示的进口商品价格上涨会引起进口量的减少。所以这两方面的最终结果是出口值增加，进口值减少；或者即使是出口值有所下降，但只要下降幅度小于进口值减少幅度，货币贬值也能改善贸易逆差。

但在实际经济生活中贬值对贸易收支的影响并非这么简单，往往要受到三方面因素的影响：一是进出口商品的需求弹性；二是国内总供给的数量和结构；三是闲置资源即能随时用于出口品和进口替代品生产的资源是否存在。

回忆第1章中讲到的马歇尔—勒纳条件，在进出口供给弹性无限大的情况下，只要一国进出口需求弹性的绝对值之和大于1，本国货币贬值就会改善国际收支状况。在进口减少方面，由于进口商品用本币表示的价格上涨，使得部分需求从进口产品转向进口替代产品。在实际中，这部分需求转移能否最终实现以及实现的程度取决于国内总供给的数量和结构及国内能否生产并向社会提供相应的进口替代产品。

从广义来看闲置资源不仅包括原材料，还包括资金、土地、劳动力和科学技术，若没有这些可供随时调用的闲置资源，出口和进口替代品增加就不可能实现。

因此，只有满足了进出口产品符合马歇尔—勒纳条件或国内非充分就业，本币贬值才能够改善国际贸易收支。

此外，贬值的传导过程还会受到“J曲线效应”的制约以及贸易伙伴国“报复”问题的困扰。

#### 2.2.3.2 本币贬值对物价水平的影响

一般说来，在需求弹性比较大的前提下，货币贬值可以使一国进口减少，使生产进口替代品的国内产业得以扩展；出口的增加，使生产出口商品的产业得以扩展，由此两方面可带动国内产量和就业的增加。

但是在现实经济生活中，货币贬值的结果并非那么理想。货币的贬值，通过货币工资机制、生产成本机制、货币供应机制和收入机制，有可能导致国内工资和物价的轮番上涨，并最终使贬值带来的好处全部被抵消。

首先，从货币工资机制上来看，如果对进口商品依赖太大，进口物价的上涨会导致人们生活费用上涨。人们会要求更高的名义工资，而工资的增加会使生产成本和生活费用进一步上涨，并最终使出口商品和进口替代商品甚至整个经济体内物价上涨。由此可见，货币贬值有助长通货膨胀并抵消贬值带来好处的倾向。而通货膨胀本身又是引起货币贬值的一个重要原因，于是许多国家有可能陷入“贬值—通货膨胀—再贬值—再通货膨胀”的恶性循环之中。

其次，从生产成本机制来看，当进口的原材料和机器设备等资本货物投入再生产后，如果它们是构成出口产品的重要组成部分，则货币贬值会直接导致出口商品价格上涨，并可能使本国贸易收支最终恶化。

再次，从货币供应机制来看，由于货币工资机制以及生产成本机制的作用，货币当局可能会通过扩大货币供给来迁就这种价格上涨的压力，以维持原来的生产规模满足原来的消费水平。此外，本币贬值后，政府在外汇市场的结汇方面将支出更多的本国货币，这也导致更多货币供给增加，价值下降。

最后，从收入机制来看，若由于国内对进口商品的需求弹性较小，从而货币贬值不能使进口总额减少。外国对本国出口商品的需求弹性较小，则货币贬值不能使本国出口总量增加，那么本国的贸易收支会由于外汇收入减少及支出的增加而恶化，并且物价水平也因此上涨。

当然贬值是否会引起物价上涨，不仅仅取决于进出口商品的需求弹性，还取决于国内整个经济制度、经济结构和人们的心理因素。一国经济越开放，货币工资收入者和企业对生活费用的上涨反应越灵敏。可以说任何较大程度的货币贬值都会或多或少地引起国内物价上涨。

#### 2.2.3.3　本币贬值对资金流动的影响

如果一国货币是自由兑换货币，那么当该国货币贬值后人们会由于对本国货币币值的稳定失去信心，或者由于本国货币资产收益率相对较低，不足以抵补因通货膨胀而损失的收益，从而进行货币替换，即把贬值货币兑换成汇率较高的货币，并进而产生资本外逃，造成外汇短缺。因此汇率的变动对短期资本流动有很大的影响。

外国投资者可能会因为持有以贬值货币计价的资产价值下降而调走在该国的资金，例如 1995 年由于墨西哥比索与美元的汇率狂跌 40%，大众、尼桑、奔驰及福特等汽车公司临时关闭了它们在墨西哥的工厂，菲亚特公司甚至放弃了建厂计划。这样不仅使国内投资规模缩小，影响国民经济的发展，而且会恶化该国的国际收支。

但一国货币贬值将有利于该国的长期资本的输入，特别是有利于国外企业到该国进行直接投资。这是因为国外企业现在可以更廉价地在该国进行投资生产。还是在 1995 年，虽然由于汇率波动过大，大众公司暂停生产了两周，但是该公司加大了投资，在全年向美国出口 17.5 万辆汽车。同样，美国三大汽车公司在墨西哥的工厂也在 1995 年下半年全力生产汽车，以扩大对美国的出口。

需要注意的是，如果一国的本币不能自由兑换，即资本管制严格，则企业或居民对外汇需求可以受到一定程度的压制。

#### 2.2.3.4 本币贬值对贸易条件的影响

贸易条件又叫国际贸易交换条件，是指出口商品单位价格变动率与进口商品单位价格变动率之间的比率。

如果这一比率上升，则贸易条件改善，即表示由于进出口相对价格的有利变动而使相同数量的出口能换回较多数量的进口；反之，如果这一比率下降，则贸易条件恶化，既表示由于进出口相对价格的不利变动，而使相同数量的出口只能换为较少数量的进口，这意味着实际资源的损失。

若贸易条件改善时，进出口数量仍旧不变，由于本币贬值导致出口价格上涨幅度大于进口价格上涨幅度则贸易收入将会增加。若贸易条件恶化时，进出口数量不变，则贸易收入将会减少。货币汇率的变化，通过引起进出口商品的价格变动从而影响贸易条件，但贸易条件的恶化并不一定是货币贬值的必然结果。

因此要想控制本币贬值对贸易条件的影响，首先要把货币下浮的宗旨强调在国内出口商品的生产，而不是一味地强调降低出口商品的外币价格。这样，在本币贬值后，出口商品的外币价格才能保持不变，甚至有所上涨；其次，如果出口商品的需求弹性较高，而供给弹性较低，也能阻止或减少货币贬值后贸易条件的恶化。

#### 2.2.3.5 本币贬值对民族工业、劳动生产率及经济结构的影响

货币贬值可被视为一种税赋行为，即对出口是一种补贴，对进口是一种征税，并且操作简单，没有歧视性，所有的出口企业都受益，所有的进口企业都受限，但恰恰由于它过于简单会产生一系列问题。

货币贬值可以保护本国民族工业。由于贬值后进口商品的本币价格上涨削弱了进口商品的竞争力，因而为本国进口替代品的生存和发展提供了条件。但是，货币的过度贬值使那些以高成本低效益生产出口产品和进口替代品的企业也得到鼓励，这样便保护了落后，不利于提高企业竞争力及优先配置社会资源。此外，过度贬值还使本该进口的商品，尤其是高科技产品的进口成本增加，不利于一国经济结构的调整和劳动生产力的提高。

此外，汇率的变动还会影响到总需求及投资等其他方面。总之，汇率变动对一国的经济影响错综复杂，它往往与其他宏观经济变量结合在一起共同产生作用。因此，在分析研究货币贬值的效果时一定要紧密结合当时的基本经济情况。就内部经济而言，要考虑国民经济闲置资源状况以及国内的通货膨胀及发展趋势等问题；就外部经济而言，研究货币贬值效果必须考虑本国经济的对外开放程度及在国际经济中所处地位的问题。如果一国经济开放程度比较高，对海外市场依赖性比较大，出口商品集中度高，进出口商品需求弹性相对不足，那么该国受汇率变动的影响就会比较大。

上述分析基本上是站在某一国家的角度来进行，分析货币贬值对本国国际收支及国内经济的影响。实际上汇率的波动也会对外影响到国际经济的许多方面。主要工业国的货币贬值在短期内会不利于其他工业国和发展中国家的贸易收支，会引起国际金融领域的动荡。世界主要货币贬值时，对于大量持有这种贬值货币的经济主体和外汇银行、中央银行和跨国公司来说，会造成一种潜在的损失和账面损失。主要货币汇率的不稳定，还会给国际储备体系和国际金融体系带来巨大的影响，因此主要发达国家货币汇率的稳定与否对世界各国都至关重要。

### 2.2.4　汇率制度

汇率制度又称汇率安排（exchange rate arrangement），指各国或国际社会对于确定、维持、调整与管理汇率的原则、方法、方式和机构等所做出的系统规定。按照汇率变动的幅度可以把汇率制度分为固定汇率制和浮动汇率制。从历史发展上看，自 19 世纪中末期金本位制在西方主要各国确定以来一直到 1973 年，世界各国的汇率制度基本上属于固定汇率制，而 1973 年以后世界主要工业国实行的是浮动汇率制。

#### 2.2.4.1　固定汇率制

固定汇率制：指现实汇率受平价的制约，只能围绕平价在很小的范围内上下波动的汇率制度。固定汇率制包括金本位制度下的固定汇率制和纸币流通条件下的固定汇率制，它们的共同之处如下所述。

（1）如果货币都规定有含金量，中心汇率是按两国货币各自的金平价来确定的。

（2）外汇市场上的汇率水平相对稳定，围绕中心汇率在很小的幅度内活动。

本质区别如下所述。

（1）金本位制度下，固定汇率制是自发形成的。两国货币间的中心汇率是按两国本位币含金量决定的金平价来自行确定的，并且自由兑换、自由铸造和自由输出的原则能自动保证现实汇率的波动不超过黄金输送点。

在纸币流通条件下，固定汇率制则是通过国际的协议人为建立起来的。各国当局通过规定虚设的金平价来制定中心汇率，并且现实汇率也是通过外汇干预、外汇管制和国内经济政策等措施被维持在人为规定的狭小范围内波动。

（2）金本位制度下，各国货币的金平价是不会变动的，因此各国之间的汇率能够保持真正的稳定。

在纸币流通条件下，各国货币的金平价是可以调整的。当一国国际收支出现根本性失衡时，金平价可以经由国际货币基金组织的核准而予以变更。因此，金本位制度下的固定汇率制是典型的固定汇率制，而纸币流通条件下的固定汇率制严格来说只能称为可调整的钉住汇率制。

#### 2.2.4.2　浮动汇率制

浮动汇率制：指现实汇率不受平价的限制，随外汇市场供求状况变动而波动的汇率制度。

1973 年 2 月以后，西方各主要工业国先后都实行了浮动汇率制。在浮动汇率制下，一国货币不再规定金平价，不再规定对外国货币的中心汇率，不再规定现实汇率的波动幅度，货币当局也不再承担维持汇率波动界限的义务。

（1）按照政府是否干预，可以把浮动汇率制分为自由浮动和管理浮动。

自由浮动又称清洁浮动，指货币当局对外汇市场不加任何干预，完全听任汇率随市场供求状况的变动而自由涨落。

管理浮动又称肮脏浮动，指货币当局对外汇市场进行干预，以使市场汇率朝有利于己的方向浮动。目前各主要工业国（包括中国）所实行的都是管理浮动，绝对的自由浮动纯粹是理论上的假设而已。

（2）按照浮动的方式可以划分为单独浮动、联合浮动和钉住浮动。

单独浮动指本国货币不与外国任何货币发生固定联系，其汇率根据外汇市场的供求状况单独浮动。单独浮动可以较好地反映一国的外汇供求状况及其经济货币关系的变化，美元、日元、加拿大元、澳大利亚元、英镑都属于单独浮动。

联合浮动指国家集团在成员国之间实行固定汇率制，对非成员国实行共升共降的浮动汇率制。欧洲货币体系为了建立稳定统一的单一货币区，于 1979 年在成员国之间实行了联合浮动，其意义在于在集团内部创造了一个稳定的汇率环境，减少了汇率风险，促进了集团国之间的经济贸易发展，同时可形成与个别发达国家相抗衡的货币干预力量。

钉住单一货币浮动指一国货币钉住某种主要储备货币，并与之保持相对固定的汇率关系，而对其他货币则自由浮动。如港币就采用钉住美元浮动，一些英联邦国家的货币钉住英镑浮动。

钉住“篮子货币”浮动指一国货币钉住多种货币浮动，并与之保持相对固定的联系，对其他货币则自由浮动。由于“篮子货币”的汇率有升有降，可以相互抵消，使钉住国汇率波动的幅度减小。人民币从 2005 年 7 月 21 日起采用参考“一篮子货币”进行调节、有管理的浮动汇率制度。“篮子货币”截至 2023 年 9 月扩充为 24 种，除了印度卢比外，基本囊括了与我国有着重要经贸关系的国家、地区的所有货币，如美元、欧元、日元、韩元、澳元、林吉特、俄罗斯卢布等。

## 延伸阅读

### 香港联系汇率制度

（资料来源：作者整理）

我国香港特别行政区（以下简称香港）实行一种特殊的固定汇率制度——货币局制度，称为联系汇率制度。货币局制度是指政府以立法形式明确规定，承诺本币与某一确定的外国货币之间可以以固定比率进行无限制兑换，并要求货币当局确保这一兑换义务的实现的汇率制度。它有两项基本原则，一是本国货币钉住一种强势货币，与之建立货币联系，此货币成为锚货币；二是本国通货发行以外汇储备，特别是锚货币的外汇储备为发行保证，保证本国货币与外币随时可按固定汇率兑汇。货币局制度包括货币发行局制度、钞票局制度、货币发行板、货币发行局机制、货币局安排。

所谓香港联系汇率制度是指将香港本地的货币与某种特定外币相挂钩，按照固定的汇率进行纸币的发行与回收的一种货币制度，介于固定汇率与浮动汇率之间。

在香港，纸币是由汇丰、渣打和中银三家指定的商业银行发行的。根据香港的法律，在联系汇率制度下，发钞银行须向香港金融管理局交付美元换取“负债证明书”，并将美元拨入外汇基金账户用以作为发行纸币的依据，再按照香港财政司规定的固定汇率 1 美元兑 7.8 港元的汇率发行等值的港币。其他银行（在香港称作持牌银行）则可以同样的汇率向发钞行存入美元并获得等值的港币。反过来，在回收港币时，外汇基金、发钞银行和持牌银行之间也按 1∶7.8 的固定汇率进行方向相反的操作。假设香港外汇市场汇率是 1∶7.9，那么发钞银行可以以 1∶7.8 的汇率赎回美元，再以 1∶7.9 的汇率在市场上抛售美元，最终市场汇率与官方汇率将趋于一致。这就是运用汇率自由浮动来维持和追求汇率稳定的市场机制。由此不难看出，以美元作为港币发行的基础和依据，并使二者保持固定汇率是香港联系汇率的两个基本要点。

自 1935 年以来，香港货币制度演变大致经历了四个阶段：1935 年 12 月—1972 年 7 月，英镑汇兑本位（固定汇率和港钞发行与英镑双挂钩）；1972 年 7 月—1974 年 11 月，港元与美元汇率挂钩，但货币发行不挂钩；1974 年 11 月—1983 年 10 月，自由浮动汇率时期（即无锚时期，不与任何外币挂钩）；1983 年 10 月至今，美元汇兑本位（固定汇率和港钞发行与美元双挂钩）。每次变动的原因都与当时国际货币体系的变化有关，但联系汇率制的实施却有着更深层的政治及经济原因。1982 年 9 月，中英就香港前途问题正式开始谈判，由于最初谈判进展缓慢导致谣言四起，人心浮动，房地产市场崩溃，港元不断贬值。其间，香港各阶层人士多次呼吁港府出面挽救港元，但港英当局以种种理由进行推诿。1983 年 9 月 24 日，港元在外汇市场上暴跌，对美元汇价逼近 1∶10，在如此严峻的形势下港英当局不得不放弃其完全不干预货币市场的原则，转而接受经济学家格林伍德的建议——建立一个钉住美元的浮动汇率制。据说，当时有人提议将汇率固定在 1∶8 的水平，因为它象征“发”的吉利谐音，但此建议被当时的财政司长彭励志否定，而将汇率定为 1∶7.8。

联系汇率制度的实施迅速地稳定了香港货币汇率。香港联系汇率制度受到多次的挑战，其间，经历了 1987 年的全球性股灾、1990 年的海湾战争、1991 年国际商业银行倒闭、1998 年欧洲汇率机制风暴、1995 年墨西哥货币危机、1997 年下半年的东南亚金融危机以及 2003 年“非典”危机。实践表明联系汇率制度已经不仅仅局限于当初“政治应急”的作用，而发展成为使香港能够有效地承受来自外部的金融震荡和政治冲击的经济手段。对香港而言，由于其典型的外向型经济特点决定了其经济对外有着强烈的依附性，外资和外贸在经济中占有极大的比重，对外贸易额约占本地生产总值的 2.5 倍，外币存款占银行存款总额的 50%，外资占股市交易 1/3。因此本地经济的增长往往受到各种无法预料和控制的外部因素的影响和制约，在这种情况下用港元钉住美元稳定汇率，减少了国际贸易和经济生活中大量存在的外汇风险，有利于各类长期贸易及经济合同的缔结及国际资本的集中，从而给香港带来了更多的利益和机会，这样可以说是导致联系汇率制度得以产生并持续下来的内在根源。

当然香港的联系汇率制度也有其自身的一些缺点，它使得香港的利率和货币供应受制于美国的利率政策和货币政策，从而严重地削弱了这两个经济杠杆的调节功能。联系汇率制度还被认为是造成香港高通货膨胀和实际上的负利率并存的主要原因。由于实行了联系汇率也无法通过汇率的手段来调节国际收支状况。但是，尽管存在着种种缺陷，香港的联系汇率制度有着深厚和坚实的经济基础，历史也肯定了其稳定经济和市场的作用，同时经过多年的风雨和考验这一制度本身也日趋完善。

## 2.3　人民币汇率

人民币汇率是我国货币人民币对外币的比价，是其对外价值的体现。长期以来由政府授权的国家外汇管理局统一制定、调整和管理。人民币汇率采用直接标价法，多数情况下以 100 单位外币为标准折合人民币若干元，个别单位价值较低的货币例外，如日本以 100000 元为单位。现行的人民币汇率主要是对发达国家货币之间的管理浮动汇率，其中以人民币对美元的汇率为基础汇率，人民币与其他货币之间的汇率通过各自与美元的汇率套算出来。人民币汇率每天通过中国经营外汇业务的银行挂牌工作，具体分为买入价、卖出价和中间价。银行根据自身情况不同，在外汇买卖的过程中报价会略有不同。

人民币与外币之间的比价自 1949 年以来可分为两类。

（1）人民币对苏联及东欧国家货币的汇价。1949 年 12 月，我国与苏联确定了人民币与卢布之间的法定汇价，之后又确定了非贸易汇价。1970 年，由于中苏之间结算货币用瑞士法郎计价结算，中苏之间法定汇价不再存在。1979 年，我国退出布拉格协定，中苏之间非贸易汇价也不再存在。1992 年 1 月以后，我国与俄罗斯及其他独联体国家之间没有货币之间的任何比价。

（2）人民币对西方货币的汇价。

第一阶段：1949 年 1 月—1950 年 3 月，汇价不断上升，人民币对外不断贬值。

为了开展对外贸易及国际汇兑业务，迫切需要解决人民币与西方货币之间的汇价，1949 年 1 月 16 日天津解放，1 月 18 日，人民币对西方货币汇价最先在天津公布 1∶80 元旧币。随后上海、厦门、广州相继解放，由于各地物价不一致，上述四个地方采取分别挂牌，牌价也不一致，直到 1950 年 7 月 8 日全国汇价才统一。

由于当时我国还不能控制通货膨胀，所以物价一直在不断上涨。以 1949 年 6 月上海批发物价指标作为基数 100 到 1950 年 3 月该指标达到了 2242.93。以后人民币汇价不断调整，到 1950 年 3 月 13 日美元与人民币旧币的比价为 1∶42000，共调高了 49 次，平均每 10 天调一次。

由于人民币没有规定含金量，所以制定人民币汇价时不能以金平价作为计算标准。当时计算与确定人民币汇价时采用物价对比法，包含三个部分：1）出口物资的理论比价；2）进口物资理论比价；3）侨汇购买力比价，其中主要的是出口物资理论比价，侨汇购买力比价则是用于测定汇价是否有利于侨汇。

当时人民币汇价制度的制定原则是“奖励出口、兼顾进口、照顾侨汇”。由于当时进口业务中有大量私商的存在，因此在汇价制定上使私商有利可图、无暴利可得符合中央对私商利用、限制、改造的方针。在照顾侨汇工作上考虑到国内通货膨胀尚未制止，物价在不断上涨，我国采取“原币汇款”的方法，即银行结汇时不按通知侨眷日的外汇牌价折算人民币，而以“原币汇款”方法通知侨眷，等侨眷到了指定结汇日去银行结汇领取人民币时银行按结汇日当天最新的外汇牌价折算支付人民币，这样做保障了侨眷的利益。

第二阶段：1950 年 3 月—1952 年 12 月，汇价不断下跌，人民币对外不断升值。

1950 年 3 月，全国贯彻统一财经工作决定后，迅速制止了物价上涨，物价转为下跌。1950 年 6—7 月，为了照顾私营工商业，采取了调整物价、调整工商业的措施，物价出现调整性的回升，之后全国物价走向稳定，1952 年，上海批发物价指数逐月下跌 0.6%。

1950 年 6 月 25 日，朝鲜爆发内战，三天后美国参战。美国在国际市场上大量抢购战略物资，刺激了国际商品价格的上涨。由于当时美元及西方货币迅速贬值，我国必须加速进口，否则将受到西方货币贬值的损失。朝鲜战争后以美国为首的西方国家对我国实行封锁禁运，范围广、措施严，所以我国也必须大力推动进口。

在这种形势下，人民币汇价制定的原则改为“进出口兼顾、照顾侨汇”，1950 年 12 月，人民币汇率为 1∶26170。由于物价下跌，外汇汇价下跌，在照顾侨汇上采取了“人民币汇款”方法，即银行在结汇时按通知结汇日的牌价折算人民币，然后按人民币数额通知侨眷，所以侨眷到结汇日去银行领取人民币时所得到的人民币是以之前银行通知结汇日较高的人民币牌价计算的，而不是以已经下跌的结汇日牌价计算，从而保障了侨眷的利益。

第三阶段：1953 年 1 月—1973 年 3 月保持稳定不变方针。

从 1953 年起，我国进入社会主义建设时期，金融、物价从基本稳定走向全面稳定。这一时期，我国对私商改造完成，外贸由国营公司统一经营，因此，在制定汇价时与前两个阶段不同。前两个阶段由于私营进出口商的存在，在汇价制定上必须结合进出口贸易的实际，考虑私商的利益。但外贸由国营公司统一经营后，国营公司所考虑的是如何完成国家所制订的进出口计划。正是从这一时期开始人民币汇价逐步与进出口贸易实际相脱节，汇价起不到调节进出口贸易的作用。

这一时期我国出口商品的结构也发生了变化，农副产品出口比重下降，而轻工、重工产品出口比重上升。由于农副产品换汇成本较低，而工业品出口换汇成本较高，在当时情况下发生了出口普遍亏损。在这种情况下，我国外贸部门采取“进出口统算”，也就是出口赔钱进口加成赚钱，外贸部与财政部统一结算的方法，再加上这一段时期西方国家实行固定汇率制，所以制定人民币汇价时，要参考西方国家所公布的汇价加以制定。只有西方国家实行贬值时人民币汇价才做调整。

第四阶段：1973 年 3 月—1980 年 12 月 31 日，人民币计价结算。

1973 年 3 月，西方国家普遍开始实行浮动汇率制，从而西方国家不再公布官方汇价，中央银行也不再有义务为维护原定汇价而进行干预，汇价随市场供求关系来决定。在这种情况下，我国在制定人民币汇价时不再有各国的汇价做参考。另外，从 1968 年起，我国推行人民币计价结算方法。进入 20 世纪 70 年代，国际贸易、对外经济援助、对外贷款也使用人民币计价结算，而且口径扩大，因此在国际金融局势动荡不定的情况下，为了维护人民币币值的稳定，为了避免西方国家转嫁经济危机的影响，为了贯彻对外经济往来中平等互利原则，有利于我国对外贸易、对外经济援助及人民币计价结算，人民币汇率的制定改为参照国际市场上汇价变动的情况经常调整。

第五阶段：1981 年 1 月 1 日—1984 年 12 月 31 日，官方牌价与贸易内部结算价并行。

从 1953 年起，人民币汇价逐步与物价相脱节，汇价起不到调节进出口贸易的作用，同时也起不到促进外贸企业内部经济核算的作用。长期以来形成出口赔钱、进口加成赚钱的局面，为了发展对外贸易奖出限入、促进外贸企业内部经济核算，适应外贸体制改革的需要，从 1981 年 1 月 1 日起，我国实行公布牌价。当时人民币与美元之间的比价是 1∶1.53，主要用于非贸易外汇。另外实行贸易内部结算价 1∶2.8 适用于贸易外汇以促进出口。贸易内部结算价是调节进出口贸易的一项经济措施，是一个平衡价，1985 年 1 月 1 日，贸易内部结算价被取消。由于我国在 1973 年后实行了以美元为主的一篮子货币钉住汇率，因此，虽然人民币贸易外汇内部结算价 1981 年对美元贬值，但美元对其他西方主要国家货币相对升值，因此我国从其他国家进口货物的价格并未相对上升，出口价格竞争优势无法体现，实行双重汇价没有达到预期的效果。

第六阶段：1985 年 1 月 1 日—1993 年 12 月 31 日，从实行公布牌价开始到 1994 年进行外汇体制改革。

当 1984 年 12 月底公布牌价与贸易内部价趋于一致时，人民币与美元的汇价是 1 : 2.8 贸易内部价取消。但是由于这几年国内物价的调整，外贸商品收购价的提高，从 1985 年 1 月 1 日起，人民币汇价采取逐步调整方针，到 1985 年 10 月达到了 1 : 3.2。

1985 年 10 月到 1986 年 7 月 5 日人民币汇价一直为 1 : 3.2。在 1986 年 7 月 5 日宣布上调到 1 : 3.7，主要原因是人民币对外价值与国内物价相比仍然是高估的，因此必须调整。1986 年 7 月 5 日美元汇率调高了 0.50 元，目的是逐步向真正的对外价值靠拢。

1986 年 7 月 5 日到 1989 年 12 月 13 日，3 年多，人民币与美元的汇率没有变，都保持在 1 : 3.7。1989 年 12 月 16 日美元汇率提高 1.00 元，1990 年 11 月 17 日提高了 0.50 元，美元与人民币汇率调整为 1 : 5.22。这时期汇价的调整与我国外贸体制实行承包制度有关，从 1991 年 4 月 9 日起我国实行根据市场外汇供求有管理的、浮动的汇率制度。到 1993 年 12 月 31 日美元与人民币汇率调整为 1 : 5.80。

在这一时期中，另一个值得重视的情况是我国外汇调剂市场迅速发展和外汇调剂价在经济中发挥越来越重要的作用。1987 年国家允许在沿海各大城市开办外汇调剂中心后，外汇调剂业务在全国范围内得到发展。进入 20 世纪 90 年代，随着我国对外开放程度的提高和市场经济体制改革的深入，外汇调剂业务迅速扩大，已成为我国外汇交易的主要形式。相应地，调剂市场外汇价使用范围也日益扩大，已超过了以官方牌价结汇的数量，因而被认为是与官方汇率“平行”的市场汇率。这一汇率不由官方制定公布，而是受调剂市场外汇供求关系的作用上下波动。由于那些年在我国改革开放过程中，外汇需求一直大于外汇供给，有时甚至是外汇供求矛盾十分紧张，因而调剂市场汇价一直高于官方汇率。1992 年年底至 1993 年年初，官方汇率为 1 : 5.80，而外汇调剂汇率却一度突破 1 : 12 的水平，反映了外汇供求的紧张及心理等影响因素对市场汇率的作用。当然，随着供求关系趋于缓和，调剂市场汇率逐渐下降，与官方汇率之间的差距也逐步缩小。

外汇调剂市场和调剂市场汇率是我国外汇市场的过渡形式，对于官方外汇业务和官方汇率是重要的补充，并且在很大程度上限制了过去长期存在的外汇黑市及黑市汇率，对于我国市场经济体制的改革和完善都有着重要的意义。

第七阶段：1994 年 1 月 1 日—1996 年 12 月。

1994 年 1 月 1 日，我国正式实施重大汇率改革：改革外汇管理体制，建立以市场供求为基础的、有管理的浮动汇率制度和统一规范的外汇市场，逐步使人民币成为可兑换货币。新的外汇体制下，人民币汇率由过去的双轨制变为单一汇率，即由过去的官方汇率和外汇调剂市场汇率同时并存，改为以市场为基础，有管理的单一浮动汇率，取消 1 : 5.80 的官方汇率实行 1 : 8.70 为起点的浮动汇率，这一汇率制度的特点是：由国际收支状况决定的外汇市场供求关系将是决定汇率的主要依据。中国人民银行根据银行间外汇调剂市场前一天的汇价决定人民币对美元的汇率，并通过人民币对美元的汇率和国际市场各种可自由兑换货币的汇率套算人民币对其他各种可自由兑换货币的汇率。该汇率是当日各外汇指定银行之间以及外汇指定银行与客户之间进行外汇与人民币买卖的交易基准汇率，各外汇指定银行以交易基准汇率为依据，在中国人民银行规定的汇价浮动幅度内自行制定外汇买卖价格和现钞买卖价，与客户买卖外汇并对外挂牌。

1994 年 4 月 1 日，中国人民银行规定：外汇指定银行之间每日买卖外汇的汇价可在交易基准汇率上下 0.3%的幅度内浮动；外汇指定银行与客户之间的外汇买入价和卖出价可在交易基准价上下 0.25%的幅度内浮动；外汇买入价和卖出价的价差率不得超过 0.5%；对每笔金额超过 100 万美元的大额交易，银行与客户可在中国人民银行公布的交易基准价和规定的浮动幅度内面议汇率。汇价浮动幅度不是固定的，中国人民银行将根据国家各个时期的经济政策不定期地进行调整，银行将主要运用货币政策、外汇政策等经济手段，调节外汇供求，保持人民币汇率相对稳定。

该阶段的人民币汇率制度是适应社会主义市场经济和人民币可兑换的要求而建立的有管理的浮动汇率制度。

第八阶段：1996 年 12 月—2005 年 7 月 21 日，经常账户下完全自由兑换时期。

我国自 1996 年 12 月 1 日起接受国际货币基金组织协定第 8 条款的全部义务，这标志着中国实现了经常账户下人民币的完全可兑换。实现经常账户完全可兑换后对经常账户下的外汇收支的管理仍然存在，与此同时，我国还对资本和金融账户实行比较严格的管制，基本原则是管理从紧、严格审批和登记一切资本输出入、鼓励外商直接投资、严格控制外债规模、结构、目的和流向，对本国资本输出实行严格管理。

第九阶段：2005 年 7 月 21 日—2015 年 8 月 11 日，重启人民币汇率“市场化改革”。

我国在经历了亚洲金融危机后，从自身的角度也希望我国的汇率制度可以更加地灵活。再加上到 2004、2005 年这个时间节点，我国的外汇储备也比较充裕了，有了更大的操作空间来应对汇率的波动。因此，人民币汇率的市场化改革重新启动。

2005 年 7 月 21 日，中国人民银行发布《中国人民银行关于完善人民币汇率形成机制改革的公告》，其主要内容是：自 2005 年 7 月 21 日我国开始实行以市场供求为基础、参考一篮子货币进行调节、有管理的浮动汇率制度。人民币汇率不再钉住单一美元，而是形成更丰富有弹性的人民币汇率机制。中国人民银行在每个工作日闭市后公布当日银行间外汇市场美元等交易货币对人民币汇率的收盘价作为下一个工作日该货币对人民币交易的中间价格。从 2005 年 7 月 21 日 19 时美元与人民币之间的汇价由 1：8.2765 下调到 1：8.11。当 2005 年 7 月 21 日重启汇率市场化改革后，人民币开始了长达 3 年的单边升值，直到 2008 年全球金融危机时才结束这一趋势。

2008 年，由美国“次贷危机”引发的金融海啸席卷全球，人民币暂停了升值步伐，重回“钉住美元”的固定汇率机制。由于 1998 年亚洲金融危机时，我国对汇率的成功管理，以及后续带来的正面效果，在这次的全球金融危机中，中国再次选择稳住汇率，将人民币汇率维持在窄幅波动，没有参与国际上的竞争性货币贬值，在稳定了外需的同时，也抵御国际金融危机的冲击。2010 年 6 月 19 日，中国人民银行宣布，在 2005 年“721 汇改”的基础上，进一步推进人民币汇率的市场化改革。增强人民币弹性，人民币重新进入升值通道。美元贬值 、中国常年的贸易顺差以及我国巨量的外汇储备，都给人民币升值带来巨大的压力。尤其是2012年，本已经转头贬值的人民币汇率，在“欧债危机”爆发以后，又从上半年一边倒的贬值预期，到10月之后的即期市场汇率频频触及“涨停”的“过山车”行情。此时人民币市场汇率处于1∶6.2左右。

第十阶段：2015.8.11至今，“人民币国际化”之路。

2015年8月11日，中国人民银行宣布调整人民币对美元汇率中间价报价机制：自2015年8月11日起，做市商在每日银行间外汇市场开盘前，参考上日银行间外汇市场收盘汇率，综合考虑外汇供求情况以及国际主要货币汇率变化向中国外汇交易中心提供中间价报价。为修正人民币中间价与市场均衡汇率大幅偏离的状况，降低人民币价格扭曲程度，中国人民银行让人民币汇率中间价一次性贬值1.86%。

“811汇改”的重要意义在于：真正地纳入一篮子货币，更能满足人民币在国际市场上的多边供求关系，让人民币更加的灵活且稳定，富有弹性又富有韧性。在“811汇改”后，又陆续出台了其他的一些汇率改革政策：

2015年11月30日，IMF宣布批准人民币纳入SDR，于2016年10月1日生效。意味着“人民币国际化”正式拉开序幕。

2017年5月，引入“逆周期因子”。人民币汇率定价机制变为：中间价 =“收盘汇率”+“一篮子货币汇率变化”+“逆周期因子”。

## 案例分析

**学习目的**：在特定的人民币汇率贬值的背景下，首先汇率贬值带来了国内经济的巨大震荡，物价、国际收支、国际贸易、国际资本流动、国际储备都发生了巨大变化；反过来，一段时间之后，国内经济中的关键因素因汇率而发生的变动又会影响到人民币汇率的变化。因此，案例分析的目的是以生动有趣的案例的形式，让学生进一步深刻理解本章所学的汇率决定的因素以及汇率变动对经济的影响。

### 案例3：1994年人民币贬值

（资料来源：贺力平．人民币汇率体制的历史演变及其启示［J］．国际经济评论，2005（4）以及作者整理的数据）

**A 案例材料**

1993年11月，十四届三中全会正式确立了我国社会主义市场经济体制，并明确提出“改革外汇管理体制，建立以市场供求为基础的、有管理的浮动汇率制度和统一规范的外汇市场，逐步使人民币成为可兑换货币”。市场化汇改，由此正式定调。

1993年12月，中国人民银行发布《关于进一步改革外汇管理体制的公告》，宣布1994年1月1日起实施重大汇改——人民币市场化汇改迈出了里程碑式的第一步。

1994年汇改的主要内容有：（1）原先的官方汇率与外汇调剂市场汇率并轨，人民币开始实行以市场供求为基础的（银行间外汇市场）、单一的（钉住美元）、有管理的浮动汇率制度（央行设定汇率波动幅度，并通过外汇公开市场操作，对汇率进行浮动管理）；（2）实行银行结售汇制，取消持续了14年的外汇留成制度和外汇支出行政审批制，允许人民币经常项目可兑换（有限制条件），外汇管理由原先的外汇局直接管理变为依靠银行间接管理；(3) 建立银行间外汇市场。当年 4 月 1 日，“中国外汇交易中心”在上海成立，由此形成了全国统一的银行间外汇交易市场，人民币汇率市场定价机制也初步形成。

1994 年 1 月 1 日，人民币汇率由 USD1 = CNY ¥5.8 贬值降到 USD1 = CNY ¥8.7。1—3 月，人民币汇率稳定在 USD1 = CNY ¥8.7，进入 4 月份，人民币汇率开始缓慢上升，到年底为 USD1 = CNY ¥8.46。1994 年全年出口总额 1210 亿美元，增长 31.9%，贸易顺差 53 亿美元；非贸易外汇收入 20 亿美元；吸引外资 300 亿美元；其中外国直接投资流入达到 106.9 亿美元，占外汇储备增加的 35.2%；外汇储备一年来增加 304 亿美元，达到 516 亿美元，比上年增长 143%。1994 年物价上涨率达到 21.7%，外资企业出口换汇成本由 1993 年年底的 7.6 元人民币上升到 1994 年年底的 8.48 元人民币。

**B　思考问题**

(1) 人民币汇率贬值的原因是什么？

(2) 汇率贬值对国际收支、国际储备带来了哪些变化？

(3) 国际收支、国际储备的变化又对人民币汇率产生了怎样的影响？

**C　思政育人目标**

(1) 了解美元汇率及美国相关政策的变化对全球市场影响重大，必须加强本国政策的独立性与自主性以维持市场稳定。

(2) 理解美元的特殊地位，要求国际货币体系改革，中国人民币应在经济发展的支持下逐步实现国际化，降低对美元的依赖性。

(3) 了解经济全球化趋势下应加强各国的政策协调，不能因实施有利于自身的政策而对他国造成不利影响。

(4) 学生分组分工合作，查找资料，阅读案例，组内讨论，课堂辩论，提升综合素质。

## 本章重要概念

| | | | | |
|---|---|---|---|---|
| 汇率 | 直接标价法 | 间接标价法 | 即期汇率 | 铸币平价 |
| 升值 | 买入汇率 | 卖出汇率 | 固定汇率制度 | 浮动汇率制度 |
| 黄金输送点 | 套算汇率 | 美元标价法 | | |

## 思考练习题

2-1 汇率的直接标价法和间接标价法有什么区别及联系？

2-2 金本位制度下汇率的决定基础是什么？

2-3 纸币本位制度下影响汇率的因素有哪些？

2-4 汇率变动对经济有何影响？

2-5 简述固定汇率制度的优缺点。

2-6 试评价人民币汇率制度改革。

## 课程思政

### 我国社会主义市场经济理论的奠基人和开拓者之一——厉以宁

厉以宁（1930—2023 年）是中国最早提出股份制改革的理论学者之一，参与推动中国国有企业产权制度改革，主持起草了《证券法》《证券投资基金法》，为中国金融市场改革、经济改革发展和制度创新、社会主义市场经济理论发展作出了突出贡献，是我国社会主义市场经济理论的奠基人和开拓者之一。厉以宁教授作为改革开放的亲历者和参与者，在经济体制改革、宏观经济分析、教育和经济增长、就业问题、社会经济的可持续发展与环境保护、企业管理等方面都有开创性的研究和论述，有力地推动了中国经济学的创新发展，为中国经济政策的制定与实践作出了重要贡献。他的学术研究和著作涵盖了众多经济学领域，为金融学科的发展奠定了坚实的基础。

# 第 2 篇　国际金融实务

## 3　外汇市场与外汇交易

**学习目标：**

- 了解外汇市场的概念；
- 掌握即期外汇交易与远期外汇交易的主要种类；
- 了解外汇掉期交易的基本流程；
- 掌握外汇期货、外汇期权交易的特点。

### 引例

**日本航空公司的意外损失**

（资料来源：陈雨露．国际金融［M］．北京：中国人民大学出版社，2000）

日本航空公司是世界上最大的航空公司之一，同时也是著名的民用客机生产商波音公司的忠实客户，每年都要筹集 8 亿美元从波音公司购买客机。波音公司生产飞机是以美元计价的，价格范围从 3500 万美元的波音 737 到高达 1.6 亿美元的波音 767 豪华客机，日航一般提前 2~6 年订购其所需飞机并预付 10%的定金，其余部分在飞机交货时一次付清。

订货与交货付款之间的时间差给日航造成了很大的麻烦，日航公司的大部分收入都是日元，而不是美元，所以在支付货款时必须先把日元兑换成美元，在订货与交货期间日元对美元的汇率可能会发生变化，因此当所购飞机用日元计算价格时，成本会提高或降低许多。例如，一架 1985 年订购的波音 747 型飞机，计划在 1990 年交货。1985 年，美元兑日元的汇率是 1∶240，这架价值 1 亿美元的飞机当时值 240 亿日元，但是到 1990 年付款时汇率可能发生变化，一种可能是日元汇率降到 1∶300，这时飞机价格升至 300 亿日元，上涨率为 25%；另一种可能是日元上升，日元汇率上升到 1∶200，此时这架飞机的价格下降了 16.7%，为 210 亿日元。

日航在 1985 年订购这架飞机时不可能精确知道 1990 年美元兑日元的汇率是多少，然而它可以同外汇交易商签订一个在 1990 年购买美元的合同，合同中美元的价格是以交易商对 1990 年汇率所做的估计为基础计算的，这样的合同被称为远期外汇合同。这种做法可以使日航知道在1990年收到飞机时所要对外付出的日元款项。因此如果人们预测日元在1985—1990年会升值外汇，交易商就会把远期合同中1990年的汇率定为1∶185，按此汇率计算，这架飞机在1990年的价格是185亿日元，比按照1985年汇率计算的价格降低了23%。

1985年，日本航空公司的确面临这样的问题，日航同一些外汇交易商签订了一个在未来10年里购买36亿美元的远期外汇合同。按照该合同，日航在今后10年里将以1∶185的汇率购买美元。当时的日元币值偏低，这个合同看上去确实有利于日本航空公司，但是到了1994年，该合同的大部分执行完时，这项合同已经明显变得无利可图了。因为日元的一再升值完全出乎人们的预测。1992年，日元汇率为1∶120，可是到了1994年，汇率竟然升到了1∶99，不幸的是，日本航空公司没有得到一点日元升值后的便宜，反而一直受到合同的制约——以1∶185昂贵的汇率不断购买美元，如果按当时汇率计算，日航1994年为每架购买的飞机都多付了86%的货款。1994年10月，日本航空公司承认这次远期外汇交易给本财年度造成了4.5亿美元的损失，但外汇交易商估计这个远期外汇合同从1988年以后使日本航空公司累计损失高达1550亿日元。

## 3.1 外汇市场

### 3.1.1 外汇市场的概念

外汇市场是从事外汇买卖、外汇交易和外汇投机活动的系统，是各种不同货币彼此进行交换的场所。由于各国货币制度不同、使用的货币不一样，在履行国际债权债务的结算时，必须解决各国货币之间的兑换问题，这就需要寻找一个场所进行外汇买卖。外汇市场应运而生。

外汇市场的作用主要有以下两点。

（1）使货币支付和资本转移得以实现。国际政治经济和文化往来等都会产生国际的支付行为，借助外汇市场可以进行国家之间的资金调拨，清偿由此产生的债权债务关系，这是进行国际交往的前提。

（2）减少汇率变动风险，有利于国际贸易的发展。浮动汇率制度下汇率经常性的剧烈波动，直接影响国际贸易和国际资本流动。外汇市场通过各种外汇交易活动，可以减少或消除汇率风险，促进国际贸易的发展。

外汇市场是世界上流动性最强的市场，外汇市场与其他市场相比，交易额是最大的。美元仍是全球交易最为活跃的货币，其成交量占据全球近90%的规模；欧元作为第二大最常交易的货币，其交易份额由2010年的39%下降至2019年的32.3%，降幅最大；日元比重快速上升，英镑比重持续10年下滑。根据国际清算银行（BIS）2019年统计数据，各种货币占比为日元（16.8%）、英镑（12.8%）、澳大利亚元（6.8%）、加拿大元（5%）、瑞士法郎（5%）、人民币（4.3%）、墨西哥比索（2.2%）、瑞典克朗（2.1%）、新西兰元（2.1%）、新加坡元（1.8%）等。

### 3.1.2 外汇市场的类型

根据有无固定场所，外汇市场分为有形市场（visible market）与无形市场（invisible

market）。

有形市场：即外汇交易所，具有固定场所，如德国法兰克福外汇交易所、法国巴黎外汇交易所。外汇市场的出现与证券市场相关。外汇市场产生之初，多在证券交易所交易大厅的一角设立外汇交易场所，称外汇交易所。外汇买卖各方在每个营业日的约定时间集中在此从事外汇交易。早期的外汇市场以有形市场为主，因该类市场最早出现在欧洲大陆，故又称“大陆式市场”。

无形市场：以电话、电报、电传和互联网等各种现代通信工具所构成的交易网络。无形市场已成为外汇市场的主导形式。因其最早产生于英国、美国，故又称“英美式市场”。与有形市场相比，无形市场具有以下优势：（1）市场运作成本低，有形市场的建立与运作，依赖于相应的投入与费用支出，如交易场地的购置费（租金）、设备的购置费、员工的薪金等，无形市场则无须此类投入；（2）市场交易效率高，无形市场中的交易双方不必直接见面，仅凭交易网络便可达成交易，从而使外汇买卖的时效性大大增强；（3）有利于市场一体化，在无形市场，外汇交易不受空间限制，通过网络将各区域的外汇买卖连成一体，有助于市场的统一。

由于现代通信技术的发展，遍及全世界的电话、电报、互联网已形成庞大网络，全球各地区外汇市场能够按世界时区的差异相互衔接，出现了全球性的星期一至星期五，24个小时不间断的外汇交易市场。目前各主要国际金融中心（比如北美的纽约、旧金山，西欧的伦敦、法兰克福、苏黎世、巴黎、米兰、阿姆斯特丹，亚洲的东京、新加坡、巴林）都有大规模的外汇市场，这些外汇市场分别属于不同的世界时区。每天的交易，澳大利亚的惠灵顿、悉尼最先开盘，接着是亚洲的东京、新加坡，然后是欧洲的法兰克福、苏黎世、巴黎和伦敦，到欧洲时间下午 2 点，美洲大陆的纽约开盘，当纽约收市时，惠灵顿又开始了新一天的交易。在欧洲时间的下午，此时伦敦和纽约两大市场均在营业，是大额交易的最佳时间，大的外汇交易商及各国的中央银行一般都选择这一时段进行交易。

根据国际清算银行统计数据，2019 年，外汇交易仍然集中在全球主要金融中心，5 个主要的金融中心的交易量占全球外汇交易的 79.4%。其中，英国的外汇交易占比上升了 6 个百分点，占全球外汇交易总量的 43.1%，美国的交易量占比从 2016 年的 19.5%降至 16.5%，新加坡和东京的交易量增长相对较慢。中国境内外汇市场交易量大幅增长至日均 1360.2 亿美元，较 2016 年增长 86.8%，成为全球第八大外汇交易中心（2016 年 4 月排名第 13 位）。

### 3.1.3 外汇市场的参与者

#### 3.1.3.1 外汇市场的参与者

外汇市场的参与者包括外汇银行、外汇经纪人、“中央银行”和顾客四部分。

外汇银行也称外汇指定银行（appointed or authorized bank），是由“中央银行”指定或授权经营外汇业务的银行。它包括专营外汇业务的本国专业银行、兼营外汇业务的本国商业银行和其他金融机构，以及外国银行设在本国的分支机构或其他金融机构。作为国际外汇市场的主要参与者，外汇银行一方面代顾客买卖外汇和安排外汇交易，以满足客户保值或套利的需要，并从中收取服务费或手续费；另一方面以自己的账户直接进行外汇交易，通过头寸调度保值或获利。

外汇经纪人（foreign exchange broker），即中介与外汇银行之间，或外汇银行与顾客之间，为买卖双方接洽业务并收取佣金的汇兑商。他们利用各种通信工具与各外汇银行、进出口商、跨国公司保持联系，掌握外汇市场的供求信息，媒介外汇买卖双方成交。因此，外汇经纪人对外汇市场的主要贡献是起联络作用。最初，外汇经纪人并不为自己的账户做交易，而只为客户提供代理买卖。国际贸易和金融的快速发展促使外汇业务迅速扩张，也为外汇经纪人扩大业务范围和规模提供了机会。目前，部分信用较高、资金较雄厚的外汇经纪人除了代客买卖外汇外，也从事自营外汇交易。经纪人要处理当事人提出的合理要求，提供快捷和可靠的服务，必须拥有先进的设备和熟练的技术人员。

"中央银行"作为管理一国货币流通和监控一国金融体系的官方机构，在外汇市场上除了充当市场监管者的角色外，还必须经常介入外汇交易市场，维持本币的稳定，保证国内货币政策的妥善实施。无论是外汇银行还是一般客户，出于实际需求或趋利行为，不可避免地造成一国货币汇率的波动，"中央银行"有责任缓和本币汇率的波动程度，以免对进出口贸易和国际收支乃至整个经济发展造成不利影响。从20世纪30年代开始，美国、英国等金融市场发达的国家就设立了"外汇平准账户"，此后各国纷纷仿效设立类似的外汇账户来干预市场。随着国际经济和金融合作的加强，一国"中央银行"在外汇市场的职责已不仅限于维持本币的稳定性，有时还要参与某一地区或某一经济联合体内的市场干预，称为联合干预。当然，随着各国金融市场的不断开放，"中央银行"将承担更大的压力。事实上，不论一国的外汇储备如何雄厚，也难以抵挡国际投机资本的冲击。所以很多国家特别是发展中国家维持本币汇率稳定，更多的是借助监管，而直接参与市场交易的方式只能作为辅助手段。例如，日本中央银行要求外汇经纪人向其报告已完成的每一笔交易的情况，对外汇活动实行严格的监督。"中央银行"不仅是一般的外汇市场参与者，在一定程度上可以说是外汇市场的实际操纵者。不过它并不直接参加外汇市场上的活动，而是通过经纪人和外汇银行进行交易。

外汇市场的顾客包括进出口商、国际投资者、旅游者、保值性的外汇买卖者和投机性的外汇买卖者。这类参与主体进行交易的主要目的是：（1）满足进出口收付款项的需要；（2）清算对外投资产生的外币债权债务；（3）证券买卖及红利和股息的收回；（4）避免汇率风险或其他风险；（5）利用各金融中心的价格不平衡获取利润；（6）捐赠。从交易目的不难发现，顾客是外汇市场的最初供应者和最终需求者，他们参与市场的内容和项目几乎涵盖了国际收支经常账户和资本金融账户的全部。

3.1.3.2　外汇交易的层次

一般地，外汇交易可以分为三个层次，外汇银行与顾客之间的交易、外汇银行之间的交易、外汇银行与中央银行之间的交易，它们之间的关系如图3-1所示。

银行与顾客之间的外汇交易往往是出于国际结算中收付货款的需要，故主要是本币与外币之间的兑换。在与顾客的外汇交易中，银行一方面从顾客手中买入外汇，另一方面又将外汇卖给顾客，实际上是在外汇的最初供给者与最终需求者之间起中介作用，赚取外汇的买卖差价。

银行间外汇交易往往源于银行在为顾客提供外汇买卖中介服务时，经常出现营业日内外汇买入额与卖出额不平衡的情况。如果某一币种的购入额多于售出额，则银行该币种外汇头寸出现多头（long position）或超买（overbought）；如果某一币种购入额低于出售额，

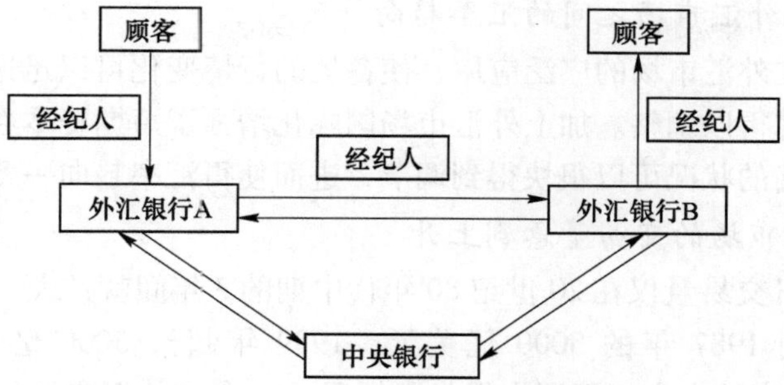


图 3-1 外汇交易的层次

则银行该币种外汇头寸出现空头（short position）或超卖（oversold）。多头和空头统称“敞口头寸”（open position）。为了规避汇率变动的风险，银行必须遵循买卖平衡的原则，主动参与银行间市场的交易以轧平各币种的头寸，将多头抛出空头补进。这种头寸抛补业务又称外汇头寸调整交易。外汇银行还可以出于投机、套利、套汇的目的从事同业的外汇交易。银行同业间交易汇集了外汇市场的供求流量，由此决定着汇率的高低。在外汇市场上，实力雄厚的大银行凭借其先进的电信设备、高素质的外汇交易员及广泛的代理行关系处于“造市者”地位。这些银行对某种货币的买卖报价可以直接影响该种货币的汇率。外汇银行同业间的外汇交易额占外汇市场交易总额的90%以上，因此，外汇银行同业市场是外汇市场最重要的组成部分。

外汇银行与中央银行之间的交易源于中央银行对外汇市场的干预。中央银行与外汇银行之间进行的外汇交易是中央银行干预外汇市场的途径，通过这种交易中央银行可以使汇率相对稳定在他所期望的水平上。当某种外币汇率上涨高于期望值时，中央银行就会向外汇银行出售该种外币，促使汇率下跌；反之，当某种外币汇率下跌低于期望值时，中央银行就会从外汇银行处购入该种外币，使其汇率上升。

可见，外汇市场是由外汇银行对顾客的市场、外汇银行同业市场和中央银行对外汇银行市场三部分组成的有机整体。

### 3.1.4 现代外汇市场的发展

第二次世界大战后，随着国际经济的飞速发展，世界外汇市场格局也发生了巨大变化。

#### 3.1.4.1 外汇市场由区域性发展到全球性

外汇市场由集中于西欧和北美扩大到亚洲和拉丁美洲，目前国际金融中心，包括伦敦、纽约、巴黎、法兰克福、布鲁塞尔、苏黎世、阿姆斯特丹、米兰、斯德哥尔摩、卢森堡、东京、新加坡、马尼拉、开曼群岛、巴林等外汇市场。外汇市场向全球性发展，使各地营业时间相互衔接，形成了全球性的 24 小时不间断的连续交易，方便了外汇买卖。

#### 3.1.4.2 外汇交易更加复杂化

因汇率波动和交易范围的复杂，新的交易规则和交易方式不断涌现，使得外汇市场上的外汇交易活动越来越复杂。

3.1.4.3　各地外汇市场之间的汇率趋向一致

现代通信技术在外汇市场的广泛应用，使各地的行情变化可以迅速传播，各市场之间的汇率差距能够迅速得以调整。加上外汇市场国际化增强了短期资本在国际的移动式外汇市场，资金供求失衡的状况可以很快得到调节，进而使得汇率趋向一致。

3.1.4.4　外汇市场的交易量急剧上升

全球外汇市场日交易量仅在20世纪80年代中期的3年间就扩大了1倍，由1984年的1500亿美元扩大到1987年的3000亿美元，1989年超过5000亿美元。国际清算银行（BIS）每三年一度的中央银行调查报告数据显示，全球外汇市场的日均交易量从1995年的1.2万亿美元增长到了2022年的7.5万亿美元。根据全球外汇市场分地区统计，交易量保持在第一位的是英国伦敦，日均交易量是3.58万亿美元；排在第二的美国纽约则为1.37万亿美元；新加坡外汇市场以6330亿美元排名第三；中国香港以10亿之差的6320亿美元位居第四；第五名为日本，日均交易量为3760亿美元。值得关注的是，中国境内（除香港、澳门、台湾）以1360亿美元进入全球第八大外汇交易中心之列。

### 3.1.5　外汇交易的报价形式

外汇市场的交易模式包括竞价交易和询价交易两种。

竞价交易（anonymous）也称匿名交易，是指交易双方通过外汇交易系统匿名报价，系统按照“价格优先、时间优先”的原则进行匹配，达成交易，交易达成后双方通过集中净额清算模式进行清算的交易模式。

询价交易（bilateral）是指有双边授信关系的交易双方，通过外汇交易系统双边直接协商交易要素以达成交易，交易达成后，通过双边清算模式或净额清算等其他清算模式进行清算的交易模式。

下面以询价交易为例，说明外汇交易的报价形式。

一笔完整的外汇交易往往包括四个步骤：询价（asking）、报价（quotation）、成交（done）以及确认（confirmation），其中报价是关键。外汇交易员在报价时需要根据市场条件和自身情况，在盈利机会和竞争力之间取得平衡；既要提供富有竞争力的报价来吸引交易，又要通过报价来保护自己，在承担风险的同时获取相应的利润。

国际上的外汇交易已经形成了一个全球24小时连续进行的网络，在这一无形的市场中，其参与者大都是通过路透社交易机及信息终端机、电话、电传等现代化通信工具进行交易。路透社外汇信息服务及交易系统是当今世界上应用最为广泛的外汇交易系统，因此，路透社外汇信息服务及交易系统的报价方式也就是当今国际银行间外汇买卖所惯用的报价方法。

路透社信息终端上的外汇汇率采用单位美元标价法，即1美元等于若干其他货币。英镑、爱尔兰镑、澳大利亚元、新西兰元、欧元则采用单位镑法，即1英镑、1爱尔兰镑、1澳大利亚元、1新西兰元、1欧元兑多少美元。下面是常见的一些报价形式：

USD/JPY　（1美元兑日元）147.76/90

USD/CHF　（1美元兑瑞士法郎）0.8680/93

GBP/USD　（1英镑兑美元）1.2706/10

AUD/USD（1 澳大利亚元兑美元）0. 6583/97

汇率的标价通常为 5 位有效数字，汇率变动的最小单位被称为基点（basic point）。对于大多数货币，1 点通常是 0. 0001，即万分之一货币单位；对于币值较小的计价货币（如日元），1 点就是 0. 01 货币单位。例如，美元兑瑞士法郎的汇率从 0. 8645 上升到 0. 8665，就可以说美元兑瑞士法郎的汇率上升了 20 点。

外汇汇率报价通常采用双向报价制，即同时报出买入汇率和卖出汇率。在所报的两个汇率中，斜线左边是买入价，汇率值较小；斜线右边是卖出价，汇率值较大。例如，纽约某银行挂出的英镑和加元的牌价如下：

USD1 = CAD 1. 3458/1. 3465

GBP1 = USD 1. 2716/1. 2724

习惯上，汇率报价只写出前一个汇率和后一个汇率的最后两位数。如上面的牌价可以写成：

USD 1 = CAD 1. 3458/65

GBP 1 = USD 1. 2716/24

在外汇交易的实际操作中，交易员之间通过电话、电传和路透社交易机询价，一方报价之后，另一方要立即做出回答。由于市场行情瞬息万变，一个报价出来之后，几秒钟之后就可能会发生变化。因此，如果询价方回答缓慢，报价方就有可能会说“价变了”，报价就又得重来。在对方报价后，如果询价方对所报价格不满意，可以说“暂时没事”，报价便对双方无效。但询价方决不能耽误时间，不置可否。当然，报价方一旦报出价格，便有义务按此价格买入或卖出。下面是一段典型的交易对话。

A：Spot USD JPY pls.（请问即期美元兑日元的报价）

B：76/90.（也可写作 147. 76/90）

A：Buy USD 1.（买进 100 万美元，这里的 1 代表 100 万）

B：OK，done. I sell USD 1 Mine JPY at 147. 90 Value 5/1/2024. JPY pls to BK B Tokyo. A/C No. 12345.（好，成交。我卖给你 100 万美元买入日元，汇率是 147. 90，起息日 2024 年 1 月 5 日。我们的日元请付至 B 银行东京分行账户，账号是 12345）

A：All agreed。My USD pls to BK A N. Y. A/C No. 6789. Tks for the deal. BIBI.（同意以上条款，我的美元请付至 A 银行纽约分行，账号是 6789。多谢惠顾，再见。）

从以上询价、报价的交易过程可以看到，实际交易中为节约时间将许多单词、数字进行简化，同时有许多特殊的“行话”，以下做几点简要说明：（1）询价方先要挑选某一家报价银行，在交易机屏幕上选择之后要立即自报家门，让对方了解；（2）询价内容简明完整，包括币别、类型（即期、远期等）、金额；（3）报价方的报价需依据其他银行行情、自己货币头寸状况、对汇率变化预期等，思考片刻便立即报出买卖双价，报价时可省略汇价前的大数；（4）询价方依据对方所报价格，表示买进的币别、金额，基本金额等值 100 万美元以上，低于 100 万美元须事先说明；（5）报价方承诺成交，此时双方共同遵守“一言为定”的原则和“我的话就是合同”的惯例；（6）报价方须向询价方证实或确认即期或远期交易行为、金额、汇率、起息日，同时报价方将买入货币的资金账户告诉询价方；（7）询价方将所买入货币入账的资金账户告诉报价方，为结算做准备。

上面是以即期外汇交易的报价方式为例。如果是做远期或者期权等交易，在询价时要予以说明，其他方面与即期交易的报价方式大同小异。

# 3.2　外汇市场的交易工具

## 3.2.1　即期外汇交易

### 3.2.1.1　定义

即期外汇交易又称现汇交易、现货交易、现期交易，指外汇买卖成交后，在两个营业日（不包括银行节假日）内办理有关货币收付交割的外汇业务。

在各类外汇交易中，即期外汇交易是基础期交易量及各类外汇交易之首，在美国的银行外汇交易总额中，现汇交易约占 2/3，包括银行同业之间的交易和银行与客户之间的交易。银行同业之间的交易主要是各种自由外汇之间的相互买卖（如轧平头寸），银行与客户之间的交易则主要是本币与外币之间的相互买卖，用于结清国际贸易及国际投资中的债权债务。

### 3.2.1.2　交割日

交割就是交易双方各自按对方的需要，将卖出的货币及时转入对方指定账户的处理过程。在此，即期外汇交易与外钞兑换不同。外钞兑换虽也是一项经常性的银行业务，但它不存在外汇资金从一个账户到另一个账户的账面转移问题。

进行交割的日期称为交割日或起息日。不同外汇市场规定的即期交易的交割日是不同的。一般有下面三种情况。

(1) 标准起息交易（value spot）即交割日为成交日后第二个营业日。如在星期一达成一笔即期交易，应在星期三交割。目前，国际外汇市场普遍应用的是标准即期起息交易。

若在两天中恰逢两个结算国中某国银行（美国银行除外）的假日，则交割时间顺延。有两种情况：1）如果成交后的第一天是两个结算国中某国银行的假日，这一天不算营业日，交割时间顺序推迟。2）成交后的第一天是两国银行的营业日，但第二天是其中某一国银行的假日，这一天不算营业日，交割时间顺序推迟。

当交易涉及美元的时候。如果两天之中的头一天在美国是银行的假日，但在另一国不是，这一天也算作营业日。这样在对美元进行的即期交易中，交割日的确定可能出现四种情况，例如，德国一位交易者以美元买入即期欧元，星期一成交，可能会出现以下四种情况。

- 星期二、星期三两国银行都营业，交割日为星期三。
- 星期二是德国银行的假日，交割日推迟到星期四。
- 星期二是美国银行的假日，交割日不受影响，仍为星期三。
- 星期二已确定为营业日，星期三在美国或德国任何一国的银行是假日，交割日都要顺延到星期四。

(2) 明天起息交易（value tomorrow，value tom）即交割日为成交日后的第一个工作日，这在东京和新加坡等远东市场上使用。

(3) 当天起息交易（value today）即交割日为成交日的当天。

在我国香港外汇市场上，对不同的货币是区别对待的。港币对美元是在当天交割；港币对日元、新加坡元、马来西亚林吉特和澳大利亚元是在次日交割；港币对其他货币则在成交日后第二个营业日交割。

就外汇买卖而言，“一言为定”是交易双方必须遵守的原则，交易双方一经成交，就不得擅自撤销或变更。

需要指出的是，即期外汇交易虽然在两个营业日内交割但仍有风险。按照惯例，外汇交易双方应在同一营业日内办理交割。不过由于时区不同，同一天交割的交易，交割时间在亚洲开始较早，欧洲较晚，美国更晚，这就使得即期外汇交易也包含了一定的外汇风险。

3.2.1.3　即期汇率的套算

由于国际外汇市场的报价大都采用美元标价法，如果想知道两种非美元货币之间的即期汇率就要计算套算汇率，即需要通过美元进行套算。可以利用第 2 章介绍的套算汇率计算方法以及买入汇率和卖出汇率的相关知识可以进行即期汇率的套算。具体有以下 3 种情况。

（1）如果报价方报出的两个即期汇率都是以美元为基准货币，则采用交叉相除的方法进行套算。

**例：**　1 美元＝0.9696/0.9700 瑞士法郎

1 美元＝7.7576/7.7586 港元

现需要计算瑞士法郎对港元的汇率，计算方法为

瑞士法郎的买入汇率：　7.7576/0.9700＝7.9975 港元

瑞士法郎的卖出汇率：　7.7586/0.9696＝8.0020 港元

即 1 瑞士法郎＝7.9975/8.0020 港元

（2）如果报价方报出的两个即期汇率是以美元为标价货币，也采取交叉相除的方法进行套算。

**例：**　1 英镑＝1.5655/1.5660 美元

1 澳大利亚元＝0.8897/0.8905 美元

现计算英镑对澳大利亚元的汇率，计算方法为

英镑的买入汇率：　1.5655/0.8905＝1.7580 澳大利亚元

英镑的卖出汇率：　1.5660/0.8897＝1.7601 加拿大元

即　1 英镑＝1.7580/1.7601 澳大利亚元

（3）如果报价方报出的两个即期汇率中，一个是以美元为基准货币，另一个以美元为标价货币，则采用同边相乘的方法进行套算。

**例：**　1 英镑＝1.5655/1.5660 美元

1 美元＝0.9696/0.9700 瑞士法郎

现计算英镑对瑞士法郎的汇率，计算方法为

英镑的买入汇率：　1.5655×0.9696＝1.5179 瑞士法郎

英镑的卖出汇率：　1.5660×0.9700＝1.5190 瑞士法郎

即　1 英镑＝1.5179/1.5190 瑞士法郎

### 3.2.2　套汇交易

套汇交易是指在不同的时间（交割期限）、不同的地点（外汇市场）利用汇率或利率上的差异进行外汇买卖，以防范汇率风险和谋取套汇收益的外汇交易活动。根据价格差异的不同种类，套汇可分为地点套汇和时间套汇。

地点套汇（space arbitrage）是指套汇者利用不同外汇市场之间的汇率差异，同时在不同的地点进行外汇买卖，以赚取汇率差额的一种套汇交易。

时间套汇（time arbitrage）是指套汇者利用不同交割期限所造成的汇率差异，在买入或卖出即期外汇的同时，卖出或买入远期外汇，通过时间差来营利的套汇方式。时间套汇实质上就是掉期交易，不同的只是时间套汇侧重于交易动机，而掉期交易侧重于交易方法。

地点套汇就是通常意义的套汇交易。由于世界各地的外汇市场是密切联系的，各市场的汇率通常十分接近。但是，有时在不同的外汇市场上，外汇汇率在很短的时间内会因为种种原因而出现较大差异，从而引起外汇投机者追逐外汇差价的活动，这就是地点套汇活动。从事套汇交易的大多数是资金雄厚的大银行或设有专门外汇交易部门的大公司，它们能在较短时间内运用大笔资金。这样，即使汇差很小，但由于买卖外汇的数额较大，也可以获得丰厚的利润。

套汇交易都是利用电汇进行的，因为汇差的存在是较短时间的事，套汇活动将使汇差很快消失或减至极小。所以严格说来，套汇交易属于即期外汇交易的延伸。地点套汇交易可分为直接套汇和间接套汇。

#### 3.2.2.1　直接套汇

直接套汇（direct arbitrage）又称双边或两角套汇（two points arbitrage），是最简单的套汇方式，指利用两个外汇市场上某种货币的汇率差异，同时在两个外汇市场上一边买进一边卖出这种货币。其交易的准则是：在汇率较低的市场买进，同时在汇率较高的市场卖出，即“贱买贵卖”。

**例：**在某一时点，外汇市场的行情如下。

纽约外汇市场：　　　　1£=1.5550/90$

伦敦外汇市场：　　　　1£=1.5510/25$

英镑在纽约外汇市场上比在伦敦外汇市场上贵，投资者此时套汇，即可获得收益。具体套汇路线是：在纽约外汇市场卖出英镑，在伦敦外汇市场买入英镑。在纽约外汇市场以1£=1.5550$（外汇买入价，客户卖英镑相当于银行买英镑，用外汇买入价）的价格卖出英镑、买入美元；与此同时，在伦敦外汇市场以1£=1.5525$（外汇买入价，客户卖出美元、买进英镑，相当于银行买进美元，用外汇买入价）的价格卖出美元、买进英镑，则每1英镑经过转手可得差价约为0.0016英镑（=1.5550÷1.5525-1）。若投机者动用1000万英镑进行套汇，则可获毛利16000英镑。

#### 3.2.2.2　间接套汇

间接套汇也称三角套汇，是利用不同地点的外汇市场上的汇率差异，同时在三地市场上贵卖贱买从中赚取汇率差价的行为。

**例**：在某一时点，投资者手中有10000英镑，应如何利用下面三个外汇市场进行套汇。

伦敦市场：　　1£=1.5600-1.5610$

东京市场：　　1£=120.00-120.20JP¥

纽约市场：　　1$=108.70-108.90JP¥

判断是否存在两地套汇的机会较为容易，但对于三个市场三种货币之间是否有机会进行讨论就比较难。对于三点和多点套汇机会的判断，可以依据“间乘直除”法，即以1单位基准货币为基础，对间接标价法下的汇率相乘，直接标价法下的汇率相除。

上面的例题，第一步先计算出中间价，然后“间乘直除”（伦敦和纽约市场是间接标价法，东京市场为直接标价法），如果$N\neq1$就说明存在套汇机会。

$$N=1\times1.5605\div120.10\times108.80=1.4136>1$$

第二步根据$N$值的计算式可判断出套汇方向：

先在伦敦将手中持有的英磅换成美元即客户购买外汇美元，因此使用卖出价（10000£-15600$），在纽约市场将美元换成日元，使用卖出价（15600$-1695720JP¥），在东京将日元换成英磅使用买入价（1695720JP¥-14107£），最终的套汇收益为4107£。

如果套汇方向错误就无法获取套汇收益。例题中若持有英镑先在东京市场上换成日元（10000£-1200000JP¥），再在纽约市场上换成美元（1200000JP¥-11100$），最后在伦敦市场上换成英镑（11100$-8222.8£），套汇将亏损1777.2£。

如果经过计算$N=1$，表明三点套汇不再有利可图，那么四点、五点以至于$n$点的套汇也无利可图。随着现代通信技术的迅速发展，各地市场外汇合理通过网络传递很快和趋于一致，套汇机会也转瞬即逝。大型商业银行由于在海外的分支机构很多，它们信息灵通交易方便，所以一直是外汇市场的主要套汇者。

### 3.2.3　远期外汇交易

#### 3.2.3.1　定义

远期外汇交易（forward transaction）又称期汇交易，指买卖双方成交后并不立即办理交割，而是按照所签订的远期合同规定在未来约定日期办理交割的外汇交易。合同内容涉及金额、币种、期限方式和汇率。这个汇率就是第2章所提到过的远期汇率。

常见的远期交易交割期限有1个月、2个月、3个月、6个月，长的可达12个月。如果期限再长则称为超远期交易。远期外汇交易的交割日以即期外汇交易为基础，所以远期交割日是即期交割日加上月数或星期数，若远期合约是以天数计算的，其天数以即期交割日后的日历日的天数为基准，而非营业日。例如星期三做的远期合约，合约天数为3天，则即期交割日为星期五，远期交割日是星期一（即从星期五算起，到星期一正好3天）。远期交割日若不是营业日，则顺延至下个营业日。若顺延之后，跨月到了下个月份，则必须提前至当月的最后一个营业日为交割日。

#### 3.2.3.2　远期汇率的计算

远期外汇交易中使用的汇率称为远期汇率，它很少与合约交割之日的即期汇率正好相同，如果高于即期汇率，称为升水；如果低于即期汇率，称为贴水。这两种偏差额，外汇术语称为升贴水额、掉期率或汇水。

在外汇交易中，远期外汇的报价可以有两种方式。

（1）直接报价法：直接报出整个远期汇率又称为单纯远期汇率。

**例：**　US$/JP¥　即期汇率　116.50/60

3个月美元远期　115.70/90

这种报价方法一般用于银行与普通商业客户的外汇报价中。

（2）点数报价法：只报升水或贴水额，需要通过即期汇率加减升贴水额自行计算出远期汇率。

**例：**　US$/JP¥　即期汇率　116.50/60

3个月远期美元贴水　80/70

通常在银行同业之间的远期汇率报价仅需报出掉期率即升贴水额。

如果报价中明确知道是升水或者贴水，根据不同的汇率标价法，计算远期汇率的原则也不相同。

（1）在直接标价法下，远期汇率等于即期汇率加升水额或减贴水额。

纽约外汇市场：英镑即期汇率为1£=1.3475$

若3个月英镑期汇升水额为125点

则3个月英镑期汇为1£=1.3475+0.0125=1.3600$

若3个月英镑期汇贴水额为75点

则3个月英镑期汇为1£=1.3475−0.0075=1.3400$

（2）在间接标价法下，远期汇率等于即期汇率减升水额或加贴水额。

伦敦外汇市场：美元即期汇率为1£=1.3600$

若3个月美元期汇升水额为123点

则3个月美元期汇为1£=1.3600−0.0123=1.3477$

若3个月美元期汇贴水额为55点

则3个月美元期汇为1£=1.3600+0.0055=1.3655$

此外，银行间报价经常不具体说明是升水还是贴水，而是只报出汇水点数。在这种情况下无须关注是什么标价法，只要点数前大后小，那么远期汇率就等于即期汇率减去汇水点数；凡是点数前小后大，则用即期汇率加上点数就可以计算出远期汇率。

**例：**伦敦外汇市场。

| | | |
|---|---|---|
| 英镑与美元 | 现汇汇率： | 1.5815/1.5825 |
| | 若美元3个月汇水： | 215/205 |
| | 则美元3个月远期汇率为： | 1.5600/1.5620 |
| | 若美元6个月汇水： | 130/140 |
| | 则美元6个月远期汇率为： | 1.5945/1.5965 |

为了验证计算结果是否正确可以做两个判断：一是计算出来的远期汇率两个价格（买入价卖出价）一定前小后大；二是计算出来的远期汇率的买卖汇差一定大于即期汇率的汇差。

### 3.2.3.3 远期外汇交易产生的原因

A 套期保值（出于避免风险的目的）

套期保值（hedging）是指预计将来某一时间要支付或收入一笔外汇时，买入或卖出同等金额的远期外汇，以避免因汇率波动而造成经济损失的交易行为。

在国际贸易中，从买卖合同签订到货款清算之间有相当一段时间，在这段时间内，如果计价货币的汇率出现变动，进出口商就不能做出正确的成本和利润估计，而且还可能遭到损失。为了避免汇率波动可能带来的损失，进出口商在签订买卖合同时可以向银行买入或卖出远期外汇，到支付或收进货款时，进出口商就可以按照原先约定的远期汇率来办理交割。

套期保值可分为买入套期保值和卖出套期保值。买入套期保值是指将来有一定债务者，先在外汇市场买入与该负债金额相等、期限相同的远期外汇，以避免因计价货币汇率上升，负债成本增加而造成实际损失的交易行为。卖出套期保值是指将来有一定债权者，先在外汇市场卖出与该应收外汇资产金额相等、期限相同的远期外汇，以防止因债权的计价货币对本币贬值而蒙受损失的交易行为。不论是买入套期保值还是卖出套期保值，其目的都是用远期头寸抵补将来的现货头寸，将买卖外汇的汇率固定下来，以规避汇率波动对将来的收付款项所造成收益或成本方面的影响。下面以进口商买入套期保值举例。

**例**：英国进口商从美国进口一批货物，价值1亿美元，3个月后货到付款。假设按当时汇率计算1英镑=2美元，该批货物合5000万英镑。由于3个月后的汇率无法确定，进口商担心美元升值，为了避免风险，它可以有以下两个操作方案进行选择。

（1）如果进口商在签订合约时，就在外汇市场上用5000万英镑以1：2的汇率购入1亿美元，然后用这笔美元购买3个月期的美国国库券保值，到期在市场上卖掉国库券换成美元来支付货款，虽然可以获得一定利息收入但需要占用进口商的大量资金。

（2）进口商在签约时和商业银行签订一个远期外汇合约，约定3个月后购进1亿美元，远期汇率为1：1.9。进口商只需在3个月后支付5263万英镑从银行处获得美元用于支付货币即可，避免了美元价格上升所带来的损失。

假如3个月后即期外汇市场上美元汇率大幅度上升，达到了1：1.6，如果进口商没有进行远期外汇交易，需要支付6250万美元才能购得1亿美元。因此英国进口商通过远期外汇交易，避免了6250万-5263万=987万英镑的损失。

当然，如果美元贬值英镑升值则进口商会遭受损失，这就需要当事人权衡利弊作出选择。远期外汇交易在锁住损失的同时也锁住了收益。

与进口商相反，在国际贸易中，出口商向国外进口商报价并接受订单后，便会安排生产，而后出口商品至国外。通常，出口商从发出商品到收到货款存在一段时间间隔。出口商为规避这段时间内因汇率波动而可能造成的非营业性损失，出口商可依据对未来汇率的预测而决定是否作远期外汇交易。出口商预期在未来收款时，若本国货币相对于计价货币升值，出口商最好作卖出套期保值交易，以免因本币升值使一定数量的外币（计价货币）兑换成本币的金额减少，否则可能使所收货款不足以支付其生产成本或减少贸易利润。出口商预期在未来收获时，若本币相对计价货币贬值，出口商可以不作远期交易。因为本币贬值，一定数量的外币兑换成本币的金额会增加，出口商将获得汇兑上的利益。

除了进出口商，在现代国际投资活动中，跨国公司也经常利用套期保值的方式使风险资产与风险负债保持平衡。

B 出于通过投机赚取利润的目的

外汇投机（exchange speculation）是指外汇市场参与者根据对汇率变动的预测，有意保留（或持有）外汇的空头或多头，希望利用汇率变动牟取利润的行为。

外汇市场的投机绝不是完全意义上的贬义词，现代外汇投机是外汇交易的重要组成部分，没有适度的投机也不能使外汇市场日交易量达到7万亿美元以上。从某种意义上来说，投机活动在引起国际汇率不稳定的同时，也迫使一些国家健全金融市场机制。有的观点认为，20世纪70年代以来的金融工具创新使投机活动加剧，但在1997年亚洲金融危机中，国际投机家们并没有利用复杂的金融工具，而是采用最常规的交易——即期交易。这就说明，任何一项交易业务既可用于实际的需要，也可以用于投机。远期外汇交易也是如此。

投机者在预测外汇汇率将要上升时先在即期外汇市场上买进，然后在远期外汇市场上卖出外汇的行为即“买空交易”；或在预测外汇汇率将要下降时，先在远期外汇市场上卖出，然后买进即期外汇的交易行为称为“卖空”。外汇市场上的投机行为有以下几种。

a 在现汇市场上的投机行为

由于现汇交易要求立即交割，因此投资者手中要有十足的现金（或外汇）。

**例：** 美元的即期汇率为1美元=5.6525加元，某投机者认为一个月后美元的即期汇率将上升，于是该投机者立即花565.25万加元买入100万美元。如果一个月后汇率变动如他所料上涨到1∶5.6625，该投机者再入市卖出100万美元，净赚566.25万-565.25万=1万加元。如果预测错误，美元没有升值而是贬值，则这个投机者将遭受损失。

总之，无论怎样该投机者在进入现汇市场购买100万美元时，手头必须要持有足够的加元现金。

b 在期汇市场上的投机

由于在签订远期外汇合约时不涉及现金或外汇的即期收付，因而在该市场上投机初期不必持有足够的现金和外汇。

**例：** 香港外汇市场上一个投机者预期美元在今后的3个月内将会贬值，美元的远期汇率也将随之下降，于是它可以和银行签订一个3个月后卖出美元100万的远期外汇合约，交割日期为6月1日，远期汇率为1美元=8.9625港元。此时不需要他手中有100万美元。如果在合同到期之前，美元的汇率果真下降，5月1日该投机商可以跟银行再签订一个远期合约，约定一个月后买入100万美元，远期汇率为1美元=8.9525港元。这两个合约同时在6月1日到期，这一买一卖可以使该投机者获利100万×(8.9625-8.9525) = 1万港元。当然，如果投机者预测失误，美元汇率不降反升，则会蒙受损失。

3.2.3.4 套利交易

套利交易（interest arbitrage）是指利用两个国家货币市场出现的利率差异，将资金从一个货币市场转移到另一个货币市场，以赚取利润的交易活动。套利活动将外汇市场与货币市场紧密联系在一起。在学习套利交易之前有必要先了解“利率平价原理”进而明白汇水产生的原理。

A 利率平价原理

决定外币对本币升水或贴水的因素是什么呢？答案在于利率。在国际资本流动不受限制的情况下，即期汇率、远期汇率、利率之间存在着相互联系。一般正常情况下高利率水平国家的远期汇率会贴水，低利率水平国家的远期汇率必然会升水，而且一国货币对另一国货币的远期汇价的贴水率或升水率会等于两国利率的差距，这个原理就是著名的“利率平价原理”。

**例**：一个投资者有 100 万英镑要进行为期 12 个月的投资，他有一系列的投资机会，可以利用这笔资金进行英镑、美元、日元或欧元等各种货币的投资，为了简单起见，我们假设投资者只看中了两种投资机会。货币市场美元对英镑报价的即期汇率为 1∶1.6100，12 个月远期汇率为 1∶1.5309，市场中 12 个月的英镑存款年利率为 14.5625%。同一期限的美元利率为 8.9375%，这样投资者就有两种选择。

(1) 把 100 万英镑以每年 14.5625%的固定利率投资于英镑，存款为期 12 个月，到期本利和为 1145625 英镑。

(2) 进行抛补套利。

首先按照 1∶1.61 的汇率将 100 万英镑兑换成美元（161 万美元），然后将美元以每年 8.9375%的固定利率投资于美元存款一年。12 个月后的本利共计 1753894 美元。

同时在远期外汇市场签订合约一年后卖出 1753894 美元。

12 个月后按照汇率 1∶1.5309 后得到 1753894÷1.5309＝1145625 英镑。

我们发现上述两种方法给投资者提供了相同的回报。如果情况不是如此，两个市场收益有差别，外汇市场和利率市场的套利者将会在一个金融中心借入货币，而把它转移到另一个金融中心进行投资，然后通过远期交易预先卖出所得。

如果市场没有保持均衡，这个所得将会超过借入金额及其利息的合计数，因而使投资者获得一笔实际上没有任何风险的盈利，这一机制就是我们所说的套利。交易者的行为使得这种套利机会短暂易逝，这些短暂机会的利用引起了即期汇率和远期汇率以及利率的变动，而这些变动又使得货币市场和利率市场的走势趋于均衡。

简而言之，“利率平价原理”指出投资者无论借入何种货币再兑换成另一种货币，其间从两种货币利率差距间所得的利益，必然被汇率上的损失所抵销；或汇兑上的得益必为利率差距的损失所抵销。说明投资者在一借一存的过程中，若利用远期合约来减低风险，则选择借入相对高利息货币或相对低息货币并无分别。另外也指出远期汇价同时受到即期汇价及两种货币利率所影响的关系。事实上，两国货币由于利率通常情况下是不一致的，因此在外汇市场上即期汇价与远期汇价自然甚少相同，因而会有升水、贴水的远期差价出现。高利率货币会引起市场上对该货币的需求，以期获得一定期限的高利息收入，但为了防止将来到期时该种货币汇率下跌带来的风险和损失，人们在购进这种货币现汇时，往往会卖出这种货币的远期，从而使其远期贴水；同样的道理，低利率的货币则有远期升水。

因此可以总结得出结论：高利率国家的货币短期内即期汇率会升值，但是其远期汇率会下跌；低利率国家的货币短期内即期汇率会下跌，而其远期汇率会上升。

B 汇水产生的原因

对上面的理论还可以用银行的实际业务操作来解释。银行在经营外汇业务时要遵循买卖平衡的原则，以防止汇率风险。假如一家英国银行卖出的远期美元多，买进的远期美元少二者不能平衡，此时这家银行就必须购买相当于差额部分的美元，并将其存放到美国的银行以备届时交割。如果纽约的利率低于伦敦，则这家英国银行在美国的存款就会遭受到利息损失，因此该银行要把经营远期美元业务所引起的损失转嫁给远期美元的购买者，即客户买进远期美元汇率时要付出高于即期美元的价格，从而导致美元期汇升水。

**例：**伦敦市场的年利率为9%，美国纽约市场为7%，利差为2%。伦敦市场美元的即期汇率为1：1.6。

英国银行与客户签订远期外汇合约卖出3个月远期16000美元，即3个月后它必须按合同价格卖给客户16000美元。这3个月期间的汇率变动可能给英国银行带来风险，为此英国银行在与客户签订远期合约后就用1万英镑按1：1.6购买16000美元的即期外汇并存放在美国纽约银行，以备3个月后付给客户。由于两地利率不同，利差损失2%，即10000×(9%-7%)×3÷12=50英镑。

此时英国银行会将50英镑的利息损失转嫁给客户，即要求客户用10050英镑购买16000美元的3个月远期。因此，银行给客户报出的3个月美元远期汇率为16000÷10050=1.5920。与即期汇率相比，3个月美元远期汇率升水。

由此可见，在其他条件不变的情况下，利率水平较低的货币远期汇率会升水，利率水平较高的货币，远期汇率会贴水。

既然远期汇率与即期汇率的差异取决于两种货币的利率差异，银行报出的汇水与利率之间的关系可用公式表示：

$$\text{汇水数} = \text{即期汇率} \times \text{两地利差} \times \text{月数}/12 \tag{3-1}$$

如上例，英国银行3个月美元远期外汇的升水额为1.6×(9%-7%)×3/12=0.008$

因此，伦敦市场3个月远期美元外汇实际价格应为1£=1.6$-0.008$=1.5920$。

C　抵补套利

抵补套利又称抛补套利（covered interest arbitrage），是指在现汇市场买进一国货币向外投资时，同时在期汇市场出售与投资期限相同、金额相当的该国货币的远期，借以规避风险的套利活动。

判断两个市场是否存在套利机会可以运用公式将汇水折算成年率然后进行比较，公式如下：

$$\text{远期汇水的年率值} = \frac{\text{远期汇水} \times 12(\text{或}360)}{\text{即期汇率} \times \text{月数}(\text{或天数})} \times 100\% \tag{3-2}$$

上例中，若已知3个月美元外汇升水为0.008$，为了判断是否有套利机会，可将升水额折算成年率：

$$\frac{0.008 \times 12}{1.6 \times 3} \times 100\% = 2\%$$

由于伦敦、纽约利率差异为2%，而美元远期升水折年率也为2%，所以投机者在英美两个市场没有套利的机会。若美元升水折年率小于两地差2%，即升水值小于0.008美元，则投机者可以在即期市场用美元买进英镑，并将英镑存放英国以获得高利息收入，同时，为防止英镑到期后的外汇风险，他们又会在购买英镑的同时在远期市场上用英镑购买期限相同的美元，因此引起美元远期需求增加，使得美元远期汇率上升，对英镑的升水增大，最后即期汇率和远期汇率的差异会自动与两地利率差接近平衡。

如果两种货币汇差的折年率大于或等于两地利差，则套利者无机可乘；两种货币汇差的折年率小于两地利差时，投机者就一定有套利的机会。

### 3.2.4 掉期交易

掉期交易（swap transaction）即时间套汇，是指将币种相同，但交易方向相反、交割日不同的两笔或两笔以上的外汇交易结合起来进行的交易。外汇掉期形式灵活多样，但本质上都是利率产品。

一笔掉期外汇交易可以看成由两笔交易金额相同、起息日不同、交易方向相反的外汇买卖组成的，因此一笔掉期外汇交易具有一前一后两个起息日和两个约定的汇率水平。在掉期外汇交易中，客户和银行按约定的汇率水平将一种货币转换为另一种货币，在第一个起息日进行资金的交割，并按另一项约定的汇率将上述两种货币进行方向相反的转换，在第二个起息日进行资金的交割。客户做远期外汇买卖后，因故需要提前交割，或者由于资金不到位或其他原因，不能按期交割，需要展期时，都可以通过续做外汇掉期买卖对原交易的交割时间进行调整。

20 世纪 80 年代以来，外汇掉期市场迅猛发展，全球外汇掉期日均交易量从 1989 年的 1900 亿美元增长到 2022 年的 3.8 万亿美元，占比首次超过场外市场交易量的一半，达 50.7%。

掉期交易的特点：（1）买与卖是有意识地同时进行的；（2）买与卖的货币种类相同，金额相等；（3）买卖交割期限不相同。

掉期交易与前面讲到的即期交易和远期交易有所不同。即期与远期交易是单向的，要么做即期交易，要么做远期交易，并不同时进行，因此，通常也把它们称为单一的外汇交易，主要用于银行与客户的外汇交易之中。掉期交易的操作涉及即期交易与远期交易的同时进行，故称为复合的外汇交易，主要用于银行同业之间的外汇交易。一些大公司也经常利用掉期交易进行套利活动。

掉期交易的目的包括两个方面：一是轧平外汇头寸，避免汇率变动引发的风险；二是利用不同交割期限汇率的差异，通过贱买贵卖，牟取利润。

掉期交易按交割日期的不同可分为即期对远期的掉期交易、即期对即期的掉期交易、远期对远期的掉期交易。

**例**：一家日本贸易公司向美国出口产品，收到货款 500 万美元。该公司需将货款兑换为日元用于国内支出。同时公司需从美国进口原材料，并将于 3 个月后支付 500 万美元的货款。此时，公司可以采取以下措施，续做一笔 3 个月美元兑日元掉期外汇买卖：（1）即期卖出 500 万美元，买入相应的日元；（2）买入 500 万美元远期 3 个月，卖出相应的日元。通过上述交易，公司可以轧平其中的资金缺口，达到规避风险的目的。

上面的例子是即期对远期的掉期交易，再来看一个远期对远期的掉期交易例子。

**例**：美国花旗银行在 3 个月后将对外支付 100 万英镑，同时在 1 个月后又将收到另一笔 100 万英镑的收入。假定此时纽约外汇市场上的汇率为

| | |
|---|---|
| 即期汇率： | 1£=1.6960/70$ |
| 1 个月远期： | 1£=1.6868/80$ |

3 个月远期：　　　　　　　　　1£=1.6729/42$

该银行可以买入 3 个月英镑远期（1.6742），同时卖出 1 个月英镑远期（1.6868），利用掉期交易可获得收益 100 万×0.0126=12600$。

由于掉期交易是运用不同的交割期限来进行的，可以避免因时间不一所造成的汇率变动的风险，对国际贸易与国际投资发挥了积极的作用。

## 3.3　外汇交易创新产品

20 世纪 70 年代以来，西方国家相继出现了经济滞胀，而占据西方经济学正统地位的凯恩斯学派对此难以解释，这一时期，包括货币学派在内的一些新自由主义思潮开始盛行。它们的理论核心就是反对国家干预，主张通过市场机制调节经济，从而为各国放松金融管制奠定了理论基础。各国金融管制放松了，金融市场汇率、利率变动频繁，防范投资风险或借贷风险的金融衍生工具便应运而生。金融衍生工具在金融原生工具的基础上衍生出来，人们称为金融创新。金融创新包括金融工具的创新、金融市场的创新、金融服务的创新等。这些新的金融工具在防范投资风险或借贷风险方面有明显的作用，不少新的工具已经突破了传统上对金融机构在业务范围、利率方面的管制。金融创新提供了更为广泛的资金筹措渠道，同时降低了融资成本。

美国的金融业相当发达但受政府管制较严，因而美国的金融机构创造出很多金融衍生工具以规避管制，包括各种金融期货、期权、货币互换等，后又在其他国家广为流传。世界各地还出现了若干新兴的金融市场，如芝加哥国际货币市场、新加坡国际货币交易中心、伦敦国际金融期货交易所、法国国际金融期货交易所等，从事金融衍生工具交易。电子计算机的发展使金融资料处理和传送出现了革命性的变化，从而产生了终端服务、销售点系统、家庭银行业务及自动清算所等，这一切都便利了客户并使金融创新活动更加深入百姓之中。

### 3.3.1　外汇期货交易

期货交易是商品生产者为规避风险，从现货交易中的远期合同交易发展而来。在远期合同交易中，交易者集中到商品交易场所交流市场行情，寻找交易伙伴，通过拍卖或双方协商的方式来签订远期合同，等合同到期，交易双方以实物交割来了结义务。交易者在频繁的远期合同交易中发现：由于价格、利率或汇率波动，合同本身就具有价差或利益差，因此完全可以通过买卖合同来获利，而不必等到实物交割时再获利。为适应这种业务的发展，期货交易应运而生。

#### 3.3.1.1　定义

期货交易（futures）是在交易所里进行的标准化的远期合约交易。

历史上第一次有记载的期货交易是在 1679 年的日本大阪。世界上第一个期货市场——堂岛米市交易委员会于 1730 年在日本大阪设立。1874 年芝加哥商品交易（CME）所成立，1972 年 5 月芝加哥商品交易所的一个分支——国际货币市场（IMM）成立，它是金融衍生产品发展史上的一个重要里程碑。1982 年伦敦国际金融期货交易所（LIFFE）成立。新加坡交易所（SGX）成立于 1999 年，是亚洲最大的综合易所之一。SGX 交易所除了期货交易外，还提供股票、债券等其他金融产品的交易。香港交易所（HKEX）成立于2000年，是亚洲最大的资本市场运营商之一。HKEX交易所以其股票和期货交易而闻名，是全球投资者进入中国市场的重要途径之一。悉尼期货交易所（ASX）成立于1987年，是澳大利亚最大的期货交易所。ASX交易所提供了股票、利率、能源等多个领域的期货合约。多伦多期货交易所（TFX）成立于1999年，是加拿大最大的期货交易所。TFX交易所以其股指期货合约而闻名，是北美洲最重要的期货交易所之一。巴西商品与期货交易所（BM&FBOVESPA）成立于2008年，是南美洲最大的期货交易所。BM&FBOVESPA交易所以其股票和农产品期货合约而闻名，对南美洲的金融市场有着重要影响。这些期货交易所在全球金融市场中扮演着重要角色，它们为投资者提供了丰富的投资机会，推动了全球金融市场的发展和繁荣。投资者可以通过这些交易所参与期货交易，实现对外汇、股票、利率等多个领域的投资和风险管理。这些交易所也起到了价格发现和市场监管的作用，维护了市场的公平和透明。

中国金融期货交易所（China Financial Futures Exchange，CFFEX）于2006年9月8日在上海成立，成为继上海期货交易所、大连商品交易所、郑州商品交易所之后的我国内地的第四家期货交易所，也是我国内地成立的首家金融衍生品交易所。截至目前，已推出沪深300股指期货合约、上证50、中证500股指期货、5年期国债期货、10年期国债期货、30年期国债期货。尽管目前还未开通外汇期货业务，但是相信随着我国金融市场的不断成熟，在不远的未来将会有外汇相关产品的推出。

在远期交易合约里期满日和买卖基础资产的数量可以是任意的，而在期货合约中合约期满日及基础资产数量都是标准化的。比如芝加哥市场一份日元期货合约面值为1250万日元，一份标准化的英镑期货合约面值为6.25万英镑。交付日期分别为1月、3月、4月、6月、7月、9月、12月的第3个星期三。通常货币期货市场只提供有限的交易货币，如芝加哥国际货币市场有英镑、加拿大元、日元、瑞士法郎、欧元、澳大利亚元、墨西哥比索。

美国等一些国家的期货交易只在有政府监管的交易所进行。期货合约的买方或卖方通过经纪人或交易所会员传递指令，这些只能被传到交易大厅并被传到交易处，在这里一定数量合约的价格将通过大厅经纪人或交易商以公开喊价的方式商议。期货价格每分钟都在改变，价格不断调整以期在买入和卖出数量间达成平衡。如果在限价下愿意买入的人比愿意卖出人多，期货价格将上升，直到希望买入的数量和希望卖出的数量达成平衡；如果在限价下想卖出的人比想要买入的人多，期货价格将会下降，任何一方持有的有效合约称为未平仓合约。

#### 3.3.1.2 外汇期货交易的功能

A 价格发现

所谓价格发现是指外汇期货市场形成的货币价格。这些货币价格反映了大量买方和卖方对目前供求形势和价格的综合看法。这并不意味着对未来价格的影响都是正确的，随着条件转变对价格预期也会改变，由于市场上频繁的买卖外币期货合约，货币汇率会稳定在一定程度上，由此形成的价格是通过竞争形成的，具有重要的参考价值。

B 风险转移

套期保值者，通过外汇期货合约的买卖将货币风险转移出去，以达到避险的目的。

C　投机

投机是指本身在目前或未来并无现货头寸的情况下进行外汇期货交易，以期从期货的价格变动中取得利润。由于期货市场的保证金要求不高，因而投机者可以用少量资金进行大规模的投机活动。

3.3.1.3　期货交易流程

期货买卖双方并不见面，交易所通过结算中心保证原始产品或资金的交付。期货交易所要求参与者在获准开始交易之前先交一定的保证金，然后就可以开始交易了。所有期货合约的盈亏均根据当天市场收盘时的价格结算。外汇期货交易主要通过三种方式进行：以公开喊价的方式在交易大厅进行、场外交易和利用电子自动撮合系统进行。目前，衍生品交易正在向全电子化方向发展。场外交易与传统的公开喊价流程如图 3-2 所示。电子自动撮合系统是将所有的电子终端通过互联网连接后，再连接到一个电子自动撮合系统终端，如芝加哥交易所的 GLOBEX 终端，它将按照价格优先、时间优先的交易规则自动完成买卖撮合。

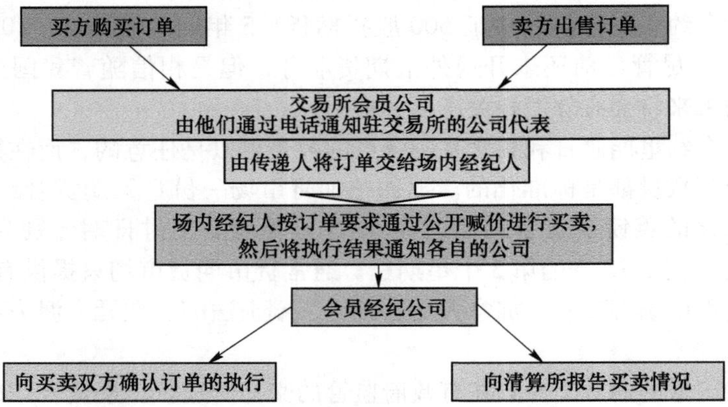


彩图

图 3-2　期货交易流程示意图

在期货交易中，买卖一方在合同到期日进行实物交割的情况很少出现，大部分投机者和套期保值者一般都在最后交易日结束之前，择机将买入的期货合约卖出，或将卖出的期货合约买回，即通过一笔数量相等方向相反的期货交易来冲销原有的期货合约，以此了结期货交易，解除到期进行实物交割的义务。这种卖出已买入合约或买回已卖出合约的行为称为平仓。

3.3.1.4　外汇期货与外汇远期的区别

期货合约源自远期合约，两者虽有共性，但仍有严格的区别。

A　合约的标准化程度不同

外汇期货合约是一种标准化合约，除了价格以外，在币种的交易时间、交易金额、计算日期等方面，都有明确具体的规定，芝加哥商品交易所的国际货币市场约占全球外汇期货合约成交量的 90%以上，表 3-1 展示了芝加哥国际货币市场的部分外汇期货合约信息；远期外汇合约则无固定的规格，一切均由交易双方自行商议。

表 3-1 芝加哥"国际货币市场"(IMM)外币期货合约的概况

| 项目 | 英镑 | 瑞士法郎 | 日元 | 加拿大元 |
|---|---|---|---|---|
| 交易单位 | GBP25000 | CNF125000 | JPY12500000 | CAD100000 |
| 报价方法 | 美元/英镑 | 美元/瑞士法郎 | 美元/日元 | 美元/加元 |
| 交割月份 | 3、6、9、12 | 3、6、9、12 | 3、6、9、12 | 3、6、9、12 |
| 交割日 | 一般是到期月份的第3个星期的星期三 | | | |

B 市场参与者不同

在外汇期货市场上，任何投资者只要按照规定缴存保证金，均可通过具有期货交易所结算会员资格的外汇经纪商来进行外汇期货交易，不受资格限制；从事远期外汇交易虽无资格限制，但实际上远期外汇市场参与者大多为专业化的证券交易商或与银行有良好往来关系的大客户，而广大个人投资者或中小企业由于缺乏足够信用并没有参与的机会。

另外，由于期货市场门槛低，有大量投机者与套利者存在，市场流动性很大，因此期货市场的发展甚为迅速。而在远期外汇市场上最大的参与者是套期保值者，市场流动性小，市场规模不易扩大，而且经常是单向交易，易出现有行无市的情况。

C 交易方式不同

在外汇期货市场上，交易双方不直接接触，买卖的具体执行都由经纪商代理交易，双方并不知道真正的交易对手是谁。它们都分别与交易所的清算机构打交道，清算机构是交易的中介，由于信用风险较小，在进行外汇期货交易时，可以不必考虑对方的信用是否合格。

远期外汇交易可分为银行之间的交易和银行与客户之间的交易，两者均通过电话、邮件、传真或互联网进行。有时虽然也有经纪商介入，但通常由买卖双方直接联系进行交易，因此每一笔交易都必须考虑对方的信用，难免要承担信用风险。

D 交易场所不同

外汇期货交易是一种场内交易，即在交易所内按规定的时间采取公开竞价的方式进行交易，其竞争相当激烈。场内交易只限于交易所会员之间进行，非会员如要进行外汇期汇交易必须由会员代为买卖。

外汇远期交易是一种场外交易，没有固定的交易场所，也没有交易时间的限制。它通过电话、邮件等现代化通信手段，在银行同业间银行与经纪人之间以及银行与客户之间单独进行，如果要委托经纪人进行交易，也不存在任何限制。

E 保证金和佣金的制度不同

在外汇期货交易中，为确保每一份合约生效后当事人能对因期货价格发生不利变动而造成的亏损及时支付，期货交易所要求买卖双方存入保证金，且在期货合约有效期内每天都进行结算，调整保证金。签订期货合同时，必须缴存的保证金称为初始保证金。保证金被允许下降的最低水平为维持保证金。维持保证金通常是初始保证金的75%。表3-2展示了芝加哥国际货币市场部分外汇期货产品的保证金要求。

表 3-2 芝加哥“国际货币市场”（IMM）外币期货合约的保证金要求

| 保 证 金 | 英镑 | 瑞士法郎 | 日元 | 加拿大元 |
|---|---|---|---|---|
| 初始保证金 | USD2800 | USD2000 | USD2100 | USD900 |
| 维持保证金 | USD2000 | USD1500 | USD1700 | USD700 |

远期外汇买卖一般不收取保证金。如果客户是银行业务往来的公司，通常的做法是公司在银行享有的信贷额度应随远期合同的金额相应减少。只有在个别情况下，如银行对客户的信用情况不太熟悉，公司在银行无信贷额度或信贷额度即将到期时，银行才会要求客户提供存入为远期合约金额10%~50%的资金作为其履约的保证。

此外购买或出售外汇期货合约时都必须缴纳佣金，佣金的数额无统一标准，一般由交易双方自行商定；而远期外汇交易如果发生在银行同业之间一般不收取佣金，只有当交易通过外汇经纪人进行时才支付佣金。

F 交易结算制度不同

外汇期货交易由于金额、期限均有规定，故不实行现货交割而实行逐日钉市，现金结算制度。账户其余额必须每天经清算所清算，获利可取走，亏损则要按保证金的底限予以补足；远期外汇交易合约的盈亏只有到了协定的交割日才进行现货交割。

**例：**某投资者预期英镑兑美元将要升值，在某日开盘时买入一份英镑期货合约（£62500）成交价为\$1.4500/£(即1 £=1.4500\$)。

当天收盘时如果英镑的价格下跌到\$1.446/£，清算所计算出这份合约的亏损额为1×(1.4460-1.4500)×62500= -250.00\$，收盘后就会从该投资者的保证金账户中扣除250\$，并将这笔资金存入他的交易对手的保证金账户中。

如果当天收盘时英镑确实如该投资者的预取上涨了，达到1£=1.4510\$，则在收盘后将会获得1×(1.4510-1.4500)×62500= +312.50\$的投资收益，这笔钱由清算所存入该投资者的保证金账户中，随时可以提取。

这个简单的例子说明了期货的每日结算制度（逐日钉市制度），这是期货交易与远期交易的重要区别。如果客户在某日收盘时候亏损过大导致账户金额低于维持保证金，交易所会与该客户联系要求立即追加保证金，大多数交易所允许客户有一定时间来补足，例如新加坡国际货币交易中心允许客户有三个营业日的时间来交付最低保证金，如果客户未能按期支付保证金，交易所便有权代为平仓。

G 交易的最终交割不同

由于市场参与者大多数是保值和投机者，外汇期货市场上的任何变动都会导致交易者买入或卖出合约，以赚取利差或减少亏损，因此外汇期货到期进行实际交割的合约数大约不到合约总额的2%；远期外汇合约到期进行实际交割的比重高达90%以上。

### 3.3.2 外币期权交易

除了远期外汇交易和期货交易，另一个可以对将来的外汇资金和负债进行套期保值的市场就是期权市场。1973年期权开始成为证券市场的重要组成部分，并开始在证券交易所中进行交易，也是在这一年世界最著名的从事商品期货交易的芝加哥商品交易所开设了一个新的分支机构——芝加哥期权交易所（CBOE）。最初，期权交易仅限于25种股票，随之期权交易迅速扩大，进而带动了期权交易的创新。目前期权交易已扩展到股价指数、外汇、债券等方面。

直到20世纪80年代才有外汇期权产生，第一批外汇期权是英镑期权和德国马克期权，由美国费城股票交易所（philadelphia stock exchange）于1982年承办，它是已建立的股票期权交易的变形。外汇期权的产生归因于两个重要因素：国际金融市场日益剧烈的汇率波动和国际贸易的发展。随着20世纪70年代初期布雷顿森林货币体系危机的出现到最终崩溃，汇率波动越来越剧烈。例如，1959—1971年当时联邦德国马克对美元的日均波动幅度1马克为0.44美元，而1971—1980年增长了近13倍，1马克达5.66美元。同时，国际商品与劳务贸易也迅速增长，越来越多的交易商面对汇率变动甚剧的市场，寻求避免外汇风险更为有效的途径。

中国在2011年4月1日开始在银行间外汇市场开展人民币对外期权交易，这有利于形成完整的期权市场结构，完善国内外汇市场人民币对外汇衍生产品体系，进一步便利企业、银行等市场主体规避汇率风险，有利于不断推进国内外汇市场发展，充分发挥市场在资源配置中的基础性作用。

在远期外汇和货币期货这两种保值交易的基础上，期权的产生不仅具有能避免汇率风险、固定成本的同样作用，而且克服了远期与期货交易的局限，因而颇得国际金融市场的青睐。对于那些应急交易（continent transaction），诸如竞标国外工程或海外公司分红等不确定收入或投资保值来说，期权交易尤其具有优越性。

3.3.2.1　定义

期权（options）是一种选择权，期权的买方向卖方支付一定数额的权利金后，就获得一种权利，即拥有在一定时间内以一定的价格出售或购买一定数量的标的物的权利。标的物可以是实物商品、证券或期货合约。

期权合约的买方有权利根据合约条款买进或售出一种标的物。为获得这种权利，它必须支付相应的费用。期权合约的卖方有责任服从买方的要求，作为履行责任的补偿，卖方将收取相应的费用。期权的买方行使权利时，卖方必须按期权合约规定的内容履行义务；相反，买方可以放弃行使权利，此时买方只是损失了权利金，同时卖方已赚取权利金。总之，期权的买方拥有执行期权的权利，无执行期权的义务，而期权的卖方只有履行期权的义务。外汇期权合约的双方当事人中，期权卖方一般为银行买方一般为企业，当然银行与银行之间也可以进行外汇期权交易。

外汇期权业务的优点在于可锁定未来汇率，提供外汇保值，客户有较好的灵活选择性，在汇率变动向有利方向发展时，也可从中获得盈利的机会。对于那些合同尚未最后确定的进出口业务具有很好的保值作用。

一份外汇期权至少要涉及以下要素。

（1）买方与卖方。买方是权利方，可以选择执行合约或放弃合约。卖方是义务方，又称立权人，是他确定了买权或卖权，供期权的买方去投资。因此，当期权买方选择执行合约时，他必须接受对方的要求。

（2）期权费（premium）又称期权价格或保险费、权利金，是指期权合约成交时，由期权买方向期权卖方支付的购买权利的费用。

（3）执行价格（strike price，exercise price）又称协定价格或履约价格，是指期权交易双方约定的在期权到期日或到期日之前双方交割外汇时所采用的汇率。只有当期权买方要求执行期权或行使期权时，双方才会按此汇率进行实际的货币收付。

3.3.2.2 期权的种类

（1）按期权持有者交易目的可分为买方期权和卖方期权。

买方期权：又称买入期权、看涨期权，指在期权合约有效期内，按执行价格买进一定数量标的物的权利。

卖方期权：又称卖出期权、看跌期权，指在期权合约有效期内，按执行价格卖出一定数量标的物的权利。

当期权买方预期外汇价格会超出执行价格时，它就会买进看涨期权；相反就会买进看跌期权。

（2）按执行时间的不同可以划分为欧式期权和美式期权。

欧式期权：指只有在合约到期日才能决定执行或不执行期权合约。

美式期权：指可以在成交后有效期内任何一天都可以选择执行或不执行期权合约，多为场内交易所采用。

3.3.2.3 期权交易的原理

期外币期权可以看作一种汇率保险。假设你给价值 10 万元的房子买了火灾保险，有效期为一年。如果在年末你的房子没有被火灾所破坏，这个到期的保险就没用了，你将抛弃这个没有用过的保险单，全部成本就是当初支付的保险费；假设在这一年间发生了火灾，火灾对你的房屋造成了 4 万元的损失，此时保险公司将支付投保额（10 万元）与投保财产的现值（6 万元）之间的差额部分（4 万元），完全弥补了你的损失。这样，除了你付出的保险费以外，你的损失就是零。

期权的原理与此相同，假设你担心房价下跌，于是购买了美式房屋卖出期权。假设卖出期权的执行价是 10 万元，期限为一年，即它给予你在未来的一年内随时可以将房屋以 10 万元卖出的权利。如果该房的市场价值在这一年中保持为 10 万元或更高，执行这个卖出期权并无好处，你将把它抛开；如果因为火灾或其他原因，该房的价值跌到了 6 万元，你可以行使这个卖出期权，以 10 万元的价格卖出。这时这个卖出期权就有了保险的功能，它补偿了房子的执行价格（10 万元）与现价（6 万元）之间的差别，这样就弥补了 4 万元的损失。需要注意的是，在任何情况下，无论房子是否贬值，你都得在最初就支付购买期权的成本——期权费，它与保险费相类似。所以总体上期权行使了保单的功能。当然，如果该房的市场价值高于 10 万元，也可以抛开合约，在现货市场上卖出房子。

3.3.2.4 外汇期权交易的特点

（1）外汇期权交易是一种权利交易。与期货交易类似，期权交易也是“见钱不见物”。两者不同的是，外汇期权的交易对象是一种将来可以买卖某种货币的权利。外汇期权的买方有权利但不承担义务，外汇期权的卖方只有义务但不享有权利，所以外汇期权买卖双方的权利和义务是不对称的。

（2）期权费不能收回。期权费相当于保险费，期权的买方必须向卖方一次性地支付这笔费用，以弥补卖方在汇率上可能遭受的损失。无论期权的买方是否执行期权，期权费都概不退回。期权费的水平由现行汇率、执行价格、期权的有效期、利率的波动、期权的供求关系等决定。

（3）期权买方享有风险有限而收益无限的好处。对于期权的买方而言，他所承担的最大风险就是所支付的期权费。当他发现执行合约对自己不利时，他会选择放弃权利，仅损失期权费；相反，当他发现执行合约对自己有利时，他会选择行使权利，并且有可能赚取无限收益。当然，与此相对应，期权的卖方获得的最大收益是收取的期权费，而一旦期权买方在价格对其有利时执行了期权，卖方就要遭受较大的风险损失。

（4）期权合约的期限较短，一般合约的有效期都在半年之内。

（5）期权费的费率不固定。期权业务项下的期权费反映了同期远期外汇升、贴水的水平，费率会受到即期汇率、执行价格、有效期、预期波动、利率波动以及供需关系的影响。

#### 3.3.2.5 外汇期权合同的使用

企业、银行、个人运用外汇期权合同无非要达到两种目的：回避国际贸易和投资所产生的外汇风险、用于外汇投机。

期权合同用于回避外汇风险，其使用方法和技巧与外汇期货、远期交易基本相同，只是期权交易具有当合同到期行情不利时可以不行使合同的优势。期权合同的买方或持有人是否行使合同取决于合同处于什么状态，总的来说有三种状态。

（1）赚钱——指合同行使后立即带来净资产收益。

就买入期权而言，当交易货币的即期市场价格高于合同执行价格与期权费之和，买方就可以要求执行合同，赚取差价。

就卖出期权而言，当交易货币的即期市场价格低于合同执行价格与期权费之和，买方就可以要求执行合同，赚取差价。

上限价格=执行价格+期权费

收益=市场汇率（即期汇率）-上限价格

（2）赔钱——指合同行使后会带来净资产的损失。

就买入期权而言，当交易货币的即期市场价格低于合同执行价格与期权费之和，买方会放弃合同，损失期权费。

就卖出期权而言，当交易货币的即期市场价格高于合同执行价格与期权费之和，买方会放弃合同，损失期权费。

（3）不赔不赚——指合同行使时，其交易货币的即期市场价格接近或等于合同执行价格与期权费之和。

一般来说，合同的买方只有在合同处于“赚钱”状态时才肯行使合同。

**例**：2023 年 5 月 15 日某交易者认为加元对美元的汇率将上升。因此，他以 0.04 美元/加元的期权费买进一份 2023 年 8 月 15 日到期、协定价格为 1CA$ = 0.6000$ 的加元看涨期权（欧式期权），合同金额为 100000 加元。

情况一：若合同到期日外汇汇价低于或等于执行价格，交易者不执行期权合约，他的损失就是期权费 0.04×100000＝4000$。

情况二：若合同到期日外汇汇价高于执行价格但低于上限价格 0.600+0.04＝0.6400，交易者执行期权合约，他的收益抵补了所支付的期权费，总体上仍蒙受损失。

情况三：若合同到期日市场汇率正好等于上限价格，买者执行期权合约的结果是收支相抵，不盈不亏。因此他可以执行合约也可以不执行合约。他的损失就是期权费 0.04×100000=4000$。

情况四：若合同到期日市场汇率（0.7200）高于上限价格，则执行期权合约将使买者受益。收益为：(0.7200−0.6400)×100000=8000$。

因此，对于看涨期权的买方来说，盈亏平衡点=上限价格=执行价格+期权费。

以上四种情况引起的盈亏可以用图 3-3 表示。

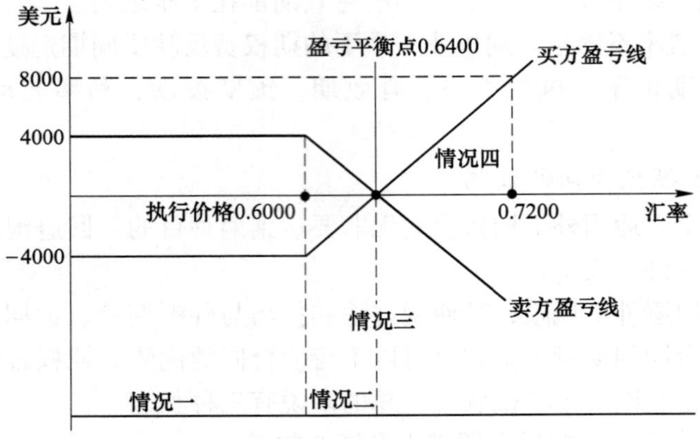


图 3-3　看涨期权买卖双方盈亏示意图

3.3.2.6　外汇期权与外汇期货的区别

（1）两者的交易对象不同。期货交易是对期货合约的交易；期权交易是对选择权的交易。买方只有支付一定数量的期权费才能获得在一定时期内有按照确定价格买进或卖出特定数量资产的权利。

（2）交易双方的权利与义务不同。对于期货交易而言，买卖双方拥有对等的权利和义务。在期货合约没有对冲之前，这种权利和义务必须等到期货合约到期时才能解除；对于期权交易而言，交易双方并不是处于对等的地位。期权合约的买方只有权利，而没有规定他所要履行的义务，但要支付一定的期权费之后，才能获取这种选择权。对于期权合约的卖方来说，在收取期权费之后，期权合约就只规定了他所要履行的义务。

（3）交易双方承担的风险以及可能得到的盈亏不同。期货交易双方对等地承担盈亏无限的风险；期权交易的买方承担的风险是有限的，因为在支付期权费之后，买方有选择的权利。当市场价格变动对其不利时，他可以放弃执行期权的权利，从而最大亏损就是开始交易时所缴纳的期权费；当市场价格向着他有利变动时，其盈利从理论上来说是无限的。而对于期权的卖方来说，其可能获取的最大盈利就是期权费，但是亏损却可能是无限的。

（4）交付的保证金不同。期货交易双方都要缴纳保证金，而且在没有平仓之前还要对亏损一方追加保证金，并允许盈利一方提取超额的保证金部分；对期权交易来说，因为买方只有权利没有义务，从而不用缴纳保证金，但是卖方必须缴纳保证金来作为履约的财力保证。

### 3.3.3　货币互换

货币互换（又称货币掉期）是指两笔金额相同、期限相同但货币不同的债务资金之间的调换，同时也进行不同利息额的货币调换。货币互换是不同货币债务间的调换。货币互换双方互换的是货币，它们之间各自的债权债务关系并没有改变。初次互换的汇率以协定的即期汇率计算。货币互换的目的在于降低筹资成本及防止汇率变动风险造成的损失。货币互换的条件包括存在品质加码差异与相反的筹资意愿，此外，还包括对汇率风险的防范。

第一份互换合约出现在20世纪80年代初，从那以后，互换市场有了飞速发展。这次著名的互换交易发生在世界银行与国际商业机器公司（IBM）间，它由所罗门兄弟公司于1981年8月安排成交。世界银行将它的2.9亿美元金额的固定利率债务与IBM公司已有的瑞士法郎和德国马克的债务互换。互换双方的主要目的是，世界银行希望筹集固定利率的德国马克和瑞士法郎低利率资金，但世界银行无法通过直接发行债券来筹集，而世界银行具有AAA级的信誉，能够从市场上筹措到最优惠的美元借款利率，世界银行希望通过筹集美元资金换取IBM公司的德国马克和瑞士法郎债务；IBM公司需要筹集一笔美元资金，由于数额较大，集中于任何一个资本市场都不妥，于是采用多种货币筹资的方法，它们运用本身的优势筹集了德国马克和瑞士法郎，然后通过互换，与世界银行换到优惠利率的美元。

**例**：假定英镑和美元的即期汇率为1英镑=1.6000美元。A想借入5年期的1000万英镑借款，B想借入5年期的1600万美元借款。但由于A的信用等级高于B，两国金融市场对A、B两家公司的熟悉状况不同，因此市场向其提供的固定利率也不同。A、B两家公司的融资成本见表3-3。

**表3-3 A公司与B公司美元和英镑借款利息**

| 币　种 | A公司 | B公司 | 比较优势 | A对B的绝对成本优势 |
|---|---|---|---|---|
| 美元 | 5% | 7% | A公司 | 2% |
| 英镑 | 10% | 11% | B公司 | 1% |

A公司能够获得的借款利率均比B低，即A在两个市场都具有绝对优势，但绝对优势大小不同。A在美元市场上的绝对优势为2%，在英镑市场上只有1%。这就是说，A在美元市场上有比较优势，而B在英镑市场上有比较优势。这样，双方就可利用各自的比较优势借款，然后通过互换得到自己想要的资金，并通过分享互换收益降低筹资成本。具体做法如下所述。

（1）A以5%的利率借入5年期的1600万美元借款，B以11%利率借入5年期的1000万英镑借款。

（2）双方先进行本金的交换，即A向B支付1600万美元，B向A支付1000万英镑。

（3）A的利息由B支付，B的利息由A支付，同时A给B一定的利息费用（比如按照英镑借款的4.5%），这样A公司借到了英镑，借款成本为9.5%；B公司借到了美元，借款成本为6.5%；两家公司都使筹资成本降低了。

（4）在贷款期满后，双方要再次进行借款本金的互换，即A向B支付1000万英镑，B向A支付1600万美元，货币互换结束。

由于货币互换涉及本金互换，因此当汇率变动很大时，双方就将面临一定的汇率风险。

## 延伸阅读

### 亚洲金融风暴中投机者使用的投机方法

（资料来源：作者整理）

**A　外汇即期交易**

投机者从泰国当地银行拆借入泰铢，当 1 美元兑换 25 泰铢或再高一点的价格时分阶段买进美元。例如，在这个价位上买进 100 万美元卖出相应的 2500 万泰铢，当泰铢汇率逐步下跌到 1：30 时，投机者只要在即期市场上卖出手中的 100 万美元就可以换回 3000 万泰铢，净赚 500 万泰铢。当然要扣去向银行拆借泰铢所付的利息，不过银行利息同 500 万泰铢相比是少量的。

投机者在使用这种方法时，泰国中央银行会大幅度提高泰铢的同业拆借利率，以加大投机者借款的投机成本使其盈利减少，甚至可能亏本。但是泰国中央银行可以运用的外汇储备数量要很充足才可以对抗投机者的进攻，而且要争取广大市场参与者，树立市场对中央银行的信心，让大家不要抛售泰铢买进美元。而投机者攻击各国货币靠的就是舆论上造谣，在市场上引起混乱，使货币当局的市场信誉严重受损。大多数市场参与者为了保护自己的利益，都会选择跟着投机者的买卖方向抛售泰铢。一旦投机者动摇了一国货币汇率，在市场上引起混乱，参与者就会纷纷抛售泰铢，泰铢遭受大幅度贬值，投机者也将直接获得暴利。

**B　外汇期货交易**

投机者在现货市场打压泰铢的同时在期货市场高价卖出泰铢期货，到期时赚取差价。例如，1997 年 6 月份即期市场上 1 美元兑换 25 泰铢，投机者以 1：26 的价格在期货市场分阶段抛空一个月泰铢期货合约。在这一个月期间，投机商利用自己手中雄厚资金在外汇现货市场上抛售泰铢买进美元，继而引发市场的羊群效应，广大市场参与者纷纷跟进，使泰铢汇率逐步下跌到 1：30。1 个月后，投机者在市场上按 1：30 将美元换成泰铢并按 1：26进行期货交割买进美元付出泰铢，每 1 美元的交割使其获得 4 泰铢的收益。

**C　汇市和股市相结合的投机交易**

由于投机者攻击外汇即期交易，各国中央银行为了在外汇市场捍卫固定汇率制度维持本币不下跌，纷纷提高短期利率增加投机者的成本，一般会导致同业拆借利率上升，引起股市急剧下跌。投机者在攻击汇率之前或攻击稍后，同时在股市抛空或者在股指期货市场抛空，即使在攻击汇率时因央行提高利率而未得手，投机者在股市中仍可获利。投机者在狙击东南亚各国时运用这种股市与汇市相结合的方法，给它们带来了更多利润，造成了东南亚各国股市汇市双双下跌的惨状。

## 案例分析

**学习目的：**通过对本案例的学习了解金融衍生工具的特点及风险，了解外汇市场投资工具交易组合。外汇市场的交易讲究的是战略，要想做成常胜将军，不仅要有勇，也要有谋。如果趋势发生逆转，战略对我们不利，那就要及时止损离开这段危险的地带。此外该案例可加深对金融业内部控制、监督管理的了解。

## 案例4　巴林银行破产案

（资料来源：作者根据网络资料整理）

### A　案例材料

a　百年银行——巴林银行简介

巴林银行（Barings Bank）于1762年在伦敦开业，创办人为法兰西斯·巴林爵士（Sir Francis Baring）。该银行成立初期，名为“约翰和法兰西斯·巴林公司”，1806年，法兰西斯·巴林爵士的儿子亚历山大·巴林加入该公司并与Hope & Co的伦敦办事处合并，改名为“巴林兄弟公司”（Baring Brothers & Co）。

巴林集团主要包括四个部分：（1）巴林兄弟公司，主要从事企业融资、银行业务及资本市场活动；（2）巴林证券公司，以从事证券经纪为经营目标；（3）巴林资产管理有限公司，三要以资产管理及代管个人资产为目标；（4）集团在美国一家投资银行拥有40%的股份。

巴林银行有别于普通的商业银行，它不开发普通客户存款业务，故其资金来源比较有限，只能靠自身的力量来谋求生存和发展。在1803年，美国从法国手中购买南部的路易斯安那州时，所用资金就出自巴林银行。1886年，巴林银行发行“吉尼士”证券，购买者手持申请表如潮水一样涌进银行，后来不得不动用警力来维持，很多人排上几个小时后，买下少量股票，然后伺机抛出。等到第二天抛出时，股票价格已涨了一倍。20世纪初，巴林银行荣幸地获得了一个特殊客户：英国王室。由于巴林银行的卓越贡献，巴林家族先后获得了五个世袭的爵位，这可算得上一个世界纪录，从而奠定了巴林银行显赫地位的基础。

巴林银行集团的业务专长是企业融资和投资管理。尽管是一家老牌银行，但巴林一直积极进取，在20世纪初进一步拓展公司财务业务，获利甚丰。20世纪90年代开始向海外发展，在新兴市场开展广泛的投资活动，仅1994年就先后在中国、印度、巴基斯坦、南非等地开设办事处，业务网络点主要在亚洲及拉美新兴国家和地区。截至1993年年底，巴林银行的全部资产总额为59亿英镑，1994年税前利润高达15亿美元。其核心资本在全球1000家大银行中排名第489位。

1995年2月26日，英国中央银行——英格兰银行突然宣布了一条震惊世界的消息：巴林银行不得继续从事交易活动并将申请资产清理。巴林银行因进行巨额金融期货投机交易，造成9.16亿英镑的巨额亏损，在经过国家中央银行英格兰银行先前一个周末的拯救失败之后，被迫宣布破产。10天后，这家拥有233年历史的银行以1英镑的象征性价格被荷兰国际集团收购。这意味着巴林银行的彻底倒闭。

搞垮这一具有233年历史、在全球范围内掌控270多亿英镑资产的巴林银行，竟然是一个年龄只有28岁的毛头小子尼克·里森。

b　巴林银行巨亏三大推手

（1）日经225股指期货投机。

1994年下半年起，里森在日本东京市场上做了一种十分复杂、期望值很高、风险也极大的衍生金融商品交易——日本日经指数期货。他认为日本经济走出衰退，日元坚挺，日本股市必大有可为。日经指数将会在19000点以上浮动，如果跌破此位，一般说日本政府会出面干预，故想赌一赌日本股市劲升，便逐渐买入日经225指数期货建仓。1995年1月26日，里森竟用了270亿美元进行日经指数期货投机。不料，日经指数从1月初起一路下滑，到1995年1月17日又发生了日本阪神大地震，股市因此暴跌。里森所持的多头头寸遭受重创。为了反败为胜，他继续从伦敦调入巨资，增加持仓，即大量买进日经股价指数期货，占空前日本政府债券。1995年2月23日，日经股价指数急剧下挫276.6点，收报17885点，里森持有的多头合约已达6万余份。2月27日，日经平均指数再急挫664点，又令巴林银行损失增加了2.8亿美元。截至至当日，尼克里森持的末平仓合约总值达270亿美元，包括购入70亿美元日经指数期货，沽出200亿美元日本政府债券与欧洲日元。

（2）日本政府债券的空头期货合约。

里森认为日本股票市场股价将会回升，而日本政府债券价格将会下跌，因此在1995年1月16—24日大规模建日经225指数期货多仓同时，又卖出大量日本政府债券期货。但1月17日大地震后，在日经225指数出现大跌同时，日本政府债券价格出现了普遍上升，使里森日本政府债券的空头期货合约也出现了较大亏损，在1月1日—2月27日期间就亏损1.9亿英镑。

（3）日经225指数多头跨式期权。

1995年1月16日，里森在新加坡和东京交易市场进行衍生性金融商品投机交易，卖出跨式（又称卖出鞍式，short straddle，选择权交易策略的一种），即同时卖出日经225指数的看跌和看涨期权，赚取的是卖出期权的期权费用，但是一旦日经225指数跌或者涨出执行价格范围，那么亏损是没有限制的，这是一个风险极大的期权组合。当时日本经济复苏，按照常理，日经225指数应该不会有大幅度变动，所以他的这个期权组合是有很大机会盈利的，然而，1995年1月17日凌晨，神户发生了7.2级的大地震。1月23日，日经225指数一日内暴跌1000多点，19000点因此失守，里森的损失也因此高达2亿多美元。为了挽救跨式期权空头的损失，里森进行了一场豪赌，除了大量买进日经指数期货外，还卖出指数看跌期权，以收取的权利金支付期货保证金。所有这些头寸都是在赌日经指数会回升，如果日经指数回升至19000点之上，不仅可以扳回前面的损失，而且还可以大赚一笔。

1月30日开始，里森以每天1000万英镑的速度从伦敦获得资金，在2月的头一周，由于日经指数稍有反弹，里森因此而赚了1000万美元，巴林银行高层为此欣喜若狂，梦想着里森每周都能为他们赚进这么多。

2月10日，里森手中已握有55000份日经期货及2万份日本政府债券合约。这可是新加坡期货交易所交易史上创纪录的数量。

巴林银行总部一直为里森的疯狂举动供给资金，4个星期内达8.5亿美元。显然，巴林的财务已经失控，地狱之门已经被打开了。

1995年2月23日，巴林的末日来临了。这一天，日经指数下跌了350点，日本政府债券也在一路上扬，而此时的里森却仍在买进日经指数期货合约和卖出债券期货。到收市时，里森总共持有61039份日经指数期货的多头合约和26000份日本政府债券期货的空头合约。其中1995年3月期指合约、1995年6月期指合约持仓数占市场总持仓的比例分别高达49%和24%。巴林期货新加坡分行（Barings Futures Singapore，BFS）无力缴纳2月23日这天的保证金，里森为巴林所带来的损失，达到了86000万英镑的高点，这个数量已经是巴林银行全部资本及储备金的1.2倍。

尼克·里森本人因“通过伪造文件等手段欺骗银行审计人员”和“欺骗新加坡交易所”，被判决在新加坡樟宜监狱服刑六年半。

**B　思考问题**

（1）期货交易和期权交易有哪些风险？

（2）尼克·里森交易失败的原因是什么？

（3）巴林银行当初应该采取哪些措施控制新加坡分行的风险？

（4）期货交易本是避险的工具，为何反而招致更大的风险？

（5）试分析巴林银行倒闭的主要原因。

**C　思政育人目标**

（1）理解书本所学理论并不是空洞的，而是在实际中能得到印证和应用的，需要用心发现问题、自主分析问题，体验课程的精妙之处。

（2）了解衍生金融工具是一把“双刃剑”，不能盲目用来投机逐利，也要关注由此带来的巨大风险。

（3）了解金融机构要关注操作风险，建立严谨的内部控制制度，宏观监管也是必要的。

（4）培养学生在外汇交易中审慎操作、细致认真的工匠精神。

（5）学生分组分工合作，查找资料，阅读案例，组内讨论，课堂辩论，提升综合素质。

## 本章重要概念

| | | | | |
|---|---|---|---|---|
| 外汇市场 | 即期外汇交易 | 远期外汇交易 | 升水 | 贴水 |
| 期货交易 | 掉期交易 | 套利交易 | 汇水 | 期权 |
| 套汇交易 | 货币互换 | 直接套汇 | 间接套汇 | |

## 思考练习题

3-1 简述外汇市场的类型与构成。

3-2 比较远期外汇交易与期货交易的异同点。

3-3 假设在某一时点，一位外汇交易员得到以下外汇行情：

| | |
|---|---|
| 纽约外汇市场 | 1美元=(0.7500/20) 欧元 |
| 法兰克福市场 | 1英镑=(1.4370/82) 欧元 |
| 伦敦外汇市场 | 1英镑=(1.9807/17) 美元 |

（1）试问在这三个外汇市场中是否有套汇机会？

（2）若外汇交易员手中持有10万美元，该如何操作，能够获利多少？

3-4 法兰克福外汇市场1美元 = 1.4360/1.4370欧元，三个月美元贴水额为0.0080/0.0070，试求该市场美元三个月远期汇率。

3-5 法兰克福外汇市场：美元与欧元的即期外汇为 1.4348/1.4358，当美元三个月汇水 248/238 时美元三个月远期汇率是多少？当美元六个月汇水 520/530 时美元六个月远期汇率是多少？

3-6 在法兰克福市场，现汇价为 1 英镑合 1.4350 欧元，利率为 8.8%。伦敦外汇市场利率为 10.8%，六个月欧元期汇升水 20 点，试分析投机者是否有套利机会，如果有，套利收益为多少？

3-7 中国某企业从丹麦进口一套设备，需要在三个月后向丹麦出口商支付 60 万丹麦克朗，该企业拟向中国银行借美元贷款以支付这笔进口货款。如果按 1$ = 6DKK 的汇率计算，该企业需申请 10 万美元的贷款。为了固定进口成本和避免汇率变动的风险该企业决定作一笔购进丹麦克朗的期权合约，协议价格为 1$ = 6DKK，期权费共为 1000 美元。试判断三个月后市场汇率在以下三种情况下该企业是否执行合约？分别计算每种情况下中国企业买进 60 万丹麦克朗支付货款的成本情况。

（1）1$ = 5.9DKK；

（2）1$ = 6.1DKK；

（3）1$ = 6DKK。

## 课程思政

### 著名国际金融学家——钱荣堃

钱荣堃（1917—2003 年）是著名国际金融学家。他的研究涉及国际金融理论、国际金融市场、国际金融体系等多个方面，为中国金融学的发展作出了重要贡献。钱荣堃教授的主要著作有《国际金融专题研究》《国际金融专论》《国际金融专题剖析》等，这些著作在学术界产生了广泛的影响，为中国金融学的发展提供了重要的参考和借鉴。钱荣堃教授是中国第一个国际金融硕士点的创办者，他致力于培养国际金融领域的人才，为中国的金融事业和金融教育事业的发展作出了杰出贡献。他曾任南开大学经济学院顾问、金融学系教授，为南开大学经济研究所、金融系、经济学院的发展作出了重要贡献。

# 第3篇　国际金融管理

## 4　国际金融市场

**学习目标：**

- 了解国际金融市场的概念与作用；
- 掌握国际金融市场的构成；
- 理解并掌握欧洲货币市场。

国际金融市场属于历史范畴，它是资本主义社会发展的产物，是资本主义向垄断阶段发展过程中逐渐形成和发展起来的。早期的国际金融市场是在一国国内出现的国际信贷关系的结果，而国际信贷又是伴随着国际贸易而产生的。这种传统模式，即经过长期发展而形成的国际金融市场，是从某一城市或某一地区形成的地方性金融市场逐步扩大到可以为本国工商企业和个人提供各种金融服务的全国性金融市场。随着生产国际化、资本国际化和国际贸易的发展，国际间金融联系得到加强和扩大，表现在本国投资者购买外国债券或将资金存放于外国金融机构；本国银行向外国商人提供贷款或外国商人在本国发行债券等。在这种情况下，那些在地理位置、金融服务、国际通信等方面能够提供最大便利的全国性金融市场，最后演变成世界金融中心和国际金融市场，伦敦、纽约这些资本主义国际金融市场就是这样发展起来的。

20世纪60年代以后，一些新兴的国际金融市场开始出现。随着第二次世界大战后新的科技革命进入高峰阶段，资本主义生产增长速度及生产的国际化达到前所未有的水平，资本国际化进一步加强，国际资本流动也达到了空前的规模。某些市场因其所在地区政局稳定、经济发展较快、地理位置和时区、金融机构和设施通信和服务等方面具有不可取代的优势，加之政府根据本国和本地区经济发展战略的需要，通过特殊政策加以积极引导，从而较快使这些市场发展成为国际金融市场，如新加坡的外汇市场。

### 4.1　国际金融市场的发展

#### 4.1.1　国际金融市场的概念

金融市场是进行金融资产交易的场所，是因经常发生多边资金借贷关系而形成的资金供求市场。金融市场按其融资的地域不同划分为国内金融市场和国际金融市场。资金借贷关系发生在本国居民之间而不涉及其他国家居民的就是国内金融市场；而资金借贷关系如果涉及其他国家，跨越国境以国际规模进行资金借贷的就是国际金融市场。

可见国际金融市场是居民与非居民之间或者非居民与非居民之间进行国际借贷金融活动的场所。

国际金融市场通常可分为广义和狭义两种。广义的国际金融市场是指从事各种国际金融业务的国际性市场，业务活动包括长短期资金借贷、有价证券交易、外汇买卖、黄金交易和期货交易等。狭义的国际金融市场就是指国际资金借贷交易的场所，即国际资金市场。

应当注意，国际金融市场在大多数情况下指的是一种“无形的场所”，并没有一个固定的营业场所，而是由各种银行及其各种金融机构组成营业主体，用现代化的通信设备将处于不同地点的当事人连接在一起的交易网络，并非有关当事人聚在一起签字交易的某个固定地点。

### 4.1.2　国际金融市场发展的原因

#### 4.1.2.1　国际金融市场发展的根本原因

（1）国际贸易带动了国际金融市场的发展。国际贸易的发展要求银行提供相应的国际贸易资金融通和有关中介业务。资金输出和生产国际化则要求银行和其他金融机构提供全面的金融服务。有需求就有市场，因此，以银行为媒介的金融活动使得各国国内金融市场相互联系、相互渗透，从而促进国际金融市场逐步形成。所以，可以说生产国际化、市场国际化和资本国际化是国际金融市场发展的根本原因。

（2）私人对外直接投资对国际金融市场的促进作用。私人对外直接投资的发展就是跨国公司的发展，它所导致的资本国际移动包括从国际跨国公司的母国流向国外、从国外流回母国、在其他国家之间对流，涉及地区广、币种多。在国际金融市场中，银行是国际金融业务的主要载体，国际金融市场的发展可以用银行国际化的进程来描述。跨国公司是国际银行业务的主要顾客，跨国公司为了维持生产的正常进行和在竞争中立于不败之地，需要获得短期资金以融通生产和贸易，需要获得长期资金以更新设备和对外扩张，这就必然会寻求国际银行尤其是本国跨国银行的支持。而跨国公司也需要经常将手头的盈余投入短期市场追求利润，国际银行正好为此提供了有利条件。其次，从银行角度讲也十分欢迎跨国公司这样的大主顾。因为他们信誉较好，给他们贷款较为安全。此外，跨国公司不仅需要世界规模的多种传统银行服务，而且需要银行对国际金融、外汇管制以及诸如此类的问题提供成熟的意见。因此，对外直接投资及跨国公司的飞速发展对国际金融市场的发展起到了重要的促进作用。

#### 4.1.2.2　国际金融市场发展的推动因素

（1）国家纸币作用的国际化与国际金融市场的发展。货币市场是国际金融市场的重要组成部分，借款、贷款、外币买卖、国际结算等活动无一不涉及货币。布雷顿森林体系解体后，黄金退出了货币市场，纸币开始发挥货币职能促进了经营货币业的国际金融市场的发展。纸币提供了充足的世界货币的来源。纸币流通加速了各国经济的货币化，成为世界经济货币化和国际金融市场发展的前提。纸币便利资金的国际移动使国际结算、国际借贷的成本下降，纸币的使用为电子划拨、电子转账、电子取款等现代化手段的采用提供了条件。多种纸币的使用活跃了外汇市场，从而促进了国际金融市场的发展。

（2）通信技术的现代化与国际金融市场的发展。通信技术的进步使得电信成本剧减而覆盖范围迅速扩大，从而消除了国内金融市场与国外金融市场地理空间上的间隔限制，创造出一个真正全球性的金融市场。信息传播速度快，资金筹集投放运作，创造利润的速度也加快。全球范围内的资金周转速度加快，又进一步推动了国际贸易的发展。而且全球性市场上交易的广度和深度的大大增加，又鼓励了金融机构通过创造新的金融工具来制造市场。

（3）国家政策与国际金融市场的发展。不同的政策对国际金融市场的发展起到不同的作用。鼓励性的措施能推动国内金融市场的国际化，而限制性的措施则具有外部效用，即金融市场参与者的规避活动可能创造出一类新型的市场。20 世纪 60 年代以后，由于美国国际收支开始出现巨额逆差、黄金外流、美元信用动摇，美元资金大量外逃。为了应付这一局面，美国政府被迫采取各种措施限制资本外逃，但这些措施不适用于境外银行。而在 20 世纪 50—70 年代，欧洲一些国家、中东和加勒比海地区的一些国家，以及新加坡纷纷以优惠政策吸引境外货币来本地进行交易，从而在这些国家和地区形成了从事境外货币交易的中心。

### 4.1.3 国际金融市场的作用

（1）对国际范围的国际收支不平衡起着调节作用。国际金融市场汇集着世界各国的外汇储备资金。在 20 世纪 70 年代，石油输出国组织两次提高原油价格的时期，一方面，石油输出国手中积累了大量的所谓“石油美元”形成了累计近 3000 亿美元的国际收支盈余；另一方面，许多需要大量进口石油的发达国家和发展中国家出现了高达 4000 多亿美元的赤字。石油输出国的盈余资金流向欧洲美元市场形成数额庞大的信贷资金供给，同时众多国际收支赤字的发达国家和发展中国家则纷纷转向欧洲美元市场筹措资金应付进口需求，从而国际金融市场的回流石油美元起到了十分关键的作用，缓和了世界范围国际收支严重失调的状况。目前国际收支出现赤字的国家正在越来越多地依赖国际金融市场的信贷资金来平衡收支、发展经济。

（2）对国际贸易和国际投资起着推动作用。国际金融市场的产生是由于国际贸易的发展和国际结算的需要，然而国际金融市场的进一步发展和完善又极大地便利了国际资金的划拨和结算，从而为国际贸易和国际投资的进一步发展创造了有利条件。国际金融市场在世界范围内调配资金的余缺，把闲置的资金转变成盈利的资本，从而使一国的经济发展可以不完全受制于国内的储备和资金的积累。这就为一些低收入的发展中国家发展国民经济、提高国民收入创造了机会。当今世界上许多战后新兴的工业化国家和地区高速实现经济起飞靠的就是合理地利用国际金融市场。

（3）对优化国际分工，形成世界经济一体化起着推动作用。国际金融市场的发展使国际资金调拨的成本大大降低，促进了国际贸易也加速了国际资本的移动，同时也有使资金流向经济效益最好、资金利润率最高的国家和地区的作用。国际金融市场在加速生产和资本国际化的同时，对优化世界经济资源配置建立合理的国际分工体系也起到一定的积极作用。所以，随着国际金融市场的发展，各国之间的经济联系必然越来越紧密，世界经济一体化的趋势也必然越来越明显。

总的来看，国际金融市场对世界经济的影响是积极的，但是也必须看到国际金融市场在促进世界经济发展的同时，也形成一些不稳定的因素。国际金融市场在有利于调节国际收支失衡和为发展中国家提供发展资金的同时，也埋下了债务危机的隐患。20 世纪 80 年代初的国际债务危机表明国际金融市场利用的不合理，不但发展不了国民经济，还会让国家背上沉重的债务负担。国际金融市场便利促进了国际资本的移动，然而数额巨大的、频繁的和不规则的国际资本流动，会影响到一些小型开放经济国家国内货币政策的执行效果，同时也会增加汇率的波动幅度和助长外汇市场上的投机行为，从而增加国际投资的风险。高度一体化的国际金融市场在经济衰退时期同样会加速经济危机的传播，还可以诱发国际金融危机进而加深世界经济危机的动荡。另外，国际金融市场虽然有推动资源合理配置促进世界经济一体化的功能，然而市场经济的无政府性也可能加剧世界范围的贫富差别。这些都是值得重视的问题，也是一国在利用国际金融市场时需要慎重考虑的问题。

## 4.2　国际金融市场的构成

### 4.2.1　根据性质不同划分国际金融市场

根据性质的不同可以将国际金融市场划分为传统国际金融市场和离岸金融市场。

传统的国际金融市场指从事市场所在国货币的国际信贷和国际证券业务，并受市场所在国政府与法定管辖的金融市场。

这种类型的国际金融市场一般是从地方性市场发展成为全国性的金融市场，并以其强大的工商业对外贸易与对外信贷等经济实力为基础发展成国际金融中心，如伦敦、纽约、巴黎、法兰克福、东京等。

离岸金融市场又称为欧洲货币市场、境外金融市场，是从事境外金融业务的境外市场，即专门为非居民之间的资金融通提供各种便利的市场。

20 世纪 60 年代兴起的离岸国际金融市场与传统国际金融市场不同，它的交易者主要是外国公司、政府和非居民。交易货币几乎包括所有主要西方国家货币资金，融通业务基本不受任何国家的财税货币的政策和法规所约束。从某种意义上讲，离岸国际金融市场是最灵活的国际金融市场。

离岸金融市场的类型如下所述。

（1）伦敦型（内外一体型）。伦敦型离岸市场属于“自然形成”的市场，始于 20 世纪 50 年代末，它既经营银行业务，也经营证券业务。非居民除获准自由经营各项外汇、金融业务外，其吸收的存款也不需缴纳法定准备金。过去，这类市场业务因受外汇管制等限制，而与国内业务截然分开，但自从 1979 年 10 月外汇管制取消后，对外汇金融业务的管理与国内金融业务同等对待，“离岸”本身的含义便发生了变异，伦敦离岸市场实际上已经成为兼具境内和离岸业务的“内外一体式”金融市场。香港自从 1972 年废除外汇管制后，也逐渐演变成亚太地区一个主要的伦敦型离岸市场。

（2）纽约型（内外分离型）。纽约型离岸市场最大特点在于“人为创设”和“内外分离”，而且没有证券买卖。1981 年 12 月，美国联邦储备委员会同意设立国际银行业设施（又称国际银行便利）之后，纽约离岸金融业务迅速发展。它的主要交易对象是非居民。筹资只能吸收外国居民、外国银行和公司的存款，但开办国际银行业设施的不限于外国银行，任何美国的存款机构、“爱治法”公司①和外国银行在美分行皆可申请开办。存款不受美国国内银行法规关于准备金比率和存款比率的限制。贷款必须在美国境外使用。该“设施”可使用包括美元在内的任何一种货币计价。由于美元是最主要的国际通货，而该离岸市场主要交易货币也是欧洲美元，所以纽约离岸市场以本国货币作为主要交易货币。1986 年开放的东京离岸市场也属这一类型。

（3）巴哈马型（避税港型）。这类离岸金融市场是只有记账而没有实质性业务的离岸金融中心，又称“逃税型”离岸市场，这类市场实际上是“逃税港”。由于在某些国家或地区开展金融业务可以逃避银行利润税及营业税等，同时在这些地方开办分行的成本与费用也远较伦敦低，所以离岸金融市场纷纷在这些地方开辟。开曼群岛和巴林等地皆属此类。

（4）分离渗透型。该类型市场模式是将境内金融业务和离岸金融业务分账处理的前提下，根据经济发展中的引资需要，允许一定比例的离岸账户资金流入。

离岸金融业务的发展和离岸金融市场的迅速扩张，促进了国际性银行的发展和国际信贷、国际融资的增长，但由于离岸存款不受各国国内法规的各种限制，它对存款所在国的货币供应量、银行管制与货币政策的实施都产生了一定的影响。

### 4.2.2 根据功能划分国际金融市场

#### 4.2.2.1 国际货币市场

货币市场是短期资金融通市场，一般是指一年或一年以下期限金融工具的交易场所，又称为短期国际资金市场。

货币市场以银行信用作为企业跨国筹措资金的主要来源，以短期工商企业资金周转、拆借和短期政府债券为主要交易对象，是经营短期信用票据、买卖和转让的国际金融市场。

货币市场能使盈余者的短期资金得到充分的利用，获得最大的收益。也使资金短缺者在紧急时刻迅速获得短期流动性，使资金能够顺利周转。另外，货币市场的发展对一国政府来说也非常重要，一方面，政府在货币市场发行的国库券和各种短期债券是政府财政的主要收入来源；另一方面，一国的中央银行能否有效贯彻其货币政策、控制经济起伏波动，在市场经济条件下很大程度上取决于货币市场能否为其提供有效的传导机制。目前主要西方国家的货币市场都是高度国际化的。众多的跨国性商业银行和证券投资机构，利用先进的电子技术将各个国家的短期金融工具交易联为一个整体形成统一的国际货币市场。

货币市场的主要参与者有商业银行、票据承兑公司、贴现公司、证券交易商和经纪商货币市场的信用工具多种多样，虽然各国货币市场工具有所不同，但基本上可将其划分为两大类：一类是与银行有关的市场信用工具，如联邦基金、大额存单、银行承兑票据等；

① 1919 年，美国新泽西州参议员怀特·爱治提出管理这些银行附属机构的方案，经国会批准，被命名为《爱治法》。因此，这些从事国际金融业务的银行附属机构也就被称为“爱治法公司”。

另一类是非银行的市场信用工具，即由非银行金融机构发行的票据，如国库券、商业票据。

根据业务活动的不同性质，货币市场具体可分为以下三个组成部分。

（1）银行短期信贷市场。这是一个银行同业间的国际拆借和拆放以及银行对国外工商企业提供短期信贷资金的市场。其中银行同业间的拆放市场处于重要地位。银行短期信贷市场的资金拆放期最短的是日拆，一般还有1周、1个月、3个月、6个月等期限，最长期限不超过一年。银行短期拆放的利率以伦敦银行同业拆放利率为基础，加息率的大小根据情况由借贷双方自行约定，一般为0.25%~1.25%。在该市场上，银行对外国工商企业提供期限一年以内的短期贷款，主要用于解决企业临时性或季节性的资金需要。银行在发放这类贷款时，一般需要注意企业借款的用途、财务状况并追踪其交易行为，目的在于把握还款来源，以便在交易结束后该项放款能自动结清。

（2）贴现市场。这是一个经营贴现业务的短期资金市场。所谓贴现是指银行购买未到期的票据，但须扣除自贴现日到票据到期日利息的一种业务活动。贴现市场并无固定的交易场所，以票据贴现来融通短期资金是贴现市场的主要交易方式。贴现市场由贴现行、商业票据行、商业银行和中央银行组成。贴现交易的对象是一年以内的短期票据，主要有政府短期债券、商业承兑汇票、银行承兑汇票和其他商业票据。贴现利率通常高于银行贷款利率。贴现市场上的私人金融机构为取得资金再融通，还可以持短期票据向中央银行办理再贴现。目前世界上最大的贴现市场是历史悠久的伦敦贴现市场。

（3）短期证券市场。这是指期限在一年以下的证券市交易市场。短期证券市场的基础是各种短期信用票据，这些短期信用工具必须符合有关国家的金融法律的规定，即具有合法性。此外，其安全性和流通性也是必备条件。目前这个市场上的短期信用工具种类繁多，主要有以下几种。

A　国库券又称为金边债券

它是由各国财政部发行的短期债券，属于国家信用、通性强，是各国短期投资者的首选目标之一。国库券在西方国家特别是在美国发行量很大，是短期证券市场上的主要信用工具。国库券期限有3个月期和6个月期两种，票券不载明利息，按票面金额以折扣方式发行，在市场上以标售方式进行交易，到期按票面金额偿还。

B　可转让银行定期存单（The Negotiable Certificate Deposit，CD）

它是由银行发行的定期存款凭证。其特点是金额大、可自由流通，流通额仅次于国库券。美国商业银行定期存单期限最短的是一个月最长达一年一般为3个月。到期按票面金额和约定利率支付利息，标准票面金额为100万美元或100万美元以上，较小者也达50万美元。英国发行的金额从5万到50万英镑不等。

C　银行承兑票据和商业票据

这两种票据的出票人多为信用良好的工商企业，票面金额不限，定期一般为4~6个月，一般是采用按票面金额贴现方式进行交易。

#### 4.2.2.2　国际资本市场

国际资本市场是指长期资本跨国融通的场所，即期限在一年以上的中长期资本借贷和证券发行和交易的市场。国际资本市场是国际资本流动的主要途径，也是国际金融市场最为活跃的领域之一。资本市场按融通资金方式的不同可分为银行中长期信贷市场和证券市场。

银行中长期信贷市场是指银行为外国企业等长期资本需求者提供的一年以上的中长期信贷资金的场所。一般1~5年期称为中期信贷市场，5年以上的称为长期信贷市场。中长期信贷的借款人包括银行公司企业、政府机构、国际机构等。由于中长期信贷期限长、金额大、风险大，借贷双方要签订严格的借款协议，详细规定各有关事项的处理方法，同时还须借款人所属国家政府提供担保。由于中长期信贷规模大、期限长，往往不能由一个银行独家承担，一般采用国际银团贷款的方式以增大资金的供给实力、分散风险。

中长期信贷利率通常是伦敦银行同业拆借利率再加上一个附加利率，在国际银团贷款中除利率外还要加上各种费用。国际银行中长期信贷可由借款人自由使用借款，贷款资金在用途上不受贷款银行的限制。

证券市场是指以各种证券形式筹集中长期资金的场所，是股票、公司债券和政府债券等有价证券发行和交易的市场，是长期资本投资人与需求者之间的有效中介。证券市场可分为发行市场和交易市场。证券发行市场也称为一级市场或初级市场，是新证券的发行市场，即新证券的发行人从策划到由投资银行等中介机构承销，直至全部由投资人认购完毕的全过程。该市场由投资银行（证券公司）、信托公司、经纪人和证券商组成，专门经营证券的发行和分销业务。证券发行市场并没有固定的场所，证券的认购和分销不在有组织的交易所内进行，而是首先由几家承销商组织承购集团，通过电信网络来推销新发行的证券。用承购方式发行证券，又包括包销和代销两种：包销是由承销商全部承担证券的销售，如果销售不完，其余部分由承购商买下来；代销是承销商仅代理发行人销售，承购商没有自购的义务。

#### 4.2.2.3 外汇市场

外汇市场是指经营外汇买卖的交易市场，是各类外汇供求者组成的外汇交易及各种外汇资金调拨、清算及供求关系的总和。本书3.1节已详细介绍。

#### 4.2.2.4 国际租赁市场

租赁是指出租者提供资产使用权的一种安排，所有权不发生转移。租赁时承租人不必购买短期或季节性需要使用的设备，变相为企业提供了资金融通，而且租赁费用一般是分阶段支付的，这等于出租人向承租人提供了信贷。

国际租赁市场是通过国际租赁进行资金融通的市场。当租赁跨越国界时，便成了国际资金融通的一种方式。20世纪70年代以来，国际租赁业务发展十分迅速。根据DBI数据服务公司的数据显示，在欧洲市场上，IT类的公司，尤其是上市的大型企业，其办公设备采用租赁的规模高达62.25%，而在美国，选择办公设备租赁的企业也占58.84%。由此可以看出，在世界其他国家，特别是对于企业来说，设备租赁是一个大多数人的选择，而且这一数据还呈上升趋势，租赁物小到办公用品，大到汽车、商用飞机包罗万象。英国、美国和德国是世界上主要租赁市场所在地，租赁公司大部分由银行经营或控制。

国际租赁市场由众多金融投资机构组成，包括设备制造商、租赁公司、保险公司等，它们在消费者、企业和投资者之间搭起了一座桥梁，实现从固定资产获取商业变现的功能，提高资本运用效率和投资收益率。很多企业都会选择国际租赁市场，去投资优质的设备，以获得更多的投资收益。国际租赁市场拥有先进的研究开发、技术应用和投资结构调整能力，能够提供企业投资固定资产，资金流出规模更小，投资回报更快。

#### 4.2.2.5 黄金市场

1968年，美国实行黄金双价制以后，黄金在国际货币体系中所起的关键性作用逐渐消失，但是一个以黄金作为资产的全球市场却逐渐形成。这个市场中的黄金价格是由供求关系决定的，因此具有高度不稳定的特点。

##### A 黄金的供给与需求

国际黄金市场的供给来源主要有：（1）产金国供给，这是主要的也是根本的来源，目前世界主要产金国是南非、美国、加拿大、巴西、澳大利亚。（2）各国政府、国际货币基金组织和私人抛售的黄金，各国政府为应付国际收支逆差、稳定金价和维持本币汇率往往在黄金市场上抛售黄金。国际货币基金组织为配合其政策也会在市场上抛售黄金。（3）其他来源，包括各国在黄金市场上出售金币、珠宝首饰等。

黄金的需求主要有以下几个方面。

（1）工业需求。黄金的工业用途很多，工业用金量与日俱增，工业用金的需求量占国际黄金市场的供应量比重最大。

（2）官方储备需求。由于黄金仍是世界各国重要的国际储备手段，因此各国中央银行、国际货币基金组织和国际清算银行都需要大量的黄金作为国际储备资产。

（3）私人投资与收藏。私人出于保值或投资的目的而购入黄金。目前，投资者和收藏家对黄金的需求已占市场总需求的1/3以上。投资与收藏不同，投资指投资者将黄金视为普通资产并与其他资产比较，根据它们的盈利性和可靠性及变现性决定黄金的投向；收藏指收藏家将黄金视作保存储备资金的可靠手段，为了积累而购买黄金。

决定黄金市场价格的基本因素是市场供求，另外，西方国家的经济和金融状况、国际形势发展及市场投机活动也是影响金价变动的主要因素。黄金一般为美元标价，黄金价格的波动突出地表现在美元对黄金的价格上，因此，美元地位与经济关系密切。一般情况下是美元汇率强弱与金价呈相反方向变动。同时西方经济的景气与衰退、证券市场的繁荣与萧条、石油价格的涨落也与金价呈相反方向。如通货膨胀严重时金价会看涨、利率提高时金价会看跌、国际政局恶化特别是突发的重大事件会迅速波及黄金市场引起其剧烈波动。上述各种因素的存在又为投机活动提供了机会，投机也是加剧金价波动的重要因素。总之，影响黄金价格的因素既有基本的供求关系又有其他多种因素，它们相互制约互为影响使黄金价格反复升降不断波动。

##### B 黄金市场的作用

黄金市场的发展不但为广大投资者增加了一种投资渠道，而且还为中央银行提供了一个新的货币政策操作的工具。

（1）黄金市场的保值增值功能。因为黄金具有很好的保值、增值功能，这样黄金就可以作为一种规避风险的工具，这和贮藏货币的功能有些类似。黄金市场的发展使得广大投资者增加了一种投资渠道，从而可以在很大程度上分散投资风险。

（2）黄金市场的货币政策功能。黄金市场为中央银行提供了一个新的货币政策操作工具，也就是说，央行可以通过在黄金市场上买卖黄金来调节国际储备构成以及数量，从而控制货币供给。虽然黄金市场的这个作用是有限的，但是由于其对利率和汇率的敏感性不同于其他手段，因此可以作为货币政策操作的一种对冲工具。

C 黄金的交易方式

国际黄金市场的交易方式主要有现货交易和期货交易两种方式。

a 黄金现货交易

国际黄金市场上黄金现货交易的价格较为特殊。在伦敦国际黄金市场上的黄金现货交易价格分为定价交易和报价交易两种。

定价交易的特点是提供客户单一交易价，即没有买卖差价。按所提供的单一价格，客户均可自由买卖，金商只收取少量的佣金。定价交易只在规定的时间里有效，短则一分钟，长则一个多小时，具体时间视供求情况而定。

报价交易的特点是有买价、卖价之分。一般是在定价交易以外的时间进行报价交易。如伦敦国际黄金市场，每日进行两次定价交易，第一次为上午 10 时 30 分，第二次为下午 3 时。定价交易在英国最大金商洛希尔父子公司的交易厅里进行，该公司担任首席代表，其他各金商均选一名代表参加。在定价交易前，市场的交易活动要停止片刻，这时各金商对外均不报价，由首席代表根据市场金价动态定出开盘价，并随时根据其他代表从电话里收到的订购业务调整价格。若定价交易开盘后没有买卖，则定价交易结束。若有买卖，首席代表就不能结束定价交易活动。订购业务完成时的金价即为黄金现货买卖的成交价格。定价交易是世界黄金行市的“晴雨表”，世界各黄金市场均以此调整各自的金价。定价交易结束后，即恢复正常的黄金买卖报价活动。

国际黄金市场上的报价交易由买卖双方自行达成，其价格水平在很大程度上受定价交易的影响。但一般说来，报价交易达成的交易数量要多于定价交易达成的现货交易数量。在黄金市场上进行现货交易，除支付正常的黄金价格外，还要支付给金商一定的手续费。伦敦国际黄金市场的手续费一般为 0.25%。由于市场竞争日益激烈，支付给金商的手续费已有下降的趋势。

b 黄金期货交易

在国际黄金市场上进行的期货交易，分为保值交易和投机交易两种。

保值交易是指人们为了避免通货膨胀或政治动乱，出于寻求资产价值“庇护所”的意图，而购买黄金的活动。当然，也有的是以避免由于金价变动而遭受损失为目的而进行黄金买卖的。一般地说，套期交易是保值的理想办法。对套期交易者来说，期货市场是最方便的购销场所。

国际黄金市场上的投机交易，则是利用市场金价波动，通过预测金价在未来时期的涨跌趋势买空或卖空，从中牟取投机利润。在进行期货投机时，金投机者预测市场金价将会下跌时，便卖出期货，即所谓的做“空头”或“卖空”。如果届时金价果然下跌，他就可以按跌落后的价格买入黄金，以履行卖出期货的义务，从而赚取先贵卖后贱买的差额投机利润。但在一般情况下，他并不必购买黄金现货来履行卖出期货的义务，而只是收进价格之间的差额。反之，当投机者预测未来市场金价趋涨时，他买进期货，即所谓的做“多头”或“买空”。期货到期后，如果金价真的上涨，他可以将原来低价买入的期货，再按上涨后的价格卖出，从中赚取先贱买后贵卖的差额利润。同样，一般情况下也不需要在买卖时交割实际黄金，而只由投机者收取金价差额即可。当然，投机者可以一面做“空头”，又可另一面做“多头”。例如，当投机者预计 1 个月后金价会上升，但到 3 个月后金价又会下降，那么，他可以一面做购进 1 个月的远期黄金合约，另一面出售 3 个月的远期黄金合约。在国际黄金市场上，那些实力雄厚的银行和垄断企业，往往在一定程度上主宰市场的投机活动，制造市场金价的大起大落，而它们在价格之前，购之于先或抛之于先，以从中牟取暴利。

c　各类黄金的交割方式和特点

在国际黄金市场上所交易的黄金不论是期货还是现货，其大宗交易，特别是在国际金融机构、国家之间，以及大的垄断金融机构之间的黄金买卖，一般是采用账面划拨方式，把存放于某金库的属于某一国家或集团的寄存黄金改变一下标签即可，很少采用直接以黄金实物进行交割的方式。但是在黄金市场上，私人或企业集团对新开采出来的黄金进行交易时，一般多按实物进行交割。

在黄金交易活动中，成交额较大的是各种成色和重量的金块。其中，专业金商和中央银行交易的对象一般是重量为 400 盎司[①]、成色为 99.5%的大金锭。进入世界黄金市场的大金锭，必须有国际公认的鉴定机构的印记。世界上的主要产金国，如南非、加拿大、苏联等，所开采的黄金一般都以这种形式投放市场。各金库储存的大量黄金也大多是这种规格的金锭。普通私人黄金储存者交易的对象一般是成色和重量不等的小金条，最常见的是 1 公斤重的金条（合 32.150742 盎司），小金条的成色分为 99.5%、99.9%和 99.99%几种。

在国际黄金市场上交易的黄金，除金锭、金条外，还有各种金币和黄金券。作为贮藏手段，1 盎司 1 枚的金币，不仅比 400 盎司一块的大金锭和 1 公斤一条的小金条便于转移，而且在很多西方国家还可以逃避遗产税。因此，不少人对金币趋之若鹜，争相购买用于贮藏。金币有旧金币和新金币两种。旧金币的可供量有限，是一种稀有金币，一般为古玩收藏家购买的对象。因此，旧金币的价值可高于其本身所含金量实际价值的 30%～50%。新金币的购买者多为以保存贵金属价值为目的的投资者。新金币价格的涨落直接依存于黄金市场黄金价格的变动。一般地说，新金币的价格要比金条的价格高出 3%～5%。另外，各国政府、国际组织、宗教团体甚至企业，纷纷发行纪念金币。这种金币不仅有特定的纪念意义，而且限量发行，一般不再翻新，储藏时间越久，其收藏价值越高，价格就上涨。由于纪念币的图案设计优美、雕型逼真、纹饰清晰、工艺精致、包装美观，所以购买者均把它视为一种稀有的保值手段和工艺珍品或高级礼品。虽然纪念币均标有面值，但出售价格大大高于所标面值。其具体出售价格，一般是以其实际含金量按当时国际黄金市场上黄金价格乘以 1.5 来计算的，它随着国际黄金市场上的黄金行情的变动而变动。

黄金券是黄金的凭证，持有人可随时向发行银行兑换黄金或与其等价的货币。黄金券的面额有多种，最小的仅 0.5 盎司。黄金券有编号和姓名，不得私自转让，遗失可以挂失。对于购买人来说，由于黄金券可以随时兑现，与持有黄金实物无异，既可以用于保值，又可以用于投资，而且比持有黄金实物更为安全，所以很受欢迎。对于发行银行来说，由于黄金交易逐渐增大，而黄金的可供量有限，往往不能满足交易的需要。而通过发行黄金券，不仅可以扩大黄金交易量，还可以增加自身的收益。所以，近些年来黄金券的交易量逐年增加。

---

① 1 盎司 = 28.35 克，下同。

# 4.3 欧洲货币市场

欧洲货币市场的发端是欧洲美元市场，当非居民存户将美元资金以存款形式存放在美国境外的其他国家的商业银行或美国商业银行的欧洲分行时欧洲美元就形成了。银行吸收了境外美元后当然要进行贷款发放，于是就形成了欧洲美元市场。20 世纪 50 年代，美国在朝鲜战争中冻结了中国存放在美国的资金，苏联和东欧国家为了本国资金的安全，将原来存在美国的美元转存到苏联开设在巴黎的北欧商业银行和开设在伦敦的莫斯科国民银行以及设在伦敦的其他欧洲国家的商业银行。美国和其他国家的一些资本家为避免其“账外资产”公开暴露，从而引起美国管制和税务当局追查，也把美元存在伦敦的银行，从而出现了欧洲美元。当时，欧洲美元总额不过 10 亿多美元，而且存放的目的在于保障资金安全。1973 年和 1979 年石油输出国组织两次大幅度提高油价而获得了巨额国际收支盈余，积累了大量石油美元，石油美元投放到欧洲美元市场生息获利，使得欧洲美元市场存款总额急剧增加，市场规模迅速扩大。同时，因油价上涨而造成国际收支逆差的石油进口国，纷纷向欧洲美元市场举债，形成欧洲美元的现实需求方。因此，石油美元充实和扩大了欧洲美元市场。

与此同时，由于美国国际收支不断出现逆差，趋势日益恶化，所以从 20 世纪 60 年代开始美国政府就采取了一系列限制美元外流的措施。如美国政府从 1963 年起实施利息平衡税，对外国政府与私人企业在美国发行的债券利息，一律征收平衡税，借以限制美国企事业对外直接投资，同时限制设立海外分支机构和银行对外信贷。1968 年美国政府的金融管制当局正式停止美国企业汇出美元到国外投资。还有，根据在 30 年代美国联邦储备银行制订的第 Q 项条款规定，美国商业银行对活期存款不付利息，并对定期与储蓄存款利率规定最高限额，而在国外的欧洲美元存款则不受此种限制。另一个联邦储备银行的第 M 条款规定，美国银行对国外银行的负债，包括国外分支行在总行账面的存款，必须缴存累进的存款准备金，而国外的欧洲美元存款则可以不缴存任何存款准备金。这些措施引起美国国内商业银行的不满，纷纷向国外寻求吸收存款的出路。全世界的跨国公司也不得不转向欧洲货币市场，以满足其资金融通的需求。这些因素都大大地促进了欧洲货币市场的发展。

最初的欧洲美元市场是短期资金市场，因为是以伦敦为中心的欧洲各国国际金融中心经营所以称为欧洲美元市场，但是以后随着市场规模和经营范围的不断扩大，其名称的含义也发生了变化。在区域概念上市场范围先是由英国的伦敦扩展到欧洲其他国家的金融中心，如巴黎、苏黎世、法兰克福，后来又扩展到欧洲以外的其他金融中心，如亚洲的新加坡成为亚洲美元市场，开曼群岛和巴哈马成了拉丁美洲美元市场。在货币概念上也不只限于境外美元了，任何可自由兑换的货币都能以欧洲或境外的形式存在，因而，欧洲美元市场渐渐地变成欧洲货币市场。

## 4.3.1 定义

欧洲货币指在货币发行国境外流通的自由兑换货币，如存放在英国的美元、存放在日本的英镑。欧洲货币市场又称为离岸金融市场，指在货币发行国境外进行该货币存储或放贷的市场。离岸金融市场是一种无形市场，从广义来看，它只存在于某一城市或地区，并不存在于某个固定的交易场所，由所在地的金融机构与金融资产的国际性交易而形成。

理解欧洲货币的概念必须明确以下几点。

(1) 在“欧洲货币”这一名称中“欧洲”已失去了地理上的意义，被赋予经济上的含义，实际上等同于“境外的”。欧洲货币与欧洲这个地名的联系仅仅是欧洲货币起源于欧洲，至今主体仍在欧洲而已。欧洲货币市场不仅包括经营欧洲货币业务的欧洲各金融中心，还包括中东、远东、加勒比地区、加拿大和美国各主要金融中心。

(2) 欧洲货币一词并不意味着现实中真正的存在一种叫“欧洲货币”的货币，不要与欧元弄混。它泛指在发行国外流动的各种货币，如美元、英镑、日元等，欧洲货币只是这些货币的统称。

(3) 各种欧洲货币同该种货币发行国境内流通的货币是相同的，具有同样的价值。如欧洲美元和美国国内流通的美元样式相同、价值相同，区别只在于存放、借贷流动的地区不同。

### 4.3.2　欧洲货币市场的特点

欧洲货币市场与国内金融市场和传统国际金融市场相比，其特点如下所述。

(1) 拥有资金调度灵活方便的银行网络和极其庞大的资金规模。欧洲货币市场的资金来自世界各地，因此市场范围非常广阔，资金数额极其庞大，各种主要可自由兑换货币应有尽有，能充分满足不同类型的外国企业、银行对不同期限和用途的资金需求。在这个市场上，投资者和借款人可以任意选择投资和借款的地点，借款人可以任意选择借取美元、欧元、日元、英镑、瑞士法郎等。

(2) 基本上摆脱各国金融当局的干预，在更大程度上由市场机制起作用。欧洲货币市场作为境外货币市场，既不受所在国政府的管制和金融法规的约束，更不受原货币发行国金融当局的管制和影响。因此，欧洲货币市场在进行货币兑换、资金调拨等方面自由度大。需要注意的是，当国家经济出现动荡时本国政府会限制其境内的离岸金融业务。

(3) 形成相对独立和灵活的利率结构制度。欧洲货币市场的利率水平以伦敦同业拆放利率为基础，利率变动受世界范围资金供求及其变动的制约，但不受任何一国金融当局的影响。由于不受法定存款准备金和利率最高限度的限制，该市场的利率比国内金融市场和传统国际金融市场上的利率更具竞争力。与各有关国家国内金融市场的利率相比，欧洲货币市场的存款利率略高贷款利率略低，从而使其存贷款业务更具竞争力和吸引力。

### 4.3.3　欧洲货币市场的影响

欧洲货币市场对世界经济发生了不可低估的影响，主要表现在以下几个方面。

(1) 欧洲货币市场的发展促使国际金融市场的联系更加密切。欧洲货币市场在很大程度上打破了各国间货币金融关系的相互隔绝状态，它将大西洋两岸的金融市场与外汇市场联系在一起，从而促进了国际资金流动。因为欧洲银行的套利套汇活动，使两种欧洲货币之间的利率差别等于其远期外汇的升水或贴水，超过这个限度的微小利率差别都会引起大量资金的流动，于是这个市场所形成的国际利率使各国国内利率更加相互依赖。它促进了国际金融的一体化，这是符合世界经济发展的基本趋势的。

（2）欧洲货币市场促进了一些国家的经济发展。欧洲货币市场在很大程度上帮助了西欧和日本恢复它们的经济并使其得到迅速发展。欧洲货币市场是日本20世纪60年代以来经济高速发展所需巨额资金的重要补充来源。发展中国家也从这个市场获得大量资金。据世界银行统计，从1973年到1978年6月底，5年半时间内发展中国家从国际货币市场上借进621亿美元，其中绝大部分是从欧洲货币市场上借来的。第三世界国家运用这些资金加速经济建设，扩大了出口贸易。因此，它加强了第三世界和第二世界的经济力量。

（3）欧洲货币市场加速了国际贸易的发展。在不少国家，对外贸易是刺激经济增长的重要途径。如果没有欧洲货币市场，20世纪60年代中期以来西方国家对外贸易的迅速增长是不可能的。

（4）欧洲货币市场帮助了一些国家解决了国际收支逆差问题。欧洲货币市场方便了短期资金的国际流动，特别是促进了石油美元的回流。据国际货币基金组织估计，1974—1981年，世界各国的国际收支经常项目逆差总额高达8100亿美元，但各国通过国际金融市场筹集的资金总额即达7530亿美元，这在很大程度上缓和了世界性的国际收支失调问题。在这期间，欧洲货币市场所吸收的石油出口国存款就达1330亿美元，从而发挥了重要的媒介作用。

当然，欧洲货币市场也给世界经济带来了不可低估的不稳定性，主要表现在以下几方面。

（1）经营欧洲货币业务的银行风险增大。欧洲美元等货币的拆放都具有以下几个特点：1）借款人除了本国客户外，尚有外国客户，或虽系本国客户，但又转手再放给外国客户，所以，它具有极其复杂的连锁关系；2）借款金额巨大，而又缺乏抵押保证；3）由于借款人有时把资金转借出去，几经倒手，最后甚至连借款人是谁也不能完全掌握。

（2）影响各国金融政策的实施。对参与欧洲货币市场的国家来说，如果对欧洲美元等资金运用过多，依赖过深，或这种资金流入流出过于频繁，数额过大，那么，在一定程度上将会影响到该国国内货币流通的状况。

（3）加剧外汇证券市场的动荡。欧洲货币市场上的资金具有很大的流动性，当某一主要国家货币汇率出现动荡将贬值下浮时，它的流动性将进一步加剧其他国家外汇和证券市场的资金流入、流出而引发动荡。

## 延伸阅读

### 香港离岸人民币业务发展历程

（资料来源：中国人民银行，《2021年人民币国际化报告》）

（1）初步发展阶段（2010年以前）：离岸人民币业务范围由个人拓展至企业和机构层面，初步建立离岸人民币资金双向流通渠道

2001年11月，香港金管局首次向中国人民银行（以下简称人行）提出在香港开办个人人民币业务的构想。2003年11月，国务院批准香港试办个人人民币业务，同年12月人行委任中银香港为境外首家人民币业务清算行。2004年2月，香港正式推出四项个人人民币业务，包括存款、兑换、汇款及银行卡，人民币资金开始大量流入香港并沉淀为离岸人民币存款，为开展更多元的离岸人民币业务奠定基础。

2007年开始，多元离岸人民币业务持续扩容，2007年，境内金融机构获准在香港发行人民币债券。2009年1月20日，人行与香港金管局签署规模为2000亿元人民币的本币互换协议。2009年6月29日，《跨境贸易人民币结算试点管理办法》指定香港为第一个离岸人民币清算中心。至此，香港离岸人民币业务由个人拓展至企业和机构层面，同时，也初步建立起离岸人民币资金双向流动渠道。

（2）快速成长阶段（2010—2017年）：离岸人民币外汇市场正式启动，中美货币政策调整背景下离岸人民币市场规模增速先升后降

2010年7月，中国人民银行与香港人民币业务清算行签署新修订的《香港银行人民币业务的清算协议》，规定内地金融机构获准在香港开设人民币账户，正式取消个人人民币账户资金跨行转账限制。修订后的协议放宽了人民币兑换、机构开户等不涉及跨境资金流动方面的限制，离岸人民币业务取得新突破。2010年8月23日，USD/CNH报价正式推出，与USD/CNY同时存在于银行间报价交易系统。2011年，中国证监会、人行及外管局联合发布《基金管理公司、证券公司人民币合格境外机构投资者境内证券投资试点办法》，首次推出RQFII人民币合格境外机构投资者计划。2010—2014年，美联储实施超宽松货币政策、中美利差走阔，套利动机助推下离岸人民币资产规模大幅提升。2015年8月，人民行宣布调整人民币兑美元汇率中间价报价机制，并实施新一轮宽松货币政策刺激，同期美联储收紧货币政策、中美利差走窄，人民币跨境收付总额在同年触顶，并在2016、2017年连续下降。其间，人民币在2016年被IMF接纳为SDR篮子货币，进一步为人民币跨境使用奠定基础。

（3）深化发展阶段（2018年至今）：系列政策支持下，离岸人民币市场再次进入蓬勃发展新时代

2018年起，一系列支持金融开放的政策措施相继出台，人民币跨境使用规模重回上升通道。2019年7月，中央金融委员会办公室对外发布《关于进一步扩大金融业对外开放的相关举措》，将取消证券、期货、寿险外资股比限制提前到2020年开始实施。2020年5月，中国人民银行、国家外管局发布《境外机构投资者境内证券期货投资资金管理规定》，正式取消QFII合格境外机构投资者和RQFII人民币合格境外机构投资者的投资额度限制，同时取消RQFII人民币合格境外机构投资者试点国家和地区限制。

当前，特区政府正积极推动在互联互通业务中引入人民币计价机制，有望为离岸人民币市场发展持续注入新动能。2021年，香港证监会、港交所及金管局成立工作小组，针对港股通南向交易股票以人民币计价的可行性展开深入研究。2022年4月，香港财经事务及库务局局长许正宇在出席立法会会议中表示，工作小组已完成相关可行性研究，香港特区政府将进一步与内地监管机构就交易事宜协商沟通，同时推出一系列配套措施以提升市场流动性。

## 4.4　国际金融市场的影响及新发展

### 4.4.1　国际金融市场的影响

4.4.1.1　对国际收支调节的影响

国际金融市场对国际收支调节的影响主要表现为跨国银行国际贷款的影响。充足的国

际贷款使一国具有较强的国际收支平衡能力，能使一国获得较充分的时间以便制定和实施适当的调节政策，减轻调节痛苦。但如果一国在发生国际收支结构或根本性逆差时，跨国银行国际贷款对国际收支调节可能会产生两方面不利的影响：一方面，不利于提高许多国家的国际收支调节效率，拖延了必要的政策调节；另一方面，银行国际贷款给许多发展中国家的国际收支增加了压力，虽然暂时的国际收支逆差问题解决了，但是在以后的时间还款资金不断流出，还是会造成潜在的赤字。所以，从单个国家来讲，必须提高经济管理效率，将调节政策和贷款适当搭配才能更好地利用国际贷款。从国际角度讲，必须调整和改革现行的国际经济关系，提高发展中国家在国际货币关系中的地位，并对跨国银行的国际业务活动进行监督和指导，使它们的贷款真正起到帮助发展中国家经济的作用，才能从根本上平衡各国国际收支。

4.4.1.2　对各国金融市场一体化的影响

导致各国金融市场有机地联系在一起的机制就是资金的流动，而衡量各国金融市场一体化程度的标志则是资金的价格——利率，而且利率的趋势比利率的水平更重要。由于各国通货膨胀不同、税率不同，利率水平因此也不可能完全相同，但在取消管制的金融市场上各国利率变动的趋势是一致的。因为国际金融市场的发展使资金能在更大的范围内进行配置，当某一国国内金融市场上的资金需求大于供给时，资金将通过国际借款流入该国；当资金需求小于供给供应时，资金将通过国际贷款流出该国寻求更高的利润，进而使得各国金融市场的利率水平变动趋势逐渐一致。

4.4.1.3　对发展中国家债务的影响

20 世纪 80 年代初，由于非产油发展中国家无力偿还到期的外债，导致发展中国家的偿债资信严重下降，同时也使国际银行业陷入了资金危机。这严重影响了国际金融业乃至整个国际货币体系的稳定。

一方面，由于国际银行业贷款的盲目性和商业性导致债务危机的发生。1974 年第 1 次石油提价后，大量石油美元流入国际金融市场，国际金融市场资金充裕，跨国银行纷纷为各自手中的资金寻找出路，于是非产油发展中国家变成了贷款对象，同期私人银行的贷款增长速度远高于官方贷款的平均增长率。在把资金大量带给发展中国家的同时，国际银行贷款还存在地区分布过于集中和贷款归还期分布不当的问题，给巴西、墨西哥等南美国家的贷款额高于其他地区。但大量的贷款只在初期促进了国际收支的调节，以后却逐步降低了调节效率，并且由于期限安排不当，许多贷款的还款期过分集中于一个时期，由此导致许多国家无法在短期内同时归还多笔借款。

跨国银行追求的是商业利润。出于自身利益考虑从 20 世纪 70 年代初到 1980 年，国际银行业采用的浮动利率贷款所占比重从 10%增加到 40%，发展中国家的借款成本由此相应上升。同时，为了减少风险，跨国银行的短期贷款越来越多，使债务国不得不借新债还旧债造成债务使用的短期行为。

另一方面，由于债务危机涉及银行本身的信誉和稳定，因此国际银行又积极参与了债务危机的缓解，因此国际银行业为削弱债务危机的负面影响作出了贡献。

### 4.4.2　国际金融市场的新发展

自 20 世纪 70 年代起，国际金融市场发展出现了一些新特点。

（1）国际金融市场的发展与世界贸易的流向及世界经济的发展不同步、不一致。国际贸易带动了国际金融市场的发展，可以说没有国际贸易就没有国际金融市场。反过来，国际金融市场又为国际贸易和国际投资的进一步发展创造了有利条件。但是，国际金融市场和银行国际贷款的增长远远快于国际贸易的增长，而且一大批离岸金融中心出现在经济和贸易都不太发达的国家和地区，如巴拿马、开曼群岛、智利等。虽然从 20 世纪 70 年代以来西方国家出现了多次周期性的衰退，但国际金融市场规模却没有因此而出现停顿，因此可以说国际金融市场的发展与世界贸易的流向及世界经济的发展不一致。

（2）国际金融创新和表外业务迅速增长。票据发行便利、货币互换、债务—股权转让、金融衍生产品等金融创新及表外业务，一方面拓展了银行的经营范围，推动了国际银行业务的不断发展，另一方面又使国际金融市场的各个构成部分相互交叉，彼此间的界限变得模糊，联系变得紧密。金融衍生品如果能使用得当，就可以在金融环境动荡不安的情况下有效规避各种因汇率、利率、股价、物价或其他指数波动产生的风险。但是，期权、期货只要缴纳一点点保证金或期权费即可进行大笔交易，因此具有很大的投机性和风险，可能会在市场上产生不良的连锁反应。

（3）国际金融市场全球化和一体化。由于金融管制的放松、金融工具的创新和互联网技术的发展，遍及全球的国际金融中心和金融机构正在形成一个时间和空间上高度联结的一体化市场。首先，金融机构的跨国化和网络化。1997 年，世界贸易组织成员方签署《金融服务协议》，把允许外国在其境内建立金融服务公司并按竞争原则运行作为加入该组织的重要条件，进一步促进了各国金融业务和机构的跨国发展。金融机构间的跨国兼并和重组造就了许多跨国超大银行。如 1998 年 4 月 6 日，美国花旗银行和旅行者集团宣布合并为花旗银行集团。同时，金融市场也逐步走向网络化的合并，形成了全球范围内的金融信息系统、交易系统、支付系统和清算系统。金融一体化已实实在在地从仅限于金融机构间的合并跨入主权壁垒历来难以逾越的金融市场间的合并。其次，投融资活动的国际化是全球化的另一表现。20 世纪 90 年代以来，国际资本流动以前所未有的速度急剧膨胀。全球资本流动总规模 1991 年为 7940 亿美元，2022 年约为 1.93 万亿美元，同比上升 15.6%。资本流量的急剧增加表明，全球化的国际金融市场一方面为企业和国家融资提供了便利的条件，另一方面也使世界经济更具流动性、投机性和风险性。

国内金融市场的发展离不开畅通的国际融资环境。在国际金融市场的产品种类不断发展、国际环境不断变化的情况下，包括人民币在内的更多主权货币逐渐被赋予国际货币的重任。为满足国际资本流动的现实需要，世界各国在保障国内金融秩序稳定的大前提下，逐步放松金融管制措施，减少对金融市场的行政干预，积极将国内市场与国际市场相融合，切实保障国际融资的畅通化，以最大化发挥国际金融市场在资源配置中的优势。

（4）筹资证券化。20 世纪 80 年代初发生了严重的债务危机，使银行贷款极其谨慎，这样一来许多有信誉的公司和政府便转而通过在证券市场上发行债券来筹资。另一方面，许多银行在二级证券市场上出售自己对发展中国家的债权，形成债务—股权的转换。

（5）资本流向从单向转为双向趋势。目前，世界经济增长格局发生了变化，出现了南降北升的局面，主要表现在新兴经济体股市疲软于发达经济体，所以国际金融市场也随之产生变化，其中主要是由于新兴经济体发展放缓和经济发达国家自主增长力渐强而造成的。因此，随之而来的就是流通资金将青睐于发达经济体，从新兴经济体向发达经济体流动。

（6）信贷环境结构性分化。由于在世界经济体资金货币政策分化和世界经济体高速复苏格局的大形势驱动下，全世界资金利率发生了严重的结构性分化。主要表现在两个方面。

第一，新兴经济体和发达经济体资金结构性分化。一些新兴经济体主要采用资金货币量化宽松政策，实施多次降息，其主要目的就是压低信贷利率；美联储等发达经济体也表示长期的货币量化宽松政策，就算是退出量宽政策，在短时期内也不会提升提高基准利率，以维持国际金融市场中长期利率的稳定。但是，新兴经济体由于受到本币贬值和通货膨胀，没有办法实现宽松的货币政策，只有无奈地被迫加急。

第二，发达经济体长期与短期利率的分化。虽然美联储等发达经济体表示维持长期的货币量化宽松政策，就算退出量宽政策，在短时期内也不会提升提高基准利率，但是美联储货币量化宽松政策退出信号逐步加强，主要表现在中长期信贷利率开始上升回调。

（7）国际金融市场脆弱性加剧。追逐短期利润的游资对于引资国作用不大，反而容易形成投机性泡沫，一旦失控后果严重。为了防范和规避汇率、利率波动的风险，金融机构设计了多种金融创新工具。但是，小投入高收益使得许多投机者不顾高风险而进入市场。1997 年爆发的亚洲金融危机、2008 年爆发的美国次贷危机都离不开金融创新工具和投机者的身影。2023 年 3 月，美国硅谷银行破产引爆欧美银行业危机，部分欧美银行期限错配风险加速暴露。在两个月不到的时间内，硅谷银行、签名银行、第一共和银行相继倒闭。危机蔓延至大洋彼岸的欧洲——百年大行瑞士信贷黯然退场，被瑞银以 30 亿瑞士法郎的价格收购。

受美联储收缩货币政策影响，原本被视作“优质资产”的商业地产预期持续恶化。全球最大的另类资产管理机构黑石旗下商业地产抵押证券（CMBS）2023 年 3 月被爆违约，黑石房地产投资信托基金遭遇“赎回潮”。

世界银行 2023《国际债务报告》显示，2022 年中低收入国家用于偿还公共外债和政府担保债务的支出达到创纪录的 4435 亿美元。仅在过去 3 年，就有 10 个国家发生了 18 起主权违约，这一数字超出此前 20 年的总和。据报道，随着支付主权债券票息的“宽恕期”窗口正式关闭，埃塞俄比亚已于日前正式进入主权债务违约状态。高通胀与高利率环境下，加息后遗症的“魅影”显现，全球金融市场脆弱性攀升。

### 4.4.3 巴塞尔委员会

1973 年布雷顿森林体系固定汇率制的瓦解使得银行国际经营的风险增大，加上许多银行在国外开设分支机构产生了许多境外市场，银行的国际竞争日益激烈。1973—1974 年出现了一系列的银行破产及巨额亏损事件，1975 年 2 月在国际清算银行主持下成立了监督银行国际活动的协调机构——巴塞尔银行监管委员会亦称“巴塞尔委员会”。截至 2009 年，巴塞尔委员会的成员扩展到世界上 27 个主要国家和地区，包括阿根廷、澳大利亚、比利时、巴西、加拿大、中国、中国香港、法国、德国、印度、印度尼西亚、意大利、日本、韩国、卢森堡、墨西哥、荷兰、俄罗斯、沙特阿拉伯、新加坡、南非、西班牙、瑞典、瑞士、英国、美国和土耳其。

巴塞尔委员会制定了一系列重要的银行监管规定，如 1983 年的银行国外机构的监管原则（又称巴塞尔协定，Basel Concordat）和 1988 年的巴塞尔资本协议（Basel Accord）。这些规定不具法律约束力，但十国集团监管部门一致同意在规定时间内在十国集团实施。经过一段时间的检验，鉴于其合理性、科学性和可操作性，许多非十国集团监管部门也自愿地遵守了巴塞尔协定和资本协议，特别是那些国际金融参与度高的国家。1997 年，有效银行监管核心原则的问世是巴塞尔委员会历史上又一项重大事件。核心原则是由巴塞尔委员会与一些非十国集团国家联合起草，得到世界各国监管机构的普遍赞同，并已构成国际社会普遍认可的银行监管国际标准。至此，虽然巴塞尔委员会不是严格意义上的银行监管国际组织，但事实上已成为银行监管国际标准的制定者。

2002 年 10 月 1 日，巴塞尔委员会发布了修改资本协议建议的最新版，同时开始新一轮调查（第三次定量影响测算，QIS3），评估该建议对全世界银行最低资本要求的可能影响。从 1975 年 9 月第一个巴塞尔协议到 1999 年 6 月《新巴塞尔资本协议》（或称“新巴塞尔协议”）第一个征求意见稿的出台，再到 2006 年新协议的正式实施，时间跨度长达 30 年。几十年来，巴塞尔协议的内容不断丰富，所体现的监管思想也不断深化。

《巴塞尔协议》明确了对分行、子行、合资银行清偿力、流动性和外汇活动及其头寸的监督具体应由母国政府和东道国来执行。即“以确定股权原则为主，当地市场原则为辅；母国综合监督为主，东道国个别监督为辅”的总体思路，对监督责任有比较明确的划分但是还存在一些漏洞，因此 1988 年 7 月委员会通过了《关于统一国际银行的资本计算和资本标准的报告》，简称《巴塞尔报告》。比报告通过制定银行资本与资产比率的计算方法和最低标准促使银行增加安全系数，从而达到加强国际银行体系健全和稳定的目标，清除国际银行间的不平等竞争的根源。此后，巴塞尔委员会又先后通过了《〈巴塞尔资本充足协议〉的补充协议》，以及《利率风险管理原则》《银行业有效监管核心原则》，希望通过规章的实施增强银行的风险管理及监管力度。

巴塞尔协议Ⅰ（1988 年）统一了监管资本的定义，包括核心资本和附属资本。建立了资产风险的衡量体系，主要关注信用风险，并根据银行资产风险水平的大小分别赋予不同的风险权重。确定了资本充足率的监管标准，规定商业银行资本充足率不得低于 8%，核心资本充足率不得低于 4%。

巴塞尔协议Ⅱ（2004 年）构建了“三大支柱”：第一支柱：最低资本要求，明确商业银行总资本充足率不得低于 8%，核心资本充足率不得低于 4%；第二支柱：监督检查，包括现场和非现场检查等方式；第三支柱：市场纪律，又称市场约束、信息披露，是对第一支柱和第二支柱的补充。

巴塞尔协议Ⅲ（2010 年）强化资本充足率监管标准，包括：（1）提升资本工具损失吸收能力；（2）增强风险加权资产计量的审慎性；（3）提高资本充足率监管标准，如核心一级资本充足率为 4.5%，一级资本充足率为 6%，总资本充足率为 8%，储备资本要求 2.5%，逆周期资本要求 0~2.5%，附加资本要求为 1%~3.5%；（4）引入杠杆率监管标准，杠杆率不能低于 3%；（5）建立流动性风险量化监管标准，如流动性覆盖率（LCR）和净稳定融资比率（NSFR），用于衡量银行的流动性状况。

总结来说，巴塞尔协议Ⅰ主要规定了资本充足率的标准，而协议Ⅱ和Ⅲ在其基础上进一步完善，提出了三大支柱，并加大了其适用范围，提高了各国对银行资本要求的底线。

## 本章重要概念

国际金融市场　离岸金融市场　国际货币市场　国际资本市场　欧洲货币
欧洲货币市场　国际租赁市场　黄金市场　巴塞尔委员会　巴塞尔协议

## 思考练习题

4-1 什么是国际金融市场，它由哪些部分构成？
4-2 简述欧洲货币市场的特点。
4-3 比较国际资本市场与国际货币市场的区别。
4-4 黄金价格受到哪些因素的影响？
4-5 国际金融市场的新发展表现在哪些方面？
4-6 简述巴塞尔协议的发展变化。
4-7 简述欧洲货币市场形成和发展的原因。

## 课程思政

### 著名金融学家——吴晓求

吴晓求又名吴晓球，教授，著名金融学家。曾任中国人民大学副校长，现任中国人民大学学术委员会副主席、中国资本市场研究院院长。吴晓求教授是中国证券理论研究、证券教学和教材体系的重要开拓者，是中国资本市场推进股权分置改革的理论设计者和政策制订的重要参与者，是中国经济学界在资本市场研究领域有重要影响力的专家之一。吴晓求教授深入研究了证券市场的基本规律、运行机制和监管体系，提出了一系列创新的观点和理论。这些理论成果不仅丰富了证券理论的内容，也为证券市场的健康发展提供了理论支持。他提出了一系列关于金融改革的目标、路径和策略的建议，为中国的金融改革提供了重要的理论支持。

# 5　外汇风险及管理

**学习目标：**

- 了解外汇风险的基本概念及种类；
- 了解企业防范外汇风险的方法；
- 掌握外汇管理（外汇管制）的主要内容。

## 5.1　外汇风险及企业的防范方法

### 5.1.1　外汇风险的含义

外汇风险又称汇率风险，是指因未预料到的汇率或相关因素的突然变动，给外汇持有者可能带来的损失或获得了收益，即不确定的影响。

从事涉外贸易、投资、借贷等活动的主体，不可避免地会在国际范围内收付大量外汇或拥有以外币表示的债权债务。当汇率发生变化时，一定数量某种外汇兑换或折算成本币或另一种货币的外汇的数量较以前变多或变少，这就可能给外汇持有者或运用者带来不确定性。当然汇率的变化也有可能是外汇持有者或运用者获利，但是经营稳健的经济主体一般不愿意让经营成果蒙受这种自身无法预料和控制的汇率变化的影响。

自 1973 年 3 月西方国家实行浮动汇率制度以来，各主要货币的汇率不仅大幅度频繁地波动，而且它们之间经常出现难以预料的地位强弱转化，由此，在各种涉外经济活动中，外汇风险问题显得更为突出。

### 5.1.2　外汇风险的种类

5.1.2.1　交易风险

交易风险指以外币计价成交的交易因外汇汇率的变化而引起亏损的可能性。具体来讲，它是指某经济实体或个人在签订了涉外经济合同后，但尚未实际完成本外币结算期间，用本币衡量的交易性受险资金因汇率变化而产生的多收少付或少收多付的可能性。

（1）以延期支付为条件的进出口中的汇率风险。在商品、劳务的进口交易中，如果外汇汇率在支付外币货款时比合同签订时上涨了，进口商就会付出更多的本国货币。例如，我国公司从美国进口的一批机械设备，合同规定以美元计价结算，货价为 250 万美元，支付日期为 3 个月后。签订合同时美元的银行卖出价为 1：7.0，3 个月后美元的银行卖出价为 1：7.2。此时外贸公司要购买 250 万美元，需要比签订合同时多支付 50 万元人民币。

（2）以外币计价的国际投资和借贷活动中的汇率风险。在资本输出中，如果外汇汇率在外币债权债务清偿时比债权债务关系形成时发生的下跌，则债权人就只得收回相对更少的本币。1985年年底，中国银行在东京发行过一笔总额为100亿元期限为5年的武士债券，用所筹得的资金来发放5年期美元贷款支持国内某大型投资项目。按照当时日元与美元的汇率1：224.93，该中国银行将100亿日元在外汇市场上兑换成4445.83万美元发放贷款，但是5年期满后，也就是1990年，日元对美元的汇率变成了1：120，如果不考虑利息部分，该金融机构要偿还100亿元就需要筹集8333.33万美元。比银行收回的4445.83万美元贷款本金多出了3887.5万美元，这些额外支付的美元就是中国银行因所借外币汇率上浮而蒙受的损失。

5.1.2.2 经济风险

经济风险又称经营风险，指汇率变动后对企业的未来盈利能力产生潜在影响的不确定性。

汇率的变动通过影响企业的生产成本、销售价格将引起产销数量的调整，并由此最终带来获利状况的变化。经济风险定义中的汇率变动仅是意料之外的汇率变动，而不包括意料到的汇率变动。这是因为企业在评测未来的获利状况而进行经营决策时，已经将意料到的汇率变动对未来活力状况的影响考虑进去了，这种意料到的影响并不属于经济风险。

例如，某中国公司是一家利月国外原料进行加工生产的企业，产品部分内销，部分外销。人民币与美元之间的汇率意外从1：6.7变为1：7.1。单位产品原料成本上升0.4元，在国外的美元售价由于人民币贬值而降低。如果该出口产品的需求弹性符合马歇尔勒纳条件，则销售额会增加，但是由于生产成本增加，单位产品的利润会减少。汇率变动后，销售量、售价、成本变化之间有很多种组合情况，因此经济风险的结果既可能是损失，也可能是获利。对一个企业来说，经济风险对其的影响是长期的、至关重要的。

5.1.2.3 储备风险

为弥补应付外币收支需要，外贸企业都会储备一定的外汇，在外汇储备持有期间，如果储备货币的汇率发生变动，引起外汇储备价值发生损失，就会形成外汇储备风险。

储备风险指企业或政府将其外汇以不同币种存放在银行，不同币种汇率的变动所导致的收入亏损风险。

**例**：1992年开春以后，外汇市场英镑与里拉一直对美元上浮：1£ =1.5237→1.9725$、1$=1300→1060Lit，甲企业拥有2200万里拉存款，乙企业拥有6000万里拉存款。

甲企业老板认为里拉即将贬值，因此在9月11日将其所有里拉资产按1：1100换成美元，并借入2200万里拉一并换成美元，共4万美元。

乙企业老板认为里拉不会贬值故没有采取任何行动。

9月13日，金融市场受到冲云的英国和意大利政府宣布英镑和里拉退出欧洲货币体系，任其浮动，导致英镑贬值到$1.5/£1，意大利里拉贬值到$1/Lit1400。

汇率大幅度波动使得甲企业净赚（1400−1100）×4万美元=1200万里拉，约1万美元；乙企业里拉存款的价值损失约6000万÷1100−6000万÷1400=1.16万美元。

由此可以看到，尽管存款的金额没有变，但是存款币种的对外贬值会造成存款价值（购买力）的下降，这种风险就是储备风险。

5.1.2.4 结算风险

结算风险有两种。

（1）赫斯塔特风险：特指风险交易一方已完成交付，而另一方可能破产导致无力支付外汇的风险。

（2）操作风险：因操作上的失误或系统问题而形成的无法结算的风险。

5.1.2.5 政治风险

外汇市场的交易很容易受到国际政治状况的影响。例如，国家之间的贸易战、政治危机、恐怖袭击等事件都可能引发市场的波动。这种政治风险可能导致投资者无法准确预测市场的走势，增加了交易的不确定性。甚至会遭受财产被没收、冻结，或者受到外汇管制。

## 延伸阅读

### 赫斯塔特风险（Herstatt Risk）

德国赫斯塔特银行曾是德国的一家大银行，1973年时其总资产曾达到207亿德国马克，列德国第35位。外汇投机交易是该银行的传统。在1973年以前固定汇率的布雷顿森林体系之下，由于外汇波动范围很小，所以外汇投机交易的风险也很小。但是，随着1973年3月布雷顿森林体系的解体，汇率开始急剧波动，外汇投机交易的风险迅速放大。赫斯塔特银行的管理者却忽略了这一点，反而认为在浮动汇率下将获利更多。于是它们继续操作外汇投机交易，结果却连连犯错，一年多的时间里损失惨重。到1974年6月，赫斯塔特银行不得不宣告破产清算。

由于时差的存在，各国的交易时间也不一样：某个国家当天交易已经全部结束时，另一个国家可能才刚刚开始一天的交易。在赫斯塔特银行宣布破产之前，美国的交易时间刚刚结束，美国许多银行刚刚向赫斯塔特银行发起了换汇交易，赫斯塔特银行也收到了款项。但收款时德国的交易时间还没有开始，因此无法及时支付对应的外汇。而当德国进入交易时间时，赫斯塔特银行已经宣告进入破产程序，无力支付给美国的交易对手对应的款项。美国的银行遭受了重大的损失，此次违约事故损失高达4.7亿德国马克。这种因为时差而导致的国际结算风险从此被称为“赫斯塔特风险”。

故事到这里还没有结束，赫斯塔特银行破产之后，全球外汇市场一片风声鹤唳，许多银行都冻结了对外付款操作，国际市场一度陷入停顿。在此过程中，外汇市场的结算风险由一家机构蔓延到了整个外汇市场，并在国际范围内引发了系统性问题——赫斯塔特风险的第二阶段。这一系统性风险是如此之大，不仅进一步引发了德国银行业的后续破产事件，还直接推动了巴塞尔银行监管委员会在次年的诞生。

### 5.1.3 企业防范外汇风险的方法

企业如何避免国际经济活动中的外汇风险是一个很重要的问题。由于企业与银行不同，不是以赚取汇差为目的，因此它要从自己的经营战略出发，通过预测汇率选择最恰当的保值措施来获取经营利润。与银行相比，企业防范外汇风险的形式更灵活、更多样。

（1）货币保值措施：指买卖双方在交易谈判时，经协商在交易合同中订立适当的保值条款，以防止汇率变化的风险。

1）黄金保值条款：指订立贸易合同时，按当时的黄金市场价格将应支付货币的金额折合成若干黄金，到实际支付日，如果黄金价格变动，则支付的货币金额也相应的增加或减少。

2）硬货币保值条款：指在交易合同中订明以硬货币计价，软货币支付，并载明两种货币当时的汇率。在合同执行过程中，如果支付货币汇率下浮，则合同金额要等比例地进行调整，按照支付的汇率计算，使实收的计价货币价值与签订交易合同时相同。

3）一篮子货币保值条款：指交易双方在合同中明确用支付货币与多种货币组成的一篮子货币的综合价值挂钩的保质条款。

即订立合同时确定支付货币与一篮子货币中各种货币的汇率，并规定汇率变化的调整幅度，如到期支付时汇率变动超过规定的幅度，则按支付当时的汇率调整，以达到保值的目的。

（2）选择有利的计价货币。国际金融市场上有软、硬货币之分。硬货币是指货币汇率比较稳定，并且有上浮趋势的货币。软货币指汇率不稳定，且有下跌趋势的货币。企业在交易过程中选择合适的计价货币，也是防范外汇风险的重要方法。

1）选择计价货币的原则。

企业在交易过程中选择计价货币应遵循以下原则。

①选择可自由兑换货币。对于中国企业可选择实行浮动汇率制且有人民币报价的货币，如美元、英镑、欧元、日元等，它有助于外汇风险的防范和外汇资金的调拨。如果能够选择人民币进行结算就可以最大限度地规避汇率风险。

②付汇用软货币，收汇用硬货币。企业在国际交易中争取付汇用软货币或本币，一旦结算日软货币汇率下跌，则等于少付款项；与此相反，收汇用硬货币，一旦结算日硬货币汇率上浮，则等于多收款项。即资产和债权争取用硬货币计价，负债和债务争取用软货币计价。

③协议公正原则。这是国际经济交往中公平、互利原则的应用。汇率风险是与其他贸易条件联系在一起的，企业所追求的是经营利润，因此在保持基本无汇率风险，保证贸易利益的前提下，双方经协商所达成的契约应该是可以接受的。

2）货币选择与进口贸易中的策略。

企业在进口贸易中，货币选择要与商品购销意图相结合，全面考虑国际市场的价格条件，权衡利弊得失。既要防止选择货币不当遭受到汇率风险损失，又要防止单纯考虑货币风险而影响进出口计划。

企业在不能做到“出口用硬币，进口用软币”时，为避免汇率风险，可以采取其他保值工具，如远期外汇交易、货币保值条款等。总之，企业应该做到既有原则，又不失灵活性。

3）货币选择与外币借贷策略。

企业在经营中经常要借入外币资金，这就要考虑利率高低和汇率变动趋势两个因素的对比关系。在对汇率预测把握不大的情况下，从稳妥着眼，在市场允许的情况下，借入多种货币共同构成一笔借款比较适合，可以分散风险。

（3）远期外汇交易法。远期外汇交易就是进出口企业把用外币计价结算的应付（收）货款，在合同签订后，同银行办理远期买进（卖出）外币货款的合同，以贸易结算日为合同交割日，合同中的汇率根据相应期限的远期汇率预先确定。

(4) 国际信贷法：指在中长期国际收付中，企业利用国际信贷形式，一方面获得资金融通，另一方面转嫁或抵消外汇风险，主要有三种形式。

1）出口信贷。

出口信贷是国际贸易中最常用的资金融通形式，由出口方银行直接或间接地向进口商提供垫付货款，以促进本国商品出口，包括买方信贷和卖方信贷。

买方信贷指出口商银行直接向进口商和进口商银行提供信贷，进口企业用这笔资金支付货款；卖方信贷指出口商业银行向出口商提供信贷，使出口商允许进口商延期支付。买方信贷能使出口商得到现金，卖方信贷则使出口商对银行的负债与出口商对进口商的应收货款轧平。这样，利用出口信贷出口商可以把外汇风险转嫁给银行或抵消。

2）福费廷。

所谓福费廷业务（Forfeiting）是指在延期付款的大型机器设备交易中，出口商开列以进口商为付款人的中长期汇票，经一流的银行担保和进口商承兑后出售给出口地银行，取得扣除贴现息和其他费用后的金额。

由于"福费廷"对出票人无追索权，因此出口商在办理此业务后，就把外汇波动的风险和进口商拒付的风险转嫁给了银行或贴现公司。

3）保付代理。

保付代理是指在国际贸易中，出口商既争取不到进口商银行开立信用证收取货款，又对收款无把握，则以贴现的方式把进口商的应付货款等单证转卖给保付代理商，得到应收货款的80%~90%，其余部分到期收回。由于出口商提前拿到大部分货款，所以可以减轻外汇风险。

(5) 提前或延期结汇法：指在国际收支中，企业通过预测支付货币汇率的运动趋势，提前或延迟收付外汇款项来达到抵补外汇风险的目的。

如果企业预测计价货币汇率将下跌，进口方面则要推迟对外订货或允许出口商推迟交货进而延期付款；出口方面则要尽早签订合同，答应进口商提前交货的要求，并要求进口商提前付款，这样就可以避免外汇风险。如果企业预测计价货币将上浮，做法则与上述相反。不过在使用这种方法时，往往会遇到一定困难，不一定能够取得对方的配合。

(6) 调整贸易条件法。

1）调整贸易价格法。即在国际贸易中，如果不得不出口用软币进口用硬币时，以加价保值或压价保值的方法来弥补外汇风险。

加价保值用于出口交易。出口商在接受软币计价时，将汇价损失摊入出口商品价格中以转嫁外汇风险；压价保值用于进口贸易。进口商在接受硬币计价时，将汇价损失从进口商品价格中剔除以转嫁外汇风险。

2）调整国内合同条件法。这是一种向国内交易对象或消费者转嫁外汇风险的方法。办理进口业务的公司把进口的商品卖给国内生产厂家和商家时，以外币计价，把外汇风险转嫁给国内的企业。

(7) 进出口贸易结合法。

1）对销贸易法：指把进口贸易与出口贸易联系起来，进行货物交换的贸易方法。常用的对销贸易法包括如下内容。

①清算协定贸易：指双方约定在一段时间内，双方贸易往来和非贸易往来都采用同一

种货币计价，每笔交易的数量只在账面上划拨，到规定期限才进行清算。这种交易方式交易额的大部分都可以相互轧抵，只有差额部分采用现汇进行支付，外汇风险较小。

②易货贸易：指贸易双方直接或同步进行等值货物的交换。这种交易无须支付外汇，外汇风险可以得到完全抵销。

③转手贸易：在清算协定基础上发展起来，用多边货物交换，用双边账户进行清算结算的贸易方式。这种交易不涉及实际的货币支付，商品价格为各方事前规定好，各方都不用承受汇价波动的风险。

2）进出口自动抛补法：在某进出口商进行出口贸易的同时，又进行进口贸易，并尽量用同种货币计价结算，设法调整收、付汇的时间，使进口外汇头寸轧抵出口外汇的头寸，以实行外汇风险管理的自动抛补。

(8) 多种货币法：指在进出口贸易中以多种货币作为计价结算的货币，使各种货币汇率变动的风险相互抵消。常见的方法有软硬货币组合法和 SDR 法。软硬货币组合法即贸易额一部分用软币计价，一部分用硬币计价。SDR 法是将货款按照 SDR 的计价方式与多种货币挂钩。

(9) 货币风险保险法：指企业向保险机构缴纳保险费，投保货币汇率风险保险的一种方法。在汇率波动大于一定幅度时，汇率风险的损失由保险公司赔偿，汇率风险的收益也归保险公司所有，不足之处是成本太高。

## 5.2 外汇管理（管制）的目标和对象

资本主义国家的外汇管制始于第一次世界大战期间。在第一次世界大战以前，资本主义国家实行金币本位制，黄金可以自由输出，同时受黄金输送点的限制，各国之间汇率波动较小。国际实行的是多边结算制度，世界各国对外汇的收、支、存、兑没有任何人为的限制。但第一次世界大战爆发以后，当时很多国家军费开支猛增，为筹措战争所需要的大量外汇资金，防止资本外逃，英、美、法、德、意等主要资本主义国家先后采取了禁止黄金输出和外汇买卖的措施，实行外汇管制。可见外汇管制是第一次世界大战的产物。第一次世界大战以后，随着国民经济的恢复，资本主义国家进入了一个相对稳定的时期，各国相继实行金块本位制和金汇兑本位制，基本上取消了外汇管制。

1929—1933 年，资本主义国家爆发了严重的经济危机，几乎所有的西方国家都陷入了国际收支赤字的深渊。金本位制彻底崩溃，各国普遍实行纸币流通，从而发生了大幅度的通货膨胀。为了改善国际收支及保护国内经济，多数国家又重新恢复了外汇管制，相继出现了排他性的货币集团，通过货币贬值和运用外汇平准基金等手段，人为操纵汇率进行外汇倾销，争夺销售市场，从而使外汇管制从少数国家扩展到其他国家。第二次世界大战爆发后，除美洲国家外世界上绝大多数国家为积聚外汇资源，实行了全面、严格的外汇管制。

第二次世界大战后初期，各国急于恢复被战争破坏的经济，由于政府手中的黄金有限，美元又普遍短缺，因此外汇管制没有取消。一些不发达国家也继续实行外汇管制，以利于国际收支的改善和外部储备的增加。国际货币基金组织成立后，一直致力于促使各国取消外汇管制，恢复货币的可兑换性。随着各国经济的恢复，20 世纪 50 年代末，欧洲的英、法、德、意等 14 个国家的货币先后实行了自由兑换，成为国际货币基金组织的第八条成员，1960 年，日元也宣布实现货币的自由兑换。目前西方发达国家基本取消或放松了外汇管制，但大多数发展中国家仍实行较严格的外汇管制。

### 5.2.1　外汇管理概述

#### 5.2.1.1　定义

外汇管理又称外汇管制，是指一国政府利用各种法律、法令、条例等形式对外汇资金的收入和支出、汇入和汇出，本国货币与外国货币的兑换方式及兑换比价所进行的限制。

国际货币基金组织将外汇管制分为广义和狭义两个层次。狭义的外汇管制指一国政府对居民在经常项目下的外汇买卖和国际结算进行限制。广义的外汇管制指一国政府对居民和非居民的涉及外汇流入和流出的活动进行限制性管理。

#### 5.2.1.2　外汇管理的目标

从外汇管制的产生和发展的历史过程中可以看出，外汇管制的实施是与各国经济、政治的发展状况紧密相连的，其主要目标是维护本国货币对外汇率的稳定，平衡国际收支。其具体目的有以下几方面。

（1）限制资本外逃，改善国际收支。一国的国际收支恶化，本币对外汇率就会下跌，短期资本会大量调往国外，导致资本外流，甚至引起人们对本币信誉产生动摇而引发货币信用危机。实行外汇管制不许调往国外的资本兑换成外汇，可以防止资本外逃。同时还可以采取鼓励资本输入的措施，缓和国际收支逆差，改善国际收支状况。

（2）稳定汇率，保持国内物价平稳。物价与汇率有着密切的联系。一国国际收支持续顺差，一方面，债务国对本币的需求增加，另一方面，外汇供过于求，本币对外汇率上涨，外汇汇率下跌，国外巨额投机资金就会流入。此时，为维持汇率稳定而增加货币投放以购买外汇，会导致国内流通中的货币量增多，一旦超过客观需要时就会引起物价上涨。而实行外汇管制可以对一切外汇交易加以限制，控制投机资金的流入，并在汇率波动中施以政府干预以保持稳定，抑制物价上涨。

（3）协调对外贸易，促进本国经济发展。实行外汇管制，国家可严格控制一切外汇交易活动，顺利调整进出口商品结构，并采取差别汇率等办法促进本国商品出口，扩大出口市场，从而促进本国经济发展。

#### 5.2.1.3　外汇管理的实施

外汇管理是国家的一项经济政策，它以政府的名义实施，但具体管理工作是通过授权专门机构来执行，目前世界各国的外汇管理机构大致有 4 类：（1）授权中央银行负责，如德国德意志联邦银行，美国联邦储备银行；（2）设立专门的外汇管制机构，如中国在中央银行下设立外汇管理局专门负责外汇管理任务；（3）由国家行政部门直接负责。如日本的大藏省专门负责资本方面的管制，产业省负责审批进出口许可证等方面的管理；（4）中央银行指定一些大型商业银行作为经营外汇业务的特定银行，非指定银行不得经办外汇业务。不同国家的外汇管制机构的任务不尽相同，但都主要是负责制定和监督执行外汇管制的法令、政策、规章和条例，并采取不同措施控制外汇收支活动。

#### 5.2.1.4　增加该国的国际储备

任何国家都需要持有一定数量的国际储备资产。国际储备不足的国家可以通过多种途径来增加国际储备，但是其中多数措施需要长期施行才能取得明显成效。外汇管制有助于政府实现增加国际储备的目的。

#### 5.2.1.5 有效利用外汇资金，推动重点产业优先发展

外汇管制使政府拥有更大的对外汇运用的支配权。政府可以利用它限制某些商品进口，来保护该国相应的幼稚产业；或者向某些产业提供外汇，以扶持重点产业优先发展。

#### 5.2.1.6 增强本国产品国际竞争能力

在本国企业不足以保证产品的国际竞争能力的条件下，政府可以借助于外汇管制为企业开拓国外市场。例如，规定官方汇率是外汇管制的重要手段之一，当政府直接调低本币汇率时，或限制短期资本流入时，都有助于该国增加出口。

#### 5.2.1.7 增强金融安全

金融安全指一国在金融国际化条件下具有抗拒内外金融风险和外部冲击的能力。开放程度越高，一国维护金融安全的责任和压力越大。影响金融安全的因素包括国内不良贷款、金融体制改革和监管等内部因素，也涉及外债规模和使用效益、国际游资冲击等涉外因素。发展中国家经济发展水平较低，经济结构有种种缺陷，特别需要把外汇管制作为增强该国金融安全的手段。

### 5.2.2 外汇管理的对象

外汇管理的对象是相关法律中应首先明确的问题，具体对象可分为5个层次。

（1）对人的管理。“人”是指需受外汇管理约束的自然人和法人。通常根据居住地的不同，把自然人和法人划分为居民和非居民。所谓居民是指长期在本国境内定居和营业的自然人和法人，非居民是指长期居住或设立在境外的自然人和法人，以及驻本国的外国使领馆、国际组织派往本国办事机构的工作人员。由于居民的外汇收支对本国的国际收支影响较大，所以在各国的外汇管制中，一般对居民管理比较严，对非居民管理较松。

（2）对物的管理。主要是指凡是可以作为国际支付手段的货币、票证等金融资产，如黄金、白银、钻石、外国货币，以及以外币表示的股票、债券、汇票、存款及外币支付凭证，如信用卡、支票、汇票、本票。此外，本国货币携出入境也属于外汇管理的范围。

（3）对地区的管理。一是指对本国不同地区实行不同的管制政策，如各国的出口加工区、经济特区、保税区等通常实行比较宽松的管理政策；二是指在一个货币区内共同对外实施外汇管制，如20世纪50年代英镑区、法郎区等区内的成员国之间办理国际结算基本自由，而对货币区内的居民与区外居民之间的汇兑结算及资金转移则实施较严格的限制。

（4）对行业的管理。对高新技术和重工业产品的出口以及人民生活必需品和高新技术、设备的进口采取较优惠政策，对传统出口行业实施较严格的管制，对生活奢侈品行业的进口管理较严。

（5）对国别的管理。同一时期对不同的地区一般有不同的外汇管理政策。如，对友好国家的外汇管制较松，对敌对国家的外汇管制较严，或对集团内的国家管制较松，对集团外的国家管制较严。

大多数国家都以“物”作为外汇管制的主要对象，并参照本国对外政策的需要结合进行其他方面的管理。

# 5.3　外汇管理的主要内容

外汇管理的内容就是如何进行外汇管制的问题。实行外汇管制的国家一般对贸易外汇收支、非贸易外汇收支、资本输出入、银行账户存款、汇率、黄金和现钞的输出等采取一定的管制办法与措施。

## 5.3.1　贸易外汇管制

由于对外贸易的外汇收支是国际收支中的最大项目，实行外汇管制的国家多会对贸易外汇实行严格管制，目的是希望通过集中出口贸易外汇收入，限制进口贸易外汇支出，解决贸易逆差，追求国际收支平衡。

### 5.3.1.1　对出口收汇的管制

实行外汇管制的国家一般采取颁发出口许可证的办法，以加强对出口收汇的控制。出口商在申请出口许可证时要填明出口商的价格、结算货币、金额、收汇方法等，并要交验信用证，以防止隐匿出口外汇收入与本国资金外逃。

管制出口收汇的主要内容就是规定出口商必须及时把全部或一部分出口贸易所得的外汇收入，按照官定汇率结售给指定的银行，以保证国家集中外汇收入统一使用。为了鼓励出口，外汇管理当局还常给予出口商在税收、信贷和汇率等方面种种优惠，以刺激出口商的积极性，争取多创外汇。

### 5.3.1.2　对进口付汇的管制

实行外汇管制的国家为了减少外汇支出，防止资本外逃，减缓国际收支的逆差，一般都规定进口商所需的外汇须向管汇部门申请，经批准后方可向指定银行购买。有些国家的进口付汇批准手续与进口许可证的颁发一起办理，只要获得进口许可证，所需的外汇也即获得批准，而有的国家则需另外办理申请批汇手续。

实行外汇管制的国家，除对进口付汇进行核准手续外，为了减少外汇支出，还采取下列措施限制进口：实行进口许可证制度、实行限量进口、征收进口税和进口附加税、实行进口存款预缴制、规定进口的支付条件、实行国家对某些进口产品的专营等。

## 5.3.2　非贸易外汇管制

非贸易外汇的范围很广，包括与贸易收支有关的运输费、保险费、佣金；与资本输出有关的股利、利息、专利费、特许权费以及技术劳务费等收支；与文化交流有关的版权、稿费、奖学金、留学生费用的收支；与外交有关的驻外机构的经费收支；以及旅游费用和赡养家庭汇款等外汇收支。实行外汇管制的国家对非贸易外汇收支也采取严格管制的办法，以集中外汇收入减少外汇支出。

在非贸易外汇收支中，对进出口贸易的从属费用，如运费、保险费、佣金等，基本按贸易外汇管制办法处理，一般无需再通过核准手续就可由指定银行供给外汇，对其他各类外汇收支，一些国家常常采取下列措施以控制收支：（1）许可证制度。即向境外汇款或携外汇出境，必须向管理当局申请批准取得购买外汇的许可证才能办理；（2）预付存款制。

即将购汇款项存入银行一定时间后才予以购买外汇，办理汇出或携出；（3）课征非贸易外汇购买税；（4）规定购买非贸易外汇的间隔时间和额度。自然人和法人只能在一定时期内购买一定数额的非贸易外汇；（5）控制对外支付的时间。当国家国际收支状况良好，允许提前支付国际劳务费用，反之，国际收支恶化，则规定延期支付国际劳务费用。

一般情况下，各国对收入管制较松，支出管制较严。发达国家管制较松，发展中国家管制较严。

### 5.3.3 资本输出入管制

第二次世界大战后初期，为了恢复和发展本国经济，西欧国家与刚获得独立的发展中国家一般都鼓励资本输入，限制资本输出。美国由于发了战争财，美元又处于等同于黄金的霸主地位，为了向外扩张则鼓吹资本输出。但是到了20世纪60年代，由于长期资本输出导致美国国际收支恶化乃至爆发国际收支危机，于是美国开始采取一些限制资本输出的措施。直至实行浮动汇率制度后，为了使美元汇率下浮，争夺国外市场，美国才于1974年1月取消限制资本输出的措施。而有些国家（如德国、日本、荷兰、瑞士等）由于长期国际收支顺差，币值上浮，成为国际游资冲击的主要对象，于是这些国家在20世纪70年代以后，开始采取一些限制资本流入的措施。所以从第二次世界大战后的历史发展来看，国际收支长期逆差的国家为了防止资金外流，保护国内经济维持汇率的稳定，往往采取限制资本输出的措施。反之，国际收支长期顺差的国家为了避免本币汇率过分上浮，影响出口商的竞争力，也为了避免国际游资的冲击，减轻国内通货膨胀的压力，则往往采取限制资本输入的措施。因此，要改善国际收支必须对资本输出入进行管制，由于各国情况不同，它们对资本输出了管制的目的、要求和措施也不同。

#### 5.3.3.1 逆差国限制资本输出的主要措施

（1）冻结账户。指未经管汇当局的批准，在账户上的资产包括外国人的银行存款、证券及其他资产不能动用，严禁汇出。

（2）直接限制企业向国外投资，限制居民购买外国有价证券。

（3）征收利息平衡税。美国曾于1963年7月实行利息平衡税，规定本国居民购买外国证券一律要课征该税，使其向外投资的收益等于国内投资的收益，即国内外的投资利润率平衡，从而达到抑制资本输出的目的。

#### 5.3.3.2 顺差国限制资本输入的主要措施

A 通过银行限制资本输入

（1）规定银行吸收非居民存款要缴纳较高的存款准备金。收取较高的存款准备金使银行吸收国外资本的成本增加，无利可图，从而抑制外国资本的流入。

（2）规定银行对非居民存款不付利息或倒收利息。例如瑞士曾规定外国居民在瑞士的存款超过10万瑞士法郎要按季收取10%的手续费。

（3）限制商业银行向非居民出售远期本国货币业务，防止到期交割导致外汇资金流入。

B 通过企业限制资本输入

一方面可以限制非居民购买本国的有价证券，另一方面可以限制境内企业向国外借款或投资。

### 5.3.4　货币兑换的管理

开放经济中所进行的经济交易以不同货币计价，因而存在对货币进行兑换的需求。货币兑换制度的两种极端情况是货币自由兑换和货币兑换管制，前者是采用市场方式对外汇资源进行配置，而后者则是采用非市场方式对外汇资源进行配置。货币兑换管制主要是针对国际收支不同账户中的兑换条件进行限制，是外汇管制的核心所在。货币自由兑换与货币兑换管制一样，是一种手段，而不是目的。货币自由兑换通常有三层含义：一是经常项目可兑换；二是资本项目可兑换；三是货币完全可自由兑换。

经常项目和资本项目的管制是以货币兑换管制为前提的，如果一国货币是自由兑换货币，那么经常项目和资本项目管制便难以进行。

#### 5.3.4.1　自由兑换的含义与分类

所谓自由兑换是指在外汇市场上能自由地用本国货币购买某种外国货币，或用某种外国货币购买本国货币。

货币自由兑换按范围可分为贸易项目下的自由兑换、非贸易项下的自由兑换、资本项目下的自由兑换。

按对象可分为企业用汇的自由兑换、个人用汇的自由兑换。

按程度可分为完全的自由兑换、局部有限的自由兑换。

按照国际货币基金组织的定义，一国货币若能实现经常项目下的货币自由兑换，那么该国货币就被列为可兑换货币。由于自由兑换的条款集中出现在基金组织协定的第8条，所以货币自由兑换的国家又被称为“第8条款国”。目前被基金组织列为可兑换货币的币种已达到168种，我国1996年12月1日起实现了经常项目下的自由兑换，因此人民币属于可兑换货币。

资本项目可兑换是指取消对资本流出入的汇兑限制，一种货币不仅在国际收支经常性往来中可用本国货币自由兑换成其他货币，而且在资本项目上也可以自由兑换。《国际货币基金组织协定》第六条款中，区分了经常项目和资本项目的自由兑换，允许成员方运用必要的控制手段调节资本的转移，即成员方没有必须的义务实施资本项目的可兑换。发达国家基本上取消了对国际资本流动的汇兑限制，而大多数发展中国家仍存在对资本项目的可兑换限制。根据国际经验，大多数国家都是先实现经常项目下的货币可兑换，再逐步创造条件，过渡到资本项目的可兑换。例如，法国、日本、意大利等在成为第八条款国20多年以后才完全取消资本项目往来的外汇限制。采取渐进式战略还是一步到位，取决于一国经济发展的各种条件。对发展中国家而言，更需要慎重。截至2014年年末，资本管制集中于资本市场证券、直接投资的有151个国家，管制不动产交易的有144个国家。

货币完全自由兑换是指取消对外汇交易的所有限制，任何一个货币持有者都有可以按照市场汇率自由地把本币兑换成某一种国际货币，用于对外支付或作为资产持有。前两个层次的自由兑换实现了，就可以称为货币的完全可自由兑换。常用的自由兑换货币主要有美元（USD）、欧元（EUR）、日元（JPY）、瑞士法郎（CHF）、丹麦克朗（DKR）、瑞典克朗（SKR）、挪威克朗（NKR）、加拿大元（CAD）、澳大利亚元（AUD）、新西兰元（NZD）、新加坡元（SGD）等。一国货币从不能自由兑换到有条件自由兑换、经常项目自由兑换，直至资本项目自由兑换的过程，实质就是外汇管制不断放宽的过程。

5.3.4.2　管制货币兑换的原因

货币兑换管制是外汇管制最主要、最基本的标志。第二次世界大战后初期，除了美国、瑞士等个别国家外，世界上其他国家都实行了不同程度的兑换管制。20 世纪 60 年代以后，西欧及日本等国开始放松对外的管制，但至今，其中多数国家仍不同程度地保留着兑换管制。更多的发展中国家都实行严格的兑换管制。发达国家和发展中国家实施货币兑换管制的原因如下所述。

（1）外汇短缺，即外汇供不应求。导致外汇短缺的原因很多，如西欧和日本在 20 世纪 40 年代和 50 年代的外汇短缺是由于第二次世界大战的破坏导致工业生产能力未完全恢复造成的。大多数发展中国家的外汇短缺是由于经济发展阶段落后、创汇能力差引起的。

（2）金融秩序的混乱与失控。导致金融秩序混乱的因素是多方面的，究其国内原因一般与货币长期高估有关。货币高估会诱发人们对该种货币的贬值预期，从而引起人们抛售该种货币。当抛售达到一定规模致使该国政府的外汇储备减少到一定程度时管制便应运而生。

（3）经济体制及价格体系的差异。货币自由兑换意味着国内市场与国际市场，国内价格体系与国际价格体系联结得更紧密了。这种联结势必会对国内经济的运行及各种比价关系造成冲击。所以，在国内的经济体制和价格体系与外部世界存在巨大差异的情况下，货币要实现自由兑换难度很大。

## 5.3.5　汇率的管制

外汇管理的另一重要内容是汇率管理。汇率管理涉及汇率制度、汇率水平和汇率种类三方面内容。

5.3.5.1　汇率制度的管理

汇率制度又称汇率安排（exchange rate arrangement），是指一国货币当局对本国汇率变动的基本方式所做的一系列安排和规定。传统上的汇率制度分类是两分法，将汇率制度分为固定汇率和浮动汇率（或弹性汇率）。

浮动汇率和固定汇率各有利弊，在汇率制度的选择时可考虑以下几方面。

（1）经济金融状况稳定，宜采取较稳定的汇率。

（2）国内外价格体系差异较大，宜采取较稳定的汇率。

（3）与某些国家的经贸往来密切，对这些国家货币保持较稳定的规律。

（4）出口商品结构比较单调，宜对主要贸易对象国的货币保持固定汇率。

（5）外汇市场干预能力较弱，应以行政管制的办法采取固定汇率或其他中价汇率。

（6）经济发展的阶段差异和周期差异小，政策合作状况好，以采取较稳定的规律。

5.3.5.2　汇率水平的管理

汇率水平的管理是指在浮动汇率制或固定汇率制度下，对本国货币与外国货币的汇率水平进行管理，包括汇率水平的确定和汇率水平的调整。

汇率水平管理主要考虑的主要因素有汇率水平的决定基础、汇率政策的主要目标以及汇率水平变动的经济影响。

#### 5.3.5.3 汇率种类的管理

按照汇率是否统一可将汇率分为单一汇率和复汇率。汇率种类管理是指实行单一汇率还是复汇率。

复汇率是指一国实行两种或两种以上高低不同的汇率，即双重汇率和多种汇率。

A 复汇率的类型

按复汇率适用对象来划分有的国家会分别使用：(1) 贸易及非贸易汇率，又称经常项目汇率，这种汇率相对稳定；(2) 金融汇率，又称资本项目汇率，这个汇率通常由市场供求关系决定，政府对此不加干涉。

实行这种类型复汇率的原因通常是国内金融秩序混乱，短期资本流动过于频繁，因此为了稳定进出口和物价，政府便对经常项目汇率进行干预，以使其稳定在一个理想的水平，而对金融汇率则任其变动。

按复汇率适用的行业或商品种类来划分，有的国家分别采用为鼓励出口与限制进口的本币低汇率、适用于一般性出口与进口的一般汇率、鼓励进口与限制出口的本币高汇率。例如德国在20世纪30年代曾对战备物资的进口给予较优惠的汇率，对其他物品的进口则以较高的汇率来兑换。

采用这种类型复汇率的主要原因在于根据不同种类进出口商品的需求弹性差异而采取不同的汇率能使汇率真正起到经济杠杆的作用。此外，这种方法对某些行业和商品的生产给予特殊鼓励，而对另外的某些行业和商品给予限制，可以更好地调整本国的产业结构。

按复汇率表现形式来划分，有的国家会使用公开的复汇率，而有的国家则采用隐蔽的复汇率。

B 复汇率的弊端

至今，国际货币基金组织中仍有几十个国家实行复汇率。实行复汇率的实践证明它有许多的弊端：首先，管理成本较高。汇率种类繁多必然要耗费大量的人力成本，管理人员主观知识上的缺陷、官僚作风及信息不通等都会导致复汇率的错误运用，使经济运行的整体效益下降；其次，复汇率是一种歧视性的金融措施，容易引起国际的矛盾和别国的报复，不利于国际经济合作和国际贸易的正常发展；再次，多种汇率导致多种商品价格，使价格关系变得复杂和扭曲；最后，复汇率在某种意义上来讲是一种变相的财政补贴，因而使不同企业处于不同的竞争地位，不利于建立公司竞争关系。

从第二次世界大战后世界各国的历史来看，实行复汇率的频率相当高，但是终止复汇率的频率也相当高。也就是说复汇率被经常性地作为一种权宜之计或过渡措施来加以利用，较少有国家长期实行某种特殊形式的复汇率制度。

### 5.3.6 外汇管制的利弊

#### 5.3.6.1 外汇管制的积极作用

A 稳定物价

纸币的对内价值表现为物价，对外价值表现为汇率，故物价、汇率与通货膨胀密切相关。当一国国际收支持续顺差，通货膨胀严重时，当局可以用高估本币汇率的方法减少顺差，避免或抑制输入性通货膨胀；当国际收支持续逆差时，又可采用汇率贬值手段，扩大出口平衡逆差。当主要消费物资和生活必需品价格上涨过猛时，在管制中对这类商品进口给予充分的外汇供应，或实行优惠汇率，增加该类商品的供给可促进物价回落。

B 防止资本外逃或过度涌入

当一国政局动荡经济停滞通胀严重或投机过度时，居民就会对本币失去信任，进而引起资本外逃。资本外逃的目的并非追求较高的利息收入，而在于保障资金的安全。资本外逃会造成国内投资和消费的不足、外汇支出增加、国内经济停滞与国际收支逆差加大。实行外汇管制禁止资本输出则会促进国内经济的发展。虽然在正常情况下通过紧缩信用及减少进口也会矫正国际收支失衡，但这些措施有时带来加重经济衰退等副作用，外汇管制则不失为一个见效快的选择。

另外，国际收支持续顺差时，国际游资的大量涌入会诱发通货膨胀或扰乱经济秩序，也往往需要采取管制措施限制资金的流入。

C 保护民族工业发展

通过关税政策、外汇审批等措施，一方面可以控制或禁止外国商品大量涌入而对本国新兴产业造成威胁，保护民族工业的市场份额，另一方面鼓励进口必需的原材料和技术，又可促进新兴工业部门的发展。

D 控制对外贸易，争夺国际市场

采取提高关税、控制进口许可证与外汇使用额度等，对非居民贸易收付采取种种限制措施可以保护本国同类产品生产，争夺国际市场。例如，在第二次世界大战初期，英国通过账户管制限制美元区以外的所有国家在英国账户上的英镑存款向美元区账户调拨，这就严格地控制了那些国家从美国进口商品，而只能利用英镑存款从英国进口，从而扩大了英国商品的出口，抵制美国商品向英镑区国家的渗入。

在20世纪70年代和80年代，一些发达国家为防止本国顺差过多，本币汇率上涨削弱出口商品的竞争能力，便利用外汇管制限制长、短期资本流入，保持本币汇率以夺取销售市场。

E 增加对外活动效益

外汇管制可作为对外谈判的手段，要求他国修改关税政策取消对本国出口商品的各种限制。外汇管制也可以作为报复手段，如其他国家实行贸易配额等手段而对本国输出不利时，往往采取相应的管制措施，迫使对方让步。外汇管制还可以为政治和外交服务，通过制定不同的外汇管制措施，可促进与本国友好国家之间的经济贸易往来。

F 便于推行国内经济政策，实现政府意图

实施外汇管制可以隔离外来因素的影响，便于国内实施财政政策和货币政策，防止外来因素对当局意图的抵消作用。此外，对事关国计民生的必需品优先结汇或按低汇率进口，对非必需品或奢侈品进口给予禁止或限制，对国内紧缺物资或战略性资源限制输出，也可更好地实现政府的政治、经济方面的意图。

#### 5.3.6.2 外汇管制的弊端

A 降低资源配置的效率

外汇管制限制市场机制的作用，影响资源配置效率。汇率不由供求关系决定，本币汇率与购买力评价脱节，本币汇率不能真实反映本币对外价值，导致国内物价与国际市场价格脱节，使商品价格无法进行国际比较，无法参与国际分工和获取国际贸易的比较利益，严重影响资源配置效率。

B 阻碍国际贸易发展

外汇管制限制了外汇的自由买卖和支付，货币不能自由兑换，无法进行多边贸易，有的只能改为双边贸易，阻碍了国际贸易的正常发展。

C 加剧国际贸易摩擦

限制国际资金自由的结算制度，使贸易往来及资本的流动带有政府的意图，会加剧国际的猜忌、摩擦和矛盾，引起对方的报复，贸易战也会随之加剧。

D 增加交易成本和行政费用

外汇管制手续繁杂，企业申请用汇需经层层审批，降低工作效率。对政府而言，由于外汇管制投入大量的人力、物力和财力，行政费用开支增加；对企业来讲，则会增加额外费用支出，提高交易成本。

E 限制国际资本流动

对资金紧缺的国家，由于外汇管制会给外国投资者在本国投资的还本付息、红利分配及债务偿还带来困难，会减少投资者兴趣，降低投资意愿，使之难以扩大利用外资；对资金盈余的国家，由于对方实行资本项目管制使其过剩资本很难找到有利可图的市场，上述管制使之很难在国际范围内调剂资金余缺。

外汇管制有利有弊，总的说来是弊大于利。为了促进国际经济一体化应逐步取消外汇管制，这也是世界经济发展的一种大趋势，但取消外汇管制是有条件的，若在不具备条件的情况下放弃外汇管制势必造成本国经济的混乱。同时，取消外汇管制应是一个循序渐进的过程，要根据本国经济发展情况，在不同程度上逐步放松外汇管制，最终取消外汇管制。

## 5.4 我国的外汇管理实践

### 5.4.1 我国外汇管理体制改革历程

外汇市场是我国金融市场的重要组成部分，也是我国改革开放和对外交往的窗口，联系国际国内两个市场、两种资源。我国外汇管理体制建立于计划经济时期。改革开放前，我国实行严格的外汇集中计划管理，国家对外贸和外汇实行统一经营，外汇收支实行指令性计划管理。所有外汇收入必须售给国家，用汇实行计划分配；对外基本不举借外债，不接受外国来华投资；人民币汇率仅作为核算工具。

1978 年，改革开放拉开了外汇管理体制改革的序幕，外汇管理体制改革始终围绕党中央、国务院的战略部署，沿着社会主义市场经济体制的方向持续推进，按照使市场在资源配置中起决定性作用和更好发挥政府作用的要求，逐步建立起了适应中国特色社会主义市场经济要求的外汇管理体制。1978 年以来，外汇管理体制改革大致经历四个发展阶段。

第一阶段（1978—1993 年），外汇管理体制改革起步。

这一阶段以增强企业外汇自主权、实行汇率双轨制为特征。1978 年，党的十一届三中全会正式宣布我国开始改革开放，1979年，为配合外贸体制改革和鼓励企业出口创汇，我国开始实行外汇留成制度，在外汇由国家集中管理、统一平衡的基础上，按照一定比例给予出口企业购买外汇的额度，允许企业通过外汇调剂市场转让多余的外汇，由此逐步形成了官方汇率和外汇调剂市场汇率并存的双重汇率制度。这一阶段，外汇管理体制处于由计划体制开始向市场调节的转变过程，计划配置外汇资源仍居于主导地位，但市场机制萌生并不断发育，对于促进吸引外资、鼓励出口创汇、支持国内经济建设发挥了积极作用。

第二阶段（1994—2000年），社会主义市场经济条件下的外汇管理体制框架初步确定。

1994年年初，国家对外汇管理体制进行了重大改革，取消外汇留成制度，实行银行结售汇制度，实行以市场供求为基础的、单一的、有管理的浮动汇率制度，建立统一规范的外汇市场。此后，进一步改进外汇管理体制，1996年，取消了所有经常性国际支付和转移的限制，实现人民币经常项目可兑换。1997年，亚洲金融危机爆发，给中国经济发展与金融稳定造成严重冲击。为防止危机进一步蔓延，我国做出人民币不贬值的承诺，并重点加强对逃汇、骗汇等违法、违规资本流动的管理和打击，成功抵御了亚洲金融危机的冲击。总体来看，这一阶段，我国初步确立适合国情、与社会主义市场经济体制相适应的外汇管理制度框架，市场配置外汇资源的决定性地位初步奠定。

第三阶段（2001—2012年），以市场调节为主的外汇管理体制进一步完善。

2001年年底加入世界贸易组织以来，我国加速融入全球经济，国际收支在较长一段时间内呈现持续大额顺差，外汇管理提出国际收支平衡的管理目标和“均衡管理”的监管理念，包括人民币资本项目可兑换等重大改革探索有序推进。2002年，建立合格境外机构投资者制度（QFII），跨境证券投资开放取得重大进展。2003年成立中央汇金公司，向国有商业银行注资，外汇储备探索多元化运用。以2005年7月人民币汇率形成机制改革为起点，不断理顺外汇市场供求关系，实施了取消经常项目外汇账户限额管理、对个人实行5万美元便利化结售汇额度管理、启动合格境内机构投资者制度（QDII）和人民币合格境外机构投资者制度（RQFII）等一系列改革举措。2008年，结合前期外汇管理体制改革取得的丰硕成果，修订《中华人民共和国外汇管理条例》，外汇管理法制化建设迈入新阶段。2009年，提出外汇管理理念和方式的“五个转变”，全面推进简政放权。2012年，实施货物贸易外汇管理制度改革，取消货物贸易外汇收支逐笔核销制度，贸易便利化程度大幅提升。

第四阶段（2013年至今），统筹平衡贸易投资自由化便利化和防范跨境资本流动风险。

在维护外汇市场稳定尤其是成功应对2015年年底至2017年年初外汇市场高强度冲击的同时，外汇领域改革开放取得历史性成就。2013年，改革服务贸易外汇管理制度，全面取消服务贸易事前审批，所有业务直接到银行办理。扩大金融市场双向开放，先后推出“沪港通”（2014年）、内地与香港基金互认（2015年）、“深港通”（2016年）、“债券通”（2017年）等跨境证券投资新机制。陆续设立丝路基金、中拉产能合作基金、中非产能合作基金，积极为“一带一路”搭建资金平台。2015年，将资本金意愿结汇政策推广至全国，大幅简化外商直接投资外汇管理，实现外商直接投资基本可兑换。2016—2017年，完善全口径跨境融资宏观审慎管理，推动银行间债券市场双向开放，建立健全开放有竞争力的境内外汇市场。2018 年，进一步增加 QDII 额度，取消了 QFII 资金汇出比例限制和 QFII、RQFII 锁定期要求，扩大合格境内有限合伙人（QDLP）和合格境内投资企业（QDIE）试点。2015 年年底至 2017 年年初，我国外汇市场经历了两次高强度冲击，外汇管理部门在党中央、国务院坚强领导下，综合施策、标本兼治，建立健全跨境资本流动宏观审慎管理，不断改善外汇市场微观监管，我国日益开放的外汇管理体制经受住了跨境资本流出冲击的考验，有效维护了国家经济金融安全。

党的十九大要求推动形成全面开放新格局，同时将防范化解重大风险列为全面建成小康社会决胜阶段三大攻坚战之首。面对全面开放新格局下跨境资本流动双向波动和外汇管理新常态，在总结应对外汇市场高强度冲击经验基础上，外汇管理部门加快构建跨境资本流动“宏观审慎+微观监管”两位一体管理框架。宏观审慎以市场化方式逆周期调节外汇市场顺周期波动，防范国际经济金融风险跨市场、跨机构、跨币种、跨国境传染，维护外汇市场基本稳定。微观监管依法依规维护外汇市场秩序，强调反洗钱、反恐怖融资和反逃税，保持政策和执法标准跨周期的稳定性、一致性和可预期性。

### 5.4.2　我国现行人民币汇率制度

2005 年 7 月 21 日，我国对完善人民币汇率形成机制进行改革。人民币汇率不再钉住单一美元，而是选择若干种主要货币组成一个货币篮子，同时参考一篮子货币计算人民币多边汇率指数的变化。实行以市场供求为基础、参考一篮子货币进行调节、有管理的浮动汇率制度。具体包括三个方面的内容：一是以市场供求为基础的汇率浮动，发挥汇率的价格信号作用；二是根据经常项目主要是贸易平衡状况动态调节汇率浮动幅度，发挥“有管理”的优势；三是参考一篮子货币，即从一篮子货币的角度看汇率，不片面地关注人民币与某个单一货币的双边汇率。2005 年 7 月 21 日人民币汇率形成机制改革后，中国人民银行于每个工作日闭市后公布当日银行间外汇市场美元等交易货币对人民币汇率的收盘价，作为下一个工作日该货币对人民币交易的中间价。自 2006 年 1 月 4 日起，中国人民银行授权中国外汇交易中心于每个工作日上午 9 时 15 分对外公布当日人民币对美元、欧元、日元汇率中间价，作为当日银行间即期外汇市场（含 OTC 方式和撮合方式）以及银行柜台交易汇率的中间价。

### 5.4.3　人民币国际化

#### 5.4.3.1　人民币结算的发展历程

A　人民币跨境贸易结算试点

2009 年，中国开始在上海、深圳等地开展人民币跨境贸易结算试点，随后逐步扩大至全国范围。这一政策为人民币在国际贸易中的应用打开了大门，降低了企业在跨境贸易过程中的汇率风险和结算成本。同时，这也为人民币国际化奠定了基础，促使越来越多的国家和地区接受人民币作为结算货币。

B　人民币离岸市场的发展

2010 年，我国在香港设立了第一个人民币离岸市场，此后，中国陆续在英国、新加坡等地设立了人民币离岸市场。离岸市场的发展极大地拓展了人民币的国际流通范围，提高了人民币在全球金融市场中的地位。

C 人民币加入国际货币基金组织特别提款权货币篮子

2016年，国际货币基金组织（IMF）将人民币纳入特别提款权（SDR）货币篮子，使其成为第五大储备货币，这标志着人民币国际化迈上了一个新台阶。人民币的加入有助于提高全球货币体系的代表性和稳定性，同时也将推动更多国家和地区将人民币纳入官方外汇储备。

#### 5.4.3.2 人民币资本账户可自由兑换

自我国1996年开始实施人民币经常账户可兑换后，资本项目开放进程一直循序渐进，只是项目开展的进度随实际的国内外经济发展趋势有所不同。当前，中国的资本项目开放时刻保持可控、稳健的基本节奏。对于资本项目中各子板块的开放次序，我国执行的基本准则可总结为：首先施行收益最大、风险最小的改革，其次才是风险较大的；逐步推动增量式的变革，接着推动存量式的变革；首先实行具有实际贸易基础的改革，然后是具有投机性质的改革。

资本项目开放的具体途径可以概括为：货币市场优先于资本市场、资本的流入优先于流出、机构投资者优先行于个体投资者，一级市场优先行于次级市场，直接投资优先于证券股票投资，债券类优先于金融衍生类产品。

此外，中国还采取在自贸区实施人民币资本项目可兑换的方式，遵循由局部到整体的战略方式，稳中求进地推进人民币资本项目开放进程。根据IMF2018年出版的年报，将资本项目贸易的分类标准做出了规范。按照其标准，人民币资本项目实现部分或全部可交易的项目共达37项，而总的资本项目可交易的仅有40项。目前，投资者主要通过QDII、RQDII、沪港通、深港通、自由贸易试验区等渠道进入中国资本市场。但考虑到跨境资本流动的体量、流动速度和流动方向变化迅速且容易脱控，我国一直采取较为谨慎和严格的态度对待跨国资本，尤其是证券投资类与金融项目开放类的大额跨境流动资金。

除了于2018年取消了QFII、RQFII本金限制期的要求，更是于2019年完全放开了QFII、RQFII投资额度以及RQFII试点经济体的限制，对其他几个渠道的投资总量以及资金自由兑换都有着严厉的把控。根据2020年中国国际金融年度论坛上方星海的发言，截至2020年9月，境外投资者通过沪港通等渠道共持有我国2万亿市值的股票基金，仅占我国股市流通市值中的3.28%，再加上QFII和RQFII的持股，全部外资持有股份所占我国股市总值的比重也仅为4.69%，同比日本、韩国等亚洲国家来说外资占比相对较低。

相较改革之初，我国人民币的资本项目开放程度在逐渐上升，我国2009年的人民币资本账户管控力度相较于20世纪90年代初下跌了约41%；但从国际对比的角度看，我国资本项目开放的程度仍旧偏低，根据我国央行在2012年构建的资本项目可兑换指数，已宣布可兑换的60个国家平均得到85.6分，新兴市场国家平均达到81.6分，而我国仅得到53.8分。

#### 5.4.3.3 人民币国际化

人民币国际化是指人民币能够跨越国界，在境外流通，成为国际上普遍认可的计价、结算及储备货币的过程。尽管人民币境外的流通并不等于人民币已经国际化了，但人民币境外流通的扩大最终必然导致人民币的国际化，使其成为世界货币。

人民币国际化的含义包括三个方面：第一，人民币现金在境外享有一定的流通度；第二，也是最重要的，以人民币计价的金融产品成为国际各主要金融机构包括中央银行的投资工具，为此，以人民币计价的金融市场规模不断扩大；第三，国际贸易中以人民币结算的交易要达到一定的比重。这是衡量货币包括人民币国际化的通用标准，其中最主要的是后两点。当前国家间经济竞争的最高表现形式就是货币竞争。如果人民币对其他货币的替代性增强，不仅将现实地改变储备货币的分配格局及其相关的铸币税利益，而且也会对西方国家的地缘政治格局产生深远的影响。

作为位居全球前二的大经济体，中国的主权货币具有成为国际货币的可能性。但是人民币国际化的成功需要三个基本条件：（1）经济的可持续发展。这一条件有赖于中国经济转型的成功，以本土消费市场的拓展、技术进步、产业升级和经济运行效率的提高为主要特征。（2）具有健全的以保护产权为核心的市场经济基础性制度。这涉及政府职能的转变和相对独立的立法和司法程序。（3）建立亚洲最重要的国际金融中心，也即本土拥有规模巨大、流动性、安全性和成长性兼具的现代化金融市场体系。

## 延伸阅读

### 2022年人民币国际化概述

（资料来源：中国人民银行《2022人民币国际化报告》）

2022年以来，中国人民银行以习近平新时代中国特色社会主义思想为指导，认真贯彻落实党中央、国务院决策部署，坚持稳中求进工作总基调，坚持改革开放和互利共赢，统筹发展和安全，有序推进人民币国际化，服务贯彻新发展理念、构建新发展格局、推动高质量发展，人民币国际化稳中有进，呈现一系列新进展、新变化。

**A 跨境人民币业务服务实体经济能力增强**

跨境人民币业务制度基础更加完善，本外币政策协同强化，经营主体使用人民币跨境结算以规避货币错配风险的内生动力增强。2022年，银行代客人民币跨境收付金额合计为42.1万亿元，同比增长15.1%。其中，货物贸易人民币跨境收付金额占同期本外币跨境收付总额的比例为18.2%。2023年1—9月，人民币跨境收付金额为38.9万亿元，同比增长24%。其中，货物贸易人民币跨境收付金额占同期本外币跨境收付总额的比例为24.4%，同比上升7个百分点，为近年来最高水平。

**B 人民币融资货币功能提升**

境内银行境外贷款、境外机构境内债券发行等政策相继出台，人民币投融资环境持续改善。2022年年末，国际清算银行（BIS）公布的人民币国际债务证券存量为1733亿美元，排名升至第7位，同比提升2位。环球银行金融电信协会（SWIFT）数据显示，2022年年末，人民币在全球贸易融资中占比为3.91%，同比上升1.9个百分点，排名第三。2023年9月，人民币在全球贸易融资中占比为5.8%，同比上升1.6个百分点，排名上升至第二。

**C 离岸人民币市场交易更加活跃**

2022年，中国人民银行与香港金融管理局（以下简称香港金管局）签署常备互换协议，并扩大资金互换规模，进一步深化内地与香港金融合作。2022年以来，先后在老挝、哈萨克斯坦、巴基斯坦、巴西新设人民币清算行，海外人民币清算网络持续优化。2022年年末，主要离岸市场人民币存款余额约1.5万亿元，重回历史高位。国际清算银行（BIS）2022年调查显示，近三年来人民币外汇交易在全球市场的份额由4.3%增长至7%，排名由第八位上升至第五位。

下一阶段，中国人民银行将坚持以习近平新时代中国特色社会主义思想为指导，认真贯彻落实党的二十大部署，以市场驱动、企业自主选择为基础，有序推进人民币国际化。聚焦贸易投资便利化，进一步完善人民币跨境投融资、交易结算等制度和基础设施安排，加快金融市场向制度型开放转变，构建更加友好、便利的投资环境，深化双边货币合作，支持离岸人民币市场健康发展，促进人民币在岸、离岸市场形成良性循环。同时，健全本外币一体化的跨境资金流动宏观审慎管理框架，提升开放条件下的风险防控能力，守住不发生系统性风险的底线。

## 本章重要概念

外汇风险　交易风险　经济风险　储备风险　结算风险
外汇管制　可兑换货币　复汇率　许可证制度　出口信贷
人民币国际化

## 思考练习题

5-1 企业防范外汇风险的方法有哪些？
5-2 简述外汇管理的目标。
5-3 简述贸易外汇管制措施有哪些？
5-4 资本输出入管理的措施有哪些？
5-5 汇率管制涉及哪些内容？
5-6 简述外汇管制的利弊。
5-7 简述我国现行人民币汇率制度。
5-8 人民币实现国际化需要具备哪些条件？

## 课程思政

### 著名经济学家——陈彪如

陈彪如（1910—2003年）是我国著名经济学家、中国国际金融学创始人，是中国最早研究和传播现代西方经济学的学者之一，在国际货币体系、人民币汇率、改革人民币汇率制度等方面所做的系统研究，对国家经济建设和金融体制改革产生了重要影响。陈彪如教授先后在复旦大学、东吴大学、震旦大学任教，担任经济系教授，1952年转入华东师范大学任教。开创了研究西方经济学的先河，创建了华东师范大学经济学专业、建立经济系，创建国际金融专业，培养出第一批国际金融博士生，成为享誉国际国内的著名经济学家。主要著作有《什么是凯恩斯主义》《国际金融概论》《国际货币体系》《国际金融市场》《跨国公司与跨国银行》等，他为我国经济学和国际金融学界积累了大量宝贵的财富。

# 6 国际储备

**学习目标：**

- 了解国际储备及特征；
- 了解国际储备的构成；
- 掌握国际储备的作用；
- 掌握国际储备的供给与需求；
- 理解中国国际储备管理问题。

国际储备是国际金融领域中的重要内容之一，也是战后国际货币体系改革中的一个核心课题。从 1997 年年初起，国际货币投机者就开始攻击泰铢，泰国中央银行随之动用官方外汇储备进行回击。经过几个回合的拉锯战，泰国中央银行的外汇储备随即告罄，泰国政府不得不求助于东盟国家进行联合干预，东盟国家在动用自己的外汇储备进行了一次联合干预之后，迫于外汇市场投机者的强大压力，无奈放弃了抵抗，从而导致亚洲金融危机的正式爆发。1992 年的“英镑危机” 和 1990 年的“墨西哥金融危机” 也是因为英国政府和墨西哥政府放弃动用外汇储备干预市场而爆发的。而在 1998 年 8 月香港特区政府凭借自己强大的外汇储备一次又一次地打败了货币投机者对港元的攻击，保护住了联系汇率。也是凭借位居世界第二的外汇储备，中国政府在亚洲金融危机后可以自信地承诺人民币不贬值。外汇储备与国家的其他国际储备资产一起发挥着特殊的作用，这种特殊的作用在一个国家的国际收支出现问题时表现得尤为明显。

## 6.1 国际储备与国际清偿力

### 6.1.1 国际储备的概念

国际储备指一国政府所持有的、备用于弥补国际收支赤字，维持本国货币汇率水平的国际可接受的一切资产。

作为国际储备的资产必须具备以下几个特征。

（1）可得性。即它是否能随时随地、方便地被政府得到，而且在需要时能够被政府无条件地安排使用。联合国的农业专项贷款不能算作国际储备，因为它虽然为政府所拥有，但它属于长期开发项目资金，一国政府不能将其挪作他用。

（2）流动性。即变现的能力。当一个国家的货币对外汇价涨落过度时，该国金融当局就可以动用国际储备，通过干预市场来维持本国货币的稳定。或者当一国国际收支逆差时，可以动用国际储备来弥补逆差。

（3）普遍接受性。指国际储备资产必须是世界各国普遍赞同和愿意接受的，而且是实际存在的金融资产。记账贸易协议下的记账外汇余额不能算作国际储备，因为它不能在国际市场相互转换或兑换。

（4）可控性。国际储备必须在一国政府或货币当局的直接有效控制之下。工业部门所使用的黄金、个人持有的外币或黄金，未在官方机构控制之下，因此不能算作国际储备。

### 6.1.2 国际储备的构成

按照国际储备的定义和特征，国际储备可以划分为自有储备和借入储备。

#### 6.1.2.1 自有储备

自有储备是狭义的国际储备，其资产构成随着历史的发展而有所改变，第二次世界大战之前，黄金和可兑换成黄金的外汇构成了各国的储备资产。第二次世界大战之后，国际货币基金组织先后给会员国提供储备头寸和特别提款权这两类资产用于弥补会员国的国际储备，因此国际储备的范围有所扩大。目前国际货币基金组织会员国的国际储备一般可分为黄金储备、外汇储备、在国际货币基金组织中的储备头寸和特别提款权 4 种类型。

A 黄金储备

黄金储备指一国货币当局作为金融资产持有的黄金，即货币性黄金，而非货币用途的黄金不包括在内。

在金本位制度下，黄金是全世界最主要的国际储备资产，但由于黄金的开采量受自然条件的限制，而且私人窖藏、工业与艺术用途的黄金需求不断增长，黄金逐渐难以满足世界贸易和国际投资的扩大对国际储备的需要，此时能自由兑换成黄金的货币就取代其成为主要的国际储备资产。

2022 年年初，世界各国官方公布的黄金储备量共计为 33726.3 吨，美国排名第一，储备量为 8133.5 吨，中国排名第五，为 1842.6 吨。各国的黄金储备价值随着黄金价格的波动而波动。第二次世界大战以后一直到 1968 年，黄金市场价格被维持在每盎司 35 美元的官价上。1968 年，黄金价格实行双价值，即官价继续维持为 35 美元一盎司，但市价却随供求关系波动，1971 年 12 月和 1973 年 2 月，美元先后贬值 7.8%和 10%，黄金官价也相应地分别提高到了每盎司 38 美元和 44.22 美元。随着 1971 年 8 月美国宣布不再承担以官价向各国中央银行用美元兑换黄金的义务，黄金官价名存实亡。1976 年，国际货币基金组织的《牙买加协议》规定，黄金同国际货币制度和各国的货币脱钩，黄金不准成为货币制度的基础，也不准用于政府间的国际收支差额清算，即黄金官价被废除。会员国政府之间以市价相互买卖黄金，从此随着主要国家通货膨胀尖锐化，自由市场的黄金价格如脱缰野马猛烈上涨，1980 年 1 月，金价上涨到每盎司 850 美元。2022 年 8 月，黄金价格在 1790 美元/盎司上下徘徊。金价的大幅度波动给各国黄金储备价值的计算造成了麻烦，目前各国有按黄金数量来计价的，有按市场价格计算折合成美元的。

与外汇相比，黄金有两大缺点：首先，黄金不能直接用于支付，必须在国际黄金市场上出售，换成可兑换货币后才能用于清偿国际间的债权债务，其价值受价格的影响；其次，黄金不能生息，而且要产生一定的保管费，因此，储备黄金的成本较高。

尽管如此，储备黄金仍是一种很好的保值手段，没有一个国家的货币金融当局愿意废除黄金储备。首先，黄金具有其他储备资产所不具备的特点，即黄金本身具有价值，是财富的一种形式。因而它被所有的国家接受，特别是当国际政治局势紧张或世界发生严重经济危机时，黄金往往成为最可靠的结算手段。而且黄金储备完全属于国家主权范围，可控性强，不受任何超国家权力的干预。取消黄金储备是不现实的，它是一种潜在的国际储备。

B　外汇储备

外汇储备是一国货币当局持有的对外流动性资产，其主要形式为国外银行存款和外国国库券，它是当今国际储备的主体。之所以是主体，主要表现在两个方面：一方面，外汇储备实际使用的频率最高、规模最大，而黄金储备几乎很少使用。储备头寸和特别提款权因其本身的性质和规模，其作用也远远小于外汇储备。另一方面，外汇储备的金额超过所有其他类型的储备。基金组织成员国的外汇储备额在国际储备资产总额当中所占的比重从1950 年的 27.5%增加到了目前的 90%。

一国货币充当国际储备货币，必须具备两个基本特征：(1) 能够自由兑换为其他货币或黄金，为世界各国普遍接受作为国际计价手段和支付手段；(2) 内在价值相对比较稳定。在国际金本位制度下，英镑代替黄金执行国际货币的各种职能，成为各国最主要的储备货币。20 世纪 30 年代美元崛起，与英镑共同作为储备货币。到第二次世界大战结束后，美元是唯一直接与黄金挂钩的主要货币，等同于黄金成为各国外汇储备的实体。随着美元危机的不断爆发，美元作为储备货币的功能相对削弱。20 世纪 70 年代布雷顿森林体系崩溃后，国际储备货币出现多样化的局面，美元仍作为最主要的国际储备货币处于多样化储备体系的中心，但其比重在不断下降。

C　在国际货币基金组织中的储备头寸

在国际货币基金组织中的储备头寸又称为普通提款权、储备地位，它是指会员国在国际货币基金组织的普通账户中可自由提取和使用的资产。

国际货币基金组织犹如一个股份制性质的储备互助会，当一个国家加入基金组织时须按一定比例向该组织缴纳一笔钱作为入股基金，人们称为份额。

国际货币基金组织成立的一个宗旨是在会员国遭受国际收支困难时向其提供短期融资资金。会员国份额中 25%用黄金、美元或特别提款权认购，其余 75%用本国货币认购，普通提款权的最高限制是会员国份额的 125%。

会员国份额中 25%的可兑换货币称为储备档贷款，在使用时不需要国际货币基金组织批准，在实践中只要提出申请，便可提供这一档的资金，故是一种国际储备资产。储备头寸的另一部分是国际货币基金组织为满足其他会员国的资金要求而使用掉的某国货币。由于这是一国对国际货币基金组织的债权，因此该国可以无条件地提取，并用于支付国际收支逆差。每个国家的储备档提款加上为别国提供的可兑换货币的总余额称为成员国在国际货币基金组织的储备头寸。例如：假设某时间点，瑞士在国际货币基金组织的份额价值 4 亿美元，其中 25%用美元缴纳，这 1 亿美元是储备档贷款。剩下的 75%用本币缴纳约 3 亿瑞士法郎。其中被其他国家通过国际货币基金组织借走了2亿瑞士法郎，那么此时瑞士的储备头寸就是1亿美元与2亿瑞士法郎之和。

普通提款权在国际货币基金组织会员国国际储备资产总额中所占的比重较小，到2016年年底，成员国的普通提款权总额为790亿特别提款权，占成员国国际储备资产总额的4.65%。2022年，中国在国际货币基金组织的储备头寸为108.39亿美元，约760亿人民币。

D 特别提款权

特别提款权（Special Drawing Right，SDR）也称“纸黄金”（Paper Gold），最早发行于1969年，是国际货币基金组织对成员国根据其份额分配的可用于归还国际货币基金组织贷款和成员国政府间偿付国际收支赤字的一种账面资产。国际货币基金组织分配的、而尚未使月完的特别提款权就构成一国国际储备的一部分。其价值由美元、欧元、人民币、日元和英镑组成的一篮子储备货币决定。会员国在发生国际收支逆差时，可用它向基金组织指定的其他会员国换取外汇，以偿付国际收支逆差或偿还基金组织的贷款，还可与黄金、自由兑换货币一样充当国际储备。因为它是国际货币基金组织原有的普通提款权以外的一种补充，所以称为特别提款权。

第二次世界大战后，布雷顿森林体系于1944年成型，美元的币值与黄金挂钩，其他主要国家的货币汇率钉住美元。20世纪60年代初爆发的美元第一次危机，暴露出以美元为中心的布雷顿森林货币体系的重大缺陷，以一国货币为支柱的国际货币体系是不可能保持长期稳定的。该体系下，只有黄金和美元是储备资产。黄金的供给很少，美国只能通过持续的国际收支逆差向世界提供更多美元作为国际基础货币。当时，很多国家尚在战后复苏期，劳动成本相对美国较低，钉住美元能够刺激出口，所以多数国家不愿意调整汇率。

全球国际收支调整机制的缺位使得美国贸易逆差持续，人们对固定的美元对黄金比率的信心一点点被侵蚀。比利时裔美籍经济学家特里芬（Robert Triffin）提出的这一问题被命名为“特里芬难题”：世界必须在全球货币流动性匮乏与对美元的信心丧失之间做选择。为了让布雷顿森林体系继续运转，国际货币基金组织提出创设一种补充性的国际储备资产，作为对美元以外供给的补充。

1968年3月，由“十国集团”提出了特别提款权的正式方案。但由于法国拒绝签字而被搁置起来。美元危机迫使美国政府宣布美元停止兑换黄金后，美元再也不能独立作为国际储备货币，而此时其他国家的货币又都不具备作为国际储备货币的条件。1969年，IMF创设SDR，初始价值被设为1单位SDR对1美元，相当于0.888671克黄金。

a 份额分配

按国际货币基金组织协定的规定，基金组织的会员国都可以自愿参加特别提款权的分配，成为特别提款账户参加国。会员国也可不参加，参加后如要退出，只需事先以书面通知，就可随时退出。基金组织规定，每5年为一个分配特别提款权的基本期。每隔5年，IMF都会对SDR货币篮子进行一次例行复审。第24届基金年会决定了第一次分配期，即自1970年至1972年，发行93.148亿特别提款权，按会员国所摊付的基金份额的比例进行分配，份额越大，分配的越多。这次工业国共分得69.97亿特别提款权，占总额的74.05%。其中美国分得最多，为22.94亿特别提款权，占总额的24.63%。这种分配方法使急需资金的发展中国家分得最少，而发达国家则分得大部分。发展中国家对此非常不满，一直要求改变这种不公正的分配方法，要求把特别提款权与援助联系起来，并要求增加它们在基金组织中的份额，以便可多分得一些特别提款权。2006 年 9 月 18 日，新加坡年会上决议，中国缴纳的份额从原来的 63.692 亿特别提款权（约合 94.655 亿美元）上升为 80.901 亿特别提款权（约合 120.23 亿美元），相应的，中国在 IMF 中所占的份额从 2.98%提升至 3.72%，投票权则从 2.94%提升至 3.65%。其他排在中国前面的也都是些发达国家：日本、德国、英国、法国、意大利和加拿大。2010 年 11 月 15 日，国际货币基金组织执行董事会完成了对组成特别提款权的一篮子货币的例行 5 年期审查，并对货币篮子权重进行调整，美元和日元的权重略有下降，欧元和英镑的权重略有上升，这次调整后，美元的权重由 2005 年审查确定的 44%下降至 41.9%，欧元的权重由 34%上升为 37.4%，英镑的权重由 11%上升至 11.3%，日元的权重由 11%下降至 9.4%。

2015 年 11 月 30 日，国际货币基金组织（IMF）主席拉加德宣布将人民币纳入 IMF 特别提款权（SDR）货币篮子，决议于 2016 年 10 月 1 日生效。2022 年 5 月 11 日，国际货币基金组织执董会完成了 5 年一次的特别提款权（SDR）定值审查，维持现有 SDR 篮子货币构成不变，即仍由美元、欧元、人民币、日元和英镑构成，并将人民币权重由 10.92%上调至 12.28%。

b　特别提款权的运作

国际货币基金组织设有特别提款权部，参与的成员国均设有一个特别提款权账户。当基金组织向成员国分配特别提款权时，将每一成员国分配到的数额记录在该特别提款权账户的贷方。当成员国发生国际收支困难，而需要动用特别提款权时，基金组织按有关章程通过协商指定某国接受逆差国的特别提款权。

**例：**假设 A、B 两国分别分配到 10 亿特别提款权，当 A 国发生国际收支的逆差而需要动用 2 亿特别提款权时，B 国被制定接受特别提款权。此时特别提款权部会在 A 国的特别提款权账户的借方记录 2 亿特别提款权，同时在 B 国的账户贷记 2 亿特别提款权，然后 B 国的中央银行将等值的可兑换货币转入 A 国的中央银行。A 国中央银行可以使用这笔可兑换货币平衡国际收支差额，见表 6-1。

**表 6-1　特别提款权账户运作**

| A 国特别提款权账户/特别提款权 | | | B 国特别提款权账户/特别提款权 | | |
|---|---|---|---|---|---|
| | 借方 | 贷方 | | 借方 | 贷方 |
| | | 10 亿 | | | 10 亿 |
| | 2 亿 | | | | 2 亿 |
| 余额 | | 8 亿 | 余额 | | 12 亿 |

c　特别提款权的特点

作为使用资金的权利与其他储备资产相比有着显著的区别。

（1）账面资产。特别提款权不具有内在价值，是国际货币基金组织人为创造的纯粹账面上的资产。它虽然具有价值尺度、支付手段及储藏手段的职能，但却没有流通手段的职能，不能被私人用来进行国际结算，因此它不是真正意义上的货币。

（2）无偿性。特别提款权不像黄金和外汇那样通过贸易或非贸易交往取得，也不像储备头寸那样以所缴纳的份额作为基础，而是由国际货币基金组织按份额比例无偿分配给各成员国的。

(3) 使用范围有限。特别提款权只能在国际货币基金组织及各国政府之间发挥作用，任何私人企业不得持有和运用。不能直接用于贸易或非贸易的支付，因此具有严格限定的用途。它的主要用途包括：以划账的形式换取可兑换外汇偿付逆差；偿还基金组织的贷款或支付基金组织的各种费用；作为本国货币汇率的基础。

(4) 价值稳定。特别提款权不受任何一国政府的影响而贬值，是一种价值比较稳定的资产。特别提款权，自 1970 年首次发行以来，先后已发行了 6 次，截至 2021 年 6 月，累计 6602 亿特别提款权。各成员国的特别提款权，持有额占国际储备总额的 1.77%。

d　特别提款权的价值

特别提款权最初确定为 0.888671 克纯金，当时相当于 1 美元。在布雷顿森林体系解体后，特别提款权价值被重新定义为一篮子货币。IMF 执董会每 5 年或在必要时提前检查特别提款权篮子，以确保其能反映各组成货币在世界贸易和金融体系中的相对重要性。

在 2015 年 11 月结束的上一次检查中，IMF 执董会决定，人民币满足纳入特别提款权篮子的标准。根据此决定，自 2016 年 10 月 1 日起，人民币与美元、欧元、日元和英镑一起，构成特别提款权篮子货币。其中，美元、欧元、人民币、日元和英镑的权重分别确定为 41.73%、30.93%、10.92%、8.33%、8.09%。

以美元计价的特别提款权的价值每日根据伦敦正午前后的即期汇率确定，并刊登在 IMF 的网站上。下面以 IMF 网站 2016 年 12 月 1 日 SDR 定价计算表为例具体说明 SDR 现行定价方法，见表 6-2。

**表 6-2　SRD 定价计算表（2016.12.01）**

| Currency | Currency amount under Rule o-1 | Exchange rate① | U.S. dollar equivalent | Percent change in exchange rate against U.S. dollar from previous calculation |
|---|---|---|---|---|
| Chinese Yuan | 1.0174 | 6.89770 | 0.147498 | 0.041 |
| Euro | 0.38671 | 1.06230 | 0.410802 | -0.221 |
| Japanese Yen | 11.900 | 114.38500 | 0.104035 | -0.988 |
| U.K. Pound Sterling | 0.085946 | 1.26210 | 0.108472 | 1.357 |
| U.S. Dollar | 0.58252 | 1.00000 | 0.582520 | |
| | | | 1.353327 | |
| U.S. $1.00=SDR | | | 0.738920② | 0.032③ |
| SDR1=US$ | | | 1.353330④ | |

① 日元和人民币的汇率以每美元的货币单位表示；其他汇率表示为每货币单位的美元数。“Chinese renminbi” 指货币名称，“Chinese yuan” 指货币单位。

② 国际货币基金组织规则 0-2(a) 将美元对特别提款权（SDR）的价值定义为 SDR 货币篮子中货币金额以美元计价的等值数之和的倒数。根据当前国际货币基金组织的程序，每个美元等值数都是基于英格兰银行提供给 IMF 的中间市场汇率计算的。该汇率基于伦郭时间中午左右观察到的即期汇率（见英格兰银行网站）；美元对特别提款权（SDR）的价值四舍五入到六位有效数字。纽约联邦储备银行和欧洲中央银行作为这些汇率的备用提供者。更多详细信息，请参见规则 0-2(a) 计算特别提款权（SDR）价值时收集汇率的方法。

③ 与前一次计算相比的百分比变化。

④ 以特别提款权表示的美元价值的倒数，四舍五入到六位有效数字。

由表6-2可以看出，SDR定价的大概意思就是，花1SDR可以买到由1.0174元人民币、0.38671欧元、11.900日元、0.085946英镑、0.58252美元组成的一篮子外汇。当中各种货币的数量是固定不变的，由此可以计算出这一篮子外汇如果用美元来买，假定需要花x美元，则1SDR=x美元。

表中，人民币和日元的汇率单位是人民币元/美元，日元/美元，在计算的时候，需要倒数换算为美元/人民币元，美元/日元，再乘以相应的人民币和日元数量，计算出对应的等价美元。欧元和英镑的汇率单位是美元/欧元，美元/英镑，可以直接乘以相应的欧元和英镑数量，计算出对应的等价美元。

上述5种货币数量对应的等价美元之和，即为SDR对美元的汇率，即1SDR等于多少美元。

为了明确起见，具体计算过程详述如下。

先计算SDR货币篮子中数量不同的各种货币的美元价值：

$$1.0174\times1/6.89770=0.147498$$

$$0.38671\times1.06230=0.410802$$

$$11.900\times1/114.38500=0.104035$$

$$0.085946\times1.26210=0.108472$$

$$0.58252\times1.00000=0.582520$$

接下来计算1SDR的美元价值：

$$0.147498+0.410802+0.104035+0.108472+0.582520=1.353327$$

即

$$1\text{SDR}=1.353327 \text{ 美元}$$

倒数结果为

$$1 \text{ 美元}=0.738920 \text{ SDR}$$

#### 6.1.2.2 借入储备

A 备用信贷

备用信贷是成员国与基金组织签订的一种备用借款协议，成员国在需要时便可按协议规定的方法提用。对于未使用部分的款项只需缴纳约1%的管理费。

备用借款协议签订的本身有时就能起到调节国际收支的作用，因为它一方面表明政府干预外汇市场的能力加强了，另一方面又表明了政府干预外汇市场的决心，对外汇市场上的交易者和投资者有一定的心理影响。

B 互惠信贷和支付协议

互惠信贷和支付协议指两个国家签订的使用对方货币的协议。在协议签订后，当其中一国发生国际收支困难时，便可按协议规定的条件自动地使用对方的货币，然后在规定期限内偿还。美国在20世纪60年代美元出现大幅度贬值时，分别同10多个国家签订过多边互惠信贷协议。东盟十国与中日韩三国也签订过多边信贷互惠协定。

C 本国商业银行的对外短期可兑换货币资产

本国商业银行的对外短期可兑换货币资产又称诱导性储备资产，主要是指在离岸金融市场上的资产。货币市场上的资产虽然不属于政府，但因其具有高流动性、投机性和政策性，一国政府可通过一些政策（如利率、利息税、准入条件等）诱导其的流动方向，从而间接达到调节国际收支的目的。

### 6.1.3 国际清偿力

国际清偿力指一国弥补国际收支赤字而无需采取调整措施的能力，是自由储备和借入储备之和，反映了一国货币当局干预外汇市场的总体能力。

国际清偿力的含义比国际储备要广泛一些，它不仅包括货币当局持有的各种国际储备，而且包括该国从国际金融机构和国际资本市场融通资金的能力、该国商业银行所持有的外汇、其他国家希望持有这个国家资产的愿望，以及该国提高利率时可以引起资金流入的程度等。

一国国际储备概念只限于无条件的国际清偿力，而不包括有条件的国际清偿能力（即一国潜在的借款能力）。如果一国向外借款的潜在能力很强，它所需要的国际储备就相对少些，如果向外借款的能力非常有限，它必须保持相对大量的国际储备，这就是目前西方国家国际储备与进口额的比率普遍低于发展中国家的主要原因。

### 6.1.4 国际储备的作用

各国持有一定数量的国际储备具有不同的目的，其主要作用如下。

（1）弥补国际收支逆差。这是持有国际储备的首要作用。当一国发生国际收支困难时可以通过动用外汇储备、减少在基金组织的储备头寸和特别提款权持有额、在国际市场上变卖黄金来弥补国家收支赤字所造成的外汇供求缺口，能够使国内经济免受采取调整政策所带来的不利影响，有助于国内经济目标的实现。

当然一国国际储备不是用之不尽的，所以它应付国际收支赤字的能力是有限的。对于短期性国际收支赤字能通过动用国际储备来弥补，对于长期性国际收支赤字，一定规模的调整是必不可少的，但是为了使调整政策的实行有一个合理的时间分布，避免过快调整所带来的国内经济震荡，就需要动用国际储备作为辅助措施，为调整政策的从容实施提供必要的支撑，使赤字在中期能得以维持，又能维持合理的经济增长速度。在调整过程中，除逐步调整国内产业结构与利用外资外，可动用国际储备来缓和调整过程，从而避免采取紧急措施而影响国内经济目标。

（2）干预外汇市场，维持本国汇率稳定。国际储备可用于干预外汇市场，影响外汇供求，将汇率维持在一国政府所希望的水平。当然外汇干预只能在短期内对汇率产生有限的影响，它无法从根本上改变汇率变动的长期趋势，再者，国际储备作为干预资产的效能，要以充分发达的外汇市场和本国货币的完全自由兑换为前提条件。由于大多数发展中国家汇率由官方行政制定，通过外汇管制对可能造成的外汇供求缺口强制地加以控制，因此这些国家的国际储备基本上不具备干预市场的功能。

一国持有国际储备的多少表明一国干预外汇市场和维持汇率的实力。一国拥有雄厚的国际储备，不仅为当局客观上提供了干预资产，而且还通过增强国外市场投资者心理上对本国货币的信心来维持稳定在外汇市场上的坚挺走势。一国储备雄厚外汇市场参与者对本国货币的信心就充足，而不至出现不利于本国货币的游资流向。

（3）作为对外举债和偿还能力的保证。国际储备状况是一国对外借债和还债的物质基础。在国际上，一国持有的国际储备规模是国际银行评估国家风险的指标之一。无论是金融机构还是国际商业银行在对外贷款时首先考虑的是借款国的偿债能力，因此一国国际储备越充裕，越有可能获得国外的贷款。同时国际储备是债务国债务到期还本付款的可靠保证。当债务到期时，如果储备雄厚，一国在还本付息后仍有剩余储备用于其他经济建设，则不会降低经济发展速度，不然可能会陷入债务危机的困境。

# 6.2　国际储备与管理

## 6.2.1　国际储备的来源

从国家角度出发，国际储备的来源有国际收支顺差、国外借款、外汇市场干预、国际货币基金组织分配的特别提款权、政府收购的黄金；从世界角度出发，国际储备的来源主要包括全球黄金产量、可兑换货币发行国的货币输出、基金组织创设的特别提款权。

## 6.2.2　国际储备的管理

### 6.2.2.1　国际储备的需求

国际储备的需求是国际储备理论的中心论题，一国对国际储备的要求主要是用于弥补国际收支赤字的政策需要。用国际储备弥补国际收支赤字，避免收入紧缩政策带来国民收入下降、失业增加的后果，这便是持有国际储备所得到的利益。但是持有国际储备并不是只有好处，否则一个国家所持有的国际储备便是多多益善，对储备的需求也会是无限的。实际上持有国际储备也需要付出代价，这种代价主要表现在如果货币当局不持有储备，则此储备就可以被用于进口商品或劳务，为国内经济增长和消费增添新的实际资源，增加国内就业和国民收入，这便是持有储备的机会成本。因此，一国并非持有越多的国际储备越好，对国际储备的需求本身就具有“适量”的含义。

一国究竟应保持多少国际储备量为宜，又应如何确定其最适度的国际储备呢？美国耶鲁大学教授罗伯特·特里芬在《黄金与美元危机》一书中总结了第一次世界大战和第二次世界大战之间及第二次世界大战后初期世界上三四十个国家的储备状况，并结合考察了外汇管制情况，得出结论认为一国国际储备的合理数量为该国年进口总额的20%~50%。实施外汇管制的国家因政府能有效控制进口，故储备可少一点，但底线在20%。不实施外汇管制的国家，储备应多一些，但一般不超过年进口总额的50%。对大多数国家来讲，保持储备占年进口总额的30%~40%是比较合理的。

保持多少国际储备量为宜，与持有国际储备的利益和成本密切相关，影响一国国际储备需求的因素如下所述。

（1）持有国际储备的成本。如果一国不持有国际储备，所节约下来的外汇收入就可以用来进口经济发展所需要的资本品。因此，国际储备也代表着一国对外国实际资源的一定购买力。持有国际储备就意味着放弃当前对这部分国外资源的使用，亦即放弃了使用这部分国外资源来增加投资加快经济增长的机会。这部分成本就表现为进口资本品的投资收益率。但同时，除了黄金外，其他储备资产都会给持有国带来一定的利息收益。因此在计算储备的成本时，需要将这部分利息收益扣除。持有储备的成本就是进口品的投资收益率与持有储备资产的收益率之间的差额，这一差额越大，表明持有储备的成本也越大。显然，储备需求与其持有成本成反方向变化。具体来说，进口品的投资收益率越高，一国储备需求的水平就越低。一般来说，发展中国家存在严重的外汇瓶颈，外汇资金的投资收益率通常要高于发达国家，故持有储备的成本就高于发达国家。

（2）进出口规模。由于储备最基本的用途是弥补国际收支赤字，所以它需要同一国对外贸易水平保持一定的比例关系，显然，技术和规模不同的国家所需要的储备水平是不一样的。对外贸易数量大，需要的国际储备就多，反之亦然。习惯上，人们通常用进口额来代表对外贸易规模，储备与进口的比例成为一个人们衡量一国储备充足与否的粗略指标，这一指标明确易行，但并不是金科玉律。首先，在理论上国际储备需求是一个包括许多变量的函数，仅仅利用进口贸易这一项变量来决定储备需求难免有失偏颇，其次各国具体情况不同，所需要的储备水平也不是一律的，这是因为各国保持储备的代价和利益有差异。

许多国家尤其是发达工业国将储备持有额降到习惯上认为是谨慎的标准之下仍没有发生问题，因为它们实行浮动汇率，而且能够随时向国际金融市场筹集到应急资金，这些国家从理论上说完全可以不需要持有储备。再者，值得注意的是，主要发达国家均为储备货币发行国，它们还通过向发展中国家源源不断提供本国货币用于对外支付，直接弥补国际收支赤字，其国际储备需求就可以因此而减少。与发达国家相比，发展中国家对国际储备的需求有着相当不同的特点，这是由发展中国家的经济特征所决定的。一些因素促使发展中国家需要持有较多的储备，另一些因素又导致发展中国家持有较少的储备，当然对于不同发展中国家以上各种因素所起的作用也不一样，对储备的需求也会存在差异。

（3）汇率。一般认为，汇率变动越富有弹性，对快速调整就越有利，即若一国采取固定汇率，需要持有较多的储备，以应付国际收支可能产生的突发性巨额逆差或外汇市场上突然的大规模投机。从理论上说，在完全自由浮动的汇率制度下，国际收支的调整均由汇率的自发波动来进行，国际收支将自动趋于平衡，由此可以不持有任何的国际储备。但实际情况来看，从 20 世纪 70 年代布雷顿森林体系崩溃西方各国实行浮动汇率制度以来，各国国际储备量不仅没有减少反而增长很快，这是因为西方各国实质上实行的是一种有管理的浮动汇率制，在这种情况下，国际储备需求取决于当局外汇干预的程度。随着游资的剧增，外汇市场的不稳定大大加重，各国为稳定本国汇率而进行的外汇干预也就较从前不减反增。

（4）进入国际金融市场筹借应急资金的能力。当一国出现国际收支赤字而需要进行弥补时，当局可以动用国际储备也可以向国际金融市场和国际金融机构筹集资金。原则上说，如果一国能够确保随时从国外筹借到应急资金，它就不需要持有任何国际储备，因此，如果一国政府同外国货币当局和国际货币金融机构有良好的合作关系，签订有较多的互惠信贷、备用信贷协议或当国际收支发生逆差时其他货币当局能协同干预外汇市场，也就说明该国筹借应急资金的能力很大，那么它所需要持有的国际储备就可以少些。

(5) 金融市场的发育程度。发达的金融市场能提供较多的诱导性储备，并且对利率、汇率的调节政策反应比较灵敏。因此金融市场越发达，政府保有的国际储备便可相应越少。反之，金融市场越落后，调节国际收支对政府自有储备的依赖性就越大。

此外，国际储备的最佳量还受到进出口贸易差额的波动幅度、国际收支自动调节机制和调节政策的效率以及一国承受国际收支政策调节的能力的影响。

6.2.2.2 国际储备的供应及其总量管理

一国对国际储备总量的管理从根本上说就是使国际储备的供应保持在最适度国际储备量的水平上。特别提款权、储备头寸是国际货币基金组织根据各国份额予以分配的，一国无法主动增加其持有额，因此一国增减国际储备主要从黄金和外汇储备两方面着手。

黄金作为一种重要的金融资产，在国际仍存在着活跃的市场。对于储备货币发行国来说，通过用本国货币在国际黄金市场上购买黄金，可以增加其国际储备量，但对于占绝大多数的非储备货币发行国，由于本国货币在国际上不为人们接受，在国际市场上购买黄金只能使用国际可接受的货币，即储备货币，这样，国际储备总量并不因此改变，改变的只是外汇储备与黄金储备之间的比例。一国只有用本国货币在国内收购黄金时才会增加其黄金储备，这一做法被称为“黄金的货币化”，即将黄金从非货币用途转引至货币用途。然而通过货币黄金货币化来增加国际储备量毕竟是有限的，因为一国私人持有的黄金量是有限的，而且黄金产量也受到自然条件的限制，事实上世界各国的黄金储备量基本上是保持稳定不变的。

外汇干预是一国增加国际储备的主要渠道。当一国当局在外汇市场抛售本国货币购入外国货币时，这部分新增的外汇就列入外汇储备。反之，当一国当局向外汇市场提供外汇时，本国的外汇储备就会下降。除了外汇干预外，一国货币当局还可以直接从国际金融市场或国际金融机构借入贷款来补充外汇储备，储备货币的发行国还可以通过兑换货币协议，相互提供外汇储备。从根本上看，外汇储备增加的来源是国际收支盈余，其中经常账户盈余是更为可靠、稳定的来源，而来自资本账户盈利的新增外汇储备则具有借入储备的性质。

由于发展中国家存在结构性的巨额经常账户赤字，从国际金融市场筹集资金的途径有限。在国际收支调整能力又十分薄弱的情形下，发展中国家就普遍面临着储备不足的窘况。对于主要发达国家来说，现行的国际储备体制是十分符合它们利益的。除了它们向发展中国家提供国际储备来支付国际收支赤字而减少储备需求外，在增加国际储备供应时，也处于较为主动的地位。前面已经指出发达国家可主动通过互换货币相互提供外汇储备，而且特别提款权是按照会员国份额来进行分配的，而份额的确定方法是有利于主要发达国家的，少数发达国家所占份额比重一直高于60%，而100多个发展中国家所占份额比重却只有37.6%。除了储备档份额资金外，构成一国净储备头寸的还有国际货币基金组织用去的该国货币持有量。事实上，国际货币基金组织用来向其他会员国贷款的会员国货币都是主要发达国家货币，至于发展中国家货币一般不会为国际货币基金组织实际使用。此外，发达国家很容易从国际金融市场借到资金来补充国际储备，这是发展中国家无法比拟的。

可以看出，在国际储备总量管理中，发展中国家与发达国家的处境形成了强烈的反差，这进一步说明了迫切需要国际储备的国家面临储备短缺，而不那么迫切需要国际储备的国家反而感觉储备过剩这种分布不均的情况。这种情况正是现行国际储备体制的重大弊端，一些有识之士认为要消除国家储备总量管理上的这种不对称现象，以保证世界经济体系正常顺利地进行，必须改变目前这种国际储备体制。一个根本的出路在于将特别提款权作为主要的国际储备资产，并改变现行的特别提款权分配办法。

任何事物都有两面性，外汇储备过多也会产生一系列弊端。

（1）外汇储备过多会加剧国内通货膨胀的压力。

外汇储备过多会给本国货币流通及物价水平带来不利影响，不利于国民经济发展。外汇储备的数量规模与一国的本币发行是直接相联系的，外汇储备越多，本币投放相对就越多。过多的外汇储备，在一定时期内会给本国货币流通、利率水平与物价水平带来压力，甚至会触发或恶化通货膨胀。特别是在中央银行通过控制基础货币从而达到控制货币总量的调控模式下，外汇占款是引起中央银行基础货币投放的重要渠道之一。外汇占款的大量增加直接增加了基础货币量，再通过货币乘数效应，形成货币供应量大幅度增长，由此必然加剧通货膨胀压力。同时，外汇储备过多，还会受到国外通货膨胀的冲击，给国内货币稳定和经济发展带来压力。外汇储备是一国存放在其他国家银行的国际资产，难免不受其他国家通货膨胀的影响，特别是在目前各国通货膨胀率偏高状态下，存放在国外的外汇资产，即便调度灵活，可以运用生息，也难免要在一定程度上蒙受国外通货膨胀造成的损失。

（2）外汇储备过多会增加本币升值的压力。

本币对外币的比价变动直接是由外汇供求关系变化决定的。一国的外汇储备增长过快、规模过大，势必推动本币汇率不断上升。本币汇率上升一般来讲对鼓励出口、抑制进口是不利的，从长远看也就不利于国内货币流通的稳定。同时，本币对外币比价趋升，也不利于降低国内业已存在的高通货膨胀率。特别是在管理体制不健全、其他诸多经济环节不畅情形下形成的外汇储备规模不合理增长，更会盲目维持一个本币与外币不合理的汇价水平，从而更加加剧本币汇率高估带来的弊端。本币汇率高估会影响出口企业的创汇积极性，使出口减少、出口亏损增多、国家财政负担加重，刺激进口、增加对外汇不合理的需求，影响侨汇和旅游业的外汇收入，影响外商的投资积极性等，而所有这些，对货币流通和经济发展都是不利的。

（3）外汇储备过多会造成外汇资金的闲置与积压。

外汇储备规模过大造成的宝贵资金资源的浪费表现是多方面的。首先，外汇储备主要来源于贸易收支顺差，是用出口商品换取的外汇资金，这部分储备资产，实际上是国内的物资以资金的形式存放在国外。外汇储备越多，意味着从国内抽出的物资越多，是一种变相的物资闲置，因此，过多的外汇储备，将人为地减少本国国民经济对其资源、物资的有效利用。其次，一国外汇储备过多，说明进口支付减少，该进口的物资没有及时进口，宝贵的外汇资源不能及时转化为现实生产力，势必会影响国内生产的发展。再次，容易蒙受国际金融市场汇率变动风险的损失。在未来汇率水平难以准确预期的背景下，巨额外汇储备的账面价值更容易受到来自储备货币汇率波动的冲击，出现意外损失。最后，要承受放弃投资高收益率、低利保有储备资产和高利使用国外资金的多重负担。如果一国货币当局能够确定适度的外汇储备规模，将相对过多的外汇储备用于进口生产性的物资或其他有效投资，就会促进国内经济增长，扩大就业机会，或获取其他较为可观的经济收益；反之，就只能获取相对较低的持有储备资产的收益率，还须时刻谨防汇率与利率等风险损失。

#### 6.2.2.3　国际储备的结构管理

国际储备的结构管理确定的是一国国际储备的内部比例，它解决的是国际储备的"质"的规定性。国际储备结构管理是指一国如何最佳地配置国际储备资产，从而使黄金储备、外汇储备、在 IMF 的储备头寸和 SDR 四个部分的国际储备资产持有量之间，以及各部分的构成要素之间保持合适的数量构成比例。

A　国际储备结构管理的原则

国际储备的结构管理必须遵循安全性、流动性和营利性原则。

（1）安全性指外汇储备存放风险低，不易受损。各国在确定外汇资产存放的国家和银行以及所选择的币种和信用工具时，一定要事先充分了解西方主要国家外汇管制、银行资信、币种、信用工具的种类等情况，以便将外汇储备资产放到外汇管制宽松的国家，资信卓著的银行，选择相对稳定的币种及安全的信用工具。

（2）流动性指储备资产能随时兑现，灵活调拨，需要动用外汇储备时能够迅速实现无损变现。

（3）营利性指储备资产应具备一定的增值、获利能力。

在国际储备结构管理的"三性"原则中，储备资产的安全性与流动性成正相关关系，安全性、流动性与营利性成负相关关系：储备资产的安全性与流动性越高，其营利性往往越低；反之亦然。一国货币当局的国际储备结构管理，必须在确保安全性与流动性的前提下，争取最大限度的收益。

B　国际储备结构管理的内容

（1）外汇储备的币种结构管理，主要包含下述三个方面。

一是储备货币应与贸易支付和金融支付所需货币保持一致。一国持有的外汇储备可以看成一国对外进行贸易支付与金融支付的准备金。其中贸易支付是指支付一国进口大于出口的缺口部分需要动用外汇储备；金融支付是指一国对外债务大于债权的净债务部分，也必须以外汇储备支付。

二是储备货币应与干预市场所需要的货币保持一致。干预外汇市场以维持本币汇率为一国持有外汇储备的重要目的，为此，一国必须先考虑本国干预外汇市场所需要的储备货币种类，然后据以确定本国的储备货币币种结构。

三是应选择多种储备货币。原因在于：第一，将外汇储备分散于多种货币上，能有效地降低风险。在同一时期，不同货币间的汇率此升彼降，此降彼升，且升降通常能大体相互抵消，从而使外汇储备价值趋于稳定。第二，一国能根据外汇市场汇率的走势，对储备货币币种结构适时进行调整，增加处于升值趋势的"硬币"的持有量，减少陷入贬值趋势的"软币"的持有量，从而趋利避害。

表 6-3 展示了近年来全球各国外汇储备的规模变化即储备币种的变化情况。

表 6-3 外汇储备币种结构变化

| 项目 | 2000 年 | 2005 年 | 2010 年 | 2015 年 | 2020 年 | 2021 年 |
|---|---|---|---|---|---|---|
| 规模/亿美元 | 19369 | 43213 | 92632 | 109319 | 127057 | 129373 |
| 美元/% | 78.4 | 65.8 | 55.7 | 67.8 | 58.9 | 58.8 |
| 欧元/% | 18.3 | 23.9 | 25.8 | 19.2 | 21.3 | 20.6 |
| 日元/% | 6.1 | 4.0 | 3.7 | 3.8 | 6.0 | 5.6 |
| 英镑/% | 2.8 | 3.8 | 3.9 | 4.7 | 4.7 | 4.8 |
| 人民币/% | — | — | — | — | 2.3 | 2.8 |
| 澳大利亚元/% | — | — | — | 1.8 | 2.1 | 1.8 |
| 加拿大元/% | — | — | — | 1.8 | 0.2 | 2.4 |
| 瑞士法郎/% | 0.3 | 0.2 | 0.1 | 0.3 | 2.7 | 0.2 |
| 其他/% | 1.5 | 1.7 | 4.3 | 2.8 | — | 3.0 |

数据来源：国际货币基金组织。

第一次世界大战前，英镑在全球外汇储备中占比超过 60%。布雷顿森林体系建立后，美元外汇储备份额持续攀升，并在 2000 年前后达到峰值。21 世纪以来，外汇储备币种结构日趋多元化，以美元、欧元、英镑和日元为代表的传统国际货币份额趋降，而以人民币、澳大利亚元、加拿大元为代表的非传统货币外汇储备占比不断提升。2000—2021 年，美元外汇储备份额由 78.4%降至 58.8%；而非传统货币外汇储备占比则由不足 2%升至 10.2%。非传统货币份额提升的主要原因包括主要储备货币利率水平长期处于低位、电子化技术发展显著降低非传统货币资产交易成本等。

（2）外汇储备的资产结构管理。

外汇储备是被存放在国外，以银行活期存款、外国政府债券等形式持有的。对外汇储备的资产结构管理就是确定银行活期存款与外国政府债券之间、不同种类和期限的外国政府债券之间的比例。各国在安排外汇储备资产时，应根据对本年度外汇支付的时间金额币种的估算，将外汇储备做短、中、长不同期限的投资，以使各信用工具的期限与国际经贸往来中对外支付的日期相衔接，并且保证资金能自由进出有关国家。在外汇储备的流动性管理上，储备资产的高流动性被置于优先地位，营利性则被摆到比较次要的位置。总之，在外汇储备结构管理上必须遵循“三性”原则，鉴于外汇储备的特殊性质与作用，在管理上，应以安全性为第一原则，即先保值后增值。

目前以债券为代表的有价证券是全球外汇储备的主要资产构成。2021 年年末，有价证券占主要国家外汇储备资产规模的 85.2%。2008 年金融危机前，外国商业银行存款是外汇储备资产重要的配置选项。2006 年，主要国家和地区外汇储备中银行存款占比达到 19.6%。2008 年金融危机对国际大型银行的信用产生冲击，储备管理者持续缩减商业银行存款。2010 年，商业银行存款比例降至 7.4%。近年来，外汇储备中金融机构存款份额有所回升，2021 年年末已升至 15.8%。其中，主权和超主权机构存款替代商业银行存款，成为储备资产管理者更青睐的投资标的。2021 年年末，央行及超主权机构存款占主要国家外汇储备比例的 13%，较 2006 年提高了 11.2 个百分点。

# 6.3 我国的国际储备

## 6.3.1 我国国际储备的回顾

1949—1979 年，我国对内实行高度集中的计划经济体制，对外实行闭关锁国，很少参与国际经济交往。由于在对外贸易上实行“量入为出，以收定支，收支平衡，略有结余”的方针，国际储备在我国的经济生活中并不重要。

1979 年党的十一届三中全会以后，我国实行对外开放的政策不断扩大同世界各国的经济往来。1979 年 3 月国家外汇管理局正式成立，主要行使管理外汇储备和外债的职能。与此同时，中国银行从中国人民银行分设出来，成为当时唯一的一家外汇专业银行。

1980 年，我国恢复了在国际货币基金组织和世界银行的合法席位后，按规定缴纳了应缴份额，享有在基金组织外汇储备头寸的提款权和接受基金组织分配的特别提款权，从而被纳入了世界储备体系。

1981 年，我国正式对外公布国家黄金、外汇储备，其中在国家黄金库存中划出 400 吨黄金，作为国际储备中的黄金储备部分。以历年贸易与非贸易外汇收支结存及中国银行可动用外汇头寸作为国家外汇储备。

1983 年 9 月 17 日，国务院决定由中国人民银行专门行使中央银行职能。1985 年以后，各专业银行也相继开始经营外汇业务。1990 年 6 月，国家外汇管理局在上海实行“外汇移存制”，这改变了各专业银行在进行外汇业务中所垫付的人民币资金需通过中国银行进行再结算的方式，它一方面保证了国家的外汇收入能通过移存渠道被纳入国家的外汇储备范围，另一方面，使各专业银行能从中国人民银行及时获得结汇用的人民币流动资金，这种制度是建立中国人民银行储备管理体系的有益尝试。

1995 年 3 月 18 日，《中华人民共和国中国人民银行法》颁布，从法律上明确了人民银行持有、管理、经营国家外汇储备黄金储备的职责。1990—2000 年，国际储备规模扩张明显，2000 年以后进入高速增长阶段，总量保持着年均 22.3%的增长率，2004 年的增长率甚至超过了 50%。但在 2015 年国际储备出现下降，2015—2021 年国际储备规模小幅波动，如图 6-1 所示。

彩图

图 6-1 2015—2021 年中国国际储备资产规模小幅波动

（数据来源：国家外汇管理局）

#### 6.3.1.1 黄金储备

我国黄金储备的来源是从国家黄金库存中划拨出来的，并根据国家黄金库存的增长及我国对外经济贸易发展的需要逐步地调增，因此国际储备中的黄金储备仅是整个国家黄金库存总量的一部分。

布雷顿森林体系瓦解后，黄金逐渐失去了在国际储备体系中的主导地位，随着1976年《牙买加协议》明确了黄金非货币化，黄金在全球储备中所占比重也在不断下降。1978—2000年，我国黄金储量基本不变基本保持在1280万盎司左右。原因在于黄金非货币化后不能直接用于支付，也不能用来干预汇率，在标准的定义上，它已经丧失了国际储备的基本职能。黄金不能生息且存在昂贵的贮藏费用，其收益仅靠金价上涨获得，而20世纪80年代国际金价处于较低水平，90年代后更是一路下跌。我国在结构管理方面强调储备资产的流动性与收益性，故采取较低比重的黄金储备和较高比重的外汇储备的组合。

2001年以来，黄金储备分阶段增长。一是由于国际金融市场风险加大，同时金价上升，黄金作为一种价值实体，在不确定时期所具有的投资避风港作用开始凸显；由于进入21世纪后，我国外汇储备高速增长，为了平衡国际储备结构，充分发挥黄金的保值作用，增加黄金储备十分有必要。2008年金融危机后，我国大幅增持黄金充分肯定了黄金的安全性，而2015年我国黄金储备再次大幅增加，体现了加速人民币国际化的意图，同时逐渐摆脱对美元的过度依赖。尤其是2015年12月1日IMF批准人民币进SDR后，黄金储备的增加可以为人民币的币值稳定和国际化提供必要的信心保证和支撑。2019年，世界经济形势不明朗，不少国家的央行纷纷放水，期待降息能够换来经济增长，而这无疑拉低了市场利率。加上一些地区的局势不稳定，导致全球对于黄金等避险类资产的需求急速上升，增持黄金是这段时期许多国家央行的共同选择。因此，2019年的中国黄金储备较2018年也大幅增长，至今没有太大变化，如图6-2所示。

图6-2 2010—2021年中国黄金储备量
(1盎司=28.35克)
(数据来源：国家统计局)

#### 6.3.1.2 储备头寸与特别提款权

我国在1980年恢复基金组织的席位时分到的在基金组织的储备头寸和特别提款权分别

为 1.5 亿特别提款权和 0.72 亿特别提款权。在基金组织的随后发行中，这两项储备有了较大幅度的增加，1985 年以后变化不大。受到 2010 年基金份额调整的影响，该年中国储备头寸增加到 64.0 亿美元，SDR 余额为 123.4 亿美元。2023 年 12 月 18 日，IMF 宣布正式决定增资 50%，总份额资源将达约 9600 亿美元，因此，中国的储备头寸和特别提款权还会有所增加。

2021 年中国官方储备资产分布如图 6-3 所示。

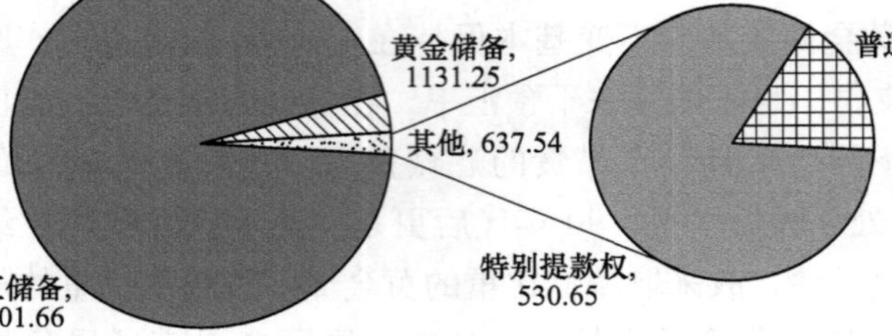


彩图

图 6-3　2021 年中国官方储备资产分布（单位：亿美元）

（数据来源：国家统计局）

### 6.3.1.3　外汇储备

在 1992 年以前，我国的外汇储备一直由国家外汇库存和中国银行外汇结存两部分组成。中国银行的外汇结存是指中国银行自有外汇资金加上其在国内外吸收的外币存款，再加上发行国际债券或其他方式在国际金融市场上筹集的外汇资金，减去中国银行在国内外发放的外汇贷款和投资。但按照国际惯例这两种资金不能混为一谈，国家外汇库存是我国货币当局持有的对外债权，国家对其拥有所有权可以无条件地随时动用，而中国银行外汇结存则是该银行的本金和对外负债，国家不能无条件地动用。我国从 1992 年起启动新的外汇储备统计口径，即外汇储备中仅包括国家外汇库存部分，与国际惯例接轨。

从 1979 年开始，我国对出口商品外汇和非贸易外汇实行外汇留成制度，旨在扩大地方、部门和企业的用汇自主权。1994 年 1 月 1 日起，外汇管理体制改革取消了外汇留成制度，实行外汇收入结汇制和银行售汇制，并允许人民币在经常项目下有条件可兑换，这对于避免“藏富于民”，扩大外汇储备来源都具有重要作用。当年外汇储备为 516.2 亿美元，较上一年新增 304.21 亿美元。

1996 年，中国外汇储备已突破千亿美元，达 1050.29 亿美元，成为仅次于日本的第二大外汇储备国。1998—2000 年，由于受亚洲金融危机的影响，中国外汇储备的增长速度放缓，但是依然保持稳步增长的态势。

进入 21 世纪之后，中国外汇储备出现了明显的跳跃式增长。入世后仅仅一年，2002 年就比 2001 年多增了 742.42 亿美元。2003—2014 年，中国外汇储备以年均新增 2964 亿美元的速率在累计。到 2014 年年末，中国外汇储备规模已高达 38430.18 亿美元。其中，2006 年，中国外汇储备就已超过日本，一跃成为世界上最大的外汇储备国，达 10663 亿美元。究其原因，是因为 2001 年 12 月 11 日，中国经过长达十几年漫长的磋商和谈判后正式加入 WTO。入世后，原先强加于中国身上的各种不合理的贸易壁垒和限制措施被逐步取消，贸易的确定性和预期的看好，加上中国自身独特的贸易比较优势，以及与主要贸易伙伴间的互补性贸易，这些因素一起促使中国对外贸易出现了大幅增长。这样，在人民币升值预期和外管局结售汇制度下，必然表现为外汇储备的巨额增加。

2014 年开始，随着美国逐步退出量化宽松货币政策的实施，国际金融市场对美元加息的预期不断强化，使流入中国的资本减弱，甚至出现资本外流。结果，2015 年较 2014 年，中国外汇储备出现了较大下滑，仅仅一年间就减少了 5126. 56 亿美元；2016 年又比 2015 年减少了 3198. 45 亿美元。一方面是由于美国逐步退出量化宽松货币政策的结果，另一方面也是中国偿还外债、企业和个人持有更多外汇和境外资产、“一带一路”倡议下中国对外直接投资增加、资本外流加剧等多种因素共同作用的结果，尽管如此，截至 2022 年，中国外汇储备连续 17 年位居全球第一。

2010—2021 年中国外汇储备量如图 6-4 所示。

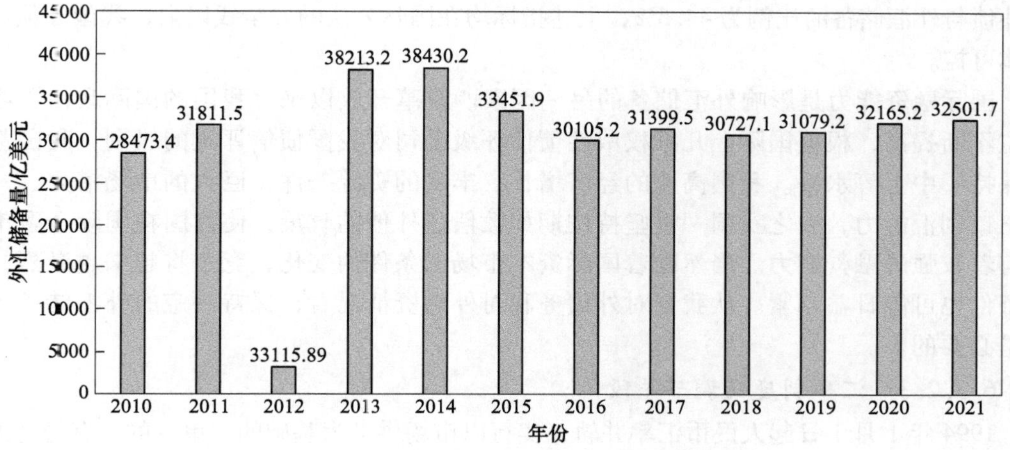


图 6-4　2010—2021 年中国外汇储备量

（数据来源：国家统计局）

### 6. 3. 2　我国外汇储备适度规模的确定

合理确定我国外汇储备的适度规模是一个非常重要的理论与实践问题，它既事关我国宝贵的外汇资源能否得到有效与节约的应用，又涉及国家的对外信誉与对外经济的稳定，也关系到国家对外汇管理的重视程度和管理水平。而对这样一个充满挑战性的复杂问题，目前尚无可靠的理论模型，但根据我国国情至少应考虑下边的几个因素。

#### 6. 3. 2. 1　我国对外贸易结构变化和经济发展规模

外贸收支在我国外汇储备来源与运用中占有非常重要的地位。从出口商品看，初级产品和附加值较低的初级加工品在我国出口商品中含占较大的比重，工业制成品尤其是高新技术产品和精加工产品的出口比重不大。我国出口商品的竞争能力主要来自价格，但近年来也招致许多国家征收反倾销税的制裁。我国的出口创汇能力不强，维持和扩大出口收入，往往需要财政补贴、出口退税或经常性的汇率下调。

在进口方面，生产资料的进口额一般占整个进口额的 2/3 以上，外贸进口在很大程度上支持着国民经济的增长。2022 年，中国进出口贸易总额为 31. 54 万亿元，占 GDP 的比重为 18. 5%。2021 年，中国对外贸易取得了亮眼的成绩，同比大涨 21. 4%，达到 39. 1 万亿元人民币。按汇率算为 6. 051 万亿美元，增长近 30%，占全球贸易总额的 13. 5%，一方面经济高速增长需要进口生产资料的支撑，另一方面出口商品相对竞争力不强，从这个意义上看，我国保持中等偏高的外汇储备是适宜的。

6.3.2.2 我国的外债状况和对外融资能力

偿还外债的需要是确定外汇储备规模的重要因素。我国的外债总额基本适宜，属于中等偿债率国家。截至 2021 年年末，我国全口径（含本外币）外债余额为 175112 亿元人民币（等值 27466 亿美元，不包括中国香港特区、中国澳门特区和中国台湾地区对外负债）。从期限结构看，中长期外债余额为 82905 亿元人民币（等值 13004 亿美元），占 47%；短期外债余额为 92207 亿元人民币（等值 14462 亿美元），占 53%。短期外债余额中，与贸易有关的信贷占 39%。我国外债负债率为 15.5%，债务率为 77.3%，偿债率为 5.9%，短期外债与外汇储备的比例为 44.5%，上述指标均在国际公认的安全线以内，我国外债风险总体可控。

国际融资能力是影响外汇储备的另一因素。改革开放以来，我国的国际政治、经济地位不断提高，根据国际上几家权威性债信评级公司对我国债信评定的级别，我国基本上保持了中上等水平。我国高速的经济增长、丰富的资源条件、巨大的市场潜力、一定的出口创汇能力，加之我国一贯坚持按期如数偿还外债的政策，使我国在国际金融市场上有着较强的融资能力。当然随着国际资本市场上条件的变化，竞争将越来越激烈，筹资条件也可能日益趋紧。从我国对外债务和对外融资情况看，保持一定的外汇储备水平也是必要的。

6.3.2.3 汇率制度及调节手段

1994 年 1 月 1 日起人民币汇率并轨，实行以市场供求为基础的、单一的、有管理的浮动汇率制度。人民银行通过向外汇交易市场吞吐外汇，保持汇率的稳定。在这种制度下，中央银行必须拥有足以影响汇率变动的外汇储备。从现状和发展看，人民币在经常项目下的自由兑换使我国已经开始了人民币分阶段的实现自由兑换的进程。当人民币彻底实现自由兑换后，外汇储备通过稳定汇率来实现国际收支平衡作用将更加突出，因此我国的外汇储备水平不宜太低。

从外汇储备管理制度来看，中国当前采取的是以中国人民银行为主体，以国家外汇管理局和外汇指定银行为分支的相对分散化的管理格局，虽然改革初步理顺了管理主体和经营主体之间的关系，但是还缺乏进一步的协调和监督。2001 年 12 月 11 日入世后，中国资本项目下的兑换管制逐步放开，进口、非贸易和资本往来交易更加多元化。中国国际储备管理应采取的战略性措施如下。(1) 协调好外汇储备管理主体和经营主体之间的关系。中国人民银行要处理好政策制定和监督经营主体政策执行的关系，外汇管理局要处理好实施监督和政策贯彻之间的关系，外汇指定银行要处理好经营外汇储备和管理自身外汇结存的关系。(2) 构筑外汇储备多级“蓄水池”。可以通过放宽企业或个人持汇和保留外汇账户的限制、扩大外汇银行结售汇周转头寸限额等，创造外汇储备多级“蓄水池”，以缓解国际收支影响储备对货币供应产生的压力。(3) 促进金融市场创新，加快建设金融市场，加强金融监控。2016 年 3 月，国务院批转发展和改革委员会（简称发改委）《关于 2016 年深化经济体制改革重点工作的意见》提出要完善外汇储备管理制度，建立健全外债和资本流动管理体系。

## 延伸阅读

### 我国储备资产演进特征及功能思考

（资料来源：陈卫东，熊启跃，赵雪情．全球储备资产：历史趋势、形成机制和中国启示［J］．国际金融研究，2023（4）：3-16）

改革开放以来，我国储备资产完成了由接近枯竭到跻身全球第一的蜕变过程。2022 年 6 月，我国储备资产规模为 3.21 万亿美元。其中，外汇储备 3.07 万亿美元，占储备资产的 95.6%；黄金储备 1138.23 亿美元，占储备资产的 3.5%；国际货币基金组织储备头寸和特别提款权持有量分别占储备资产的 0.3%和 1.6%。我国外汇储备主要由美元、日元、欧元、英镑等外币资产构成。近年来，我国积极推进外汇储备币种结构多元化、分散化。公开资料显示，美元资产占我国外汇储备的比重从 1995 年的 79%下降至 2016 年的 58%，非美元资产占比从 21%上升至 42%。我国外汇储备主要为证券资产，货币存款持有量极少。截至 2022 年 5 月末，在我国外汇储备中，证券资产为 3.1 万亿美元，占比高达 99.9%。纵观历史的发展演变，结合当前复杂多变的环境，需要重新思考和审视储备资产所发挥的功能。

**A 关注持有储备资产的净收益，充分认识其促进经济增长和维护金融稳定的关键作用**

随着储备资产规模的积累，部分国家和地区已形成超额储备。对这些国家而言，对外资产负债结构往往呈现净资产特征，但由于储备资产的投资收益低于吸引外资支付的股息或利息成本，导致净收益为负，经常账户初次收入长期处于逆差状态，这是持有高额储备资产带来的最主要微观成本。全球承受较高储备资产微观成本的国家包括中国、印度、巴西、俄罗斯、新加坡等。一方面，投资负收益带来的成本反映出发展中国家更为审慎的对外资产负债配置策略。具体表现为，资产端强化资本管制，限制私人部门资金外流，强调国内储蓄积累，储备资产出于安全性和流动性考量，主要配置低风险储备货币有价证券；负债端重视长期稳定 FDI 的引入，但对短期外债强化监管。另一方面，也体现出发展中国家在对外投资能力上与发达国家存在差距。此外，储备资产积累会造成基础货币被动投放，但这并不意味着货币总量的失控，通过采取恰当政策能够有效进行冲销。当前，应充分认识储备资产促进经济增长和维护金融稳定的关键作用。

a 储备资产积累具有重要的宏观经济拉动作用

经常账户顺差和吸引 FDI 的储备资产积累方式是推动经济增长的重要动力。前者有利于推动和巩固一国在国际贸易中的比较优势，支撑国内制造业发展，带动产出和就业，无须承担利息和股息，也不会受到外部债权人（股东）抽逃资金产生的负面冲击。经常账户顺差会通过净出口推动经济增长，同时也有助于支撑国内储蓄率，推动储蓄向投资的转化。FDI 是长期稳定资金，有利于促进资本形成，拉动投资增长；同时，通过引入先进管理技术，能够产生“鲶鱼效应”，对促进供应链升级、拉动就业作用明显。

历史上，多个经济体都出现了经常账户顺差、FDI 引入、储备资产积累和经济快速发展的良性互动局面。1990—2007 年的储备快速积累时期，新加坡净出口约占 GDP 的 19%，中国、韩国、泰国“净出口+FDI”对 GDP 贡献度分别为 6.4%、2.3%和 6.4%。特别是中国，疫情期间“净出口+FDI”对 GDP 增长贡献度平均近 25%。总的来看，经常账户顺差、吸引 FDI 是推动经济增长的重要动力，由此积累的储备资产带来的宏观收益显著大于微观成本。

b 充足的储备资产对维护金融稳定意义重大

一是在国际流动性不足的关键时期，储备资产可为本国跨境贸易和投融资提供短期流动性支持。而储备资产的匮乏往往导致危机恶化。例如，2008 年金融危机期间，为解决日资企业外币流动性不足的问题，日本曾动用储备资产向国际协力银行（JBIC）拆借，满足日资企业的海外融资需求。2022 年，斯里兰卡国际收支严重恶化，其不足 5000 万美元的外汇储备无法偿付 7800 万美元到期债务利息（存量债务 510 亿美元）。由于无法偿付食品、药品和燃料在内的进口商品，斯里兰卡通胀率高企，并停止向普通民众出售燃油，危机不断扩散。

二是储备资产被用于机构注资与重组，能够有效夯实金融机构（特别是大型金融机构）经营的稳健性。1997 年亚洲金融危机后，中国人民银行动用储备资产出资成立中央汇金公司，分别向中国银行、建设银行和工商银行注资。近年来，在部分银行风险处置过程中，中央汇金公司发挥了重要作用。此外，储备资产还被用于向政策性银行、出口信用保险公司和再保险公司注资，对夯实金融机构风险抵御能力、提升金融体系稳健性发挥了重要作用。

三是储备资产可用于建立稳定基金，缓解市场动荡带来的不利冲击。为缓解原油出口收入波动对财政体系带来的冲击，俄罗斯、挪威、科威特、委内瑞拉等原油出口国，通过储备资产建立“原油稳定基金”。当原油出口收入较高时，部分预算外盈余收入将被转移到原油稳定基金；而当原油收入较低时，稳定基金将弥补财政收入预算缺口。“原油稳定基金”对挪威等国家增强财政体系的稳健性发挥了重要作用。为稳定外汇市场，保持外币流动性，英、美、法、日、韩等国家和地区均通过储备资产设立“外汇平准基金”的实践。1997 年亚洲金融危机期间，中国香港运用外汇储备成立平准基金，对抵御国际游资做空港币、港股发挥“定海神针”作用。美国外汇稳定基金（ESF）资金来源全部为 SDR，而资产端主要配置欧元和日元低风险资产、美国政府债券和 SDR。2022 年 5 月末，美国 ESF 资产规模达到 2221 亿美元。

四是储备资产能够提高本币信誉，为政府及企业国际融资提供保证和背书。对于货币体系“外围”国家而言，储备资产的增多能够显著提高外部评级，降低对外融资信用溢价，减少融资成本。

**B 浮动汇率制度无法取代储备资产功能**

a 全球步入浮动汇率时代，货币锚发生根本性变化

随着布雷顿森林体系的解体，全球货币与黄金脱钩，固定汇率制度转向浮动汇率制度。根据 IMF 统计，约 33%的国家和地区实行浮动汇率制度，约 20%的国家和地区实行硬钉住的固定汇率制度，47%的国家和地区实行软钉住或有管理的浮动汇率制度。在这一转变下，各国特别是非主要货币发行国持有外汇储备的必要性进一步提升。一是汇率钉住的锚不再是黄金。除了完全自由浮动的汇率制度，其他汇率制度在不同程度上钉住某种货币、某几种货币或者通胀等指标，均需要储备资产予以调节和保障。二是汇率锚受制于美国等主要货币发行国，面临更大的政策溢出效应，储备资产成为抵御冲击的重要屏障。三是汇率波动幅度增大。长期汇率取决于基本面因素。但是，随着全球金融一体化，跨境资本流动增加，短期汇率影响因素更加复杂，可能出现超调风险，引发市场失序、定价混

乱，严重危害经济发展与金融稳定。因此，浮动汇率制并不意味着汇率可以无限制自由浮动，某种程度上出口等实体经济盈利空间决定了汇率浮动边界。例如，2013 年，我国企业平均出口利润率不足 3%，近年随着竞争力提升，利润率有所改善，但大多数中小企业出口利润仍较为微薄，一旦人民币汇率“过度”升值，将遭受巨大损失。

b 浮动汇率制并未消除货币危机，充足的储备资产是缓释汇率风险的重要保障

历史经验显示，即使许多国家实行自由浮动汇率制度，但仍陷入货币危机乃至经济金融危机的泥潭。亚洲金融危机前，印度尼西亚实行钉住美元的汇率制度，在危机后转为自由浮动汇率制，但在 2008 年、2013 年、2018 年仍难逃金融风暴；土耳其实行自由浮动的汇率制度，但 2018 年爆发货币危机，里拉兑美元贬值超过 78%。

储备资产是调节汇率波动、防范货币危机的重要屏障。一方面，央行可以动用储备资产，直接参与市场交易，配合货币政策，调节本外币供求，释放稳定信号。在当前动荡的国际形势下，储备资产仍为影响市场预期与汇率水平的重要因素。例如，2015 年“8·11”汇改与美联储加息背景下，我国资本外流压力增大，人民币贬值预期强烈，甚至出现短期超调现象。我国加大外汇干预与资本管理，在 2015 年年末至 2016 年期间消耗了近 1 万亿美元的外汇储备。另一方面，作为调节国际收支、满足对外偿付的基本保证，充足的外汇储备可以巩固投资者信心，降低投机攻击、资本外流以及外部冲击的传染共振效应，进而防范潜在的货币危机。

当国际资本与本国政府博弈，央行储备深度成为抵御货币投机、对赌国家实力的重要指标。亚洲金融危机期间，泰国、菲律宾、印度尼西亚、韩国等国家外汇储备规模较低，成为国际资本狙击的对象。中国香港依托自身与内地的庞大储备，有效抵御国际资本狙击，较为平稳地度过亚洲金融危机。亚洲金融危机后，亚洲国家吸取经验教训，增加储备资产积累，用以防范金融危机。例如，韩国经常项目赤字与过度举借外债，外汇储备曾一度枯竭，1998 年危机时期甚至依赖民众“献金救国”。危机后，韩国实行出口拉动战略，重点加强外汇储备积累，用于降低汇率及资本流动波动。截至 2021 年年末，韩国外汇储备规模达 4375 亿美元，较 1997 年增长逾 20 倍。

**C 储备资产是推动货币国际化的基石**

本币成为国际货币，并不意味着不再需要储备资产。相反，充足的储备资产对于货币国际化进程至关重要。即使在本币成为主要国际货币后，发行国储备配置结构发生了变化，但仍需保有相当规模的储备资产。

a 在起步阶段，充足的储备资产是货币国际化的必要条件

在金本位制下，黄金意味着超主权信用，充足的黄金储备是货币国际化的必要条件。英国曾是全球最大黄金储备国，为英镑国际使用奠定了信用基础。第二次世界大战后，美国一度拥有全球 2/3 的黄金储备，成为美元与黄金挂钩、布雷顿森林体系建立的基本保障。随着国际货币格局步入牙买加体系与浮动汇率时代，充足的储备资产可以有效降低汇率波动，维护金融环境稳定，调节国际收支，进而夯实货币的国际信誉，对于货币国际化具有一定的必要性。

b 货币国际化以贸易顺差为起点，伴随着国家实力崛起与储备资产增长

理论与经验表明，货币国际化是综合因素作用的结果，与大国崛起紧密相连。随着货币发行国生产率提升，综合国力增强，本币以贸易顺差为起点，开启国际化进程。19 世

纪中后期，美国快速工业化，取代英国成为世界最大工业国，贸易规模一度占全球 1/3。20 世纪 40 年代，美元正式确立国际主导货币地位，直至布雷顿森林体系解体前，美国长期保持进出口顺差，储备资产规模总体呈增长态势。从德国、日本经验来看，第二次世界大战后德日经济快速恢复，德国超过美国成为全球最大商品出口国，日本进出口持续保持较大顺差，成为货币国际化的基石，并带动储备资产规模增长。

c　主要国际货币发行国对于外汇储备的需求有所下降，但是仍保有适度的储备资产，配置结构呈现多元化特征

数据显示，主要国际货币发行国均持有较大规模的储备资产。截至 2021 年年末，美国、德国、英国、日本官方储备金额分别为 6999. 5 亿美元、2960. 9 亿美元、2391. 9 亿美元和 14057. 5 亿美元。

随着本币成为主要国际货币，能够满足国际支付、流动性及安全性需求，发行国将相对减少外币资产持有量，调整配置结构。一方面，储备资产中外汇资产占比与货币国际化水平呈现负相关关系。例如，美国、欧元区（德国）、英国外汇资产持有份额显著低于日本。另一方面，储备资产构成也受到自身国情、资产收益、安全性考量以及历史因素的影响。第二次世界大战以来，美国、德国积累了大量黄金。日本储备资产中 91%为外汇资产，其中包含大量美元计价资产。截至 2021 年年末，日本持有美债规模达 1. 3 万亿美元，成为美债第一大外国投资国。这不仅有助于稳定汇率与外贸，一定程度上也源于地缘政治考量。此外，货币互换成为外汇储备的补充内容。近年来，美国等主要国际货币发行国主导建立了货币互换体系，以应对“美元荒”局面。随着 2008 年危机以来货币互换工具的广泛使用，其也成为核心国家外汇储备的重要或有选项。

d　人民币国际化处于初级水平，我国对外经贸投资仍高度依赖美元等主要外币

近年来，全球货币体系日趋多元化，但在国际支付、金融交易以及外汇储备中美元居绝对主导地位，人民币使用份额仍然处于较低水平。2021 年，我国货物贸易人民币收付金额为 5. 8 万亿元，约占进出口总额的 15%，某种程度上约 85%的进出口依赖美元等外币结算；2022 年前 5 个月，在我国银行业代客涉外收付款中，美元占比为 53. 5%，较人民币高出 12 个百分点；美元在我国外汇交易市场、银行业对外金融资产、银行业对外金融负债中占比分别高达 96%、67%和 36%。自跨境贸易结算试点以来，人民币开启国际化进程近 13 年，我国对外经贸投资结算币种结构缓慢变化，受多方面因素影响，短期内难以改变。尽管我国已与其他国家和地区货币当局签订一系列双边本币互换协议，2022 年年末总金额近 3. 7 万亿元，但与美国的货币合作依然收效甚微，难以有效补充潜在美元需求。因此，我国依然需要保持相当规模的储备资产特别是美元储备，以满足基本的国际收支需求与流动性缓冲。

**D　储备资产正沦为强化金融制裁的工具**

a　地缘政治因素对储备资产配置的影响不断增强

地缘政治因素正成为影响一国外汇储备配置策略的重要因素。Eichengreen et al.（2017）研究表明，军事联盟会促进外汇储备中盟友货币份额的增加，能够平均使盟友货币份额提升 30 个百分点。

近年来，全球地缘政治格局发生深刻变化，部分国家外汇储备调整受地缘政治因素影响越发明显。例如，自 2014 年克里米亚战争以来，俄罗斯大幅减持美元外汇储备。需要美国提供安全保障的国家，如日本、德国和沙特阿拉伯，其外汇储备的构成中美元所占的

份额较高。

b 储备资产已成为美国开展金融制裁的重要“抓手”

近年来，美国不断利用美元储备货币地位对他国储备资产进行制裁。2019 年，美国发布总统行政令，宣布冻结委内瑞拉政府在美国全部资产。2022 年 2 月，美国签发总统行政令，宣布将阿富汗中央银行近 70 亿美元储备资产冻结，并考虑将这些资产罚没用于赔偿“9 · 11”遇难者家属。乌克兰危机以来，美国将俄罗斯中央银行、财政部和主权财富基金纳入非 SDN 菜单式制裁清单（NSMBS List），其核心条款包括对俄罗斯美元储备资产冻结。此外，美国还针对与俄罗斯开展黄金储备交易的主体实施“二级制裁”（熊启跃和赵雪情，2022）。

c 地缘政治变局下我国储备资产结构有待进一步优化

2021 年年末，我国储备资产规模为 34269 亿美元，占我国对外资产的 36.8%，是我国对外资产最重要的构成部分。在我国储备资产中，外汇储备为 32502 亿美元，黄金储备为 1131 亿美元。近年来，我国外汇储备币种结构呈多元化趋势，但对美元和欧元等主要储备货币依赖度依然较高。随着大国博弈加剧，我国需要更加重视储备资产安全。考虑到储备资产总量需求短期内难以压减，未来我国储备资产管理面临的核心任务在于尽快调整资产结构与布局，进一步提升储备资产分散化、多元化水平。

## 本章重要概念

国际储备　国际清偿力　特别提款权　储备头寸　最佳国际储备量
黄金储备　外汇储备

## 思考练习题

6-1 简述国际储备与国际清偿力的联系与区别。
6-2 一国国际储备的构成有哪些？
6-3 什么是特别提款权，如何使用？
6-4 国际储备有什么作用？
6-5 简述我国国际储备的现状。

## 课程思政

### 中国经济学界的泰斗——吴敬琏

吴敬琏教授是国务院发展研究中心研究员、中国经济学界的泰斗、著名市场经济学者、北京天则经济研究所理事。吴敬琏教授在金融学领域的贡献主要体现在宏观经济政策和企业改革方面。他主张国民经济应该协调发展，反对片面追求经济发展速度，特别反对用扩张性的宏观经济政策强力刺激经济增长。在企业改革方面，他提出了实现企业制度创新、建立现代公司治理结构等观点，对于深化企业改革、完善公司治理都起到了推动作用。

# 7 国际金融机构

**学习目标：**

- 了解国际金融机构的分类；
- 了解各国际金融机构的宗旨、职能和业务活动；
- 了解国际金融协调。

## 7.1 概 述

### 7.1.1 国际金融机构的概念

国际金融机构又称国际金融组织，是指为处理国际金融活动往来，由多国共同建立的金融组织。这类金融机构多以银行的形式出现，有时也以基金、协会等形式出现。

国际金融机构大致有以下划分方式：（1）按地区，可以分为全球性国际金融机构（世界银行、国际货币基金组织）和区域性国际金融机构（亚洲开发银行）；（2）按职能，可以分为主要从事国际金融事务协调和监督的国际金融机构、主要从事各种期限信贷的国际金融机构和主要从事国际清算的国际金融机构。

### 7.1.2 国际金融机构的产生与发展

第一次世界大战前，资本主义各国的货币信用和国际结算制度尚处于建立和形成阶段，金本位制普遍实行，国际收支和货币供求关系通过物价与现金流动机制得以自动调节，货币汇率基本保持稳定，主要资本主义国家之间在国际金融领域的矛盾并不十分尖锐。此外，大国对小国的金融控制主要依靠本国货币的国际影响、资本输出的能力和政治军事实力，所以当时产生国际金融机构的基础和条件尚不具备。

第一次世界大战爆发以后，国际货币金融格局发生了重大的变化。由于资本主义发展不平衡，帝国主义国家之间的矛盾日益尖锐化，客观上要求利用国际组织来控制或影响别国以达到侵略扩张的目的。同时，伴随战争而来的通货膨胀的急速发展与国际收支逆差的严重恶化，使多数资本主义国家在货币、外汇和国际结算方面困难重重，希望借助国际力量来解决问题。在这一形势下，1930 年 5 月，第一次世界大战时的战胜国集团为处理战后德国赔款的支付及协约国之间的债务清算问题，由美国摩根财团和英国、法国、意大利、德国、比利时、日本等国的中央银行在瑞士巴塞尔成立了国际清算银行，这是建立国际金融机构的开端。不过这时国际清算银行的参加者主要是一些欧洲国家，还不具有普遍性，作用非常有限。

20 世纪 30 年代的世界性严重经济危机和随后爆发的第二次世界大战使金本位制度

彻底崩溃，各国普遍实行了纸币流通制度，并直接推行通货膨胀政策。各国货币贬值越演越烈，外汇管制盛行，信用制度动摇，国际收支恶化，世界金融状况陷入严重危机之中。战后众多国家迫切希望建立全球性的国际金融机构以摆脱金融困境，恢复经济发展生产。同时，在两次世界大战中积累了巨额财富的美国也打算利用国际金融机构来维持其既得利益，冲破其他国家的经济防御壁垒，在金融贸易领域进一步扩大市场。在美国的积极推动下，根据布雷顿森林协定的精神，先后成立了国际货币基金组织、国际复兴开发银行、国际开发协会和国际金融公司等四个全球性的国际金融机构。20 世纪 50 年代以后，欧洲、亚洲、非洲、拉丁美洲等地区的国家为抵制美国对国际金融事务的控制与操作，通过互助合作方式建立起区域性的国际金融机构，以适应本地区的实际需要，谋求本地区各国经济的协调发展，先后建立了欧洲投资银行、亚洲开发银行、非洲开发银行、泛美开发银行、阿拉伯货币基金组织等。这些国际金融机构在重大的国际经济金融事件中协调各国的行动，提供短期资金缓解国际收支逆差、稳定汇率，提供长期资金促进各国经济发展。

### 7.1.3 国际金融机构的作用

国际金融机构建立的时间和背景虽然不同，但都是为了加强各国的经济合作，解决世界经济、金融领域的问题，并形成了一些共同的法规和规则，为国与国之间的对话和协商提供渠道，以此促进世界经济贸易的发展，其作用主要体现在以下几个方面。

（1）加强世界或区域性经济、金融合作关系，推动经济一体化发展进程，促进各国政府间的联合协作。

（2）制定并维护共同的货币金融制度，稳定汇率，保证国际货币体系的运转，促进国际贸易增长。

（3）组织各成员国商讨国际金融领域的重大事件，并进行协商解决。

（4）为成员国提供长短期金融信贷，帮助出现金融危机或债务危机的国家提供短期资金，缓解其国际收支危机。

（5）创造出新的结算手段，解决发展中国家国际结算手段匮乏的矛盾。

总之，国际金融机构在促进加强国际经济合作、稳定国际金融秩序、发展世界经济方起到了重要的作用。

## 7.2 国际货币基金组织

### 7.2.1 国际货币基金组织的成立

1944 年 7 月，参加筹备设立联合国的 44 个国家的代表在美国新罕布什尔州布雷顿森林市召开国际货币金融会议，通过了《国际货币基金协定》。根据该协定，国际货币基金组织于 1946 年 3 月正式成立，1947 年开始业务活动，总部设在华盛顿。它与世界银行集团（国际复兴开发银行、国际开发协会和国际金融公司）和关税与贸易总协定（1995 年改名为世界贸易组织）共同构成第二次世界大战后国际经济持续的三大支柱。国际货币基金组织负责货币金融事务，世界银行集团负责财政援助与经济开发事务，关税与贸易总协定负责国际贸易事务。

国际货币基金组织（IMF）致力于促进所有 190 个成员国实现可持续增长和繁荣。为此，IMF 支持实施有助于金融稳定和货币合作的经济政策，这些政策对于提高生产力、创造就业和增进经济福祉至关重要。IMF 由其 190 个成员国治理并对这些成员国负责。

7.2.1.1 国际货币基金组织的宗旨与职能

A 宗旨

国际货币基金组织的组织宗旨是通过一个常设机构来促进国际货币合作，为国际货币问题的磋商和协作提供方法；通过国际贸易的扩大和平衡发展，把促进和保持成员国的就业、生产资源的发展、实际收入的高低水平，作为经济政策的首要目标；稳定国际汇率，在成员国之间保持有秩序的汇价安排，避免竞争性的汇价贬值。

协助成员国建立经常性交易的多边支付制度，消除妨碍世界贸易的外汇管制；在有适当保证的条件下，基金组织向成员国临时提供普通资金，使其有信心利用此机会纠正国际收支的失调，而不采取危害本国或国际繁荣的措施；按照以上目的，缩短成员国国际收支不平衡的时间，减轻不平衡的程度等。

B 职能

（1）制定成员国间的汇率政策和经营项目的支付以及货币兑换性方面的规则，并进行监督。

（2）对发生国际收支困难的成员国在必要时提供紧急资金融通，避免其他国家受其影响。

（3）为成员国提供有关国际货币合作与协商等会议场所。

（4）促进国际的金融与货币领域的合作。

（5）促进国际经济一体化的步伐。

（6）维护国际的汇率秩序。

（7）协助成员国之间建立经常性多边支付体系等。

7.2.1.2 国际货币基金组织的组织结构

A 基金组织的最高决策机构是理事会

理事会由各会员国选派一名理事和一名副理事组成，任期 5 年，其任免由会员国本国决定。理事通常是由各国财政部部长或中央银行行长担任，副理事长只是在理事缺席时才有投票权。理事会每年秋季举行定期会议，所有成员国参加，决定基金组织和国际货币体系的重大问题，如批准接纳新成员国、修改基金份额、普遍调整成员国货币平价、决定成员国退出基金组织等。

B 日常行政工作由执行董事会负责执行

执行董事会由 24 名成员组成，其产生办法是出资最多的美国、英国、法国、日本、德国、沙特阿拉伯各指派一名，中国和俄罗斯为单独选区，所以各自可以单独选派一名执行董事，其余 16 个包括若干国家和地区的 16 个选区各选派 1 名，分别代表各自选区进入执行董事会工作，每两年改选一次。

执行董事会的职权主要有：接受理事会委托定期处理各种政策和行政事务，向理事会提交年度报告，并随时对成员国经济方面的重大问题，特别是有关国际金融方面的问题进行全面研究。执行董事会每星期至少召开三次正式会议，履行基金协定指定的和理事会赋予它的职权。当董事会需要就有关问题进行投票表决时，执行董事按其所代表的国家或选区的投票权进行投票。

C 执行董事会另设主席一名

主席即为基金组织总裁，主管该组织的具体业务工作。总裁由执行董事会推选，任期5年，总裁可以出席理事会和执行董事会，但平时没有投票权，只有在执行董事会表决双方票数相等时，才可以投决定性的一票。总裁通常由西欧人士担任，副总裁只设一名，一直由美国人担任，辅助总裁工作。

D 临时委员会和发展委员会

由于理事会过于庞大，无法根据国际金融形势的发展随时讨论一些重大而又具体的问题。在1974年设立了“临时委员会”（“国际货币基金组织理事会关于国际货币制度的临时委员会”），临时委员会实际上是重要的决策机构，具有管理和修改国际货币制度和修改基金条款的决定权，在大多数情况下，临时委员会的决议就等于理事会的决定。执行董事会与理事会之间还有一个机构“发展委员会”（“世界银行和国际货币基金组织理事会关于实际资源向发展中国家转移的联合部长级委员会”）。

E 两大利益集团

基金组织除理事会、执行董事会、临时委员会及发展委员会外，其内部还有两大利益集团——“十国集团”和“二十四国集团”，十国集团代表发达国家的利益，二十四国集团代表发展中国家的利益。此外还有许多常设职能部门，如货币与汇率汇兑事务部、各地区行政部、特别提款权部、研究部、法律部、财务部、基金司库等。

### 7.2.2 国际货币基金组织的资金来源

#### 7.2.2.1 成员国缴纳的基金份额

A 份额

份额指成员国参加基金组织时所要认缴的一定数额的款项。各会员国在国际货币基金组织的份额决定其在国际货币基金组织的投票权、借款的数额以及分配特别提款权的份额。份额一旦认缴后就成为基金组织的财产，它构成基金组织的主要资金来源。

份额的单位原以美元，后改为以SDR计算。国际货币基金组织最初创立时各会员国认缴的份额总值为76亿美元，此后随着新会员国的不断增加以及份额的不断调整，份额总数不断增加。

IMF理事会至少每5年进行一次份额总检查。份额总检查解决两个主要问题：总体增资规模以及增资在成员国之间的分配。

首先，份额总检查使IMF能够从成员国的国际收支需要和IMF自身满足这些需要的能力两个方面来评估份额的充足性。其次，总检查可以增加成员国的份额，以反映其在世界经济中相对地位的变化。此外，成员国可以在份额总检查之外的任何时候提出特别的份额调整要求。

如果执董会认为有必要增加份额，其将考虑总体增资规模以及增资如何在成员国之间分配。份额的任何变化必须经85%的总投票权批准，并且，一个成员国的份额未经本国同意不得改变。2023 年 12 月 18 日，IMF 宣布正式决定增资 50%，总份额资源将达约 9600 亿美元。

B　份额的确定

各会员国的份额大小由理事会决定，要综合考虑会员国的国民收入、黄金与外汇储备、平均进出口额和变化率，以及出口额占 GNP 的比例等多方面的因素。对各会员国应缴的份额，每隔 5 年重新审定一次，并对个别国家的份额进行调整。

份额公式用于帮助评估成员国在世界经济中的相对地位，并且可以指导增资的分配。现行公式于 2008 年获得通过。

$$(0.50*GDP+0.30*Openness+0.115*Variability+0.05*Reserves)^{COMPRESSION\ FACTOR}$$

C　份额的认缴

在 1975 年以前，会员国份额的 25%以黄金缴纳，其余部分以本国货币缴纳存放于本国中央银行，国际货币基金组织需要时可以动用。自 1976 年牙买加会议以后，国际货币基金组织废除了黄金条款，份额的 25%改以 SDR 或自由兑换货币缴纳。截至 2022 年年底，基金总份额的主要国别占比美国 17.67%、日本 6.56%、中国 6.19%、德国 5.87%、法国和英国各 4.85%、俄罗斯 2.75%、印度 2.62%、巴西 2.16%。

D　份额的作用

对于一个成员国来讲，份额不仅决定了它加入基金组织时应缴纳的款项数额，还决定了它在基金组织的投票权、借款权和特别抵款权的分配权。

a　投票权

会员国在国际货币基金组织的投票权按照其缴纳份额的大小来确定。根据平等原则，每个会员国有 250 票基本投票权，此外再按各国在国际货币基金组织所缴纳的份额每 10 万美元增加一票，两者相加就是该会员国的投票总数。

国际货币基金组织的各国理事和执行董事的权力大小实际由他们所代表的会员国拥有票数的多少决定。除另有特别规定外，所有基金的决议，必须由投票的过半数决定。但是对于重大问题的决议（如修订基金条款和调整会员国份额等）则需获得总投票权 85%的多数才能通过。而美国所拥有的份额占总份额的比重大于 15%，因此任何重大问题不经美国同意都无法予以实施。针对美国的这种否决权，西欧工业国家通过建立“十国集团”予以抗衡，而发展中国家则以建立“二十四国集团”来抗衡。目前“十国集团”及“二十四国集团”的投票权均已超过 15%，因此它们的集体行动也构成了对重大提案的否决权。

b　借款权

成员国在基金组织的借款限额是与其份额密切相联系的，份额越高可借用的款项就越多。从 1992 年 11 月 30 日起，一成员国在一般情况下的结果限额为每年不超过其份额的 110%，3 年累计不超过其份额的 330%，总累计净额不超过其份额的 440%（不包括临时贷款和缓冲库存贷款项下的借款）。

c　分配权

份额也决定了特别提款权的分配权。份额越多，所分得的特别提款权也越多。

综上所述，份额对成员国来说十分重要，它决定了成员国能够从基金组织获得的融资能力，决定了一个成员国在基金组织的义务、权利和地位，这也就是为什么发展中国家在国际货币基金组织改革过程中一再要求基金组织改变份额的确定办法，增加发展中国家的份额比例及扩大基金总份额的原因所在。

7.2.2.2 向成员国借款

会员国缴纳的份额是国际货币基金组织的主要资金来源。此外，国际货币基金组织还可以通过与成员国协商向成员国借入资金。

A 多边借款

多边借款是补充国际货币基金组织资源的第二大资金来源，以防止或应对国际货币体系资金不足带来的损害。通过多边借款，一些成员国和机构可以随时向 IMF 借出额外的资金。1962 年 10 月，基金组织根据“借款总安排”从十国集团借入 60 亿美元以应付英美两国的需要稳定美元汇率，1974—1976 年，向石油输出国和发达国家借入 69 亿特别提款权，以解决非产油国家的石油进口和国际收支的困难。此外基金组织于 1977 年 4 月、1981 年 5 月分别设立的“补充贷款”和“扩大资金贷款”其资金来源也是向成员国借款。

B 双边借款

双边借款协议是继配额和国家银行之后的第三大资金来源。自全球融资危机爆发以来，国际货币基金组织已经签订了几轮双边借款协议（BBAs），以确保它能够满足其成员的融资需求。2021 年 1 月，新一轮的 2020 年双边借款协议（“2020 年双边借款协议”）开始生效，取代了在 2020 年年底到期的上一轮双边借款协议。到目前为止，基金组织与 40 个债权人签订的总金额为 1350 亿特别提款权的协议已经生效，与其他几个潜在债权人的协议也将很快生效。

7.2.2.3 出售黄金

基金组织于 1976 年 1 月决定将其所持有黄金的 1/6（即 2500 万盎司）分四年按市价出售，以所获得的利润（市价超过官加 35 美元/盎司部分）中的一部分作为建立“信托基金”的资金来源。

### 7.2.3 国际货币基金组织的业务活动

最初创建国际货币基金组织的目的是作为一个核心机构来维持布雷顿森林体系的运行，其业务活动主要是汇率监督与政策协调、储备资产创造以及对国际收支赤字国家提供短期资金融通。目前国际货币基金组织的业务活动仍然是围绕这四方面展开的。

7.2.3.1 汇率监督与政策协调

国际货币基金组织设立的目标之一就是保障国际货币体系的有效运转，以促进全球贸易的均衡增长及国际汇兑体系的稳定，因此，根据基金协定对成员国的汇率政策进行严格的监督是基金组织的一项重要业务职能。

为了使国际货币制度能够顺利运行，保证金融秩序的稳定和世界经济的增长，国际货币基金组织要检查各会员国以保证它们与基金和其他会员国进行合作，以维持有秩序的汇率安排和建立稳定的汇率制度。因此，基金组织实行汇率监督的根本目的是保证有秩序的汇兑安排和汇率体系的稳定，消除不利于国际贸易发展的外汇管制，避免成员国操纵汇率或采取歧视性的汇率政策以谋取不公平的竞争力。

基金组织在实施汇率监督时所奉行的主要原则有三个方面。

A　宏观经济政策与汇率的关系问题

基金组织在实施汇率监督的同时要对一国的财政货币政策实时监督，因为财政货币政策对汇率活动有直接影响，并且财政补贴和税收减免又直接使实际汇率与名义汇率出现差异，基金组织反对成员国利用宏观经济政策、补贴或任何其他手段来操纵汇率以谋取不公平的竞争利益。

B　复汇率问题

基金组织原则上反对复汇率和任何其他形式的差别汇率政策，但可以有两种情况例外：（1）在加入基金组织时已采用并正在采用复汇率制的国家可以有一个过渡时期，在过渡时期内，基金组织将与成员国密切磋商以尽快恢复单一汇率制；（2）在“特殊情况”下并事先征得基金组织的同意也可采用复汇率作为一种过渡办法。然而在基金组织的协议中根本未对“特殊情况”的定义做出说明，从当今基金组织的实践来看，从外汇计划管制向市场调控转变的过程中，复汇率还是被允许的。第二次世界大战以后成员国实行复汇率的频率相当高，但是中止复汇率的频率也相当高。也就是说，复汇率被经常性地作为一种权宜之计或过渡措施来加以利用，较少有国家长期实行某种特殊形式的复汇率制度。

C　币兑换与稀缺货币问题

基金组织对货币自由兑换的定义仅局限于经常项目范围内，同样，基金组织有关外汇管制的监督范围也局限于经常项目往来之内。1996 年 12 月 1 日起，人民币实现了经常项目可兑换成为可兑换货币。当某种可兑换货币因为该国国际收支大量顺差而使基金组织感到该货币的需求日益难以满足时，应宣布该种货币为“稀缺货币”。此时，基金组织将根据该稀缺货币的来源及有关成员国的需要来进行分配，同时授权各个成员国对该稀缺货币的兑换实行临时性限制。

基金组织谨慎开展监督工作，对识别稳定和增长风险、开展可能的补救性政策调整至关重要。此外，开展国际合作也十分重要，因为在当今相互关联的全球经济中，一国的政策问题会影响到其他许多国家。国际货币基金组织的成员涵盖了世界上的绝大多数国家，因而能够推动国际合作。基金组织的监督工作包括两个方面：一是开展双边监督，关注单个成员国情况；二是开展多边监督，对全球经济进行监测。

在监督工作中，基金组织通常会对成员国进行年度访问。基金组织工作人员会在访问中与政府及央行官员会晤，讨论经济前景和宏观经济政策。这些讨论重点关注汇率、货币、财政和宏观金融政策，也会讨论具有宏观重要性的结构性改革。基金组织工作人员还会尝试与其他利益相关方会晤，包括立法人士、金融和商界代表、工会以及民间团体。与各种群体开展广泛讨论，有助于对一国经济政策及前景开展更好评估。

完成评估之后，基金组织工作人员会向基金组织执董会提交一份报告供其讨论。执董会对报告的有关意见会被随后转交给该国当局，这样也就完成了所谓的第四条磋商工作。对于大多数成员国，以下文件将公布：新闻发布稿（概述工作人员报告内容），执董会的观点以及工作人员报告。

此外，国际货币基金组织为更好适应全球经济的变化，会定期审查自身的监督工作。如今，IMF 正在进行全面监督审查（Comprehensive Surveillance Review，CSR），考虑如何使监督职能适应 2021—2030 年的全球经济形势。该全面监督审查确定了四个监督优先事项，以便在未来一段时间内更好地支持成员国：应对风险和不确定性；预先阻止和减轻溢出效应；促进经济可持续性；采用更加统一的政策建议方法。

7.2.3.2 储备资产的创造与管理

国际货币基金组织在1969年的年会上正式通过了“十国集团”提出的特别提款权方案，决定创设特别提款权以补充国际储备的不足。特别提款权于1970年1月开始正式发行。特别提款权由基金组织按会员国缴纳的份额分配给各参加国，分配后即成为会员国的储备资产。当会员国发生国际收支赤字时，可动用特别提款权将其划给另一个会员国偿付收支逆差或用于偿还国际货币基金组织的贷款。

7.2.3.3 资金融通

国际货币基金组织的贷款职能主要包括为面临危机的国家提供财政支持，为成员国的国际收支提供财政支持等。

第一，国际货币基金组织向面临国际收支危机的国家主动提供财政支持，其目的是给各国争取调整政策的时间，从而恢复经济稳定和可持续增长。这些政策将根据国家的情况而有所不同，例如，面临主要出口产品价格突然下跌的国家可能需要财政援助并同时实施扩大出口产品品类范围的措施；遭受严重资本外流的国家可能需要解决利率过低、银行效率低下、债务存量过高等导致投资者丧失信心的问题，IMF将针对特定问题提供财政支持。

第二，国际货币基金组织应其成员国的要求，为国际收支失衡需求提供财政支持。与开发银行不同，IMF不为具体项目提供贷款。在收到贷款的请求后，IMF工作小组会与该国政府进行讨论，评估经济和财政状况和该国整体融资需求的规模，并商定适当的政策。通常情况下，一个国家的政府和IMF必须在IMF向该国提供贷款之前就经济政策方案达成一致。一项安排所依据的具体政策方案是以“意向书”的形式提交给IMF的执行董事会，并在“谅解备忘录”中进一步详细说明。

国际货币基金组织的贷款工具正在不断完善，以满足各国不断变化的需求。在新冠疫情全球大流行的危机下，国际货币基金组织以前所未有的速度和规模应对危机、帮助各国，特别是保护这些国家中的最脆弱的群体，为经济复苏创造条件。

基金组织设有多种类型的贷款，根据不同的政策向成员国提供资金。基金组织的贷款对象仅限于成员国政府。对成员国一般不称借款而称“提款”，即有权按所缴纳的份额向基金组织提用一定资金；或称“购买”即用于本国货币向基金组织申请购买，还款时则以外汇购回本国货币。与一般商业性质贷款不同，基金组织的贷款不是针对成员国的具体经济项目，而是针对成员国的国际收支失衡。在具体操作中，基金组织根据成员国的国际收支需要决定贷款的数量，并考察成员国的调整计划是否有足够的措施纠正国际收支失衡。基金组织的贷款不论使用什么货币均按特别提款权计值，不同的贷款期限使用不同的利率，利率随期限的延长而递增，利息用特别提款权支付，同时每笔贷款征收一定的手续费。

国际货币基金组织对成员国发放的贷款主要有下列几类。

(1) 普通贷款。国际货币基金组织最基本的一种贷款，用于解决会员国一般国际收支逆差的短期资金需要。它规定，会员国取得普通贷款累积最高额度为其所缴份额的125%。

贷款的期限为 3~5 年。

（2）中期贷款。1974 年 9 月设立的一项专用贷款，比正常的普通贷款额度要大。用于解决较长期的国际收支逆差，以推行克服经济困难的计划。

（3）出口波动补偿贷款。初级产品出口国家如果由于出口收入下降而发生国际收支困难时，在原有的普通贷款外，可申请此项专用贷款。

（4）信托基金，用基金组织持有黄金的 1/6 按市价 4 年出售，所获利建立的“信托基金”，以优惠条件向较穷的发展中国家和各国的借款者提供贷款。

（5）补偿与应急贷款。其前身是出口波动补偿贷款（CFF），设立于 1963 年。其目的是当会员国出口收入下降或谷物进口支出增大而发生临时性国际收支困难时，可向 IMF 申请此项贷款。贷款额各为其份额的 83%，两者同时借取则不得超过份额的 105%。1989 年 1 月 IMF 以“补偿与应急贷款”取代 CFF，贷款最高额度为份额的 122%。其中应急贷款和补偿款各为 40%，谷物进口成本补偿贷款为 17%，其余 25%由会员国任意选择。贷款条件是出口收入下降或谷物进口支出增加应是暂时性的，而且是会员国本身无法控制的原因造成的，同时借款国必须同意与 IMF 合作执行国际收支的调整计划。

（6）缓冲库存贷款。这是用于帮助初级产品国家稳定国际市场上初级产品价格的贷款。1969 年 5 月设立，目的是帮助初级产品出口国建立缓冲库存以便稳定价格。IMF 认定的用于缓冲库存贷款的初级产品有锡、可可、糖、橡胶等。会员国可以使用这项贷款达其份额的 45%，贷款期限为 3~5 年。

（7）补充贷款。主要用于弥补普通贷款的不足，在会员国遇到严重国际收支不平衡，需要比普通货款更大数额和更长期限的资金时，可以申请这种货款。设立于 1977 年 8 月，总计 100 亿美元，其中石油输出国提供 48 亿美元，剩余的 7 国提供 52 亿美元。IMF 与这些国家签订借款协议，以借款资金配合 IMF 原有的融资计划，加强对国际收支严重赤字的国家提供贷款。当会员国遇到严重的国际收支不平衡，借款总额已达 IMF 普通贷款的高档信用部分，而且仍需要更大数额和更长期限的资金时，可以申请补充贷款。贷款期限 3~7 年，每年偿还一次，利率前三年相当于 IMF 付给资金提供国的利率加 0. 2%，以后则加 0. 325%，货款的备用安排期限为 1~3 年，最高借款额可达会员国份额的 140%。补充贷款提供完毕以后，1985 年规定一年的贷款额度为份额的 95%~115%。此后贷款限额又进一步降到一年为 90%~110%，三年累计为 270%~330%，累计最高限额为 400%。

（8）临时性信用贷款。IMF 除设立固定的贷款项目以外，还可以根据需要设置特别临时性的贷款项目，其资金来源于 IMF 临时借入。例如 1974—1976 年设置的石油贷款，用于解决石油价格上涨引起的国际收支失衡。石油贷款的资金来源是 IMF 向盈余国家（主要是石油输出国）借入，再转借给赤字国家。贷款的最高额度，1974 年规定为份额的 75%，1975 年提高到 125%。贷款期限规定为 3~7 年，申请石油贷款也须提出中期的收支调整计划。石油贷款于 1976 年 5 月届满，共有 55 个会员国利用这一项目获 69 亿 SDRS 的贷款资金。

（9）结构调整贷款。1983 年 3 月设立，资金来自信托基金贷款偿还的本息，贷款利率为 1. 5%，期限为 5~10 年。1987 年底又设立了扩张结构调整贷款（ESAF），贷款最高额度为份额的 250%。

#### 7.2.3.4 能力发展职能

能力发展是国际货币基金组织的核心职能之一，该项支出约占其总支出的1/3。国际货币基金组织向各国提供技术援助和培训，帮助其建立能够有效实施政策经济机构。这些能力发展工作有助于各国实现其增长和发展的目标，并有力地促进可持续发展目标（SDGs）的进程。

国际货币基金组织的能力发展工作针对各成员国的具体需求提供帮助。近年来，低收入发展中国家收到国际货币基金组织约一半的能力发展相关资源；对脆弱和受冲突影响国家的支持约占国际货币基金组织能力发展职能的1/4。

国际货币基金组织的能力发展工作集中在以下几方面。

一是公共财政。通过税收和海关政策、预算编制、公共财政管理和债务管理，帮助政府更好地调动收入并有效管理支出。这使政府能够保持财政的可持续性，改善学校、交通等基础设施，建立社会安全网，提高透明度，吸引更多的投资，制定抵御外来冲击的财政政策。

二是货币和金融政策。国际货币基金组织通过与中央银行合作，使其货币政策和汇率框架更加规范化。同时，它还与金融部门的监管者合作，加强金融系统和银行监督。近期国际货币基金组织一直在提供金融技术和网络风险方面的能力发展帮助，这有助于改善宏观经济状况，促进国际贸易增长。

三是宏观经济框架和工具。国际货币基金组织帮助建设政府在宏观经济分析、建模工具和政策制定与实施方面的能力。

四是法律框架。国际货币基金组织通过使法律和治理框架符合国际标准，以支持财政和金融改革，打击腐败、洗钱和恐怖主义融资。

五是统计数据。国际货币基金组织帮助各国汇编、管理宏观经济和金融数据。这可以使人们更准确地了解本国的经济，帮助政府制定更合适的经济政策，改善投资环境，促进制度透明度，健全问责制。

### 7.2.4 国际货币基金组织与中国

中国是IMF的创始国之一，1950年，国务院总理兼外交部长周恩来致电IMF，严正声明中华人民共和国是代表中国的唯一合法政府，要求恢复中国在IMF的合法席位。然而，由于国际政治环境的制约，中国在IMF的代表权问题长期得不到解决。1971年10月，第26届联合国大会通过决议，恢复中华人民共和国在联合国的合法席位，为我国恢复在联合国序列下各专门机构的席位创造了条件。1978年，党的十一届三中全会关于改革开放的决议为我国加入国际金融组织创造了有利的内部环境。1979年1月，中美建交，加入国际金融组织的外部条件最终趋于成熟。

1980年3月，IMF派团来华与我方谈判；4月17日，IMF的执行董事会通过了由中华人民共和国政府代表中国的决议，恢复了中华人民共和国在IMF的合法席位；9月，IMF通过决议，将中国份额从5.5亿特别提款权增加到12亿特别提款权；11月，中国份额又随同IMF的普遍增资而进一步增加到18亿特别提款权。2001年2月5日，中国份额增至63.692亿特别提款权，占总份额的2.98%，升至第8位，投票权也增加至2.95%，中国也由此获得了在IMF单独选区的地位，从而有权选举自己的执行董事。2008年IMF改革之后，中国份额增至 80. 901 亿特别提款权，所占份额仅次于美、日、德、英、法五大股东国，投票权上升到 3. 65%。

2014 年 10 月 10—12 日，国际货币基金组织和世界银行年会系列会议在美国华盛顿召开。中国人民银行行长周小川率中国政府代表团出席，并在第 30 届国际货币与金融委员会（IMFC）部长级会议上就中国经济形势作了发言。

2015 年 10 月 1 日，中国首次开始向国际货币基金组织申报其外汇储备，这是中国向外界披露一项重要经济数据的里程碑式事件。

2015 年 11 月 30 日，国际货币基金组织执董会批准人民币加入特别提款权（SDR）货币篮子，新的货币篮子将于 2016 年 10 月 1 日正式生效。

2015 年 12 月 19 日，美国国会在 18 日通过了 2016 财年的拨款法案，也宣告国际货币基金组织延宕 5 年的份额改革终于完成。IMF 总裁拉加德通过声明表示欢迎，中国也跃升为 IMF 的第三大成员国，仅次于美国和日本。

2016 年 1 月 27 日，国际货币基金组织（IMF）宣布 IMF2010 年份额和治理改革方案已正式生效，这意味着中国正式成为 IMF 第三大股东。IMF 的《董事会改革修正案》从 1 月 26 日开始生效，该修正案是 IMF 推进份额和治理改革的一部分。根据方案，约 6%的份额将向有活力的新兴市场和发展中国家转移，中国份额占比将从 3. 996%升至 6. 394%，排名从第六位跃居第三，仅次于美国和日本。中国、巴西、印度和俄罗斯 4 个新兴经济体跻身 IMF 股东行列前十名。

2016 年 3 月 4 日，国际货币基金组织（IMF）宣布，自 2016 年 10 月 1 日开始，IMF 将在其“官方外汇储备货币构成”（COFER）的季度调查中单独列出人民币以反映 IMF 成员人民币计价储备的持有情况。人民币正式纳入国际货币基金组织（IMF）特别提款权（SDR）货币篮子，成为继美元、欧元、日元、英镑之后入篮的第五种世界货币。

长期以来，中国同 IMF 保持良好合作。IMF 通过年度磋商、高层访问、技术援助和培训等多种形式，为中国宏观经济管理和结构性改革提出大量有价值的政策建议，并培养专业人才。中国也通过 IMF 对外宣传我国的宏观经济政策和对国际经济金融体系的看法和改革建议，积极参与国际货币和金融规则制定以及 IMF 对有关成员国的贷款和援助。2018 年 4 月，中国人民银行与 IMF 合作成立中国-IMF 联合能力建设中心（China-IMF Capacity Development Center，CICDC），为中国及共建“一带一路”国家开展能力培训。自加入国际货币基金组织以来，一直积极参与 IMF 的各项事务，为构建国际秩序贡献了中国智慧、中国方案。

自 1980 年以来，中国从基金组织得到过三笔贷款：第一笔是 1980 年基金组织提供的第一档信用部分贷款，4. 5 亿特别提款权；第二笔是 1981 年 3 月提供的 3. 05 亿特别提款权的信托基金贷款；第三笔是 1986 年约 6 亿特别提款权的第一档信用部分贷款。这三笔贷款对于中国政府实施稳定经济计划，调整国际收支起到了一定的积极作用，到 1991 年，贷款已陆续还清。目前中国在国际货币基金组织是净债权国。国际货币基金组织为中国提供一系列的技术援助，帮助中国建立符合国际标准的货币银行统计体系和国际收支统计体系，建立了外债检测体系。在完善银行、会计、审计等法规制度，加强金融监管等方面，国际货币基金组织也提供了宝贵的技术支持。

中国同样为国际货币基金组织的发展做出了巨大的贡献。中国于 1994 年和 1999 年两次向国际货币基金组织提供1亿特别提款权和1313万特别提款权贷款，用以帮助重债国家的债务调整。1997年亚洲金融危机爆发后，中国积极参与国际货币基金组织向泰国提供的一揽子援助，向泰国提供10亿美元。更为重要的是，中国在金融危机爆发后，坚持人民币不贬值，为维护亚太地区形势的稳定做出了重大贡献。同时作为发展中国家，中国始终致力于维护发展中国家的利益，在国际货币基金组织中凡是有利于发展中国家的正当要求和主张，中国均给予支持。中国还积极参与有关国际货币体制改革的讨论，为改革国际货币体系而努力。

## 7.3 其他国际金融机构

### 7.3.1 世界银行集团

世界银行集团是世界银行及其两个附属机构即国际开发协会和国际金融公司这三个机构的通称，也是布雷顿森林协议的产物。它与国际货币基金组织是紧密联系相互配合的国际金融机构。

#### 7.3.1.1 世界银行

世界银行是国际复兴开发银行的简称，是根据布雷顿森林会议上通过的《国际复兴开发银行协定》于1945年12月成立的国际金融公司，1946年6月开始营业，1947年11月成为联合国下属的一个专门机构。只有国际货币基金组织的成员才有权申请加入世界银行。世界银行是世界银行集团中成立最早、提供贷款最多的金融机构，总部设在华盛顿。凡参加布雷顿森林会议并于1945年12月31日前在《国际复兴开发银行协定》上签字的国家为世界银行的创始成员。此后，任何国家都可以按规定程序提出申请，由理事会审查批准后加入世界银行。按照世界银行的协定规定，参加世界银行的国家必须是国际货币基金组织的成员，而国际货币基金组织的成员不一定都要加入世界银行。

A 宗旨

按照《国际复兴开发银行协定条款》的规定，世界银行的宗旨是：

(1) 通过对生产事业的投资，协助成员国经济的复兴与建设，鼓励不发达国家对资源的开发；

(2) 通过担保或参加私人贷款及其他私人投资的方式，促进私人对外投资。当成员国不能在合理条件下获得私人资本时，可运用该行自有资本或筹集的资金来补充私人投资的不足；

(3) 鼓励国际投资，协助成员国提高生产能力，促进成员国国际贸易的平衡发展和国际收支状况的改善；

(4) 在提供贷款保证时，应与其他方面的国际贷款配合。

世界银行在成立之初，主要是资助西欧国家恢复被战争破坏的经济，但在1948年后，欧洲各国开始主要依赖美国的“马歇尔计划”来恢复战后的经济，世界银行于是主要转向发展中国家提供中长期贷款与投资，促进发展中国家经济和社会发展。世界银行在努力缩小这种差距，把富国的资源转化成穷国的经济增长。作为世界上提供发展援助最多的机构之一，世界银行支持发展中国家政府建造学校和医院、供水供电、防病治病和保护环境的各项努力。

B 组织机构

a 理事会

理事会由每个成员国任命的一名理事和副理事组成。该职位通常由该国财政部部长、中央银行行长或级别相当的一名高级官员担任。理事和副理事任期五年，可以连任。

如果一个国家同时是世行、国际金融公司（IFC）或国际开发协会（IDA）成员国，其任命的理事和副理事同时也担任 IFC 和 IDA 理事会的理事和副理事。除非另行说明，则他们也在国际投资争端解决中心（ICSID）行政理事会中担任本国的代表。多边投资担保机构（MIGA）的理事和副理事单独任命。

b 执行董事会

执董会成员包括世界银行行长和 25 名执行董事。执行董事会选举产生执行董事会主席，兼任世界银行行长。未经执董会明确授权，执行董事不能单独行使任何权力，也不能单独作出承诺或代表世行。从 2010 年 11 月 1 日新任期开始，执行董事增加 1 名，总数达到 25 名。持有股份最大的美、英、德、法、日 5 国指派 5 人担任常任执行董事。其余 17 人由其他成员方按地区分组推选（中国为独立选区），俄罗斯和瑞士 2 名。

如遇执行董事缺席，副执行董事可全权代表执行董事行使职权。此外，高级顾问和顾问协助执行董事开展工作，他们可以顾问身份和副执行董事一起出席大部分执董会会议，但无表决权。

c 行长

行长是世界银行的最高行政长官，由执行董事会选举产生，负责领导世界银行的日常工作及任免世界银行的高级职员和工作人员。理事、副理事、执行董事和副执行董事不得兼任行长。行长无投票权，只有在执行董事会在表决中双方票数相等时，才可投下决定性的一票。

C 资金来源

a 成员方交纳的股金

世界银行的成员方在加入时均需认购该行的股金，认购股金根据该国的经济实力，并参照该国在国际货币基金组织所交纳的份额大小而定。世界银行成立之初，协定规定银行法定股本为 100 亿美元，分为 10 万股，每股 10 万美元（1978 年以后世界银行的股本以特别提款权计值）。之后世界银行又经过了多次增资，到 1995 年理事会决定所规定的法定认缴股本已达到 1840 亿特别提款权。但成员方并不是按认缴股本交纳股额，而是在参加时先交纳其应缴股本的 20%（其中 2%以黄金或美元交纳，18%以本国货币交纳），其余 80%是待缴股本，只有当世界银行因偿还债务或保证贷款债务而催交时才交纳。到目前为止，世界银行尚未发生过征集成员方待缴股本之事。由于实际交款额大小于应交额（约 80%为待缴股金），所以银行实有资本是有限的。

b 借款

向国际金融市场借款是世界银行资金来源的主要方面。在实有资本极其有限而又不能吸收短期存款的情况下，世界银行主要通过在国际金融市场上发行债券来筹措资金。发行中长期债券，是世界银行的主要资金来源，在世界银行的贷款总额中，约有 80%资金依靠发行债券而来。世界银行发行债券，主要通过投资银行、商业银行等中间包销商向私人投资者出售，债券偿还期从 2 年到 25 年不等，利率随行就市。但由于世界银行的信誉较高，利率要低于普通公司债券和某些国家的政府债券。除了在国际金融市场上发行债券以外，世界银行也直接向成员方政府、中央银行等机构发行中短期债券来筹集资金。

c 通过将贷出款项债权转让给私人投资者（主要是商业银行）收回一部分资金

从 20 世纪 80 代以来，世界银行常把一部分贷出款项的债权有偿转让给商业银行等私人投资者，以提前收回其资金，并转为贷款的一个资金来源。

d 净收益

世界银行自 1947 年开办以来，除第一年略有亏损外，历年都有盈余。世界银行的净收益不分配给股东，除将一部分净利润以赠款的形式拨给国际开发协会及撒哈拉以南非洲地区特别基金以外，其余均留作准备金，充当银行的自有资金，成为发放贷款的一个资金来源。

D 主要业务

世界银行的主要业务活动是向会员国，重点是低收入的发展中国家提供经济发展所必需的生产性长期贷款，以促使其经济发展和人民生活水平的提高。它的贷款对象只限于会员国政府和由会员国政府担保的公司机构。借款国在不能按合理条件从其他渠道获得资金时，才能向银行申请贷款。贷款必须用于特定的工程项目（即项目贷款），专款专用。贷款期限较长。

贷款的种类包括如下内容。

（1）项目贷款又称为投资项目贷款，是世界银行最主要的贷款，用于帮助成员方某个具体的发展项目。世界银行对工农业发展、文教卫生、能源开发、交通运输、城市发展等方面的贷款都属于此类贷款。

（2）部门贷款。部门贷款由部门投资及维护贷款、部门调整贷款和中间金融机构贷款组成。部门投资及维护贷款用于改善部门政策和投资重点，加强借款国制订和执行投资计划的能力；部门调整贷款用于支持某一具体部门的全面政策和体制的改革；中间机构贷款是指世界银行将资金贷给借款国的中间金融机构，再由中间机构转贷给借款国。

（3）结构调整贷款。此贷款用于帮助借款国在宏观经济、部门经济和结构体制等方面进行必要的调整和改革，更有效地利用资金和资源，从而有助于中长期实现更持久的国际收支平衡，以及在严重不利条件下维持经济增长并为其在未来恢复增长势头打下基础。这类贷款从 1980 年开始发放，世界银行对使用结构调整贷款有较严格和苛刻的条件。

（4）联合贷款。这种贷款并不是世界银行的一个贷款种类，而是指进行贷款的一种方式，是指世界银行与借款国以外的其他贷款者联合起来，为世界银行贷款资助的某一项目共同融资。在这种贷款方式下，世界银行和其他借款人可以各自按照自身的贷款条件分别与借款国进行谈判并签订协定，然后根据协定贷款人分头提供融资，这种形式的联合贷款叫平行联合贷款。联合贷款还有一种形式，称为组合式联合贷款，即世界银行与其他贷款者，根据事先同意的比例出资，将资金混合起来，按照世界银行的贷款程序和商品劳务购原则与借款国签订借贷协议。

（5）“第三窗口”贷款，是指世界银行和国际开发协会提供的两项贷款（世界银行一般性贷款和国际开发协会的优惠贷款）之外的一种贷款。该贷款条件介于上述两种贷款之间，即比世界银行的一般性贷款条件宽，但不如国际开发协会的贷款条件优惠。这种贷款主要发放给低收入的发展中国家。

此外世界银行还提供技术援助、担任国际联合贷款团的组织工作以及协调与其他国际机构的关系等。

7.3.1.2　国际开发协会

国际开发协会成立于1960年9月，是专门向低收入发展中国家发放优惠长期贷款的国际金融组织。贷款对象仅限于成员国政府，主要用于发展农业、交通运输、电子、教育等方面。贷款不收利息，只对已支付额每年收取0.75%的手续费。1982年1月起，对未支付部分每年征收0.5%的承诺费。贷款的最后偿还期为50年，头10年可不还本，第二个10年内每年还本1%，以后逐年还本3%，并可用借款国货币偿还。

它的宗旨是帮助世界上欠发达地区的会员国，促进经济发展，提高生产率和生活水平。作为世界银行的补充，协会向欠发达地区的会员国提供条件较宽、期限较长、负担较轻并可用部分本国货币偿还的贷款资金，以解决它在重要方面发展的需要。

A　组织机构

a　理事会

国际开发协会一切权力都归理事会。凡世界银行会员国又是协会会员国者，其指派的银行理事和副理事，依其职权，同时也是协会的理事和副理事。副理事除在理事缺席外，无投票权。世界银行理事会主席同时也是国际开发协会理事会主席。理事会每年召开年会一次，出席会议的法定人数应为过半数理事，并持有不少于2/3的总投票权。

理事会有权决定接纳新会员和决定接纳其入会的条件；批准追加认股和决定相关的规定和条件；暂时停止会员国资格；裁决因执行董事会对本协会条文所在地作解释而产生的异议；决定永远停止协会业务和分配其资产；决定协会净收益的分配。

理事会第一创始会员国享有500票的投票权，另按其首次认缴额每5000美元增加一票。首次认股以外的股金所在地应享有的投票权，由理事会视情况决定，除另有特殊规定外，协会一切事务均采取简单多数原则通过。

b　执行董事会

负责处理协会的日常业务。

世界银行当选的执行董事，其所在地属国是协会会员同时，在国际开发协会中享有的投票权。每一董事就有的投票权应作为一个单位投票。董事缺席时，由其指派的副董事会全权代行其全部职权。当董事出席时，副董事可参加会议，但无投票权。执行董事会议的法定人数应是过半数并行使至少1/2总投票权的董事。

B　资金来源

（1）成员方认缴的股金。协会成立时的法定资本为10亿美元，协会的成员方分为两组：第一组为发达国家和地区共21个，这些国家认缴的股金必须全部以黄金或可兑换货币缴纳；第二组为发展中国家和地区，其认缴资本的10%必须以可兑换货币缴纳，其余90%可用本国和地区货币缴纳。协会要动用这些成员的货币发放贷款时，必须先征得各成员的同意。

（2）成员方提供的补充资金。因成员方认缴的股金极其有限，远远不能满足贷款需求，1965年以来，国际开发协会已经多次补充资金。在全部资金中，美、英、德、日、法等国占大部分比例。

(3) 世界银行的赠款。从1964年开始，世界银行每年将净收益的一部分以赠款形式转拨给协会，作为协会的资金来源。

(4) 协会本身经营业务的盈余。协会从发放开发信贷收取小比例的手续费及投资收益中可以得到业务收益。

C 主要业务

国际开发协会的主要业务活动是向欠发达的发展中国家的公共工程和发展项目，提供比世界银行贷款条件更优惠的长期贷款。这种贷款也称开发信贷，有如下特点：第一，期限长。最初可长达50年，宽限期10年。1987年协会执行董事会通过协议、将贷款划分为两类：(1) 联合国确定为最不发达的国家，信贷期限为40年，包含10年宽限期；(2) 经济状况稍好一些的国家，信贷期限35年，也含10年宽限期。第二，免收利息。对已拨付的贷款余额免收利息，只收取0.75%的手续费。第三，信贷偿还压力小。第一类国家在宽限期过后的两个10年每年还本2%，以后20年每年还本4%；第二类国家在第二个10年每年还本2.5%，其后15年每年还本5%。由于国际开发协会的贷款基本上都是免息的，故称为软贷款，而条件较为严格的世界银行贷款，则称为硬贷款。

国际开发协会贷款的条件包括：(1) 借款国人均国民生产总值须低于635美元；(2) 借款国无法按借款信誉从传统渠道获得资金；(3) 所选定的贷款项目必须既能提高借款国的劳动生产率，又具有较高的投资收益率；(4) 贷款对象为成员方政府或私人企业（实际上都是贷给成员方政府）。

除此之外国际开发协会还从事其他业务如经会员国同意借入资金；对协会投资的证券提供担保，以利于证券的销售；买卖协会所发行、担保、或投资的证券；在特殊情况下，对符合规定用途的其他贷款进行担保；提供会员国请求的技术援助和咨询服务；为促进协会宗旨，行使其他权力。

#### 7.3.1.3 国际金融公司

国际金融公司（IFC）是世界银行的另一个附属机构，但从法律地位和资金来源来说，又是一个独立的国际金融机构，它也是联合国的专门机构之一。国际金融公司的建立，是由于IMF和世界银行的贷款对象主要是成员方政府，而私人企业的贷款必须由政府机构担保，从而在一定程度上限制了世界银行业务活动的扩展。因此，1951年3月，美国国际开发咨询局建议在世界银行下设国际金融公司，1956年7月24日，国际金融公司正式成立，世界银行的成员方均可成为该公司的成员方。

国际金融公司的宗旨是向发展中国家尤其是欠发达的成员方的生产性企业，提供无须政府担保的贷款与投资，鼓励国际私人资本流向这些国家，促进私人企业部门的发展，进而推动成员方经济的发展。

A 国际金融公司的组织机构

国际金融公司设有理事会、执行董事会和以总经理为首的办事机构，其管理方法与世界银行相同。与国际开发协会一样，公司总经理和执行董事会主席由世界银行行长兼任，但与协会不同的是，公司除了少数机构和工作人员由世界银行相关人员兼任外，设有自己独立的办事机构和工作人员，包括若干地区局、专业业务局和职能局。按公司规定，只有世界银行成员方才能成为公司的成员方。

B　国际金融公司的资金来源

国际金融公司的资金来源：一是成员方认缴的股本，公司最初的法定股本为 1 亿美元，分为 10 万股，每股 1000 美元，成员方交纳股本须以黄金或自由兑换货币交纳，每个成员方有基本投票权 250 票，每增加 1 股，增加 1 票，此后，公司多次增资；二是从世界银行以及通过发行债券从国际金融市场借入资金；三是公司历年经营业务所得利润收入。

C　国际金融公司的贷款与投资

与世界银行和国际开发协会相比，国际金融公司的贷款与投资有如下特点。第一，国际金融公司主要向成员方的私人公司提供贷款或直接投资于私人企业。其中，贷款不需要成员方政府提供担保。第二，国际金融公司常常与私人商业银行等联合贷款，从而起到促进私人资本在国际范围流动的作用。第三，国际金融公司一般只对中小型私人企业提供贷款，贷款数额一般为 200 万~400 万美元，最高不超过 2000 万美元，而直接投资的对象仅仅是不发达国家的私人企业，投资额不超过项目资金的 25%，最低的只有 2%。第四，国际金融公司在提供资金时，往往采取贷款与资本投资相结合的方式，但是公司并不参与投资企业的经营管理。第五，贷款具有较大灵活性，既提供项目建设的外汇需要，也提供本地货币开支部分。所贷资金既可以作为流动资金，也可作为购置固定资产之用。

国际金融公司的贷款期限一般为 7~15 年，还款时须用原借入的货币支付，贷款的利息率不统一，视投资对象的风险和预期收益而定，但一般高于世界银行的贷款利率，对于未提取的贷款资金，公司收取 1%的承担费。国际金融公司在进行投资时，还向项目主办企业提供必要的技术援助，向成员方政府提供政策咨询服务，以协助创造良好的投资环境，从而达到促进私人资本投资的目的。

## 延伸阅读

### 世行集团国际金融公司在华投放 1.5 亿美元蓝色贷款

（资料来源：大众日报，创新突破看山东·金融篇 IFC 中国首笔蓝色贷款落地青岛银行，2022. 6. 23）

2022 年 6 月 23 日，世界银行集团国际金融公司（IFC）与青岛银行达成合作意向。IFC 为青岛银行安排了具有里程碑意义的 1.5 亿美元蓝色银团贷款，是 IFC 为首的国际开发机构在中国的首笔蓝色金融投资。此笔蓝色银团贷款是一种创新融资工具，其资金专门用于服务海洋友好项目和重要的清洁水资源保护项目。这项新投资，预计将帮助中国撬动 4.5 亿美元融资，从现在到 2025 年，为 50 个蓝色金融项目提供资金支持。

据介绍，这项 1.5 亿美元融资方案包括来自 IFC 自有账户的 4000 万美元和来自亚洲开发银行（亚行）、德国投资与开发有限公司（DEG）和法国开发署经合投资公司（Proparco）的 1.1 亿美元平行贷款。自 2020 年以来，IFC 已向私营公司提供了超过 4 亿美元的蓝色贷款，用于包括促进非洲和亚洲等地的海洋塑料回收利用和减少污染的多个项目。为青岛银行安排的1.5亿美元贷款，是IFC以及另几家国家开发机构在华的首笔蓝色金融投资。

IFC亚太地区副总裁阿方索·加西亚·莫拉表示："无论在中国还是全球，IFC一直处在创造绿色金融和蓝色金融市场的前沿。通过此次投资，IFC有望展现蓝色金融强大的商业价值，激发更多应对中国气候挑战的创新项目。"

"亚洲开发银行支持海洋环境和可持续蓝色经济项目融资，2019—2024年的目标是所提供的投资和技术援助额达到50亿美元"，亚行私营部门业务局副局长克里斯托夫·蒂姆表示，"通过本笔3500万美元的私营部门贷款及相关技术援助，亚行将支持青岛银行扩大蓝色金融业务，助力中国的海洋可持续发展和污染控制事业。"

"蓝色金融支持海洋和清洁水发展，在保护环境、生物多样性和人类方面拥有巨大潜力。Proparco很自豪能与IFC、亚行和DEG合作，致力于开发新型金融工具，为弥合健康海洋和水道发展的筹资缺口做出贡献。"法国开发署经合投资公司北亚及东南亚区域负责人Raphaël de Guerre介绍。

青岛银行总部位于海洋经济强市青岛市，并已在香港联交所和深圳证券交易所两地上市。据统计，2021年，青岛市海洋生产总值占GDP比重达30%以上，青岛市也正锚定"引领型现代海洋城市"的目标，加快迈向"活力海洋之都"。为积极响应山东省、青岛市大力发展海洋经济目标，在过去两年中，青岛银行联合IFC共同探索与环境、社会和治理（ESG）原则相结合的蓝色金融新发展模式，并制定蓝色资产分类标准。该标准界定了蓝色金融和蓝色债券支持的7大板块37个子行业的合格活动，是结合国际共识和中国实践的首个蓝色金融分类标准。在IFC专家的帮助指导下，青岛银行以蓝色资产分类标准为指引，积极拓展蓝色金融业务。近一年，青岛银行共投放蓝色信贷近50笔，金额超20亿元人民币。

青岛银行行长王麟表示："我们的海洋是宝贵的资产。我们很荣幸成为第一家与IFC合作在中国试点蓝色金融、拓展海洋经济的银行。IFC的投资和专业指导将使我们能够专注于可持续渔业、废物和水处理以及塑料管理项目等关键领域，支持海洋可持续发展，也在新冠疫情中加速经济的复苏。"

IFC是世界银行集团的成员，同时也是全球规模最大的专注于新兴市场私营部门的国际开发机构。近年来，中国越来越重视保护海洋生态系统和发展海洋经济，而蓝色贷款或蓝色债券可以帮助为这些海洋友好型机构解决方案筹集资金。以此次蓝色银团贷款为契机，青岛银行将与IFC联合推动蓝色金融业务发展，引领和推动全球海洋生态环境的保护和海洋经济的可持续发展。

#### 7.3.1.4　多边投资担保机构

多边投资担保机构（Multilateral Investment Guarantee Agency，MIGA）成立于1988年，是世界银行集团里成立时间最短的机构，主要是为发达国家向发展中国家进行直接投资提供担保。1990年签署了第一笔担保合同。

多边投资担保机构的宗旨是向外国私人投资者提供政治风险担保，包括征收风险、货币转移限制、违约、战争和内乱风险担保，并向成员国政府提供投资促进服务，加强成员国吸引外资的能力，从而推动外商直接投资流入发展中国家。作为担保业务的一部分，多边投资担保机构也帮助投资者和政府解决可能对其担保的投资项目造成不利影响的争端，防止潜在索赔要求升级，使项目得以继续。多边投资担保机构还帮助各国制定和实施吸引和保持外国直接投资的战略，并以在线服务的形式免费提供有关投资商机、商业运营环境和政治风险担保的信息。

A 基本结构

理事会是 MIGA 的最高权力机关，由每一成员国指派一名理事和一名副理事组成。董事会至少由 12 人组成，负责本机构的一般业务。董事会主席由世界银行总裁兼任。MIGA 的总裁由董事会主席提名任命，负责处理本机构的日常事务及职员的任免，依据惯例，总裁也由作为 MIGA 董事会主席的世界银行总裁兼任，但总裁和董事会仍是两个独立的部门。职员由总裁负责组织、任命和辞退。

B 投票制度

多边投资担保机构采用集团投票制度。依据会员国的经济实力，MIGA 将会员国分为两个集团：第一集团包括 25 个工业化国家；第二集团包括 156 个发展中国家。

首先，每个国家都同等地享有 181 票的成员票，而由于发展中国家成员数量多，所以在此方面发展中国家的总票数占优；其次，在同等成员票的基础上，会员国还要按照各自的股份计算票数，而由于发达国家在 MIGA 总资本中占有大部分股份，因此在此方面发达国家的总票数占优。这样，发达国家和发展中国家的总票数大致取得了平衡。中国虽然是发展中国家，但在 MIGA 里，中国是第六大股东，认购股份达到 3. 138%，次于美国、日本、德国、法国和英国。

### 7. 3. 2 国际清算银行

第一次世界大战后，凡尔赛协议中关于德国战争赔款事宜原来是由一个特殊的赔款委员会执行，按照当时的“道维斯计划”，从 1924 年起，德国第一年赔付 10 亿金马克，以后逐年增加，一直赔付 58 年。至 1928 年，德国赔款增至赔付 25 亿金马克，德国声称国内发生经济危机，无力照赔，并要求减少。美国同意了德国的要求，又由欧文 · 杨（Owen D. Young）策划制订了“杨格计划”(Young Plan)。协约国为执行“杨格计划”决定建立国际清算银行取代原来的赔款委员会，执行对德赔款的分配和监督德国财政。

1930 年 1 月 20 日，以摩根银行为首的一些美国银行（另外还有纽约花旗银行、芝加哥花旗银行）和英国、法国、意大利、德国、比利时、日本等国的中央银行在荷兰海牙会议上签订国际协议，成立“国际清算银行”。英、法、比、德、意、日六国政府与瑞士政府达成协议，由瑞士承诺向国际清算银行颁发建行特许证，特许证规定：国际清算银行具有国际法人资格，免税，瑞士政府不征用、扣押和没收该行财产，准许该行进出口黄金和外汇，享有外交特权和豁免权。

第二次世界大战后，它成为经济合作与发展组织成员国之间的结算机构，该行的宗旨也逐渐转变为促进各国中央银行之间的合作，为国际金融业务提供便利，并接受委托或作为代理人办理国际清算业务等，即先后成为欧洲经济合作组织（经济合作与发展组织）各成员国中央银行汇兑担保的代理人、欧洲支付同盟和欧洲煤钢共同体的受托人、欧洲共同体成员国建立的欧洲货币合作基金的代理。国际清算银行不是政府间的金融决策机构，也非发展援助机构，实际上是西方中央银行的银行。

国际清算银行的宗旨是“促进各国中央银行之间的合作并为国际金融业务提供便利”，并作为国际清算的受让人或代理人。扩大各国中央银行之间的合作始终是促进国际金融稳定的重要因素之一。因此国际清算银行便成了各国中央银行家的会晤场所，接受各中央银行的委托开展各种业务。

7.3.2.1 组织结构

国际清算银行是以股份公司的形式建立的，主要决策和管理机构包括股东大会、董事会、管理委员会。

（1）股东大会：最高权力机关，股东大会每年6月在巴塞尔召开一次，只有各成员国中央银行的代表参加表决。选票按有关银行认购的股份比例分配，而不管在选举的当时掌握多少股票。每年的股东大会通过年度决算、资产负债表和损益计算书、利润分配办法和接纳新成员国等重大事项的决议。在决定个性银行章程、增加或减少银行资本、解散银行等事项时，应召开特别股东大会。除各成员国中央银行行长或代表作为有表决权的股东参加股东大会，所有与该行建立业务关系的中央银行代表均被邀请列席。

（2）董事会：经营管理机构，由13名董事组成。比利时、德国、法国、英国、意大利和美国的中央银行行长是董事会的担任董事，这6个国家可以各自任命1名本国工商和金融界的代表作为董事，此外董事会可以2/3的多数通过选举出其他董事，但最多不超过9人。董事会设主席1名，副主席若干名，每月召开一次例会，审议银行日常业务工作，决议以简单多数票做出，票数相等时由主持会议的主席投决定票。董事会主席和银行行长由1人担任。董事会根据主席建议任命1名总经理和1名副总经理，就银行的业务经营向银行负责。

7.3.2.2 资金来源

国际清算银行的资金主要来源于三个方面。

（1）成员国缴纳的股金。该行建立时，法定资本为5亿金法郎，1969年增至15亿金法郎（gold francs），以后几度增资。该行股份80%为各国中央银行持有，其余20%为私人持有。

（2）借款。向各成员国中央银行借款，补充该行自有资金的不足。

（3）吸收存款。接受各国中央银行的黄金存款和商业银行的存款。目前全世界有20多家中央银行在国际清算银行保有存款账户，各国约10%的外汇储备和3000多吨黄金存于该行，作为提供贷款的资金保障之一。该行还办理各国政府国库券和其他债券贴现和买卖业务，买卖黄金、外汇或代理各国中央银行买卖。

国际清算银行开创资本为5亿金法郎，分为20万股，每股2500金法郎，由六国中央银行和美国银行集团七方平均认购。1969年12月，国际清算银行修改了个性章程，其宗旨改为促进各国中央银行在国际清算之间的合作，并向之提供更多的国际金融业务的便利，在国际清算业务方面充当受托人或代理人。银行资本也相应地增至15亿金法郎，分为60万股，每股2500金法郎。国际清算银行4/5的股份掌握在各成员国中央银行手中，1/5的股分已经由各成员国的中央银行转让给了私人，由私人持有，但私人股的股东无权参加股东大会。2003年4月1日起，国际清算银行使用国际货币基金组织特别提款权（SDR）计算股本，共有面值相等的60万股（每股面值5000SDR），由成员国认缴。

7.3.2.3 服务对象

国际清算银行以各国中央银行、国际组织（如国际海事组织、国际电信联盟、世界气象组织、世界卫生组织）为服务对象，不办理私人业务。这对联合国体系内的国际货币金融机构起着有益的补充作用。外汇储备，货币种类可以转换，并可以随时提取而无需声明理由。这对一些国家改变其外汇储备的结构，实现多样化提供了一个很好的途径。在国际清算银行存放黄金储备是免费的，而且可以用作抵押、从国际清算银行取得黄金价值85%的现汇贷款。同时，国际清算银行还代理各国中央银行办理黄金购销业务，并负责保密。因此它在各成员国中央银行备受欢迎。

除了银行活动外，国际清算银行还作为中央银行的俱乐部，是各国中央银行之间进行合作的理事场所，其董事会和其他会议提供了关于国际货币局势的信息交流的良好机会。

7.3.2.4 与中国的合作关系

中国人民银行自1986年起就与国际清算银行建立了业务方面的关系，办理外汇与黄金业务。此后，每年都派代表团以客户身份参加该行年会。国际清算银行召开股东大会，中国人民银行受邀列席，并以观察员身份多次参加该行年会，这为中国广泛获取国际经济和金融状况、发展与各国中央银行之间的关系提供了一个新的场所。中国的外汇储备有一部分是存放于国际清算银行的，这对中国人民银行灵活、迅速、安全地调拨外汇、黄金储备非常有利。自1985年起，国际清算银行已开始向中国提供贷款。

1996年9月9日，国际清算银行通过一项协议，接纳中国、巴西、印度、韩国、墨西哥、俄罗斯、沙特阿拉伯等国家的中央银行或货币当局为该行的新成员。香港回归之后，其在国际清算银行的地位保持不变，继续享有独立的股份与投票权。香港金融管理局与中国人民银行同时加入国际清算银行。中国中央银行加入国际清算银行，标志着中国的经济实力和金融成就得到了国际社会的认可，同时也有助于中国中央银行与国际清算银行及其他国家和地区的中央银行进一步增进了解，扩大合作，提高管理与监督水平。

## 7.4 区域性国际金融机构

20世纪60年代以来，亚洲、美洲、非洲和欧洲地区的一些国家通过相互合作的方式，建立本地区多边性金融机构以适应本地区经济发展和国际投资及技术援助的需要。

### 7.4.1 亚洲开发银行

根据1963年12月在菲律宾首都马尼拉由联合国亚太经社会主持召开的第一届亚洲经济合作部长级会议的决议，章程于1966年8月22日生效，11月在东京召开首届理事会，宣告亚洲开发银行（Asian Development Bank，ASDB）正式成立。同年12月19日亚洲开发银行正式营业，总部设在马尼拉。这是一个面向亚太地区的区域性政府间金融开发机构，会员国不限于亚洲地区的国家。截至2009年5月，日本和美国同为亚行最大股东，各持有15.571%的股份和拥有12.756%的投票权。1986年2月17日，亚行理事会通过决议，接纳中国为亚行成员国。同年3月10日，中国正式为亚行成员，台湾以“中国台北”名义继续保留席位。中国是亚行第三大股东国，持股6.429%，拥有5.442%的投票权。在

1987 年 4 月举行的理事会第 20 届年会董事会改选中，中国当选为董事国并获得在董事会中单独的董事席位。同年 7 月 1 日，亚行中国董事办公室正式成立。1986 年，中国政府指定中国人民银行为中国对亚行的官方联系机构和亚行在中国的保管银行，负责中国与亚行的联系及保管亚行所持有的人民币和在中国的其他资产。2000 年 6 月 16 日，亚行驻中国代表处在北京成立。

建立亚行的宗旨是通过发展援助帮助亚太地区发展中成员消除贫困，促进亚太地区的经济和社会发展。亚行对发展中成员的援助主要采取四种形式：贷款、股本投资、技术援助、联合融资相担保，以实现“没有贫困的亚太地区”这一终极目标。亚行主要通过开展政策对话、提供贷款、担保、技术援助和赠款等方式支持其成员在基础设施、能源、环保、教育和卫生等领域的发展。

亚行业务按资金来源可分为三部分。

（1）硬贷款业务，即普通资金来源业务（Ordinary Capital Resources，OCR）。硬贷款的贷款利率为浮动利率，每半年调整一次，贷款期限为 10~30 年（2~7 年宽限期）。

普通资金是亚行开展业务活动的主要资金来源，它由股本、储备、净收益以及从国际资本市场的借款构成。亚行建行时法定股本为 10 亿美元，后来经过多次增资，截至 1996 年底，亚行的核定股本增至 501.3 亿美元，其中 493.68 亿美元已被各成员认缴。认缴股本的 7.03%为实缴股本，92.97%为待缴股本。实缴股本可用于普通资金贷款的拨付，而待缴股本则作为亚行从国际资本市场筹集资金的后盾。

（2）软贷款业务，即亚洲发展基金业务（Asian Development Fund，ADF）。软贷款也就是优惠贷款，只提供给人均国民收入低于 670 美元（1983 年的美元）且还款能力有限的会员国或地区成员，贷款期限为 40 年（10 年宽限期），没有利息，仅有 1%的手续费。

亚洲发展基金创建于 1974 年 6 月，基金主要是来自亚洲开发银行发达会员国或地区成员的捐赠，用于向亚太地区贫困国家或地发放优惠贷款。同时亚洲开发银行理事会还按有关规定从各会员国或地区成员缴纳的未核销实缴股本中拨出 10%作为基金的一部分。此外，亚洲开发银行还从其他渠道取得部分赠款。

（3）技术援助特别基金。亚洲开发银行认为，除了向会员国或地区成员提供贷款或投资以外，还需要提高发展中国家会员或地区成员的人力资源素质和加强执行机构的建设。为此，亚洲开发银行于 1967 年成立了技术援助特别基金。该项基金的一个来源为赠款；另一来源是根据亚洲开发银行理事会 1986 年 10 月 1 日会议决定，在为亚洲开发基金增资 36 亿美元时将其中的 2%拨给技术援助特别基金。

此外，亚行还利用双边贷、赠款等其他资金渠道为项目安排联合融资。亚行除了用自己筹集到的资金从事贷款和技术援助以外，还通过联合融资这一形式为本地区的经济发展筹集更多的开发资金。亚行的联合融资是指一个或一个以上的外部经济实体与亚行共同为某一开发项目融资。亚行最大的融资伙伴是官方机构，官方融资总数为 177.23 亿美元，占联合融资总额的 72.04%，另外商业融资 24.88 亿美元，占 10.11%，出口信贷为 43.9 亿美元，占 17.84%。我国上海南浦大桥项目是联合融资项目，亚行提供了 7000 万美元的贷款，从商业渠道联合融资 4800 万美元。这是亚行在中国开展的第一个联合融资项目。此外，亚行还为山东莱芜钢厂和上海杨浦大桥项目进行了联合融资。

### 7.4.2 非洲开发银行

1963年7月，非洲高级官员及专家会议和非洲国家部长级会议在喀土穆召开，通过了建立非洲开发银行的协议。1964年，非洲开发银行（African Development Bank，ADB）正式成立。1966年7月1日开业。总部设在科特迪瓦的经济中心阿比让。2002年，临时搬迁至突尼斯至今。非洲开发银行是非洲最大的地区性政府间开发金融机构，其宗旨是促进非洲地区成员的经济发展与社会进步。

理事会为最高决策机构，由各成员国委派一名理事组成，一般为成员国的财政和经济部长，通常每年举行一次会议，必要时可举行特别理事会，讨论制定银行的业务方针和政策，决定银行重大事项，并负责处理银行的组织和日常业务。理事会年会负责选举行长和秘书长。董事会由理事会选举产生，是银行的执行机构，负责制定非行各项业务政策。共有18名执行董事，其中非洲以外国家占6名，任期3年，一般每月举行两次会议。现任行长阿德西纳，2020年8月27日当选。截至2023年6月，非行有81个成员国，非洲54个国家全部为成员，此外还有包括中国在内的区外成员27个。我国于1985年5月加入。

#### 7.4.2.1 资金来源

A 普通资金

（1）核定资本认缴额，最初为2.5亿非洲开发银行记账单位，每记账单位价值0.888671克纯金，核定资本分为2.5万股，每股1万记账单位。截止到2006年年底，非行核定资本相当于329亿美元，实收资本相当于325.6亿美元。其中非洲国家的资本额占2/3。这是使领导权掌握在非洲国家中所做的必要限制。（2）自行筹措资金；（3）用实收资本或筹措资金发放贷款所获的还款资金；（4）依据该行待缴资本发放贷款或提供担保所获的收入；（5）不构成该行特别资金来源的其他资金和收入。

B 特别资金

（1）捐赠的特别资金和受托管理资金；（2）为特别资金筹措的专款；（3）从任意成员国筹借的该国货币贷款，用途是从贷款国购买商品与劳务，以完成另一成员国境内的工程项目；（4）用特别基金发放贷款或提供担保所获偿还资金；（5）用上述任何一项特别基金或资金从事营业活动获得的收入；（6）可用作特别基金的其他资金来源。

#### 7.4.2.2 主要业务

向成员国提供贷款（包括普通贷款和特别贷款），以发展公用事业、农业、工业项目以及交通运输项目。普通贷款业务包括用该行普通资本基金提供的贷款和担保贷款业务；特别贷款业务是用该行规定专门用途的“特别基金”开展的贷款业务。后一类贷款的条件非常优惠，不计利息，贷款期限最长可达50年，主要用于大型工程项目建设。此外，银行还为开发规划或项目建设的筹资和实施提供技术援助。

#### 7.4.2.3 与中国的合作

中国于1985年加入非洲发展基金和非洲发展银行。截至2006年年底，中国在非行持股24230股，占非行总股份的1.117%。

中国已参加了第4~10次非洲开发基金（非行软贷款窗口，以下简称非发基金）捐资，累计向非洲发展基金承诺捐资3.64亿美元，大力支持了非洲地区的基础设施建设、扶贫和教育等项目。

1996年，中国与非行签订了200万美元的双边技术合作协定。截至2006年年底，中国在该协定项下共资助咨询专家27人，在8个非洲国家开展14个项目，拨付资金120万美元左右。中国积极参与非行业务活动与决策，不仅从政治上体现了对非洲的支持，扩大了中国在非洲地区的影响，还带动了中国对非贸易、工程承包与咨询业务的开展。

### 7.4.3 亚洲基础设施投资银行

21世纪以来，世界各国基本延续了冷战后的发展趋势，即在全球化深入发展的推动下实现了不同程度的发展，但各国的发展速度极不均衡。总体而言，发展中国家普遍实现了较快增长，新兴国家日益成为经济新秀，而发达国家的发展速度相对缓慢。在全球金融危机的打击下，发达国家的经济长期陷入低迷，以新兴大国为代表的发展中国家则率先摆脱危机影响，不仅成为全球经济的新引擎，而且成为全球治理的重要主体。为了更好地发挥新兴国家在世界经济和全球金融治理中的作用，改革原有的国际金融制度顺理成章地提上日程。虽然世行与国际货币基金组织（IMF）通过了相应的股权比重和投票权比重改革决定，但因美国国会反对而受阻，不合理的国际金融机制并未改观。

亚洲经济占全球经济总量的1/3，是当今世界最具经济活力和增长潜力的地区，拥有全球六成人口。但因建设资金有限，一些国家铁路、公路、桥梁、港口、机场和通信等基础建设严重不足，这在一定程度上限制了该区域的经济发展。各国要想维持现有经济增长水平，内部基础设施投资至少需要80000亿美元，平均每年需投资8000亿美元。8000亿美元中，68%用于新增基础设施的投资，32%是维护或维修现有基础设施所需资金。现有的多边机构并不能提供如此巨额的资金，亚洲开发银行和世界银行也仅有2230亿美元，两家银行每年能够提供给亚洲国家的资金大概只有区区200亿美元，都没有办法满足这个资金的需求。由于基础设施投资的资金需求量大、实施的周期很长、收入流不确定等的因素，私人部门大量投资于基础设施的项目是有难度的。

中国已成为世界第三大对外投资国，中国对外投资2012年同比增长17.6%，创下了878亿美元的新高。而且，经过30多年的发展和积累，中国在基础设施装备制造方面已经形成完整的产业链，同时在公路、桥梁、隧道、铁路等方面的工程建造能力在世界上也已经是首屈一指。中国基础设施建设的相关产业期望更快地走向国际。但亚洲经济体之间难以利用各自所具备的高额资本存量优势，缺乏有效的多边合作机制，缺乏把资本转化为基础设施建设的投资。

亚洲基础设施投资银行（Asian Infrastructure Investment Bank，简称亚投行，AIIB）是一个政府间性质的亚洲区域多边开发机构。重点支持基础设施建设，成立宗旨是促进亚洲区域的建设互联互通化和经济一体化的进程，并且加强中国及其他亚洲国家和地区的合作，是首个由中国倡议设立的多边金融机构，2015年12月25日，亚洲基础设施投资银行正式成立，总部设在北京，法定资本1000亿美元。2016年1月16日至18日，亚投行开业仪式暨理事会和董事会成立大会在北京举行。截止到2021年10月，亚投行有104个成员国。

亚投行的治理结构分理事会、董事会、管理层三层。理事会是最高决策机构，每个成员在亚投行有正副理事各一名。董事会有12名董事，其中域内9名，域外3名。管理层由行长和 5 位副行长组成。

### 7.4.4　金砖国家新开发银行

2013 年 3 月，第五次金砖国家领导人峰会上决定建立金砖国家新开发银行，成立开发银行将简化金砖国家间的相互结算与贷款业务，为避免在下一轮金融危机中受到货币不稳定的影响，计划构筑的一个共同的金融安全网，可以借助这个资金池兑换一部分外汇用来应急，从而减少对美元和欧元的依赖。

金融危机以来，美国金融政策变动导致国际金融市场资金的波动，对新兴市场国家的币值稳定造成很大影响。中国货币波动较小，但是印度、俄罗斯、巴西、南非等国都经历了货币巨幅贬值，导致通货膨胀。而靠 IMF 救助存在不及时和力度不够的问题，金砖国家为避免在下一轮金融危机中受到货币不稳定的影响，计划构筑一个共同的金融安全网。一旦出现货币不稳定，可以借助这个资金池兑换一部分外汇来应急。

应急储备基金是由中国提出的倡议，主要是为了解决金砖国家短期金融危机，是一种救助机制，不是盈利机制。应急储备基金的象征性意义更大一些。中国和印度的经济仍具有很强的动力。金砖国家的发展就算减速，也比美国的增长速度高 3 倍。

2015 年 7 月 21 日，金砖国家新开发银行（New Development Bank，简称 NDB，新开发银行）开业，总部设在中国上海。金砖开发银行的启动资金是 500 亿美元，资金额由 5 个金砖国家均摊，将来会逐渐增加到 1000 亿美元。储备基金为 1000 亿美元，用于金砖国家应对金融突发事件，其中中国提供 410 亿美元，俄罗斯、巴西和印度分别提供 180 亿美元，南非提供其余的 50 亿美元。

创始成员为巴西、俄罗斯、印度、中国和南非。2021 年 9 月 2 日迎来 3 个新的成员国——阿联酋、乌拉圭和孟加拉国，2023 年 3 月 22 日，埃及正式成为新开发银行成员国。

新开发银行自成立以来已经批准了 11 个贷款项目，总金额超过 30 亿美元。其中，大部分资金投入到了太阳能、风能、小型水电、绿色能源传输等可持续发展项目。到 2023 年，新开发银行已批准的贷款项目总额超过 340 亿美元。

金砖银行与众不同之处就在于它所有的管理、章程、条款等都是基于平等的基础，金砖银行不会由任何一个国家控制。与亚投行不同，金砖银行里五个国家都是各自占了 20% 的投票权，没有哪个国家占到主导权，没有一个国家能够一票否决其他国家的决定。金砖银行与亚投行不是竞争关系，两者都关注基础设施建设项目，只是后者更聚焦在亚洲市场。全球基础设施建设的需求很大，不仅仅是某一个组织可以完全满足，在这样的背景下，金砖银行与亚投行可以共同推进基础设施建设，填补这个巨大的缺口。

**延伸阅读**

**亚投行助推“一带一路”倡议建设多边合作新典范**

（资料来源：华夏经纬网，【潮起东方·中国外交之“一带一路”】亚投行助推“一带一路”建设多边合作新典范，2023. 8. 9）

2023 年 1 月 16 日，亚洲基础设施投资银行迎来开业运营七周年。从 7 年前的 57 个创始成员国到如今拥有来自世界六大洲的 106 个成员，亚投行“朋友圈”何以越来越大？

**A　坚定践行多边主义，同行伙伴越聚越多**

2022 年年底，非洲国家毛里塔尼亚获批加入亚投行。如今，亚投行已拥有 106 个成员，覆盖全球 81%的人口和 65%的 GDP，成为成员数量仅少于世界银行的全球第二大国际多边开发机构。保持开放，始终敞开大门；共促发展，与合作伙伴携手前行。

2022 年，亚投行新成立了融资伙伴关系局，拓宽与全球发展领域机构的友好合作关系。此外，亚投行还同欧佩克国际发展基金、拉丁美洲开发银行、德国复兴信贷银行以及中国进出口银行等机构建立了合作伙伴关系，共同推动解决全球发展问题。

**B　项目越做越多，公信力不断提升**

2018 年，孟加拉国帕德玛巴瑞村首次实现电力接入。7 年来，像这样通过助力基础设施建设、推动当地经济社会发展、改善人民生活的项目，亚投行已累计批准了 202 个，融资总额超过 388 亿美元，带动资本近 1300 亿美元。

在坚定支持亚洲域内成员可持续发展的基础上，2022 年亚投行加大了对域外成员的融资支持力度，首个巴西项目与首个科特迪瓦项目先后获批。七年来，亚投行的项目分布在全球 33 个国家，涉及能源、交通、水务、通信、教育、公共卫生等行业领域。

快速增长的业务规模也在推动亚投行不断扩大全球业务布局。继天津办公室 2021 年设立和启用后，亚投行 2022 年开始筹建在阿联酋首都阿布扎比的首个海外办事处，拓展在中东、中亚、非洲、拉美等地区的投资业务。

得益于良好的业务发展、审慎的风险控制、高标准的内部治理和管理，亚投行始终保持三大国际评级机构给予的最高 AAA 级信用评级。

**C　合作质量越来越高，发展越来越快**

2020 年 9 月，亚投行出台了首个中期发展战略（2021—2030 年），绿色基础设施被列为四大业务重点领域之一。为此，亚投行设立了气候融资目标，即到 2025 年气候融资至少要占核准融资总额的 50%。2022 年，亚投行的全年气候融资尤其显著，占比达到 55%。

勇于开拓创新，响应多元需求。作为国际多边机构大家庭中的新成员，亚投行创新发展理念、业务模式与机构治理，通过灵活多样地发展融资产品，促进互联互通、推动绿色发展。

2022 年 6 月，亚投行在中国银行间市场成功发行 15 亿元可持续发展熊猫债。这是可持续发展债券推出后国际多边机构在中国境内发行的首单可持续发展债券，为境内外投资人提供了高质量人民币资产。

此外，亚投行还根据成员需求第三次扩大“新冠疫情危机恢复基金”规模，为成员有效应对疫情冲击和恢复经济社会发展提供资金支持；同时，新设立了“低收入国家特别基金窗口”，帮助低收入成员提高项目准备和执行能力、降低融资成本。

当前，百年变局与世纪疫情交织叠加，国际格局加速演变，少数发达国家奉行单边主义和“小圈子”政治，多边主义面临一些困难。在此关键时期，亚投行朋友圈不断扩容，成绩单不断更新，不仅彰显了多边主义具有强大生命力，还为国际多边合作注入更多信心和动力。

亚投行是多边合作结出的果实，其本身就是践行多边主义的典范。其一，亚投行不是某个国家或某个股东说了算，而是通过各方协商一致后再付诸行动，这恰恰体现了多边主义的精髓——“大家商量着办”。其二，亚投行建立了一套公开透明的标准和规章制度，明确成员的权利和义务，始终向国际社会敞开大门，这与破坏国际规则的单边主义形成鲜明对比。其三，亚投行的国际化程度非常高，工作人员来自各个国家，建立起多边主义的工作模式，赢得了各个国家的信任。

开业运营近 7 年来，亚投行已与世界银行、亚洲开发银行和欧洲复兴开发银行等签署了联合融资框架协议，共同开展融资项目；与 13 个多边组织和区域金融机构建立了伙伴关系，共同推动解决全球发展问题。

2023 年，亚投行新成立了融资伙伴关系局，旨在进一步强化亚投行与各方务实合作，更好服务域内外成员的发展需求。

打造成为国际多边合作新典范，是亚投行的目标之一。“亚投行将继续支持包括全球发展倡议在内的重要国际倡议，与各方一道，在减贫、抗击新冠疫情、应对气候变化以及推动绿色发展、互联互通、数字经济等领域开展合作，共同探索顺应时代需求的多边方案，为促进全球共同发展、实现联合国 2030 年可持续发展目标作贡献。”金立群说。

## 本章重要概念

世界银行集团　国际货币基金组织　国际复兴开发银行　国际开发协会　国际金融公司
国际清算银行　亚洲基础设施投资银行　金砖国家新开发银行

## 思考练习题

7-1 简述国际金融机构的类型和作用。
7-2 简述国际货币基金组织的资金来源和主要业务活动。
7-3 世界银行的贷款业务有何特点？
7-4 简述亚洲开发银行的资金来源和主要业务。
7-5 简述国际清算银行的宗旨及其业务活动。
7-6 亚洲基础设施投资银行的成立背景是什么？

## 课程思政

### 著名金融学家——姜波克

姜波克教授现任国务院学科评议组成员、教育部经济学科教学指导委员会委员、教育部社会科学委员会委员、中国金融学会常务理事、中国国际金融学会常务理事等职务。他的主要研究方向为国际金融及开放经济下中国的货币政策，撰写并出版了《开放经济下的宏观金融管理》《人民币均衡汇率问题研究——中国经济增长的汇率条件：理论、方法、技术、指标》等专著，姜波克教授在金融学教材建设方面也做出了显著贡献。他编写的《国际金融新编》教材两次获得国家教委推荐教材荣誉，另一本《国际金融学》教材则获得了教育部全国优秀教材一等奖荣誉。这些教材在国内金融学教学中具有广泛的影响力，为培养金融人才提供了优质的教学资源。他在国际金融、汇率理论和政策、开放经济下的宏观经济政策协调等领域有着杰出的贡献。

# 8 国际货币体系

**学习目标：**

- 掌握国际货币体系的概念与作用；
- 了解国际货币体系的划分；
- 理解并掌握布雷顿森林体系的内容及运行；
- 掌握牙买加体系的内容。

随着世界经济的发展，各国之间在经济上的联系日益紧密，但各国在政治上又是独立的，这就需要一种国际货币体系来协调各个独立国家在金融、贸易和投资方面的经济关系，促进世界经济的发展。国际货币制度是国际货币关系的集中反映，它构成了国际金融活动的总框架。各国之间的货币金融交往，在各个方面都要受到一定的制度制约。国际货币制度是国际金融学的核心，它的作用是从贸易和金融方面联系世界经济，协调各国独立国家的经济活动，促进贸易和支付的顺利进行，加速国际贸易和信贷的发展。

## 8.1 概 述

### 8.1.1 国际货币体系的含义

所谓体系是指有组织的整体，它含有一定的组织形式或者有计划发展的意思，一种体系可以是体制和习惯的缓慢发展的结果。在相互联系的体制和习惯形成以后，一定的活动方式就会得到公认。当越来越多的参与者遵守某些程序而给予法律的约束力时一种体系便形成，国际金铸币本位制的产生就属于这种形式。在另外一些情况下，一种体系也可以在很短的时期内经过国际性会议建立起来。这种体系经常要随着时间的推移而得到修正和发展，其最终形式和内容往往会不同于原来所设计的，国际金汇兑本位制和布雷顿森林体系的产生和发展就属于这种形式。

国际货币体系是指在世界范围内确立的、得到多国承认的货币运行规则及相应的组织机构。它是以主导货币为中心的国际汇率、国际清算和国际储备的体系。

这里的货币运行规则是指货币材料及发行对象为安排及储备调整的制度的规定，国际货币体系也可以理解为“一组支配国家间货币和金融关系的规则和协定”，目前这些规则体现在主权国家组成的国际组织——国际货币基金组织和世界银行的协定中。

国际货币体系管理包括如下内容。

（1）各国货币比价的确定。根据国际交往与国际支付的需要，以及使货币在国际范围发挥世界货币职能，各国政府要规定本国货币与外汇货币之间的比价、货币比价确定的依据、货币比价波动的界限、货币比价的调整、维护货币比价采取的措施以及是否采取多元化比价。

（2）各国货币的兑换性以及国际结算的原则。一国货币能否自由兑换、在结算国家之间发生债权债务时采取何种结算方式、对支付是否予以限制。

（3）国际收支的调节方式。当出现国际收支不平衡时，各国政府应采取何种方式弥补这一缺口、各国之间的政府措施又如何相互协调。

（4）国际储备资产的确定。为平衡国际收支和稳定汇率的需要，一国必须要保存一定数量的、为世界各国普遍接受的国际储备资产。国际储备的种类、数量和构成是国际货币制度的一项重要内容。

（5）黄金、外汇的流动与转移是否自由，各国在不同时期有不同的规定和限制措施。

### 8.1.2　国际货币体系的作用

从世界经贸往来以货币为媒介开始，世界经济的发展与稳定就与货币问题紧紧地联系在一起。理想的国际货币体系应该能够促进国际贸易和国际资本流动的发展，具体讲国际货币体系有三大任务。

（1）能够提供足够的国际清偿力。国际清偿能力应保持与世界经济和贸易发展相当的增长速度。过快的增长会加剧世界性的通货膨胀，而过慢的增长会导致世界经济和贸易的萎缩。而且要规定国际货币及其同各国货币相互关系的准则，如当确定黄金和特别提款权为世界清算和支付手段的来源时，国际货币体系必须就黄金或特别提款权与其他国际货币和各国货币的比价关系和兑换方式作出规定。此外，对黄金和特别提款权本身的定价方式、运动范围和方式等也要作出具体的规定。

（2）确定国际收支的调节机制，以确保世界经济的稳定和各国经济的平衡。发展调节机制首先包括汇率机制。国际货币体系要根据世界经济形势和各国的经济状况确定世界范围的汇率制度；同时还包括对逆差国的资金流通机制，即当某国发生国际收支逆差时，能在什么样的条件下从何处获得资金及资金的数量和币种，以弥补其国际收支逆差，避免采取不必要的调节措施或有损别国的政策；此外还包括对国际货币发行国的国际收支纪律约束机制。如果对国际货币发行国没有适当的约束机制，那么它可能为达到某种本国的目的而持续性地保持国际收支逆差和输出纸币。国际货币供应的持续增长可能会引起世界性的通货膨胀，破坏国际金融领域的稳定。

（3）确立有关国际货币金融事务的协商机制或建立与工作协调和监督机构。双边磋商已不能解决所有的问题，因此必须要建立多边的、带有一定权威性的国际货币金融机构以监督各国的行为、提供磋商的场所、制定各国必须共同遵守的基本行为准则，并在必要时提供帮助。

### 8.1.3　国际货币体系的划分

国际国内体系可以从储备资产的保有形式和汇率制度的形态两个角度进行区分。

储备货币或本位货币是国际货币体系的基础。根据国际储备划分，有金本位制度、金汇兑本位制度和信用等位制度。金本位制度是指只以黄金作为国际储备资产和国际本位货币的货币体系；金汇兑本位制度是指同时以黄金和可直接自由兑换的货币作为国际储备资产的货币体系；信用本位制度是指只以外汇作为国际储备资产，而与黄金没有任何联系的货币体系。

汇率制度是国际货币制度的核心，以汇率制度分类可以有固定汇率制度和浮动汇率制度。然而有时也可以同时利用国际储备货币和汇率制度来作为国际货币制度分类的标准，如金本位条件下的固定汇率制度、以不兑现的纸币为本位的固定汇率制、以黄金和外汇作为储备的可调整的固定汇率制度或管理浮动汇率制度，以及完全不需要保有国际储备资产的纯粹自由浮动汇率制度。

### 8.1.4 国际货币体系的演变

迄今为止，从世界范围来说，先后存在过两个类型的国际货币体系：国际金本位货币体系和第二次世界大战后初期建立并于20世纪70年代初崩溃的布雷顿森林体系。

世界上首次出现的国际货币制度是国际金本位制。1816年5月，英国议会通过《铸币法》，英国首先实行金币本位制度；1871年，德国开始实行金币本位制；1879年，美国恢复金本位制，同年奥匈帝国也实行了金本位制，此时一个国际金币本位体系基本形成。在这种制度下，黄金充当国际货币，各国货币之间的汇率由它们各自的含金量比例决定，黄金可以在各国间自由输出输入，在"黄金输送点"的作用下，汇率相对平稳，国际收支具有自动调节的机制。稳健的运作在第一次世界大战中被中断，战争一方面让法币（法定货币）走上历史舞台，一方面改变了黄金存量的分布，实为国际金本位消亡的开始，从1879年到1914年，"黄金时代"持续了35年左右，稳定、健全的货币制度至今都让人们魂牵梦绕。

在国际金本位体系中，世界上各个主要国家几乎全都实行金币本位货币制度，金币自由铸造，自由兑换，自由流通，黄金成为国际货币，黄金跨国的自由流动可以解决国际收支失衡问题（黄金储备也解决部分问题），也保障着各国相对稳定的汇率（汇率投机进一步加速了汇率的稳定），自由流动的黄金通过对世界物价水平调节而调节黄金的供应量，例如世界货币供应量过剩，物价水平上升，黄金的开采费用增加会导致黄金产量降低。

一切不均衡因素都将在自发的调整状态中实现均衡，且均衡一旦实现便有持续自我维持的内在动力，然而稳定健全的贸易发展被急速蔓延的战火所替代，政治和文化的差异最终瓦解了这种国际货币制度，战争使物资的消耗达到极限，政府印制法币筹集物资成为必然，而战争最大的破坏在于黄金存量的分布，黄金从此不能再自由流通，一切自我调节的机制失效，金本位的根基已经被动摇，其消亡也就指日可待了。

由于1914年第一次世界大战开始，各参战国纷纷禁止黄金输出，纸币停止兑换黄金，国际金本位制受到严重削弱，之后虽改行金块本位制或金汇兑本位制，但因其自身的不稳定性都未能持久。在1929—1933年的经济大危机冲击下国际金本位制终于瓦解，随后，国际货币制度一片混乱，直至1944年重建新的国际货币制度——布雷顿森林体系。

第二次世界大战开始后，资本主义世界各国都出现了剧烈的通货膨胀。战后，欧洲各国经济实力大大削弱，美国成为世界第一大国，黄金储备迅速增长，约占当时资本主义各国黄金储备的3/4。西欧各国为弥补巨额贸易逆差需要大量美元，出现了"美元荒"。国际收支大量逆差和黄金外汇储备不足，导致多数国家加强了外汇管制，对美国的对外扩张形成严重障碍，美国力图使西欧各国货币恢复自由兑换，并为此寻求有效措施。

1944年7月在美国新罕布什尔州的布雷顿森林召开由44国参加的“联合国联盟国家国际货币金融会议”，通过了以“怀特计划”为基础的《国际货币基金协定》和《国际复兴开发银行协定》，总称《布雷顿森林协定》。这个协定建立了以美元为中心的资本主义货币体系。

## 8.2　布雷顿森林体系

在第二次世界大战还没有结束的时候，同盟国即着手拟订战后的经济重建计划，希望能够避免两次大战之间的那种混乱的世界经济秩序。重建计划主要由英美两国推动，其目标在于寻求国际的经济合作和全球经济问题解决。1944年7月，44个国家的300多位代表出席在美国新罕布什尔州布雷顿森林市召开的国际金融会议商议重建国际货币制度。在这次会议上产生的国际货币体系因此被称为布雷顿森林体系。根据会议协议条款所成立的国际货币基金组织则是布雷顿森林制度赖以维持的基本运行机构，布雷顿森林体系的产生是战后国际货币合作的一个成功事例。

### 8.2.1　布雷顿森林体系的建立

第二次世界大战使主要西方国家之间的力量对比发生了巨大的变化，英国在战争期间受到了巨大的创伤，经济遭到严重破坏，而战争结束时，美国的工业制成品占世界工业制成品的一半，美国的对外贸易占世界贸易总额的1/3以上，国际投资急剧增长，已成为资本主义世界最大的债权国。英美两国政府都从本国的利益出发设计新的国际货币制度，于1943年4月7日分别发表了各自的方案，即英国的“凯恩斯计划”和美国的“怀特计划”。

#### 8.2.1.1　“凯恩斯计划”

“凯恩斯计划”是英国财政部顾问凯恩斯拟订的“国际清算同盟计划”。它是从英国利益出发，基于英国当时负有巨额外债、国际收支发生严重危机以及黄金储备陷入枯竭的情况提出的方案。凯恩斯主张采取“透支原则”，其要点如下所述。

(1) 设立一个世界性的中央银行叫“国际清算同盟”，由该机构发生一种名为“班科”(Bancor)的国际货币作为清算单位，“班科”与黄金直接挂钩并规定其含金量，而且各国货币又直接同“班科”相联系，与“班科”保持可调整的固定汇率。但是，改变汇率必须经过一定的程序，不能进行单方面的竞争性货币贬值。

(2) 各国在国际清算同盟中开设往来账户，通过“班科”存款账户的转账来清算各国官方的债权债务。当一国国际收支发生顺差时将其盈余存入账户。发生逆差时按规定的份额申请透支和提存。透支是有限度的，各国透支总额为300亿美元。清算后，一国的借贷余额超过份额一定比例时，无论顺差国还是逆差国都有责任对国际收支进行调节。

(3)“国际清算同盟”总部设在伦敦和纽约两地，理事会在英美两国轮流举行。“凯恩斯计划”实际上主张恢复多边清算，取消双边结算，但不主张干涉“英镑区”以维护英国的利益。

#### 8.2.1.2　“怀特计划”

“怀特计划”是美国财政部长助理怀特拟订的“国际稳定基金计划”。该计划是从美国作为世界最大债权国、国际收支具有大量顺差、拥有巨额黄金储备等有利条件出发，而提出来的方案。怀特主张采取“存款原则”其要点如下所述。

（1）建议设立“国际货币稳定基金”，资金总额至少为50亿美元，由会员国按照规定的份额以黄金、本国货币和政府债券缴纳。份额的多少根据会员国的黄金外汇储备、国际收支以及国民收入等因素决定，并且根据缴纳份额来确定各国的投票权。基金的办事机构设在拥有份额最多的国家。

（2）基金组织发行一种国际货币名字叫“优尼它”（Unita）作为清算单位，其含金量为137又1/7格力相当于10美元。“优尼它”可以兑换黄金，也可在会员国之间转移。各国货币则与“优尼它”之的规定固定比价，未经基金会员国3/4的投票权通过会员国货币不得贬值，从而保持汇率稳定。同时，取消双边结算、外汇管制和复汇率等歧视性措施。

（3）会员国的国际收支发生临时困难时，可用本国货币向组织申请购买所需要的外币，但数额最多不得超过其向基金组织认缴的份额。可见，美国企图由它来控制“国际稳定基金”，通过基金迫使其他会员国的货币钉住美元，剥夺其他国家货币贬值的主动权，解除其他国家的外汇管制，为美国的对外扩张与建立美元霸权扫清道路。

“凯恩斯计划”与“怀特计划”提出后，英美两国政府代表团在双边谈判中展开了激烈的争论，最后美国以其在政治、经济和金融方面的压倒之势，迫使英国放弃“国际清算同盟计划”而接受美国的方案。同时，美国也对英国做出一些让步，双方于1944年4月达成了基本反映“怀特计划”的《关于设立国际货币基金的专家共同声明》。这时，美国认为时机已经成熟，遂于5月邀请筹建联合国的44国政府代表在美国新罕布什尔州的布雷顿森林市举行“联合国货币及金融会议”，经过三周的激烈讨论于同年7月通过了以“怀特计划”为基础的《国际货币基金协定》和《国际复兴与开发银行协定》，统称“布雷顿森林协议”，从而确立了以美元为中心的布雷顿森林国际货币体系。

### 8.2.2 布雷顿森林体系的主要内容和运行

#### 8.2.2.1 主要内容

布雷顿森林体系的主要内容是以作为国际协议的《国际货币基金协定》的法律形式固定下来的。

A 建立了一个永久的国际金融机构

即国际货币基金组织，它旨在促进国际货币合作。国际货币基金组织是战后国际货币制度的核心，该组织的各项规定构成了国际金融领域的基本秩序，它对会员国融通资金，在一定程度上维持着国际金融形势的稳定。

B 规定了以美元作为最主要的国际储备货币，实行美元—黄金本位制

美元直接与黄金挂钩，规定每盎司黄金等于35美元，各国政府或中央银行随时可用美元向美国按官价兑换黄金。另外，其他国家的货币与美元挂钩，规定与美元的比价，从而间接与黄金挂钩。各国货币均与美元保持固定汇率，但在出现国际收支基本不平衡时，经国际货币基金组织批准可以进行汇率调整，因此布雷顿森林体系下各国实行的汇率制度被称为“可调整的固定汇率制”。

C　国际货币基金组织向国际收支赤字国提供短期资金融通，以协助其解决国际收支困难

国际货币基金组织协定第 3 条规定会员国份额的 25%以黄金或可兑换黄金的货币缴纳，其余部分则以本国货币缴纳。会员国在需要国际储备时，可用本国货币向国际货币基金组织按规定程序购买一定数额的外汇，将来在规定的期限内以用黄金或外汇购回本币的方式偿还借用的外汇资金。

会员国认缴的份额越大，投票权越大，同时借款能力也就越强。由于第二次世界大战结束之时，大部分国家的国际储备存量有限，所以国际货币基金组织基本上是由美国控制的。普通资金账户是国际货币基金组织最基本的贷款类型，它只限于弥补国际收支赤字。根据国际货币基金组织最初的规定，会员国借用普通资金，在任何一年之内不得超过其份额的 25%，五年之内累计不得超过其份额的 125%。国际货币基金组织在审查和发放贷款时是很严格的，要求会员国提供大量的资料，并针对各国的具体情况提出不同的要求。

D　废除外汇管制

国际货币基金组织协定第 8 条规定会员国不得限制经常性支付或转移，不得采取歧视性的货币措施，要在兑换性的基础上实行多边支付，但有三种情况可以例外：（1）国际货币基金组织不允许成员国政府在经常项目交易中限制外汇的买卖，但容许对资本移动实施外汇管制。（2）会员国在处于战后过渡时期的情况下，可以延迟履行货币可兑换性的义务。国际货币基金组织当初希望废除经常项目外汇管制的过渡时期不超过 5 年，但实际上直到 1958 年年末主要工业化国家才取消了经常账户的外汇管制，恢复了货币的自由兑换，并且直到今天，成员国当中只有 50 多个国家遵守此条款，外汇管制在发展中国家仍然相当普遍。（3）会员国有权对“稀缺货币”采取暂时性的兑换限制。

E　制定了稀缺货币条款

当一国国际收支持续盈余，并且该国货币在国际货币基金组织的库存下降到期份额的 75%以下时国际货币基金组织将该国货币宣布为“稀缺货币”。于是国际货币基金组织可以按赤字国家的需要对该货币实行限额分配，其他国家有权对稀缺货币采取临时性限制兑换，或限制进口该国的商品和劳务。这一条款的设置是希望盈余国主动承担调整国际收支的责任，但是这个条款并未真正得到实施，在布雷顿森林体系条件下，国际收支失衡的调整负担仍然不对称。

8.2.2.2　布雷顿森林体系的运行情况

A　可兑换黄金的美元本位

布雷顿森林体系可以说是一种金汇兑本位制度，实际上是美元充当了国际储备货币被广泛地用作国际的计价单位。美元之所以能代替黄金执行国际货币的职能是它可以兑换黄金，并且使用美元比使用黄金更为方便有利。第二次世界大战以后，世界市场上许多商品（如石油等初级原材料商品）都用美元计价。在国际贸易中，大部分交易都用美元结算。在外汇市场上，美元是主要的干预货币。在国际资本市场上，美元债券的发行占了绝大部分。各国中央银行持有的外汇储备也主要是美元。而且在 20 世纪 50 年代和 60 年代初，美国国内的通货膨胀率不高，物价水平比较稳定，持有美元不至贬值而且有利息收入，所以储存美元比储存黄金有利。

在布雷顿森林体系中，美元的供给主要是通过美国的国际收支赤字来提供。在第二次世界大战结束后最初的十几年内，各国都要从战争废墟中恢复，需要进口美国商品，但又缺乏美元来支付，所以形成了“美元荒”，各国政府都需要积累美元。在20世纪50年代中期以前，美国的国际收支赤字扩大了美元供给，缓和了国际储备短缺的矛盾。然而在1958年以后，美国国际收支的持续恶化使各国政府手中持有的美元数量激增，国际储备问题已由美元短缺失衡渐渐转变为美元过剩失衡，从而使布雷顿森林体系出现裂痕。

美国对布雷顿森林体系有两个基本的责任：第一是要保持美元按固定官价兑换黄金维持各国对美元的信心；第二是要提供足够的国际清偿力即美元。然而这两个问题，即信心与清偿力是有矛盾的，美元供给太多就会有不能兑换黄金的危险从而发生信心问题，而美元供给太少就会发生国际清偿力不足的问题。美国耶鲁大学教授特里芬在1960年出版的《黄金与美元危机》一书中第一次指出了布雷顿森林体系的这一根本缺陷，即通常所说的“特里芬两难”。简单地说，就是要满足世界经济和国际贸易增长的需求，国际储备必须有相应的增长，而这必须由储备货币供应国美国的国际收支赤字才能完成，但是各国手中持有的美元数量越多，则对美元与黄金之间的兑换关系越缺乏信心，并且要将美元兑换成黄金。这个矛盾终将使布雷顿森林体系无法维持。

从“特里芬两难”可以推论，如果能在美元以外寻求国际储备的适度增长，布雷顿森林体系的流动性不足和信心的矛盾就可以得到缓和。在20世纪60年代中期以后，美元的泛滥使国际对美元的信心日益降低，所以有人提出要创造一种符合货币单位来代替美元的增长。以后在1970年国际货币基金组织首次发行了特别提款权，第一次的分配额为51亿美元，1971年在会员国总共1301亿国际储备资产总额中特别提款权不过只有64亿美元，所以直到布雷顿森林体系崩溃时，美元一直是占统治地位的国际储备资产。

B 可调整的固定汇率

布雷顿森林体系是固定汇率制度，每一会员国都规定其货币与美元的平价汇率，再通过美元与黄金之间的固定平价关系间接与黄金建立联系，进而决定各成员国货币彼此之间的平价关系。国际货币基金组织规定各会员国货币与美元的汇率如发生波动，范围不得超过平价的±1%，超过时，除美国外每个会员国的中央银行均有义务在外汇市场买卖黄金和本国货币，以维持本国货币同美元汇率的稳定。另外，按照国际货币基金组织的规定，如果一国的对外收支发生“根本性国际收支不平衡”是可以向国际货币基金组织申请调整其货币与美元的评价关系，而不必紧缩或膨胀国内经济。实际上，在平价10%以下的汇率变动是可以自行决定，而无需国际货币基金组织批准。如果为10%~20%，则需要国际货币基金组织批准。所以这种固定汇率是可调整的，但是国际货币基金组织对什么是“根本性国际收支不平衡”始终没有明确的规定。

在实际运作之中，成员国汇率调整的情况是很少见的。1949年9月，英镑曾做过大幅度的贬值，从1：4.02美元贬值到1：2.8美元，欧洲和原英镑区一些国家的货币也跟着贬值，这次贬值主要是英国和其他许多欧洲国家对美国国际收支赤字太大，不得不进行调整以免币值被高估。1949—1966年，主要国家货币之间的汇率没有怎么调整。此后英镑在1967年、法郎在1969年贬值，德国马克在1961年和1969年有两次很小的升值。这与布雷顿森林体系设计者们原来的构想不一致，在这时期并不是没有发生过国际收支的“根本性不平衡”，而是调整汇率有种种困难。

20 世纪 60 年代，美国的国际收支赤字很大，国内通货膨胀严重，各国都认为如果要全面调整汇率，美元应率先贬值，即调整美元与黄金的比价，但是美国却认为美元是基准货币，其他国家有责任维持汇率的稳定，美国不能主动变更平价。所以，美国主张各主要盈余国（如日本、西德、荷兰等国）应当主动将其货币对美元升值。对于美国的这种观点各国深为不满，它们认为美国的国际收支赤字是过度的财政赤字和通货膨胀所致，美国应对此负责。同时，也没有任何盈余国愿意率先将货币升值而使自己的国际竞争力下降。所以，在布雷顿森林体系时期，各国货币的汇率是相当稳定的，偶有变动也贬值多于升值，可调整的固定汇率实际变成了固定汇率制。

C　对国际收支的调节

根据布雷顿森林协定，国际收支的失衡有两种方法调节：一是短期的失衡，由国际货币基金组织提供的信贷资金解决；二是长期的失衡，通过调整汇率平价来解决。但是在实际运行中，两种方法的效用都不大。国际货币基金组织通过配额筹集的资金规模有限，面对众多会员国巨额的国际收支失衡如同杯水车薪，解决不了多少问题。另外，如前所述，在布雷顿森林体系下汇率调整的情况不多见。事实上，在布雷顿森林体系运行的 20 多年间，国际收支大面积失衡的问题始终没有得到解决。

在第二次世界大战结束后的初期，欧洲各国的经济均受到严重的破坏，只有美国具有大规模的生产和出口的能力，因而国际收支失衡状况是美国盈余，其余国家普遍赤字，国际储备严重短缺。对于这种严重的失衡，国际货币基金组织的少量有限贷款自然无济于事，而实行各国货币对美元贬值也收效不大，因为赤字国此时进口需求弹性和出口供给弹性都很低。为了解决“美元荒”的难题，美国、加拿大和一些国际组织为西欧各国提供了大量贷款和援助，其中就有 1947 年实施的著名的“马歇尔计划”。通过这个计划，美国为欧洲国家提供了大量无偿经济援助，以赠予和贷款的形式提供了 130 多亿美元，使得欧洲各国能支付从美国的进口。“马歇尔计划”实现了美元的回流，解决了国际收支失衡的难题。在美国的援助下，西欧和日本的经济开始恢复，并逐渐增长，美国的收支盈余也相应减少，再加上 1949 年英镑和其他一些货币的贬值，从 1950 年开始，美国的国际收支开始出现赤字。但在 1958 年以前，国际储备状况基本上还是短缺状况，各国乐于积累手中的美元，没有发生美元的信心问题。到 1958 年，西欧各国已积累了足够的美元，于是解除了经常账户交易外汇管制，货币开始自由兑换。

20 世纪 60 年代以后，“美元荒”变成了“美元灾”。美国持续的国际收支赤字引起了主要国家普遍的不满，其中尤以法国总统戴高乐的言辞最为激烈。他认为美国享有“过分的特权”，它的国际收支赤字实际上无需纠正，可以用增加短期债务的方法来弥补，这无异于用借条来换取国外的商品和劳务。在布雷顿森林体系条件下，美国以外的其他国家若出现国际收支赤字，无论什么原因都应毫无选择地必须采取纠正措施。为了维持固定汇率，国内经济必将受到影响。如英国在遇到赤字英镑疲软时，为了维护汇率的稳定，不得不在外汇市场上用美元购汇英镑，并在国内实行紧缩银根、提高利率的货币政策，这导致了国内经济停滞、失业增加。此时政府又不得不改用扩张的政策来刺激生产、增加就业，这又导致物价上升，国际收支发生逆差。同时，扩张性的货币政策会降低利率，导致资金外流，进一步扩大国际收支赤字，于是又不得不回到紧缩性的货币政策。这样英国经济一直陷于政策松松紧紧，经济停停走走的困境。又如在20世纪50年代，西德经济得到全面恢复后，国际收支常常处于盈余状态，而西德政府不愿意让马克升值，减少出口，引起国内失业增加。为了维持固定汇率不让马克上涨，于是西德政府不得不在外汇市场上抛出马克购进美元，这样又使得国内货币供应量增加，发生通货膨胀，因此有人说西德的通货膨胀是从美国输入的。

布雷顿森林协定中原定有“稀缺货币条款”以便赤字国和盈余国共负调节汇率的责任。但是在第二次世界大战后初期，美元严重短缺时都无法引用此条款限制美国出口，那么要在20世纪60年代动用此条款对付西德和日本，政治上也自然行不通，所以“稀缺货币条款”形同虚设。于是，在20世纪60年代日益严重的国际收支失衡状态中出现赤字的国家（如美国）不愿贬值，盈余的国家也不愿意升值，国际收支的调整无法顺利地进行，失衡因此持续下去，最终酿成美元危机的总爆发。

8.2.2.3 布雷顿森林体系的崩溃

在布雷顿森林体系运行期间，美元经历了三次大的危机，最终导致该体系崩溃。

1960年爆发了第一次美元危机。由于美国的国际收支长期赤字导致相对性美元过剩，有些国家拿美元要求美国政府兑换黄金，使得美国的黄金储备额下降，国内美元供给量加大。此外，美国对外短期债务激增，致使人们纷纷抛售美元抢购黄金。为了保持美元的可兑换性和固定汇率制，美国采取了一些拯救的措施：（1）“互惠信贷协议”，利用对方货币来干预外汇市场和稳定汇率。例如当时美元相对马克有贬值趋势，美国遂向德国借用马克在市场上进行抛售，并收购美元，然后再逐步归还马克。（2）“借款总安排”，由十国出资向美国借出各国货币，美国可通过借款缓和危机。（3）“黄金总库协议”，由八个国家共同出黄金以维持黄金价格的稳定和布雷顿森林体系的正常运转，即用其他国家的黄金来补充美国黄金不足。这些措施治标不治本，都具有局限性。

1968年爆发了第二次美元危机。越南战争的爆发使得美国国内通货膨胀严重，美元对内不断贬值，对外不断扩张，输出急剧增加。美元对黄金的固定比价又一次受到严重怀疑。由此美国采取的纠正措施有：（1）“黄金双价制”，黄金在官方市场上仍然保持1盎司兑换35美元的价格，而在私人市场上则由供求关系来决定黄金的真实价值。“黄金双价制”实际上意味着以黄金—美元为中心的布雷顿森林体系的局部崩溃。（2）创设特别提款权，旨在节约黄金和美元，补充国际储备资产，使黄金—美元本位制向黄金—美元/特别提款权本位转变。

1971年爆发了第三次美元危机。当时外汇市场上投资者大量抛售美元抢购黄金和其他硬通货，使得黄金价格暴涨到第二次世界大战后历史上最高点1盎司黄金兑换约186.50美元。尼克松政府于1971年8月15日宣布实行“新经济政策”具体规定：（1）停止美元与黄金的兑换，对进口商品增收10%的临时附加税以限制进口，并压迫联邦德国和日本等国实行货币升值；（2）12月18日，“十国集团”达成“史密森氏协议”，即美元对黄金比价贬值到1盎司兑换38美元，日元、马克等货币对美元升值，取消10%的进口附加税，将汇率波动的允许幅度从原来的平价±1%扩大到±2.25%。1973年2月，布雷顿森林体系彻底崩溃后，国际货币金融领域曾一度陷入混乱和无序。

## 8.3　国际货币体系改革

1973 年，“史密森氏协议”崩溃以后，国际自然形成了目前的以美元为中心的多元化储备和有管理的浮动汇率制度。最初大部分人认为这种制度只能是一种过渡性的制度，新的国际货币制度不久就会形成。然而现在看来这种似乎“没有体制的体制”的确有其优越性的一面，在 20 世纪 70 年代和 80 年代的世界经济和国际金融剧烈动荡中，居然没有显示出解体的迹象。但是这种制度毕竟是不稳定的，随着国际贸易和国际金融的发展，以及世界经济一体化趋势的不断加强，这个体系的弊端也必然越来越明显，它不可能永远地延续下去，国际货币改革的进程虽然缓慢，但是步伐却一直没有停顿。

### 8.3.1　国际货币体系改革的建议

实际上自 20 世纪 60 年代美元危机不断爆发以来，针对布雷顿森林体系的缺陷而提出的有关国际货币体系改革的方案和建议可以分为三类。

第一类是最主要的，是关于本位货币和储备货币的问题：(1) 建议让国际货币基金组织向世界中央银行的方向转化，由它来创造并发行一种由国际管理的国际货币，以满足世界各国对清偿力增长的需求；(2) 建议将金价提高两倍，以此刺激黄金的生产，保证世界黄金储备的增长，恢复金本位制度；(3) 改进金汇兑本位制，或实行美元本位制，或实行商品性储备通货本位制等。

第二类关于汇率制度的改革建议主张主要有：(1) 实行浮动汇率制，以汇率浮动来代替储备运用，由此不但可以减少美元的输出，还有利于自由竞争和国际贸易的发展；(2) 实行爬行钉住汇率制度，在短期内将汇率钉住某种平价，但根据一组选定的指标频繁的、小幅度的调整所钉住的平价，这是一种比较有影响的汇率制度改革建议；(3) 实行复合汇率制，各国根据自己的情况采用恰当的汇率制度；(4) 实行汇率目标区或宽幅波动汇率，为汇率波动的幅度作出一定的规定，当汇率波动超出范围时政府再实行干预。旨在扩大汇率的灵活性的同时，又保持汇率的相对稳定性。

第三类是与国际货币基金组织有关的改革建议：(1) 建立“替换账户”，即在国际货币基金组织设立一个专门账户，发行一种特别提款权存单。各国中央银行可将手中多余的美元储备折成特别提款权存入该账户内，再由国际货币基金组织用吸收的美元投资于美国财政部发行的长期债券，所得利息收入返还给“替代账户”的存款者。这样可以吸收过剩的美元储备供给，并且能借以提高特别提款权的国际储备地位。但实际上“替换账户”的作用很小，没有产生预期的效果。结果自 1980 年后，这一改革建议被无限期地搁置起来。(2)“联系制”方案。把基金组织新创造的特别提款权与对发展中国家的开发援助相联系，直接分配给发展中国家，或者拨给开发机构由他们援助给发展中国家，抑或由发达国家自愿转赠给发展中国家。但经过多年的争论，最后终究未能被国际货币基金组织所采纳。

### 8.3.2　改革过程

#### 8.3.2.1　国际货币体系改革的第一阶段

1964 年 8 月，“十国集团”建立了以意大利代表奥索拉为首的研究小组，该小组于

1965年8月提出了"建立新储备资产的报告"，尽管该文件因各国意见分歧而未能提出实质性的改革意见，但它表明在基本组织框架内国际货币改革的开始。在1967年9月基金组织的年会上，正式通过了"国际货币基金组织特别提款权大纲"，1968年4月期间组织执行董事会通过基金组织协定的修正案，并经会员国代表的投票，正式通过特别提款权的建立及基金组织协定的修正案。1969年该修正案正式生效，特别提款权也正式建立。至此，国际货币改革的第一阶段结束。

在这一过程中充满着各种各样的矛盾。英美两国主张建立新的储备资产作为美元、英镑和黄金的补充，以适应世界贸易增长的需要。以法国为首的西欧国家提出要建立一种以黄金为基础的储备货币单位来取代美元和英镑，美国应对本国的国际收支逆差负责。经过多年的斗争和讨价还价，最后还是法国做出了让步。发展中国家就其在世界货币金融事务上的发言权及改革如何同建立公正的国际经济新秩序相联系等问题与发达国家有很大的矛盾。

8.3.2.2 国际货币体系改革的第二阶段

1971年12月18日达成的"史密森氏协议"存在几个问题：（1）让美元对黄金贬值，但没有解决两者之间的兑换性问题；（2）协议表现了要建立一个新的货币体系的意图，但未能在要建立什么样的货币体系上达成共识。

为了解决"史密森氏协议"未能解决的问题，推动国际货币体系的改革，国际货币基金组织成立了"二十国委员会"（由"十国集团"、澳大利亚以及9名发展中国家的代表组成）来进一步研究国际货币改革及有关问题。然而从1972年起，世界金融领域发生了这样几件大事：英镑和里拉从1972年起实行浮动汇率；1973年2月美元第四次发生危机大幅贬值，致使"史密斯氏协议"无法实行；自1973年起资本主义发达国家发生了比较严重的通货膨胀和经济衰退，进入了所谓的停滞时期；1973年10月石油输出国组织大幅度提高油价，石油进口国因此发生了严重的国际收支逆差、金价发生剧烈波动，市场价格由每盎司43.63美元上涨到186.5美元。面对这种情况，"二十国委员会"无法就国际货币改革的一系列重大问题作出实质性的决策。因此，1974年"二十国委员会"向国际货币基金组织递交了一份《第一次改革大纲》（以下简称《大纲》）的报告后就宣告结束。《大纲》的主要内容包括反映委员会有关国际货币体系今后发展方向的一致建议和看法，并勾画了国际货币体系的大致演进方向和未达此目的，而应立即采取的某些具体步骤。第一次正式承认了发展中国家在国际货币体系改革中的特殊利益，强调了布雷顿森林体系崩溃后国际货币合作的重要性，该改革大纲在国际货币体系改革史上占有重要地位。

### 8.3.3 牙买加协议

1974年9月，国际货币基金组织成立了"国际货币制度临时委员会"接替"二十国委员会"的工作专门研究和实施国际货币改革。1976年1月，在牙买加首都金斯顿达成了一个协议称为"牙买加协议"，同年4月，国际货币基金组织理事会通过了国际货币基金组织协定的第2次修正案，从而形成了国际货币关系的新格局，国际货币体系进入了一个新的阶段——牙买加体系。协议的要点如下。

（1）浮动汇率合法化。会员国可以自由选择任何汇率制度，可以采取自由浮动或其他形式的固定汇率制度。但会员国的汇率政策应受国际货币基金组织的监督，并与国际货币基金组织协商。国际货币基金组织要求各国在物价稳定的条件下寻求持续的经济增长，稳定国内的经济以促进国际金融的稳定并尽力缩小汇率的波动幅度，避免操纵汇率来阻止国际收支的调整或获取不公平的竞争利益。“牙买加协议”还规定实行浮动汇率制的会员国根据经济条件应逐步恢复固定汇率制度。在将来世界经济出现稳定局面以后，经国际货币基金组织总投票权 85%多数票通过，可以恢复稳定的但可以调整的固定汇率制度。这部分条款是将已经实施多年的有管理的浮动汇率制度予以法律上的认可，但同时又强调了国际货币基金组织在稳定汇率方面的监督和协调作用。

（2）黄金非货币化。废除黄金条款，取消黄金官价。各会员国中央银行可按市价自由进行黄金交易，取消会员国相互之间以及会员国与国际货币基金组织之间必须用黄金清算债权债务的义务。国际货币基金组织持有的黄金应逐步加以处理，其中 1/6 按市价出售，以其超出官价部分作为援助发展中国家的资金。另外 1/6 按官价由原缴纳的会员国买回。其余部分约 1 亿盎司根据总投票权的 85%作出决定处理，向市场出售或由各会员国购回。

（3）提高特别提款权的国际储备地位。修订特别提款权的有关条款以使特别提款权逐步取代黄金和美元而成为国际货币制度的主要储备资产。协议规定各会员国之间可以自由进行特别提款权交易，而不必征得国际货币基金组织的同意。会员国与国际货币基金组织之间的交易以特别提款权代替黄金。国际货币基金组织一般账户中持有的资产一律以特别提款权表示。在国际货币基金组织一般业务交易中扩大特别提款权的使用范围，并且尽量扩大特别提款权的其他业务使用范围。另外国际货币基金组织应随时对特别提款权制度进行监督，适时修改或增减有关规定。

（4）扩大对发展中国家的资金融通。用出售黄金所得收益设立了“信托基金”。以优惠的条件向最贫穷的发展中国家提供贷款或援助，解决它们的国际收支困难问题。扩大国际货币基金组织信贷部分贷款的额度，由占会员国份额的 100%增加到 145%，并放宽“出口波动补偿贷款”的额度，由占份额的 50%提高到 75%。

（5）增加会员国的基金份额。各会员国对国际货币基金组织所缴纳的基金份额由原来的 292 亿特别提款权增加到 390 亿，特别提款权增加了 33.6%。各会员国应缴纳份额所占的比重也有所改变，主要是石油输出国的比重提高一倍，由 5%增加到 10%，其他发展中国家的维持不变，主要西方国家除西德和日本略增以外都有所降低。

## 8.4　对当前国际货币体系的评价

牙买加体系除保留并加强了国际货币基金组织的作用外，它同布雷顿森林体系有很大的差别，如黄金非货币化、储备货币多元化、汇率制度多样化。

### 8.4.1　黄金作用的演变与评价

黄金的作用经历了四个阶段的演变，反映了世界经济的变化和国家垄断资本主义超国家调节要求的变化。

第一阶段：1960—1968 年，世界经济的发展比较稳定，西方各国努力维持黄金的货币作用，如黄金总库、互惠信贷协议的使用。

第二阶段；1969—1979 年，西方发达国家相继陷入停滞膨胀。资本主义世界经济发展中的矛盾深化，以黄金作为各国货币制度的共同基础显得缺乏弹性。既不能使世界清偿力得到充分增长，又不能适应各国不同的调节需要。因此该阶段各国采取措施使黄金走向非货币化，如创设特别提款权、停止美元与黄金的汇兑，并且在“牙买加协议”中废除了黄金义务。

第三阶段：1979—20 世纪 80 年代中期，黄金非货币化非但没有把西方世界从停滞膨胀的困境中解救出来，反而不利于货币纪律助长了通货膨胀。20 世纪 70 年代末，西方各国又陷入了一次严重停滞膨胀危机，此时黄金非货币化的进程出现了徘徊，加强黄金货币作用的观点又得到了某种程度的强化。如在这一阶段欧洲货币体系要求成员国向共同基金缴纳一定数额黄金、美国和国际货币基金组织也停止了黄金拍卖。

第四阶段：20 世纪 80 年代中期至今，主要工业国家的经济开始进入相对繁荣时期，与此同时通货膨胀开始明显下降，于是要求黄金重新货币化的呼声逐渐地又低了下去。国际货币基金组织最终没有就黄金的货币化达成任何协议或采取任何措施。

近年来，由于地缘政治的不确定性和逆全球化趋势，全球央行黄金储备数量总体呈现上升趋势。根据世界黄金协会的数据，2022 年，全球央行年度购金需求达到 1136 吨，比 2021 年的 450 吨增长 152%，创下 1950 年以来新高。

全球央行黄金储备自 2000 年以来呈现先降后升的趋势。2000—2009 年，全球黄金储备从 28960. 76 吨下降至 25823. 30 吨，降幅达 10. 8%。2009—2022 年，全球黄金储备从低位上升至 31567. 69 吨，升幅达 22. 2%。全球黄金储备变化趋势的转折点主要发生在 2008 年国际金融危机。2000—2008 年是全球化发展的黄金时期，发展中国家向发达国家输出商品及劳动，换成官方储备资产。在 2008 年之前，由于经济增长前景乐观，信用货币的流动性环境尚未泛滥，增加的供给有一部分通过动用黄金储备来进行。2008 年后，全球进入低增长、低通胀、低利率时代，发达国家一边通过美元等信用货币支付给发展中国家，一边大量增发货币，引起发展中国家外汇储备贬值，导致发展中国家主动降低集中持有外汇储备的贬值风险，开始加大力度增加黄金、特别提款权等其他储备资产。

2000—2009 年，黄金储备减持幅度最大的五个国家分别为瑞士、法国、荷兰、英国及西班牙，分别减持 1550. 08 吨、571. 86 吨、299. 37 吨、278. 02 吨及 241. 86 吨，合计占该阶段黄金储备减持总额的 93. 6%。而这一阶段，发展中国家则呈现逆势增持黄金储备。沙特及俄罗斯在这一阶段分别增持 179. 95 吨、109. 27 吨。

2009—2022 年，黄金储备增持幅度最大的 5 个国家分别为俄罗斯、中国、印度、土耳其及哈萨克斯坦，分别增持 1766. 66 吨、1410. 53 吨、429. 65 吨、425. 70 吨及 279. 70 吨，合计占该阶段黄金储备增持总额的 74. 1%。其余的黄金储备增持也主要来自众多发展中国家。而这一阶段的黄金储备减持主要来自委内瑞拉、德国、利比亚及法国，分别减持 195. 22 吨、57. 44 吨、27. 18 吨及 16. 02 吨。

黄金的货币化是历史发展到一定阶段的产物，它的非货币化同样也是历史发展的必然结果。20 世纪 70 年代以来，世界经济的相互依存急剧加深，国际贸易急速增长，各国的国际收支也出现了前所未有的不平衡，迫切需要一种比较灵活的清偿力供应机制和调节机制来适应形势发展的需要。在这种情况下终止黄金的货币作用，使其朝非货币化的道路上走去从总体上讲是符合历史发展规律的。这是牙买加体系对布雷顿森林体系的一大改进。

### 8.4.2 多种储备货币本位的演变与评价

第一阶段：1960—1968 年，美国在政治经济实力方面具有无可辩驳的优势，美元不断排挤英镑使其国际货币作用不断扩大。但前联邦德国和日本等国的经济发展速度远远超过了美国，且美国的对外清偿力地位有了较明显的下降，因此信用储备货币多样化已经萌芽，美元的统治地位开始面临威胁。

第二阶段：1969 年—20 世纪 70 年代末，苏联经济实力已大大加强，在军事上与美国平起平坐。西欧各国经济、政治实力也得到进一步发展。发展中国家反对美国霸权主义的斗争达到了一个更高的阶段，并且出现了一批新兴的工业化国家。美国再也不能像 20 世纪 60 年代那样操纵世界经济、政治事务了。同时，美国的国际投资地位进一步下跌，对外清偿力地位严重恶化。此时美元在各国官方储备中所占的比重从 1971 年的 65%下降到 1979 年的 45%，而特别提款权、德国马克、日元成了较主要的信用储备货币，美元的统治地位遭到了明显的削弱。

第三阶段：20 世纪 70 年代末至今，1979—1982 年、1990—1993 年发达资本主义国家先后经历了两次经济衰退。相对西欧各国而言，美国经济承受衰退的能力比较强，尤其是海湾战争、苏联解体、两德统一等事件，使美元的国际地位又得到了相对加强，信用储备货币多元化的过程明显放慢。

2007 年的次贷危机动摇了以美元为主导的国际货币体系。次级贷款危机爆发后，为了缓解美国货币市场的信贷紧缩，刺激投资和推动经济增长，美联储实行了宽松的货币政策，如大幅降息，注入流动性等。宽松的货币政策是政府救市不得不采取的方法，但同时，为将来全球流动性过剩和通货膨胀种下恶果。由此可以看到，美元既是美国的货币，又是具有核心地位的特殊货。美联储制定的货币政策仅仅只会考虑美国经济，美联储是美国的中央银行，而非世界银行，所以美元的主导地位导致美国货币政策的个人利益最大化。与美元的国际核心地位之间产生根本矛盾。

IMF 数据显示，2022 年第一季度，全球外汇储备总额为 12. 55 万亿美元，其中美元资产为 6. 88 万亿美元，所占份额为 58. 88%。相比 2021 年同期的 59. 4%，出现了小幅下滑。欧元是当今世界除美元之外的另一大主要流通货币，其地位和价值也仅次于美元。自 2002 年欧元正式流通后，欧元就成了欧盟国家的法定货币。从创始的 6 个成员国，到现在的 27 个成员国，这些国家采用统一的货币，使得经济交流更为密切，甚至形成了几乎与美国抗衡的经济体。2022 年第一季度，欧元储备资产总额达到 2. 34 万亿美元。在全球外汇储备中的占比从 2021 年第四季度末的 20. 6%降至 2022 年一季度末的 20%。在 2022 年一季度，在全球外汇储备中，日元的占比从 2021 年第四季度的 5. 5%下滑至 5. 4%，总额达到 6256 亿美元，排名第三。英镑占比从 2022 年末的 4. 8%上升至 4. 97%，总额达到 5806 亿美元，排名第四。

多种储备货币本位是对美元的一种制约，在调节不同储备货币供应方面具有一定的灵活性。它能使世界清偿力的增长摆脱对美元的过分依赖，从而使世界清偿力有比较充分的来源。但是，储备货币的多元化使国际金融市场上的汇率风险增大，会加大短期资本移动，使得各国金融和储备资产管理更加复杂。

### 8.4.3 汇率制度的演变与评价

第一阶段：1960—1973 年年初，可调整的固定汇率制度。各国货币与美元之间保持固定汇率，可以上下小幅波动。

第二阶段：1973 年至今，管理浮动汇率制。它的出现是世界经济形势发生重大变化的产物，符合世界经济发展的需要。自 1973 年实行管理浮动汇率制度后，世界出口贸易从 1972 年到 1982 年增加了 344%，从 1982 年的 1.83 万亿美元增加到 2023 年的 41.74 万亿美元。

主要储备货币的浮动汇率可以根据市场供求状况自动及时调整，从而灵敏地反映瞬息万变的经济状况，这有利于国际贸易和国际金融交易。同时，管理浮动汇率能使各国充分考虑本国的宏观经济条件，并使宏观经济政策更具有独立性和有效性，而不必为了维持稳定的汇率而丧失国内的经济目标。只要世界经济形势不稳定，各国的经济政策也就不能真正充分协调，要回到固定汇率也是不可能的。

### 8.4.4 当前国际货币体系面临的主要问题和困难

#### 8.4.4.1 债务问题

国际债务问题是牙买加体系面临的一个重要问题。1982 年债务危机大爆发时发展中国家的外债总额为 8266 亿美元。受新冠疫情的影响，到 2023 年第一季度这个数字增加到 100 万亿美元。许多欠有外债的发展中国家在债权国、商业银行、国际货币基金组织的帮助下情况并未好转，劳动生产率、投资效益、人均国民生产总值、国际收支和贸易条件等引起债务危机的因素有逐步恶化的趋势。

建立一个有效的国际货币体系需要解决的问题可归结为两个：一建立有效而又对称的国际收支调节机制；二维持国际清偿力供应的适量。

对国际收支不平衡进行调节，可通过汇率机制、利率机制、国际金融市场、国际货币基金组织的调节以及动用国际储备资产等方式进行。各国可根据本国情况自行使用，选择汇率和调节机制。国际清偿力的供应数量影响着纠正国际收支逆差的效果和各国经济的运行效率，因此目前国际清偿力适量供应的问题显得更加重要。

“牙买加协议”生效以来，国际清偿力供应中存在的主要问题是商业银行提供的国际清偿率增长过快。商业银行不仅提供传统的贸易融资，也提供越来越多的与基金组织业务交叉的国际收支贷款，即向政府提供贷款。但是商业银行在提供贷款时所奉行的是商业标准和商业目标，片面追求利润和市场，并不要求贷款国采取结构调节措施或其他纠正国际收支逆差、提高劳动生产率的措施。结果接受商业贷款的发展中国家积累了外债，却未能改善自己的经济结构，未能从根本上提高它们的调节能力。于是不得不借债还债、借债还息、拆东墙补西墙，使债务问题持久化。

“牙买加协议”在引导私人资金运动的问题上没有做出任何制度方面的安排和规定，因此牙买加体系的一大缺陷就是国际货币基金组织缺乏切实的手段来影响商业银行的贷款。一方面，商业银行有能力提供大量的国际清偿力，但它没有同国际收支的有效调节相结合；另一方面，基金组织因资源匮乏，而无力以积极的方法来贯彻“条件原则”（国际货币基金组织向有关国家提供国际清偿力时要求它们执行经济稳定规划、结构改造计划或国际收支调节计划)，不得不偏重于压缩需求，从而招来发展中国家的一片批评。为了弥补这一缺陷，国际货币基金组织曾试图以联合融资的方法来引导商业银行的国际收支贷款。然而，实践证明，虽然基金组织有强大的信誉，对商业银行有一定的吸引力，但是商业银行不能放弃本身的价值和标准，所以联合融资在引导商业银行的国际贷款方面作用极小。

国际货币基金组织应当向全面指导世界货币金融事务的方向发展。尽管基金组织本身还存在不少缺陷，但它毕竟代表着世界上190个主权政府。因此它不能仅仅局限于与商业银行保持平行的合作，而是应当向凌驾于商业银行之上的方向去进行指导。

#### 8.4.4.2 金融危机与基金组织的援助作用

基金组织对私人资金缺乏引导，除了助长债务问题的慢性化、持久化外，还促使不少私人资金以自己的商业标准集中涌向一些经济相对繁荣的新兴工业国家和地区，使这些国家和地区的经济产生泡沫化现象。但是这些国家内部存在着许多问题，如银行体系不健全、大量资金投向房地产市场、金融监管不得力、汇率制度僵硬、汇率水平不合理、为了维持汇率稳定长期实行高利率政策、出口产品单一而缺乏竞争力。由于基础不稳固，使得这种带有虚假性的繁荣一旦遭到某些因素的冲击，其掩盖的矛盾就会出现，私人资金就会反过来抽逃出去。

墨西哥金融危机爆发后，国际货币基金组织建立了紧急贷款机制，在国际组织中对墨西哥援助资金的筹集，为危机的解决提供了帮助。这一机制在以后东南亚金融危机的解决过程中继续发挥了作用。但是，这种作用仅仅是一种事后的补救措施。而且国际货币基金组织的经济援助往往附带有一定的条件，要求受援助国家在限定期限内进行经济政策调整或实施自由化，致使这些资金援助计划实施缓慢并在受援国国内引发政治和社会动荡，从而加大了某些受援国与国际货币基金组织之间的矛盾。

#### 8.4.4.3 美元信用基础的动摇导致现行体系不可持续

美元的信用基础已进入了一个长期的下滑和动摇的通道，这导致现行国际货币体系难以持续。美元信用基础的动摇表现在多个方面。首先，美国经济总量占全球的比重不断下降，以购买力平价计算，美国占全球 GDP 的比重从1999年的23.74%下降到2022年的13.5%，这一过程还可能持续，因为金融危机以及新冠疫情过后，世界经济增长将主要发生在一批新兴市场国家。

美元信用动摇的第二个表现是美国联邦政府的赤字不断上升。美国联邦赤字在近30年来长期处于赤字之中，唯一的例外是1998年到2001年之间出现了微弱的盈余，2022财年美国联邦政府财政赤字达1.375万亿美元，在未来若干年还会维持在比较高的水平，美国联邦赤字的不断攀升和积累一定会带来美国国家信用和美元信用基础的动摇。美元信用基础的动摇还表现在美国经济对外资产负债表的恶化，第二次世界大战后一段时间以来，美国成为世界最大的债权国，但这一地位在20世纪80年代末90年代初已逐步改变。2023年12月底，美国国债规模已经达到34万亿美元，为有史以来最高。而在40年前，美国国债规模仅在9070亿美元左右。根据美国国会预算办公室的预算展望，未来30年，美国国债规模将增长近一倍。

## 延伸阅读

### “去美元化”进程由“独唱”走向“合唱”

（资料来源：光明日报，美元“武器化”加速全球“去美元化”，2023.9.10）

尽管美元在全球市场占据主导地位，但肆意透支美元霸权必然加速全球“去美元化”历史进程。其中，一些饱受美元霸权制裁的国家，如伊朗、俄罗斯、委内瑞拉等是“去美元化”行动的主要经济体。从 2012 年开始，伊朗在国际石油贸易中采用本币结算、易货贸易、石油换黄金等多种结算方式。俄罗斯则与多国签署石油贸易本币结算协议，2022 年为反制裁将天然气等基础产品与卢布和黄金挂钩，并用加密数字货币进行油气产品的跨境支付。2018 年，委内瑞拉宣布以欧元、人民币、俄罗斯卢布等货币为石油定价。

目前，全球采取多种方式推进“去美元化”进程。根据国际货币基金组织 2023 年 7 月发布的报告，全球 110 个国家已采取一种或多种形式“去美元化”。在国际储备方面，各国央行正在加快增加黄金储备。全球各国央行 2022 年黄金净购入量达 1136 吨，创下 1950 年以来的最高年度需求纪录，2023 年对黄金的需求量仍在大幅攀升，2023 年第一季度购买量同比增长 176%。在数字货币方面，全球 151 个国家的央行已经推出或正在研究推出数字货币，未来可能成为“去美元化”的新生力军。在结算方式方面，多个新兴经济体在贸易结算领域推进本币结算。比如，印度与马来西亚协商使用印度卢比进行贸易结算；中国和巴西已达成本币结算协议，两国贸易结算基础将从美元转向人民币—雷亚尔。在结算渠道方面，全球已建立 30 多个可绕开美元的结算体系。其中，俄罗斯建立的金融信息传输系统（SPFS）和中国建立的人民币跨境支付系统（CIPS）都具有跨境结算能力，而欧洲的英国、法国、意大利等国与伊朗建立的贸易互换支持工具（INSTEX）可实现货物跨境支付而货款不出境。

同时，区域性经济合作组织在结算方面也在尝试“去美元化”。在本币结算方面，东盟在探讨如何减少金融交易对美元、欧元的依赖，转向当地货币结算，还在与中日韩共同签署的清迈倡议多边化协议特别修订稿中增加了本币出资条款。在结算渠道方面，金砖国家为了降低对美元跨境支付结算的依赖，通过整合中国、俄罗斯、印度、巴西的银行卡支付系统，简化金融机构跨境支付程序，建立了金砖国家支付系统（BRICS-Pay）。

目前，全球货币体系呈现出碎片化趋势，欧元、人民币、日元、英镑、俄罗斯卢布、印度卢比等货币日趋活跃，美元在国际支付结算市场中的份额有所下降。需要看到的是，美国是世界头号金融大国，“去美元化”进程最终要实现世界货币多极化格局目标，将会是一个长期过程。在美元霸权下，要催生世界货币新秩序，仍需凝聚更多国际共识和力量。

一是发挥主要国家和区域性组织的核心推动示范作用，在全球某些区域构建多元货币区。比如，在上海合作组织覆盖的欧亚地区，在俄罗斯、伊朗、中国等推动下，就有条件形成以多元货币为基础的本币合作区域。此次金砖国家约翰内斯堡峰会完成扩员后，金砖国家 GDP 占全球总值的 28.99%，成员囊括了全球最主要的能源生产国与消费国，金砖国家间贸易与能源结算若能“去美元化”，将推动全球多元化货币体系变革加速形成。

二是加强和完善非美元跨境支付结算等国际基础设施建设。应稳步推进人民币 CIPS、欧盟 INSTEX、俄罗斯 SPFS 等跨境支付系统扩容，鼓励开展非美元跨境支付系统间的对接合作，鼓励加快金砖国家支付系统（BRICS-Pay）跨境支付能力建设，逐步瓦解美国操控的 SWIFT 独霸局面。同时，要在能源和大宗商品等关键领域大力推动“去美元化”进程，可通过货币互换、美元国际储备与对方美元债务置换等方式，推动沙特、伊朗、俄罗斯、巴西和阿根廷等主要能源和大宗商品生产国使用本币和人民币结算，让“石油—美元”绑定体系逐渐松解。

三是充分发挥国际数字货币的创新作用。由于主权信用货币作为储备货币存在内在缺陷，超主权货币是国际货币体系改革的理想目标。随着数字货币应用不断成熟，超主权的“世界货币”可能会以某种形式呈现，并成为国际货币治理体系的新核心。此外，在各国央行积极发行数字货币基础上，可以通过“数字货币桥”项目实现双边或多边跨境交易。

## 本章重要概念

国际货币体系　金本位制度　布雷顿森林体系　牙买加体系　特里芬两难

## 思考练习题

8-1 简述国际货币体系的演变过程。
8-2 对国际金本位体系进行评价。
8-3 简述布雷顿森林体系的内容与缺陷。
8-4 简述牙买加体系的主要内容。
8-5 简述“特里芬两难”如何影响布雷顿森林体系。

## 课程思政

### 著名经济学家——钱颖一

钱颖一，教授，世界计量经济学会会士，孙冶方经济科学奖获得者，著名经济学家。曾任清华大学经济管理学院院长，央行货币政策委员会委员，国务院参事。积极参与了中国金融市场的改革和发展过程，提出了许多创新性的观点和建议。他强调金融市场的开放和国际化，主张加强金融市场的监管和规范，推动中国金融市场向更加成熟和稳定的方向发展。他的研究成果和贡献不仅对中国金融市场的改革和发展产生了重要影响，也为中国金融学科的建设和发展做出了杰出的贡献。

# 9 欧洲货币体系与欧元

**学习目标：**

- 掌握最适度通货区理论；
- 了解欧共体与欧盟；
- 理解并掌握欧元的产生。

## 9.1 通货区及最适度通货区理论

### 9.1.1 通货区的概念

通货区是指在一个货币集团内，各成员国的货币相互之间保持严格的固定汇率，并且不同货币之间可以充分自由兑换。

英国是一个独立的通货区，现在的英镑严格意义上是指流通于英格兰和威尔士，由英格兰银行发行的纸币。苏格兰和北爱尔兰都有自己的纸币，虽然也叫镑，但不是英镑，而是苏格兰镑、北爱尔兰镑。它们虽然式样不同，但价值相等，可自由兑换。

与通货区相关的还有以下概念。

（1）区域货币合作：指有关国家在货币问题上实行的协商、协调乃至共同行动。如1972年21个阿拉伯国家建立的阿拉伯货币基金，旨在建立区域货币合作。

区域货币合作实际上是指有关国家在货币问题上实行的协商、协调乃至共同行动。区域货币合作的本质是以削弱成员国货币政策主权为代价来达到区域间经济协调和一体化的制度安排。由于涉及部分经济主权的让渡，因此，关于如何认定区域货币合作的范围，如何判断是否加入区域合作，经济学家进行了大量的研究和讨论，由此产生了最适度通货区理论（Optimal Currency Area Theory）。

（2）区域货币同盟：指通过法律文件就货币金融的某些重大问题进行合作。如1963年苏联和东欧诸国建立的以转账卢布为中心的经互会货币区，1972年西欧各国组成的欧洲货币体系。

严格意义的通货区是区域货币同盟的一种高级表现形式，其特征为：1）成员国货币之间的名义比价相对固；2）有一种占主导地位的货币作为各国货币汇率的共同基础；3）这种货币与成员国货币相互间可充分的自由兑换；4）有一个适当的协调和管理机构；5）成员国的货币政策主权受到削弱。

目前这种严格意义的通货区并不存在，但是随着世界经济尤其是区域经济一体化的发展，区域性的货币合作、货币同盟或相对广义的通货区，确实引起众多国家的兴趣。

### 9.1.2 最适度通货区理论

所谓最适度通货区理论就是关于通货区的认定、范围、成立的条件，以及加入通货区的成本和收益等内容的系列学说的统称。欧洲货币体系就是适应通货区理论的一种实践。该理论也称为最优通货区理论，最早由蒙代尔和麦金农于 20 世纪 60 年代提出，后经许多经济学家发展而日益成熟和完善。它既是国际经济政策协调的理论主张之一，也是国际货币制度改革的方案之一。

20 世纪 50 年代，弗里德曼在论证固定汇率制和浮动汇率制的优劣时，对英镑区的货币合作进行了分析。当时的英联邦国家采用的就是类似于后来的国际汇率机制的一种汇率制度安排：成员国之间汇率固定，成员国对外共同浮动。弗里德曼指出，英镑区汇率合作的前提是协调一致的货币和财政政策、成员国之间密切合作及相互信任的长期传统，以及在国内外政策间权衡取舍以适应共同需要的意愿和诚意。

不同的经济学家就相关国家在符合什么条件下建立通货区才是可行的提出了不同的看法，其中主要有如下内容。

（1）要素流动性标准。这是由蒙代尔在 1961 年提出的。蒙代尔认为，需求转移是一国出现外部失衡的主要原因。例如，若需求从 A 国转移到 B 国，则 B 国出现超额需求，而 A 国出现超额供给。在劳动力不流动的情况下，A 国将会出现失业现象；若要解决 A 国的失业问题，则必须调整两国的汇率。但在劳动力可以自由流动的情况下，劳动力将从 A 国移向 B 国，从而降低了 A 国的劳动力供给，而 B 国的劳动力供给提高，在汇率不发生调整的情况下，就可以消除经济的不均衡。即经济需求的转移导致的国际收支不平衡可以通过汇率浮动来解决。在浮动汇率制实现通货区内外部经济平衡的同时，通过相对固定价格的商品、资本和劳动力等要素的自由流通实现各成员国内部经济的平衡。

（2）经济开放性标准。这一标准由麦金农在 1963 年提出。麦金农将社会总产品分为贸易商品和非贸易商品，其中贸易商品占的比例越大，说明该社会的开放程度越高。在一个高度开放的小国中，浮动汇率制是难以实行的。因为在此类国家中，市场汇率的微小变化都可能引起市场物价的剧烈波动；如果进口商品在居民消费中占有较大比例的话，那么汇率的微小变动还会对居民的实际收入产生较大的影响。因此，一些贸易关系比较密切，开放度较高的国家之间应该建立一个相对封闭的货币区，对内实行固定汇率制，而对外则实行统一的浮动汇率安排。一个内部开放、对外封闭的经济区建立最优汇率安排的前提是：内部保持价格稳定，将货币钉住某种贸易与非贸易产品的组合；对通货区之外则采用浮动汇率，以实现外部经济平衡。

（3）产品多样化标准。这是由彼得·凯南在 1969 年提出的。他认为，对于一个出口产品多样化的国家来说，如果外部经济的动荡使得对该国某种产品的需求降低，则不会给该国经济带来大的影响，汇率也就不用做出大的调整；而对于一个产品多样化程度较低的国家来说，外部经济动荡可能会对该国经济造成大的冲击。若要抵消这种冲击，就需要对汇率作出较大幅度的调整。换句话说，就是产品多样化程度低的国家不能够承受固定汇率的后果，而应该建立在汇率能够灵活安排并具有相对独立性的通货区。

（4）国际金融一体化标准。这是由詹姆斯·依格拉姆在 1973 年提出的。他认为，如果国际金融的一体化程度较低，则金融市场的交易是不充分的，此时金融市场的交易将会以大量短期证券交易的形式表现出来（因为短期证券交易的风险可以通过远期市场的抛补来避免），从而引发各国市场利率结构的较大差异，并进一步带来汇率的较大波动。相反，若国际金融市场高度一体化，则利率的小幅波动就会引发资本的流动，从而可以避免汇率的剧烈波动。因此，通货区的建立应该以金融一体化程度为标准。

（5）通货膨胀率相似性标准。这是由哈伯勒和弗莱明于1970年和1971年分别提出的。他们认为国际收支失衡最可能是由各国的发展结构不同、工会力量不同和货币政策不同所引起的通货膨胀率差异造成的，而通货膨胀率的差异又会引发投机资本的流动和汇率的波动。因此，如果区域内各国的通货膨胀率趋于一致，汇率的波动就可以避免。

以上的各种标准都是从某一个角度提出来的，虽然或多或少地反映了国际经济形势的客观变化，但依然无法对区域货币合作问题作出完满的解释。因此，进入20世纪90年代，对通货区问题转向了从综合的角度，即成本与收益比较的角度进行研究。

最适度通货区理论的意义如下所述。

（1）有利于促进本区经济一体化，并极大地提高区内总的经济福利。区域货币一体化的前提之一，就是实现人力、资本及商品等要素在区内的自由流动与统一共享。区内要素的自由流动，不仅有利于促进区内贸易自由化，从而极大地提高区内贸易效率，而且它还有利于充分利用区内人力、物力及财力，实现资源整合与优化配置，进而在宏观经济政策制定上易于达成一致，并直接推进本区经济一体化进程的发展。

（2）有利于降低货币汇兑成本，规避区内货币之间的汇率风险。区域货币一体化的初级形式：区内成员间货币实现可自由兑换，且比价固定。这一规则无疑将会锁定区内成员间的汇率风险，并大大便利区内成员国之间的贸易结算。当区域货币一体化走向其最高形式——单一货币时，则区内各成员国货币退出，取而代之的是“大一统”的单一货币，这样，区内成员国之间的国际贸易就变成了“内贸”，也就没有了所谓的成员国之间的货币“兑换成本”。

（3）有利于整合区内金融资源，降低投融资成本与风险。国际投融资不但成本高，而且风险大。区域货币一体化则有利于区内金融资源共享，而且在固定汇率下锁定汇率风险，在共同货币政策下，还可以锁定利率风险。在此条件下，各成员国也无需保留太多的国际储备，从而减少总的资源闲置成本。应该说，在人力、商品及资本等要素的整合上，金融资源的整合处于核心地位，因此说，区域内实现单一货币是区域经济一体化的最高形式。

（4）有利于加强区内一体化协作，并一致对外抵御竞争风险。区域经济一体化是一股强大的国际力量，它不仅有利于经济上的联盟，而且还有利于区内成员国之间结成政治上和军事上的强大联盟，它们一致对外，采用“一个声音说话”，往往能获得一种“放大”的效果。

最适度通货区为欧洲货币一体化和欧元的形成及产生提供了理论基础和实践指导。欧元区的实践表明，欧洲各国，尤其是西欧国家，在经济、政治、社会、文化等方面的相互趋同和认可构成区域经济合作和货币一体化运动的基础。建立最适度通货区、实现货币统一意味着各成员国必须放弃独立的货币政策，而欧洲国家联合自强的决心和信心，以及得天独厚的经济和社会文化渊源预示着欧洲货币合作和一体化能够以较低的成本实现最佳的收益。反观美洲地区不同政治文化背景和经济发展水平的国家之间实行美元化和建立美元区的努力就不是很成功。

理论上，最适度通货区是将固定汇率制和浮动汇率制很好地结合在一起，并以此来实现通货区参与国家内部与外部经济平衡的一种有效制度安排。而且在实践中，欧元区的诞生和运作也已经说明在满足一定条件的基础上是可以实现最适度通货区的。不过，从建立国际货币体系的目标来看，最适度通货区的形成充其量只是其中的一项阶段性成果，欧元区、美元区甚至亚元区的建立并不代表国际货币体系的成功。最适度通货区是否能够引致国际货币体系最终确立：一方面有赖于欧元区的持续发展以及美元区和亚元区的形成；另一方面也取决于未来三大货币的相互竞争与合作的方式以及发展前景。

## 9.2 欧洲货币一体化

### 9.2.1 欧洲共同体与欧洲联盟

#### 9.2.1.1 欧洲共同体

欧洲共同体（European Community）包括欧洲煤钢联营、欧洲原子能共同体和欧洲经济共同体（European Economic Community, EEC 又称欧洲共同市场）。总部设在布鲁塞尔。

欧洲统一思潮存在已久，第二次世界大战后进入高潮。第二次世界大战后，欧洲出现了美苏两国严重对峙的局面。美国凭借它在战争中增长起来的经济和军事实力，通过马歇尔计划、北约等途径，力图全面控制西欧。而苏联则在东欧建立起经济互助委员会和华约组织，使西欧国家产生了担忧和恐惧。它们既不愿“成为大西洋一边的殖民地”，也不愿成为“乌拉尔一边的卫星国”。然而，经过两次世界大战，许多西欧国家在世界政治经济中的地位和作用已大大下降。要想不受超级大国的控制和威胁，西欧各国只有走联合自强之路，才能有效地维护自身的利益，并在国际舞台上扮演一个新的重要角色。1951 年，欧洲一体化先驱让·莫内和法国外长舒曼首先提出建立欧洲煤钢共同体（即舒曼计划），旨在约束德国。1951 年 4 月 18 日，法国、意大利、联邦德国、荷兰、比利时、卢森堡六国签订了为期 50 年的《关于建立欧洲煤钢共同体的条约》。1952 年，煤钢共同体建立，这也为实现西欧经济联合奠定了基础。

1955 年 6 月 1 日，参加欧洲煤钢共同体的六国外长在意大利墨西拿举行会议，建议将煤钢共同体的原则推广到其他经济领域，并建立共同市场。1957 年 3 月 25 日，六国外长在罗马签订了建立欧洲经济共同体与欧洲原子能共同体的两个条约，即《罗马条约》，于 1958 年 1 月 1 日生效。1965 年 4 月 8 日，六国签订了《布鲁塞尔条约》，决定将欧洲煤钢共同体、欧洲原子能共同体和欧洲经济共同体统一起来，统称欧洲共同体。条约于 1967 年 7 月 1 日生效，这也标志欧洲共同体的正式成立尔。1973 年 1 月 1 日，英国、爱尔兰、丹麦正式加入，1981 年 1 月 1 日希腊成为成员国。1986 年 1 月 1 日，西班牙和葡萄牙正式加入，从而使共同体扩大为 12 国。共同体 12 国面积 225.5 万平方千米，人口约 3.21 亿（1986 年）。共同体的国内生产总值 1979 年和 1980 年两度超过美国，1985 年达 22185 亿美元。1985 年对外贸易总额约 13105 亿美元，约占世界贸易总额的 1/3，是世界第一大贸易集团。

欧洲经济共同体的建立是欧洲经济和政治一体化进程的起点，是当代世界经济政治发展的客观趋势，它对国际事务具有深远的影响。

1990 年 4 月，法国总统密特朗和联邦德国总理科尔联合倡议于当年底召开关于政治联盟问题的政府间会议。同年 10 月，欧共体罗马特别首脑会议进一步明确了政治联盟的基本方向。同年12月，欧共体有关建立政治联盟问题的政府间会议开始举行。经过1年的谈判，12国在1991年12月召开的马斯特里赫特首脑会议上通过了政治联盟条约。其主要内容是12国将实行共同的外交和安全政策，并将最终实行共同的防务政策。此外还实行了共同的渔业政策、建立欧洲货币体系、建设经济货币联盟等措施。

1991年12月11日，欧共体马斯特里赫特首脑会议通过了建立欧洲经济货币联盟和欧洲政治联盟的《欧洲联盟条约》（通称马斯特里赫特条约，简称马约）。1992年2月7日，各国外长正式签署马约。经欧共体各成员国批准，马约于1993年11月1日正式生效，欧共体开始向欧洲联盟（欧盟）过渡。

#### 9.2.1.2 欧洲联盟

欧洲联盟（德语：Europäische Union，法语：Union européenne），简称欧盟（EU），总部设在比利时首都布鲁塞尔（Brussels），是由欧洲共同体发展而来的，创始成员国有6个，分别为德国、法国、意大利、荷兰、比利时和卢森堡。现拥有27个会员国，正式官方语言有24种。

##### A 发展历史

1993年11月1日，《马斯特里赫特条约》正式生效，欧洲联盟正式成立，欧洲三大共同体纳入欧洲联盟，这标志着欧共体从经济实体向经济政治实体过渡，同时发展共同外交及安全政策，并加强司法及内政事务上的合作。

2002年1月，欧元顺利进入流通。2009年《里斯本条约》生效后，欧盟具备了国际法主体资格，并正式取代和继承欧共体。《里斯本条约》并首次就成员国退出欧盟相关程序作出规定。欧盟共经历了7次扩大：1973年英国、爱尔兰、丹麦加入；1981年希腊加入；1986年西班牙、葡萄牙加入；1995年奥地利、芬兰、瑞典加入；2004年5月1日，波兰、匈牙利、捷克、斯洛伐克、爱沙尼亚、拉脱维亚、立陶宛、斯洛文尼亚、塞浦路斯、马耳他10国入盟；2007年1月1日，罗马尼亚、保加利亚入盟；2013年7月1日，克罗地亚入盟。2020年1月31日，英国正式脱离欧盟。

目前，阿尔巴尼亚、黑山、北马其顿、土耳其、塞尔维亚、乌克兰、摩尔多瓦、波黑是入盟候选国。

##### B 内部建设

欧洲一体化建设半个多世纪以来在曲折中不断取得积极进展。欧盟先后建立了关税同盟，实行了共同贸易政策、农业和渔业政策，统一了内部大市场，基本实现了商品、人员、资本和服务的自由流通。建立了经济与货币联盟，在欧元区内统一了货币。一体化建设逐步向外交、安全、司法、内务等领域拓展，并不断取得进展，欧盟通过《阿姆斯特丹条约》和《尼斯条约》，陆续将“申根协议”纳入欧盟法律框架，把民事领域司法合作纳入欧盟机制。2009年《里斯本条约》生效后，欧盟机制改革陆续启动，当年选举产生了首任欧洲理事会常设主席范龙佩和首任欧盟外交与安全政策高级代表兼欧委会副主席阿什顿。2010年3月，欧盟提出了对外行动署组建方案，次年，行动署主要职位任命和机构组建工作初步完成。欧债危机爆发后，欧盟进一步推动相关改革，包括积极推动银行联盟、资本市场联盟、能源联盟和单一数字市场建设，加强安全防务等领域合作。目前，欧盟是世界上地区一体化程度最高的国家集团。

C　主要机构

（1）欧洲理事会（European Council），又称欧盟首脑会议或欧盟峰会。欧盟最高决策机构。欧洲理事会由成员国国家元首或政府首脑及欧洲理事会主席、欧委会主席组成。欧洲理事会设主席一职，任期两年半，可连任一届。现任主席为比利时前首相米歇尔（Charles Michel），2019 年 12 月 1 日就任，2022 年 3 月 24 日获得连任，任期至 2024 年 11 月 30 日。

（2）欧盟理事会（Council of the European Union），又称部长理事会，欧盟立法与政策制定、协调机构。理事会由每个成员国各 1 名部长级代表组成，按不同议事领域由相应部长组成，除外长理事会由欧盟外交与安全政策高级代表主持外，理事会主席由轮值主席国担任，任期半年。

（3）欧盟委员会（European Commission），简称欧委会，欧盟立法建议与执行机构。本届委员会共 27 人，由每个成员国 1 名代表组成，其中主席 1 人，副主席 8 人。现任主席为德国前国防部部长冯德莱恩（Ursula von der Leyen），2019 年 12 月 1 日就任，任期 5 年。

（4）欧洲议会（European Parliament）。欧盟监督、咨询和立法机构。议员由成员国直接选举产生，任期 5 年。本届（第九届）议会于 2019 年 7 月正式成立，现有 705 名议员，7 个党团。现任议长梅索拉（Roberta Metsola，马耳他籍），2022 年 1 月当选就任，任期两年半。

（5）欧盟对外行动署（European External Action Service）。由欧盟外交与安全政策高级代表（兼任欧盟委员会副主席）领导，协调成员国外交政策。现任欧盟外交与安全政策高级代表为西班牙前外交大臣博雷利（Josep Borrell），2019 年 12 月 1 日就任，任期 5 年。

### 9.2.2　欧洲货币体系

1950 年，欧洲经合组织设立了欧洲支付同盟。在欧洲支付同盟下，成员国不需要对每笔贸易进行货币支付，而是每个月月底才进行清算支付。可以说，这是欧洲货币合作的开始。1969 年 3 月，欧洲共同体六国（比利时、法国、联邦德国、意大利、卢森堡和荷兰）领导人齐聚荷兰海牙，提出建立欧洲货币联盟的设想，并委托当时的卢森堡首相皮埃尔·沃纳就此提出具体建议。1971 年 3 月，被后人称为“沃纳计划”的计划获得通过，欧洲单一货币的建设迈出了第一步。

1979 年 3 月，在法国和德国的倡导和努力下，欧洲货币体系建立，欧洲货币单位（European Currency Unit，ECU）“埃居”诞生。不过，由于欧洲货币体系内各成员国的经济发展水平不同、经济政策存在差异，加上国际金融投机家操纵市场，对体系内不同币种进行攻击，欧洲货币体系最终于 1992 年解体。但欧洲货币体系为后来欧元的形成提供了宝贵的经验。比如，后期欧盟为成员国加入欧元区所设置的种种标准，就是希望成员国能有相对统一的经济发展水平，便于后来各成员国能够协调发展。

欧洲货币体系实质上是一个固定的可调整的汇率制度。它包括三方面内容。

A　欧洲货币单位

欧洲货币单位是当时欧共体 12 个成员国货币共同组成的一篮子货币，各成员国货币在其中所占的比重大小是由它们各自的经济实力决定的。成员国之间通过"埃居"进行结算，"埃居"成为成员国外汇储备的构成部分。

B 建立稳定汇率的机制

欧洲货币体系内部的汇率制并非完全固定的，成员国之间货币汇率有一个可波动的范围。稳定汇率主要是靠稳定双边汇率，每一成员国的货币都与欧洲货币单位（Eutopean Currency Unit，ECU，又称埃居（eju））定出一个中心汇率，一旦某一对货币的汇率波动幅度达到了双边中心汇率的上下 2.25%（意大利里拉为上下 6%），这两国的货币当局就必须在外汇市场上进行干预，两国都要卖出强币（升值的货币），买入弱币（贬值的货币），而且要尽量不用美元，以削弱美元对欧洲货币市场的影响。弱币国如果缺少外汇，可以向欧洲货合作基金申请贷款。双方还可以调节各自的国内经济政策，以支持对汇率的调节。弱币国可以采取紧缩政策，强币国可以采取刺激经济增长的政策。如果这一切都不能解决问题，就只能修改双边中心汇率了。

由于马克是欧洲货币体系中最强的货币，马克又是国际外汇市场上最主要的交易货币之一，人们便常常把欧洲货币体系成员国货币与马克汇率的波动，作为中央银行干预的标志。欧洲货币体系的稳定汇率机制具体包括如下内容。

a 平价网体系（grid parity system）

欧洲货币体系的汇率制度以欧洲货币单位为中心，让成员国的货币与欧洲货币单位挂钩，然后再通过欧洲货币单位使成员国的货币确定双边固定汇率。这种汇率制度被称为格子体系，或平价网。

b 货币篮干预体系（basket parity system）

货币篮干预体系是次要的干预体系，它主要是监视每一成员国货币对 ECU 的中心汇率的波幅，当某成员国货币对 ECU 的波幅达到偏离临界点时，该国货币当局就要考虑采取措施消除波幅扩大的原因并对货币市场进行干预，如果无效，一旦汇率波幅超过最大偏离幅度时，就要改变该国货币对 ECU 的中心汇率了。

平价网体系的优点，在于一国货币对其他七国货币的汇率变动一目了然，但是，它不能表明，偏离双边中心汇率的两种货币，到底是哪一种货币的问题更大。此外，当甲货币对乙货币贬值时，也许同时在对丙货币升值，这样，就更难确定毛病出在哪里了。由于分不清责任，常常使弱币国单枪匹马地干预汇率，这显然是不利于汇率的稳定的。货币篮体系弥补了这一缺点。在货币篮体系中，每国货币的波动是通过欧洲货币单位表示出来的，欧洲货币单位成了唯一的、共同的标准，所以能够一眼看出，哪一种货币偏离 ECU 的中心汇率最远，偏离远的货币，不管是强币还是弱币，都应当为稳定汇率承担较多的责任，应当率先采取措施。货币篮干预体系是蛇形浮动制[①]所没有的。可见，欧洲货币体系的稳定汇率机制比起蛇形浮动的机制是更加完善、更加科学了。

c 干预办法

每个成员国把黄金和美元储备的 20%交给欧洲货币合作基金，同时换回相应数量的欧

① 蛇形浮动也称联合浮动，蛇行于洞中的汇率体制，是西欧共同体各国在布雷顿森林体系面临危机时，为维持一个相对稳定的货币区域而建立的在成员国相互之间保持固定的汇率，对外则共同实行浮动汇率的一种汇率制度。

洲货币单位。如果某个成员国的中央银行需要对本国货币与马克的汇率进行干预，它就可以用手中的欧洲货币单位，或其他形式的国际储备金向另一个成员国中央银行购买本国货币，从而对外汇市场进行干预。

根据规定，成员国之间任何两种货币的汇率波动超出规定范围，这两国的中央银行都有义务进行干预，干预所需的费用也应共同负担。但实际情形并不一定如此。因为在一般情况下，当某成员国货币与马克的汇率接近上限或下限时，该国中央银行就往往要引起警觉，或直接进行干预。而德国就没有义务进行干预。因此，中央银行要转移干预的负担也是可以的，转移的方式也有多种。

C　欧洲货币合作基金

欧洲共同体在 1968 年 7 月提前建成关税同盟后，为摆脱美元危机的冲击，维持成员国间币值汇率的稳定，并加强彼此经济政策的协调，于 1969 年 12 月在首脑会议上决定自 1971 年起分阶段实现经济和货币同盟的计划。

在欧洲货币体系成立之前，欧共体成员国于 1973 年 4 月 6 日成立了欧洲货币合作基金（EMCF）。但由于当时基金拥有的资金十分有限，使用期限也比较短，因此基金的作用有限。1979 年 3 月，欧洲货币体系成立，要维持国际金融和保证它的正常运转，需要有相当雄厚的资金支撑。1979 年 4 月，欧洲货币体系的参加国（包括非正式参加的英国），各自以本国黄金和外汇储备的 20% 用周转性转换方式存入欧洲货币合作基金，总额达 250 亿 ECU。并拟两年内建立欧洲货币基金（EMF），旨在加强各成员国间的货币金融合作，向成员国提供短期信贷，以稳定汇价；以基金的欧洲记账单位代替美元作为成员国间的结算单位，形成结算中心，逐步集中成员国的货币储备，使基金组织成为共同体成员国的中央银行。

### 9.2.3　欧元

#### 9.2.3.1　欧元的诞生

1992 年 9 月，欧盟成员国决定在马斯特里赫特签署的欧盟条约中实施单一货币。该条约所附的议定书允许英国和丹麦保持在单一货币体系之外。1994 年，欧洲货币管理局（欧洲中央银行前身）在德国法兰克福成立。1995 年 12 月 15 日至 16 日在马德里举行的欧洲理事会会议上，15 个成员国元首一致决定，选定“欧元”作为欧洲未来货币的名称，中文译为“欧元”，取代欧洲货币单位。1997 年，欧盟首脑会议分别签署了《稳定和增长公约》《欧元的法律地位》和《新的汇率机制》三个文件，为欧元的正式使用奠定了法律基础。1999 年 1 月 1 日，欧元创立，欧洲央行也正式成立。2002 年 1 月 1 日，欧元开始真正流通，成为欧元区成员国的法定货币。

欧元的诞生不是一蹴而就的。历经半个多世纪的时间，欧洲经济一体化的进程不断深入，欧共体演变成了欧盟，支付同盟则演变出了“欧元”。可以说，欧元不仅是一个经济范畴的货币，其背后更体现了各国的政治意志。

#### 9.2.3.2　欧元的成就

尽管欧元自成立以来就一直面临争议，但至少以下三方面的成就不容忽视。

（1）欧元基本消除了欧洲大国之间重燃战火的可能性。欧元的使用将欧元区各国在货币方面捆绑在一起，从理论上使得欧洲一体化进程不可逆转，基本上消除了内部战争的可能性。此外，欧元强化了欧元区的整体地位和外部影响力。过去几十年，在美国、中国、日本等大国崛起背景下，欧洲依然能在全球范围内扮演至关重要的角色，欧元发挥了重要的支撑作用。

（2）欧元推动了经济增长。单一的货币推动了欧元区内的竞争，同时随着欧洲市场一体化，也产生了规模经济。单一的货币也降低了交易成本，极大地推动了贸易增长。与过去需要开设多个账户相比，货币兑换费用、银行费用等下降，汇率波动风险也没有了。据分析，欧元本身对欧元区成员国之间贸易增长的推动作用为5%～15%，欧元对欧元区内的外国直接投资的增长效应则为14%～36%。

（3）欧元的诞生改变了国际货币格局。欧元改变了以美元为核心的单极格局，促进国际货币体系多极化发展。从国际支付领域来看，欧元份额曾一度超过美元，根据环球同业银行金融电讯协会（SWIFT）数据，2012年1月欧元与美元的支付份额分别为44%和30%，尽管在2015年8月欧元的支付份额降到了27%的历史低位（同期美元占比45%），但随后反弹。截至2022年年底，欧元与美元的支付份额趋同。从全球外汇储备份额来看，欧元目前已成为仅次于美元的全球第二大储备货币。

#### 9.2.3.3 欧元的缺陷

从长期来看，欧元自身也存在结构性缺陷。在经济下行周期中，这种缺陷会被进一步放大。

##### A 备受诟病的“一条腿走路”

目前，欧元区内部实行统一的货币政策，成员国在进行宏观调控时只能倚重财政政策，这也导致欧盟财政纪律在实践中执行困难，赤字和债务负担超标现象很难避免。这一矛盾曾在欧债危机最严重的时刻有过充分体现，近年来欧元区各国围绕难民负担、部分成员国财政紧缩等问题的激烈博弈也根源于此。当欧元区处于经济上升期时，各国面临的风险区别不大；但经济下行时，实力较弱的边缘国债务问题会率先暴露。欧洲央行的统一货币政策无法有效应对区内各国面临的非对称冲击，虽然欧洲央行在2021年7月推出了反碎片化工具TPI（Transmission Protection Instrument，传导保护机制），但这项工具的实际执行力度仍然存疑。在欧债危机时期，时任欧洲央行行长德拉吉曾推出OMT计划，表示将不惜一切代价救欧元。但当时的欧元区经济处于低通胀环境，德国经济也比现在要好。这一次，欧洲央行需要在救助市场的同时，兼顾抗通胀重任，反碎片化的效果或许不够理想。实际上，单一货币计划要得到有效的执行，不仅要满足所谓的“趋同标准”，还要求经济活跃的国家向经济低迷的国家进行资金转移，除了市场化的资金，还包括财政性资金的援助。没有彻底的财政一体化，欧元是不完整的。

##### B 欧元区推动财政一体化困难重重

欧元区并未按照“最适度通货区理论”设想的那样，实现各要素的自由流动。尽管欧洲一体化进程中强调商品、资本、人员和劳务等要素的区域内跨国自由流动，但实际上欧元区并没有达到这些标准。在欧洲一体化进程中，成员国的经济差异不仅没有缩小，反而越发拉大。这引发了一些反欧情绪。部分民众对于欧元的怀疑态度增加了对反欧政党的支持。多国（例如，英国、芬兰、荷兰、奥地利和法国）反欧政党在选举中异军突起，获得了更多选民支持，在欧洲议会中席位显著增加。欧元区成员国由于各自要素禀赋、地缘政治立场等差异，往往在某些领域分歧较大，降低了欧元区决策的整体一致性，进而影响市场对欧元前景的信心。例如，在俄乌冲突中，出于各自对俄乌立场的差别以及经济和能源对俄依赖程度的差异，成员国对俄制裁、禁运态度存在明显不同。此外，当前的欧元区缺乏核心领袖来推动财政一体化的进程。在推动欧洲经济货币一体化的进程中，德法两国领导人（例如，德国的阿登纳与法国的戴高乐，德国的施密特与法国的德斯坦等）都发挥了重要作用。然而，现在的德国与法国两国乃至整个欧元区都缺乏具备足够号召力的核心人物。整体来看，欧元区财政一体化前景黯淡。

由于欧元区缺乏统一的财政政策，欧元区部分国家主权债务问题带来的欧元区内部结构性问题短期内恐怕难以解决。为防止类似欧债危机的系统性风险发生，欧盟可能继续引入系列政策工具控制欧元区国家财政赤字和债务水平，维护以《稳定与增长公约》为基础、相对统一的财政纪律，优化欧元区货币政策与财政政策的协调配合情况，以维护欧元区稳定发展。此外，欧盟对内可能通过新一轮产业调整和布局，以数字和绿色转型为契机，进行欧盟内部资源整合，缩小成员国之间经济发展差距；对外可能加强与其他国家货币之间合作，处理好欧元与美元的关系，扩大欧元适用范围，提升欧元的国际地位，发挥其在国际金融体系中的重要作用。

### 9.2.4　欧洲稳定机制

2008 年国际金融危机爆发后，欧元区国家银行业坏账飙升，债务与 GDP 比率上升，主权债务脆弱性大幅升高。从评估结果来看，爱尔兰和西班牙的主权债务在 2008—2010 年显示出高度脆弱性，葡萄牙、希腊等国的债务脆弱性更是持续至 2014 年以后。面对欧债危机，欧洲中央银行（以下简称欧央行）并不具备最后贷款人职能，欧元区也无统一的债务重组机制或金融救助机制。2010 年 4 月，希腊向国际货币基金组织（IMF）申请贷款援助。虽然 IMF 的全球贷款能力包括其所有基于配额的资源以及多边和双边借款安排，但由于其救助规则复杂、贷款能力有限，在对希腊的第一轮救助中仅提供了 201 亿欧元的贷款，远不能满足后者的债务纾困需求。与此同时，希腊只得通过签署双边协议向其他欧元区成员国筹措贷款 529 亿欧元。然而，这种双边贷款不仅法律条款繁复、筹资效率迟缓，而且也会推高贷款提供国家的债务水平。

为了更好地应对欧债危机，欧元区 16 个成员国于 2010 年 5 月在欧盟经济财政部部长理事会框架下创立稳定基金。稳定基金采取公司化治理，由欧央行注资，欧元区成员国均为股东，持股比例与成员国认缴资本比例一致。凭借欧元区成员国的国家信用担保，稳定基金可发行不超过 4400 亿欧元的债券。稳定基金建立之初本来是充当一个为期 3 年的临时救助机制，但考虑到此后长期维护欧元区金融稳定的需要，欧洲理事会于 2010 年 10 月决定建立永久性的欧洲稳定机制（European Stability Mechanism，ESM）。2012 年 10 月 8 日，欧洲稳定机制正式生效。

欧洲稳定机制是由欧元区 17 国依据国际法、通过缔结条约成立的政府间组织，总部设在卢森堡。ESM 取代了 2010 年成立的临时欧洲金融稳定基金（EFSF）和欧洲金融稳定机制（EFSM），旨在为陷入困境的欧元区国家提供金融援助。理事会由欧元区 17 国财长组成。ESM 设董事会，目前仍由担任欧元区临时性救助基金——欧洲金融稳定基金

(EFSF）首席执行官的克劳斯·雷格林领衔。ESM 拥有 7000 亿欧元的认缴资本，其中 800 亿欧元为实收资本，6200 亿欧元为承诺通知即付资本。ESM 最高贷款额度为 5000 亿欧元。该组织通过在资本市场上发行债券和其他债务工具来筹集资金，这些债券和其他债务工具由其成员国提供的资本支持。这使得 ESM 能够以相对较低的借贷成本向有需要的国家提供财政援助。

ESM 的主要目标是维持欧元区内的金融稳定、保护欧元并协助有需要的成员国。ESM 通过多种工具提供财政援助，包括如下内容。

（1）贷款：向遇到财政困难的成员国提供直接贷款，但须遵守严格的经济和财政改革。

（2）预防性信贷额度：向面临潜在金融不稳定的成员国提供有条件信贷额度，充当防止危机升级的安全网。

（3）一级市场支持：直接从成员国购买主权债券，有助于稳定其借贷成本。

（4）二级市场支持：在二级市场购买主权债券，降低借贷成本，缓解成员国财政压力。

（5）直接银行资本重组：提供资金为成员国陷入困境的银行进行资本重组，防止蔓延并维护金融稳定。

欧洲稳定机制是维持欧元区金融稳定、维护欧元货币的重要机构。通过提供财政援助和促进财政责任，ESM 加强了欧盟的经济治理框架，并增强了该地区管理金融危机的能力。随着欧元区不断发展，ESM 将在确保欧元区金融体系的长期稳定性和韧性方面发挥至关重要的作用。

## 延伸阅读

### 欧洲稳定机制为复苏保驾护航

（资料来源：翁东辉，欧洲稳定机制为复苏保驾护航，经济日报，2022.4.18）

当今欧洲面临重重危机，新冠疫情并未结束，俄乌局势依然紧张，经济下行风险越来越大，资本市场波动加剧。因此，不断强化和完善应对危机能力，特别是在制度层面防范重大金融风险，已经成为欧盟和欧洲央行的当务之急。

从防范金融风险角度看，欧洲主要依靠两大金融稳定工具，分别为欧洲稳定机制（ESM）和单一处置基金（SRF）。经历了 2008 年国际金融危机和欧债危机的洗礼，欧元区国家认识到必须团结一致才能渡过难关。欧盟 27 个成员国经济发展水平参差不齐，更缺乏统一的财政政策。因此当个别负债率较高的成员国发生主权债务风险时，很容易演变成席卷欧元区和欧盟的系统性风险。欧债危机就是典型案例。

2010 年 5 月设立的欧洲金融稳定基金（EFSF）最初只是个临时机制，为期 3 年，总规模为 4400 亿欧元，当时的 17 个欧元区成员国是股东，通过国家信用共同担保，发行以欧元计价的债券。同年 12 月，欧盟在此基础上建立永久性救助机制，即现在的欧洲稳定机制，实际上是“一个班子两块牌子”。最终形成短期以欧洲金融稳定基金为主的欧洲金融救援机制、中长期的欧洲稳定机制和欧洲央行长期再融资计划相结合的救援体系，三者相互配合补短，有效阻止了欧债危机蔓延，确保不会发生系统性风险。它们都有同样的使命：通过对欧元区国家的财政援助来维护欧洲的金融稳定。

有人把欧洲稳定机制的建立看成是里程碑式事件，该机制被视为欧元区的金融“防火墙”，在成立之初就帮助欧洲度过2008 年国际金融危机和欧债危机。2020 年之前，欧洲金融稳定基金和欧洲稳定机制共向 5 个成员国（爱尔兰、西班牙、葡萄牙、塞浦路斯和希腊）支付了 2950 亿欧元，在资金支持下，这些国家成功走出了金融困境，重新获得金融市场的信任，能够以更低的利率水平进行融资，从而避免国家陷入破产泥潭。

从运行机制上看，欧洲稳定机制条约规定：“只有在绝对必要的情况下，欧洲稳定机制才能为了维护欧元区整体及其成员国的金融稳定而提供援助。”欧洲稳定机制理事会作出援助决定前，由欧洲央行进行评估。欧洲稳定机制援助计划还附带严格条件，受援国必须实施结构性改革和财政紧缩政策，并需遵守欧盟“财政纪律”。

时过境迁，此前较为严格周密的审批条件如今有些跟不上形势变化，欧洲稳定机制慢慢变成了“鸡肋”。比如，2020 年新冠疫情在欧洲暴发后，欧洲稳定机制发放针对性贷款的条件是，受援国家应先增加财政赤字，而贷款金额为该国国内生产总值（GDP）的 2%。就意大利而言，2020 年 GDP 约为 1. 8 万亿欧元，因此只能申请约 360 亿欧元，还须付出漫长的时间成本和其他社会成本。随着欧元区财政纪律屡屡被突破，欧洲央行的作用更加突出，欧洲稳定机制渐渐失去吸引力。很显然，拯救欧元和整个货币联盟的不是救助贷款和救助基金，而是欧洲央行的干预。欧洲央行真正充当了欧元最后的担保人。

在这种情况下，欧元区财长于 2020 年 11 月达成协议，着手对欧洲稳定机制的条约进行完善。预计 2022 年生效的欧洲稳定机制修订条约经 19 个欧元区成员国签署后，还需提交各国议会批准。这项改革是加强经济和货币联盟的关键一步，并且是应对疫情和战争引发的能源危机的必要措施。欧洲稳定机制条约经修订后其新职能将更加有效，使欧盟更好地为未来的危机做准备。欧洲央行预计，2022 年一季度欧元区经济增长仍然疲软，而通胀率居高不下。在维持现有利率政策不变的前提下，欧洲央行将在 5 月将资产购买计划下的债券购买量从目前的 400 亿欧元减少到 300 亿欧元，在 6 月继续减至 200 亿欧元，随后在三季度结束。在欧洲央行收紧货币政策的同时，欧盟也抓紧完善稳定机制，加强欧洲稳定机制和单一处置基金的共同作用，增强金融援助能力，出台更协调和更具效率的预防性措施，这将有助于在欧元区经济体陷入困境时增强市场信心，从而帮助经济早日复苏。

## 本章重要概念

| | | | |
|---|---|---|---|
| 通货区 | 最适度通货区理论 | 欧洲共同体 | 欧洲货币体系 |
| 欧元 | 欧洲联盟 | 马斯特里赫特条约 | 欧洲稳定机制 |

## 思考练习题

9-1 最适度通货区理论的衡量标准有哪些？

9-2 简述欧洲货币体系的主要内容。

9-3 欧元产生的积极意义有哪些？

9-4 欧元区面临的挑战是什么？

## 课程思政

### 著名经济学家——白重恩

白重恩，教授，清华大学现代国有企业研究院院长、清华大学中国财政税收研究所所长、全国政协十三届委员会委员等职务，研究领域包括制度经济学、经济增长和发展、公共经济学、金融、公司治理以及中国经济。白重恩教授致力于公司治理和金融方面的研究，特别是关于公司内部治理机制、董事会结构、股权激励等方面的研究。他的研究对于提高中国公司治理水平和提升企业价值具有重要意义。白重恩教授在资本市场和投融资领域也取得了一系列重要研究成果。他关注中国资本市场的发展，对股票、债券等投融资工具的设计、定价和风险管理等方面进行了深入研究，为中国资本市场的规范化、透明化提供了理论支撑。

# 10 国际资本流动

**学习目标：**

- 了解国际资本流动的概念和特征；
- 了解国际资本流动产生的动因与影响；
- 理解并掌握国际资本流动性危机、债务危机与金融危机。

国际资本流入有助于资本接收国的金融市场繁荣、实体经济发展和宏观经济增长，这也是国际金融市场一体化日益加深的依据之一。然而，短期国际资本的流动会显著影响一国金融市场的流动性，主要体现在金融部门向实体经济提供信贷的能力以及资本资产价格的波动。而国际资本流动逆转或突然中断很可能威胁一国宏观经济和金融体系的稳定，引发流动性危机甚至触发系统性金融风险。

1994 年，墨西哥货币比索的突然贬值引起了市场的恐慌，导致大量资本外逃，在外汇储备不足的情况下，不得不求助于美国和 IMF 的国际资本救援以稳定金融和投资者信心。类似地，亚洲金融危机爆发后，在 IMF 严苛的救援条件的刺激下，各国扩大了外汇储备规模。全球金融危机冲击下，韩国资本外逃，最终耗用了大量外汇储备，并求助于美联储的双边货币互换，从而为市场提供必要的美元流动性。2009 年年底，起始于投资者抛售希腊政府债券，也将流动性不足危机传染至西班牙等国家，最终爆发了欧洲主权债务危机，欧洲资本外逃，欧元区内货币市场的流动性不足。

因此，了解开放背景下国际资本流动的形式和特点，掌握国际资本流动的规律，引导国际资本合理、有序流动，对参与国际市场竞争、发展本国经济具有重要的意义。理解国际资本流动性危机、债务危机和金融危机发生的原因及影响，可以帮助各国政府防患于未然。

## 10.1 概　　述

### 10.1.1 国际资本流动的概念

国际资本流动（international capital flows）是资本从一个国家或地区转移到另一个国家或地区，即资本在国际的转移。

按流动方向可分流入和流出两种：（1）资本流入是指外国（或地区，以下同）输出资本，本国输入资本，表现为外国在本国的资产增加，即本国对外国的负债增加，或外国对本国的负债减少，即本国在国外的资产减少；（2）资本流出是指本国输出资本，外国输入资本，表现为本国在外国的资产增加，即外国对本国的负债增加，或本国对外国负债减少，即外国在本国的资产减少。

国际资本流动的实质是资本的国际化，即资本的循环与增值运动从一国范围向国外延伸。国际资本流动的内容：资本的流向包括资本流出和资本流入；资本流动规模包括流出额、流入额、总额和净额；资本流动种类包括长期资本流动和短期资本流动；资本流动性质包括官方资本流动和私人资本流动；资本流动方式包括直接投资、间接投资和贷款等。

### 10.1.2 国际资本流动与国际收支的关系

（1）国际资本流动对国际收支的影响。在国际收支平衡表中，经常项目首先是资本项目差额抵补，若经常项目为顺差，可用资本项目的资本净流出抵减；若经常项目为逆差，则可用资本项目的资本净流入抵补。若经常项目为顺差，加上资本净流入，则国际收支顺差增大；若经常项目为逆差，加上资本净流出，则国际收支逆差增大。可见，一国的国际资本流动对其国际收支有着直接的影响。

（2）国际收支对国际资本流动的影响。若一国的国际收支持续逆差，则该国货币汇率必然下跌，货币贬值的可能性很大，从而导致资本从这个国家流出。若一国的国际收支持续顺差，则该国货币汇率必然上升，货币升值或币值上升的可能性很大，从而导致外国资本流入该国。不过，国际资本流动对国际收支构成影响需具备两个条件：1）放松直至取消外汇管制；2）具有健全、完善的国际金融市场。

### 10.1.3 国际资本流动的特征

20 世纪 80 年代以来，国际资本流动体现出如下特征。

（1）国际资本流动规模巨大，不再依赖于实体经济而独立增长。从总量上看，国际资本流动的增长远远快于世界贸易的增长，呈持续性，不受世界经济周期波动的影响。从速度上看，庞大的国际资本流动呈快速移动之势。从地域上看，在国际资本流动中居于突出地位的一些离岸金融中心都出现在经济和贸易不太发达的国家和地区，如巴哈马、巴林、开曼群岛、菲律宾、阿联酋等。

（2）国际资本流动的结构呈现多元化格局。国际资本流动既可表现为资本在不同国家或地区之间的流动，又可表现为资本在外汇市场、信贷市场、证券市场以及衍生工具市场间的流动。

从国际资本流动的传统方式与衍生工具比较看，后者产生的国际资本流动数量已居于绝对优势地位，而且衍生交易的增长速度非常迅速。

从衍生工具交易的内部组成看，场外交易市场衍生工具交易的增长更为迅猛，基本上在国际衍生工具交易中居于主导地位。原因是场外交易更简便灵活，交易成本较低。

（3）国际资本流动方向具有逆转性和不稳定性。随着发达国家、新兴国家和发展中国家之间的经济金融发展态势及利率水平、物价水平的差异，汇率波动剧烈频繁，国际资本流动在国别和地区上存在差别，呈现可逆性和不稳定性。

（4）机构投资者成为国际资本流动的主要载体。机构投资者包括共同基金、对冲基金、养老基金、保险基金、信托公司、基金会、捐款基金，以及投资银行、商业银行和证券公司等。在许多工业化国家，居民家庭储蓄行为的多元化以及金融业的开放使机构投资者掌握的金融资本急剧上升。客观上，机构投资者需要将其资本在全球范围内进行配置，从而在国际资本流动中发挥中介作用。

（5）国际资本流动呈证券化趋势。证券化趋势主要表现在证券发行已经超过国际银行贷款和直接投资，成为最重要的国际资本流动方式。

### 10.1.4 国际资本流动的分类

（1）按其性质可分为官方资本流动和私人资本流动。

官方资本流动是指各国政府或国际组织提供的资本在国际的转移。

私人资本流动是指由私人及其机构提供的资本在国际的转移，如私人直接投资，私人证券投资等。

（2）按资本流动性的角度，一般可将国际资本流动划分为长期国际资本流动和短期国际资本流动。

1）长期国际资本流动。长期国际资本流动是指流出或流入时间在一年以上的资本在国际的流动。主要有国际直接投资、国际证券投资和国际中长期贷款三种类型。

①国际直接投资。国际直接投资主要有以下三种形式：一是在国外创办新企业，包括建立合资企业、独资企业和跨国公司；二是购买外国企业股权达到控制的比例；三是以利润进行再投资，即投资者把通过直接投资所获得利润的一部分或全部用于对原企业的追加投资。

②国际证券投资。也称为国际间接投资，是指购买外国企业或政府发行或已上市的股票、债券等有价证券，并以获取股票分红、债券利息收益为目的的投资行为。国际接投资以取得一定的收益为目的，一般不存在对企业经营管理权的取得问题，即使是在对股权证券进行投资的情况下，也不构成对企业经营管理的有效控制。

③国际中长期贷款。国际中长期信贷是在国际金融市场上发生的期限在一年以上的信贷活动。期限可从2年到20年。分为中期信贷和长期信贷两种，中期信贷一种为2~5年，长期信贷则一般为5~10年。中长期信贷的期限长，金额大，风险也随之增大，因而借贷双方要签订借贷协议，对贷款有关重要事项详加规定，还要由借款人所在国政府提供担保。包括政府贷款、辛迪加贷款、出口信贷和国际金融机构贷款等。

第一，政府贷款。是一国政府向另一国政府提供的双边优惠贷款。通常建立在良好的政治外交关系的基础上，是政府间的借贷行为，而且一般附带条件或指定用途。政府贷款的利率较低，期限也长，资金来源于国家财政预算资金。

第二，国际金融机构贷款。是世界性国际金融机构（如IMF、WB和国际开发协会等）和区域性国际金融机构向成员国政府提供的贷款。这种贷款具有国际援助的性质，但是往往限定用途。IMF发放贷款的特点是：贷款的对象限于成员国政府；贷款的用途限于弥补因经常项目收支而发生的国际收支逆差；贷款采取用成员国货币购买外汇的形式；贷款具有条件性等。典型的条件包括削减政府预算、增加税收和抑制货币量的增长。世界银行的贷款一般为项目贷款，用于借款国的电力、交通、运输、水利、港口建设等基础设施项目或农业、教育建设。

第三，国际银行贷款。是国际商业银行提供的贷款，可以由独家银行提供，也可以是辛迪加（银团）贷款。当借款者寻求的资金数额太大，以至于任何一个单一的银行都无法承受该借款者的信用风险时就产生对银行团体的需求。银团贷款市场的使用者是在银行贷款市场寻求大额融资的借款者。这种贷款以营利为目的，不限定贷款用途，借款人可以自由运用资金；数额可以很大，时间可以很长，贷款利率较高。此外，除了利息，国际商业银行还要求借款人承担与借贷协议的签署、贷款资金的调拨和提取等有关的一系列杂项费用。

第四，出口信贷。是一种中长期贸易信贷方式，是指一国政府为鼓励本国商品的出口，加强国际竞争能力，以对本国出口给予利息补贴并提供信贷担保的方法。出口信贷主要分为两大类：一是卖方信贷，是指出口国的卖方从银行取得出口信贷，然后再向买方提供延期付款信贷。二是买方信贷，指出口国的银行直接向进口国的买方，或通过进口国的银行转贷提供的信贷。

2）短期资本流动。短期资本流动是指流出或流入期限为期一年以下（含一年）的国际资本流动。短期资本流动从性质上可分为银行资本流动、贸易资本流动、保值性资本流动和投机性资本流动。

①银行资本流动是指各国外汇专业银行之间由于调拨资金而引起的资本国际转移。各国外汇专业银行在经营外汇业务过程中，由于外汇业务或谋取利润的需要，经常不断的进行套汇、套利、掉期、外汇头寸的抛补和调拨、短期外汇资金的拆进拆出、国际银行同业往来的收付和结算等，都要产生频繁的国际短期资本流动。

②贸易资本流动是指由国际贸易引起的货币资金在国际的融通和结算，是最为传统的国际资本流动形式。国际贸易活动的进行必然伴随着国际结算，引起资本从一国或地区流向另一国或地区。各国出口贸易资金的结算，导致出口国或代收国的资本流入；各国进口贸易资金的结算，则导致进口国或代付国的资本流出。随着经济开放程度的提高和国际经济活动的多样化，贸易资本在国际流动资本中的比重已经大为降低。

③保值性资本流动又称为“资本外逃”，是指短期资本的持有者为了使资本不遭受损失而在国与国之间调动资本所引起的资本国际转移。保值性资本流动产生的原因主要有国内政治动荡、经济状况恶化、加强外汇管制和颁布新的税法、国际收支发生持续性的逆差，从而导致资本外逃到币值相对稳定的国家，以期保值，免遭损失。

④投机性资本流动是指投机者利用国际金融市场上利率差别或汇率差别来谋取利润所引起的资本国际流动。具体形式主要有：对暂时性汇率变动的投机；对永久性汇率变动的投机；与贸易有关的投机性资本流动；对各国利率差别做出反应的资本流动。由于金融开放与金融创新，国际投机资本的规模越来越庞大，投机活动也越来越盛行。

## 10.2 国际资本流动的动因及影响

### 10.2.1 国际资本流动产生的动因

引起国际资本流动的原因很多，有根本性的、一般性的、政治的、经济的，归结起来主要有以下几个方面。

（1）过剩资本的形成或国际收支大量顺差。过剩资本是指相对的过剩资本。随着资本主义生产方式的建立，资本主义劳动生产率和资本积累率的提高，资本积累迅速增长，在资本的特性和资本家唯利是图的本性的支配下，大量的过剩资本就被输往国外，追逐高额利润，早期的国际资本流动就由此而产生了。随着资本主义的发展，资本在国外获得的利润也大量增加，反过来又加速了资本积累，加剧了资本过剩，进而导致资本对外输出规模的扩大，加剧了国际资本流动。近 20 年来，国际经济关系发生了巨大变化，国际资本、金融、经济等一体化趋势有增无减，加之现代通信技术的发明与运用，资本流动方式的创新与多样化，使当今世界的国际资本流动频繁而快捷。总之，过剩资本的形成与国际收支大量顺差是早期也是现代国际资本流动的一个重要原因。

（2）利用外资策略的实施。无论是发达国家，还是发展中国家，都会不同程度地通过不同的政策和方式来吸引外资，以达到一定的经济目的。美国目前是全球最大的债务国。而大部分发展中国家，经济比较落后，迫切需要资金来加速本国经济的发展，因此，往往通过开放市场、提供优惠税收、改善投资软硬环境等措施吸引外资的进入，从而增加或扩大了国际资本的需求，引起或加剧了国际资本流动。

（3）追逐利润的驱动。追求利润最大化目标使得资金在国与国之间流动。这些国际资本利用利率、汇率的变化追逐利润，从而引起了资本的跨国流动。当投资者预期到一国的资本收益率高于他国，资本就会从他国流向这一国；反之，资本就会从这一国流向他国。此外，当投资者在一国所获得的实际利润高于本国或他国时，该投资者就会增加对这一国的投资，以获取更多的国际超额利润或国际垄断利润，这些也会导致或加剧国际资本流动。在利润机制的驱动下，资本从利率低的国家或地区流往利率高的国家或地区。这是国际资本流动的又一个重要原因。

（4）汇率的变化。汇率的变化也会引起国际资本流动，尤其 20 世纪 70 年代以来，随着浮动汇率制度的普遍建立，主要国家货币汇率经常波动，且幅度大。如果一个国家货币汇率持续上升，则会产生兑换需求，从而导致国际资本流入，如果一个国家货币汇率不稳定或下降，资本持有者可能预期到所持的资本实际价值将会降低，则会把手中的资本或货币资产转换成他国资产，从而导致资本向汇率稳定或升高的国家或地区流动。

在一般情况下，利率与汇率呈正相关关系。一国利率提高，其汇率也会上浮；反之，一国利率降低，其汇率则会下浮。例如，1994 年美元汇率下滑，为此美国连续进行了 7 次加息，以期稳定汇率。尽管加息能否完全见效，取决于各种因素，但加息确实已成为各国用来稳定汇率的一种常用方法。当然，利率、汇率的变化，伴随着的是短期国际资本（游资或热钱）的经常或大量的流动。

（5）通货膨胀的发生。通货膨胀往往与一个国家的财政赤字有关系。如果一个国家出现了财政赤字，该赤字又是以发行纸币来弥补，必然增加了对通货膨胀的压力，一旦发生了严重的通货膨胀，为减少损失，投资者会把国内资产转换成外国债权。如果一个国家发生了财政赤字，而该赤字以出售债券或向外借款来弥补，也可能会导致国际资本流动，因为，当某个时期人们预期到政府又会通过印发纸币来抵债务或征收额外赋税来偿付债务，则又会把资产从国内转往国外。

（6）政治经济及战争风险的存在。政治、经济及战争风险的存在也是影响一个国家资本流动的重要因素。政治风险是指由于一国的投资气候恶化而可能使资本持有者所持有的资本遭受损失。经济风险是指由于一国投资条件发生变化而可能给资本持有者带来的损失。战争风险是指可能爆发或已经爆发的战争对资本流动造成的可能影响。例如，海湾战争就使国际资本流向发生重大变化，在战争期间，许多资金流往以美国为主的几个发达国家（大多为军费）。战后又使大量资本涌入中东，尤其是科威特等国。

（7）国际炒家的恶性投机。所谓恶性投机可包含两种含义：第一，投机者基于对市场走势的判断，纯粹以追逐利润为目的，刻意打压某种货币而抢购另一种货币的行为。这种行为的普遍发生，毫无疑问会导致有关国家货币汇率的大起大落，进而加剧投机，汇率进一步动荡，形成恶性循环，投机者则在"乱"中牟利。这是一种以经济利益为目的的恶性投机。第二，投机者不是以追求盈利为目的，而是基于某种政治理念或对某种社会制度的偏见，动用大规模资金对某国货币进行刻意打压，由此阻碍、破坏该国经济的正常发展。但无论哪种投机，都会导致资本的大规模外逃，并会导致该国经济的衰退，如 1997 年 7 月爆发的东南亚货币危机。一国经济状况恶化→国际炒家恶性炒作→汇市股市暴跌→资本加速外逃→政府官员下台→一国经济衰退，这几乎已成为当代国际货币危机的"统一模式"。

（8）各国风险程度的差异。为规避风险，资本将从高风险的国家和地区转向低风险的国家和地区，从而加速了国际资本流动。同时，从投资策略上看，降低风险的方法之一是分散化投资，即同时持有多种形式的、具有不同风险与收益率的资产，由此也导致了资本的国际流动。

此外还有其他因素，如政治及新闻舆论、谣言、政府对资本市场和外汇市场的干预以及人们的心理预期等因素，都会对短期资本流动产生极大的影响。

### 10.2.2 国际资本流动造成的影响

#### 10.2.2.1 长期国际资本流动的影响

A 对世界经济的一般影响

a 形成全球利润最大化

长期资本流动可以增加世界经济的总产值与总利润，并趋于最大化。因为，资本在国际进行转移的一个原因，就是资本输出的盈利大于资本留守在国内投资的盈利，这意味着输出国因资本输出，在资本输入国创造的产值，会大于资本输出国因资本流出而减少的总产值。这样，资本流动必然增加了世界的总产值和总利润，而且资本流动一般是遵循哪里利润率高往哪里流动的原则，最终会促使全球利润最大化。

b 加速世界经济的国际化

生产国际化、市场国际化和资本国际化是世界经济国际化的主要标志。这三个国际化之间互相依存，互相促进，推动了整体经济的发展，第二次世界大战后，资本流动国际化已经形成一个趋势，20 世纪 80 年代以来更有增无减。尤其资本流动国际化的外部环境与内部条件不断充实，如全球金融市场的建立与完善，高科技的发明与运用，新金融主体的诞生与金融业务的创新，以及知识的累积、思维的变化等，这些都使资本流动规模大增，流速加快，影响更广，而其所创造的雄厚的物质基础，又反过来推动生产国际化与市场国际化，使世界经济在更广的空间、更高的水平上获得发展。

c 加深了货币信用国际化

首先，加深了金融业的国际化。资本在国际的转移，促使金融业尤其银行业在世界范围内广泛建立，银行网络遍布全球，同时也促使了跨国银行的发展与国际金融中心的建立，这些都为国际金融市场增添了丰富的内容。目前，不少国家的金融业已成为离岸金融业或境外金融业而完全国际化。

其次，促使以货币形式出现的资本遍布全球，如国际资本流动使以借贷形式和证券形式体现的国际资本大为发展，渗入世界经济发展的各个角落。

最后，国际资本流动主体的多元化，使多种货币共同构成国际支付手段。

目前，几个长期资本比较充裕的国家，其货币都比较坚挺，持有这些货币，意味着更广泛地在世界范围内实现购买力在国际转移或可更有选择余地地拥有清偿国际债权债务的手段。可见，这些都在不同程度上加深了货币信用的国际化。

B　对资本输出国的影响

在一般情形下，长期资本流动对资本输出国的影响有积极与消极两个方面。

积极影响如下所述。

（1）提高资本的边际效益。长期资本输出国一般是资本较充裕或某些生产技术具有优势的国家。这些国家由于总投资额或在某项生产技术领域的投资额增多；其资本的边际效益就会递减，由此使新增加的投资的预期利润率降低。如果将这些预期利润率较低的投资额，转投入资本较少或某项技术较落后的国家，便可提高资本使用的边际效益，增加投资的总收益，进而为资本输出国带来更可观的利润。

（2）带动商品出口。长期资本输出会对输出国的商品出口起推动作用，从而增加出口贸易的利润收入，刺激国内的经济增长。如某些国家采用出口信贷方式，使对外贷款（即资本输出）与购买本国的成套设备或某些产品相联系，从而达到带动出口的目的。

（3）迅速地进入或扩大海外商品销售市场。直接投资可以使投资企业直接进入东道国生产并就地销售，这是扩大海外市场的最直接方式。

（4）有利于提高国际地位。资本输出，一般来说意味着该国的物质基础较为雄厚，意味着该国更有能力加强同其他国家的政治与经济联系，从而有利于提高自己的国际声誉或地位。

消极的影响如下所述。

（1）必须承担资本输出的经济和政治风险。当今世界经济和世界市场错综复杂，资本输出如果投资方向错误，就会产生经济业务的风险。此外，还得承担投资的政治性风险。这体现在资本输入国发生政变成政治变革，就可能会实施不利于外国资本输出的法令，如没收投资资本，甚至拒绝偿还外债等。1998 年 8 月 17 日，俄罗斯联邦政府宣布卢布贬值并推迟所有外债偿还期，不仅导致大量投资俄罗斯政府国债的投机资本损失惨重，而且致使国际商业银行的大量金融债权难以收回，引发俄罗斯债务危机。

（2）对输出国经济发展造成压力。在货币资本总额一定的条件下，资本输出会使本国的投资下降，从而减少国内的就业机会，降低国内的财政收入，加剧国内市场竞争，进而影响国内的政治稳定与经济发展。

C　对资本输入国的影响

积极影响如下所述。

（1）弥补输入国资本不足。一个国家获得的间接投资，通过市场机制或其他手段会流向资金缺乏的部门和地区；一个国家获得直接投资，则在一定程度上会弥补国内某些产业的空心化现象。其结果，既解决了资金不足问题，也促进了经济的发展。

（2）引进先进技术与设备，获得先进的管理经验。长期资本流动的很大一部分是直接投资。该投资的特点就是能给输入国直接带来技术、设备，甚至是销售市场。因此，只要输入得当，政策科学，资本输入无疑会提高本国的劳动生产率，增加经济效益，加速经济发展进程。

（3）增加就业机会，增加国家财政收入。资本输入的目的很大程度上是用来创建新企业或改造老企业，这对发达国家或发展中国家都是如此。这样，就有利于增加就业机会，有利于增加国民生产总值，进而有利于增加国家财政收入，提高国民的生活水平。

（4）改善国际收支。一方面，输入资本，建立外向型企业，实现进口替代与出口导向，就有利于扩大出口，增加外汇收入，进而起到改善国际收支的作用；另一方面，资本以存款形式进入，也可能形成一国国际收支的来源。

消极影响如下所述。

（1）引发债务危机。输入国若输入资本过多，超过本国承受能力，则可能会出现无法偿还债务的情况，导致债务危机的爆发。

（2）使本国经济陷入被动境地。如果输入资本过多又管理不善并使本国经济不能获得长劲发展，输入国就会对外产生很强的依赖性。这样，一旦外国资本停止输出或抽走资本时，本国经济发展就会陷入被动的境地，甚至使本国的政治主权受到侵犯。

（3）加剧国内市场竞争。大量外国直接投资企业把产品在东道国就地销售，必然会使东道国的国内市场竞争加剧，从而使国内企业的发展受到影响。

#### 10.2.2.2　短期国际资本流动的影响

##### A　对国际贸易的影响

在国际贸易中，买卖双方（或银行）提供的短期资金融通，如预付货款、延期付款及票据贴现等，都有利于国际贸易双方获得资金便利，从而有利于国际贸易的顺利进行。

##### B　对各国国际收支的影响

（1）当一国出现暂时性的国际收支失衡时，短期资本流动有利于调节失衡。

当一国的国际收支出现暂时性逆差时，该国的货币汇率就会下跌，如果投机者意识到这种汇率下跌仅是暂时的，预期不久就会上升，于是就按较低汇率买进该国货币，等待汇率上升后再以较高的汇率卖出，这样就形成了该国的短期资本流入之势，这种趋势显然有利于调节该国的国际收支逆差。反之，一国的国际收支出现暂时性顺差时，该国汇率会上升，如果投机者意识到该汇率上升只是暂时的，预期不久会回落，于是就按较高的汇率卖出该国货币，等待汇率回落后再以较低的汇率买进该国货币。这种投机行为形成该国的短期资本流出，这也显然有利于减少该国出现的暂时性顺差。

（2）当一国出现持续性国际收支不平衡时，则投机性和保值性短期资本流动会加剧该国的国际收支失衡状态。

当一个国家出现持续性逆差时，该国的货币汇率就会持续下跌，如果投机者预期到该国货币汇率还会进一步下跌时，就会卖出该国货币，买进其他货币，以期该国货币贬值，其他货币升值后获利。这种投机行为会使该国的资本流出，从而会扩大逆差加剧国际收支失衡。反之，当一个国家出现持续性顺差时，这个国家的货币汇率就会持续上升，如果投机者预期到这种汇率还会上升，就会卖出其他货币买进该国货币，以期该国货币升值后获利。这种投机行为会使该国顺差扩大，从而也加剧国际收支失衡。

由于这种投机性资本流动使得本国货币汇率更加离散和不稳定，波动幅度更大，因而被称为“破坏稳定性投机”。

C　对国际金融市场的影响

首先，短期国际资本流动推动了金融市场一体化进程。若将利率、汇率作为衡量金融市场一体化的指标，那么在国际投机资本套汇套利的作用下，各地汇率差异和利率差异明显缩小，同一金融资产在本国与离岸金融市场上的利率也呈现收敛趋势，甚至连各国长期利率水平的变动也都保持一致的趋势。

其次，短期国际资本流动极大地增加了国际金融市场的流动性。借助于现代化的通信和交易手段，国际资本迅速从一国流向另一国，在满足资金需求的基础上客观地降低了国际金融交易成本。

最后，短期国际资本流动在客观上推动了金融创新。保证金交易、透支交易和衍生工具的创新与使用，为避险需求者提供了分散各种价格风险的新机制，有利于提高国际金融市场的效率和稳定性。

同时需要看到的是，短期资本流动会加剧国际金融市场动荡，表现在它会造成汇率大起大落，投机更加盛行。如上所述，一国发生短期性国际收支不平衡时，汇率将发生波动。因为投机者这时是在外汇供不应求，本币汇率偏低时，卖出外汇、买进本币，或在外汇供大于求，本币汇率偏高时，买进外汇、卖出本币。这种投机性资本流动既有利于国际收支平衡的调节，又有利于保持市场汇率的稳定。但相反，一旦一国发生持续性国际收支失衡，这时，投机者是在外汇供不应求时买进外汇，而在外汇供大于求时卖出外汇，这种行为显然不利于国际收支平衡，也不利于汇率的稳定。因此，这种投机行为会促使国际金融市场动荡不安，不过有一种情况例外，即如果一国发生持续性国际收支失衡，是因为汇率偏高或偏低没有得到及时调整所致，这时，这种投机又会强迫该国适时进行调整，从而使汇率趋于合理水平。

D　影响各国货币当局货币政策的独立性

在短期国际资本流动的冲击下，货币当局的利率政策难以完全根据国内的具体情况予以确定。例如，当一国为了控制通货膨胀而采取紧缩性货币政策时，由于利率的提高带来短期内大量资本的涌入，就直接抵消了货币政策的紧缩力度；反之，膨胀性的货币政策又会因为短期国际资本的抽逃而削弱实施效果。

## 10.3　国际资本流动性危机、主权债务危机和金融危机

### 10.3.1　国际资本流动性危机

国际资本流动性危机是指一国在国际金融市场上无法获得足够的融资来满足其短期债务和对外支付的需求，从而导致货币贬值、外汇储备枯竭和经济衰退。流动性危机是融资方在外部冲击下受到资本所有者挤兑后引发的抛售资产甚至破产的现象，并通过资产价格、利率、汇率等渠道将单一企业或机构的流动性短缺扩大成系统性的流动性危机。而国

际资本流动性危机是在国际资本流动突然中断的冲击下，事实也是体现为国际资本对一国经济微观主体的冲击，进而通过大量微观主体的流动性不足问题导致国家偿债能力的下降。

国际资本流动性危机起源于国际投资者在悲观预期下减少或撤回投资时引发的流动性不足，在挤兑效应和市场恐慌的双重作用下，微观主体的流动性不足很可能演变为整个国家的流动性危机甚至金融危机。

国际资本流动危机的特点主要表现在四个方面：（1）资本大量外流，导致一国外汇储备减少；（2）一国货币贬值，导致进口商品价格上涨，出口竞争力下降；（3）国内利率上升，导致借贷成本增加；（4）经济衰退造成失业率上升。

造成资本流动性危机的原因主要有内部和外部两方面。

A 内部原因

（1）金融机构信贷风险积累。当金融机构的信贷风险积累到一定程度时，会导致资金流动性短缺，从而引发资本流动性危机。

（2）经济过热和泡沫破裂。当经济发展过热，资产价格泡沫过大时，一旦泡沫破裂，会导致大量金融机构破产，从而引发资本流动性危机。

（3）政策失误和调控不当。政府在制定货币政策、财政政策等调控措施时，如果失误或不当，会导致资金流动性短缺，从而引发资本流动性危机。

B 外部原因

（1）国际经济环境的变化，如全球经济衰退、贸易摩擦等，会导致国际资本流动的不稳定，从而引发资本流动性危机。

（2）金融市场波动。金融市场的波动，如股票市场、债券市场的暴跌等，会导致金融机构的资产价值大幅缩水，从而引发资本流动性危机。

（3）自然灾害和政治事件。自然灾害和政治事件的发生，如地震、政治动荡等，会导致经济活动受到冲击，从而引发资本流动性危机。

此外，全球经济一体化使得各国之间的经济联系更加紧密，一旦某个国家发生金融危机，就会迅速波及其他国家，从而引发全球性的资本流动性危机。金融创新和杠杆化在推动经济发展的同时，也增加了金融系统的风险，一旦市场条件发生变化，就会导致资本流动性危机。

### 10.3.2 债务危机

债务危机又称支付能力危机，是指一国的债务负担不合理，因无法偿还到期债务而最终引发的危机。从历史上看，债务危机通常发生在发展中国家，但近年来的欧债危机改写了历史。

一般来说，发生债务危机的国家具有一些共性特征：出口不断萎缩，外汇主要来源于举借外债；国际债务条件对债务国不利；债务国缺乏外债管理经验；外债投资效益不高，创汇能力弱；财政赤字高企等。当上述特征暴露出来后，就会打击投资者的信心并出现短期资本的快速抽逃，从而引发债务危机。

20世纪80年代，在低利率资金的诱惑下，阿根廷、巴西、墨西哥和秘鲁等拉美国家借入了大量以硬通货计价的债务；然而，随着利率上升、资本流向逆转、发展中国家货币面临贬值压力，拉美的负债率上升到不可持续的水平。1982 年 8 月 12 日，墨西哥因外汇储备已下降至危险线以下，无法偿还到期的公共外债本息（268.3 亿美元），不得不宣布无限期关闭全部汇兑市场，暂停偿付外债，并把国内金融机构中的外汇存款一律转换为本国货币。墨西哥的私人财团也趁机纷纷宣布推迟还债。继墨西哥之后，巴西、委内瑞拉、阿根廷、秘鲁和智利等国也相继发生还债困难，纷纷宣布终止或推迟偿还外债。到 1986 年年底，拉美发展中国家债务总额飙升到 10350 亿美元，且债务高度集中，短期贷款和浮动利率贷款比重过大，巴西、阿根廷等拉美国家外债负担最为沉重。近 40 个发展中国家要求重新安排债务。

10.3.2.1　国际流动性危机与国际债务危机的联系

国际资本流动突然中断引发的微观主体流动性不足会蔓延为国家对外支付的流动性危机，当一国政府对外支付能力下降且难以从国际市场上获得新融资时，国际投资者就可能会抛售一国的政府债券，形成债务风险。

债务危机起始于投资者对政府债券的抛售，在市场恐慌的作用下，国际资本也会纷纷撤出在该国的投资，银行部门在政府债券类资产和国际资本都不断缩水的压力下出现流动性不足甚至流动性危机，这又进一步加剧了国际资本的流出，国际资本流动性危机不可避免。

同样地，债务危机的本质是一国政府的流动性不足问题，政府信用的危机必然会导致微观主体的流动性短缺，二者都会进一步加剧国际资本的外逃从而引发国际资本流动性危机；而一国政府自身外汇储备足够或能够从国际市场获得足够的流动性时，央行对金融市场的流动性注入则会缓解国际资本流动性危机的蔓延和带来的经济波动，政府担保和救援相当于对国际投资者的承诺，会大大降低资本外逃的预期。只要政府信用得到国际投资者和国际贷款人的认可，则不会发生国家债务危机。

国际资本流动突然中断冲击下，外汇储备的作用在于为市场提供流动性支持，而不至于让流动性冲击继续扩大为流动性危机，从而实现外汇储备防范流动性危机发生、稳定金融市场的功能。然而，如果国际资本流动突然中断导致的悲观预期大于外汇储备对投资者承诺，或流动性危机已然发生，外汇储备救援的作用在于使流动性危机下的经济波动更加稳定。基于金融系统对一国的重要程度，金融部门的流动性问题是有一国政府的隐性担保的，也就是说，当一国政府当局不选择对市场注入流动性应对国际资本流动性危机时，最终的结果必然是大量金融机构破产，金融体系的不稳定进而会影响一国的政府信用。

在全球资本自由化和金融一体化的大趋势下，脱离国际金融市场对自身发展弊大于利，因此，各国政府不到迫不得已时不会轻易选择违约，而且，政府选择违约后，重新构建一国的货币信用会更难。

10.3.2.2　发展中国家债务危机产生的原因

国际债务危机的爆发是国内、国际因素共同作用的结果，但外因往往具有不可控性，且外因总是通过内因起作用。因此，从根本上说债务危机产生的直接原因在内因，即对国际资本盲目借入、使用不当和管理不善而导致的结果。

A　外债规模膨胀

如果把外债视为建设资金的一种来源，就需要确定一个适当的借入规模。因为资金积累主要靠本国的储蓄来实现，外资只能起辅助作用；而且，过多地借债如果缺乏国内资金及其他条件的配合，宏观经济效益就得不到应有的提高，进而可能因沉重的债务负担导致债务危机。巴西在1981—1985年的发展计划中，开列的投资总额为3720亿美元，其中57.5%计划靠筹借外债。

现在国际上一般把偿债率作为控制债务的标准。因为外债的偿还归根结底取决于一国的出口创汇能力。如果债务增长率持续高于出口增长率，就说明国际资本在使用及偿还环节上存在着严重问题。理论上讲，一国应把当年还本付息额对出口收入的比率控制在20%以下，超过此界限，借款国应予以高度重视。

B　外债结构不合理

在其他条件相同的情况下，外债结构对债务的变化起着重要作用。外债结构不合理主要表现有以下几方面。

（1）商业贷款比重过大。商业贷款的期限一般较短，在经济较好或各方一致看好经济发展时，国际银行就愿意不断地贷款，因此这些国家就可以不断地通过借新债还旧债来“滚动”发展。但在经济发展中一旦出现某些不稳定因素，如政府的财政赤字、巨额贸易逆差或政局不稳等使市场参与者失去信心，外汇储备不足以偿付到期外债时，汇率就必然大幅度下跌。这时，银行到期再也不愿贷新款了。为偿还到期外债，本来短缺的外汇资金这时反而大规模流出，使危机爆发。20世纪70年代后期，国际金融市场的形势对发展中国家不利。国际信贷紧缩、对发展中国家贷款中私人商业贷款过多，是导致20世纪80年代债务危机的重要原因。

（2）外债币种过于集中。如果一国外债集中于一两种币种，汇率风险就会变大，一旦该外币升值，则外债就会增加，增加偿还困难。

（3）期限结构不合理。如果短期外债比重过大，超过国际警戒线，或未合理安排偿债期限，都会造成偿债时间集中，若流动性不足以支付到期外债，就会爆发危机。拉美国家在20世纪80年代的外债中，多以浮动利率债务为主，而美国实行的高利率，加重了发展中国家的债务负担。1979—1982年，由于美元利率水平的提高，使拉美负债国多偿付490亿美元的债务。①

C　外债使用不当

借债规模与结构确定后，如何将其投入适当的部门并最大地发挥其使用效益，是偿还债务的最终保证。从长期看，偿债能力取决于一国的经济增长率，短期内则取决于一国的出口率。所以人们真正担心的不是债务的规模，而是债务的生产能力和创汇能力。许多债务国在大量举债后，没有根据投资额、偿债期限、项目创汇率以及宏观经济发展速度和目标等因素综合考虑，制定出外债使用走向和偿债战略，不顾国家的财力、物力和人力等因素的限制，盲目从事大工程建设。由于这类项目耗资金、工期长，短期内很难形成生产能力，创造出足够的外汇，造成债务积累加速。同时，不仅外债用到项目上的资金效率低，而且还有相当一部分外债根本没有流入生产领域或用在资本货物的进口方面，而是盲目过量地进口耐用消费品和奢侈品，这必然导致投资率的降低和偿债能力的减弱。而不合理的

① 世界银行：《1986年世界发展报告》，中国财政经济出版社1986年版。

消费需求又是储蓄率降低的原因，使内部积累能力跟不上资金的增长，导致外债进一步增加。有些国家则是大量借入短期贷款在国内做长期投资，而投资的方向主要又都是房地产和股票市场，从而形成泡沫经济，一旦泡沫破灭，危机也就来临了。

D　对外债缺乏宏观上的统一管理和控制

外债管理需要国家对外部债务和资产实行技术和体制方面的管理，提高国际借款的收益，减少外债的风险，使风险和收益实现最圆满的结合。这种有效的管理是避免债务危机的关键所在。其管理的范围相当广泛，涉及外债的借、用、还各个环节，需要政府各部门进行政策协调。如果对借用外债管理混乱，多头举债，无节制地引进外资，往往会使债务规模处于失控状态和债务结构趋于非合理化，从而妨碍政府根据实际已经变化了的债务状况对政策进行及时调整，而政府一旦发现政策偏离计划目标过大时，偿债困难往往已经形成。

拉美国家在实行进口替代工业化政策时期，限制外国直接投资涉足国内许多工业部门，主要依靠对外举债解决资金短缺的问题和发展国内工业，导致对出口的忽视，从而为外债的偿还带来困难。其次，这些发展中国家存在着非常严重的资金外逃现象，难以充分利用资金。再次，大量外债被用于非生产性开支，如弥补国际收支赤字、财政赤字以及军事开支。最后，即使是被用于生产领域的外债，也主要投入国有企业，相关国家大多管理不善、效益低下，难以形成稳定的偿债资金来源。

除了发展中国家的内因之外，外部国际经济环境的变化也会对债务危机的形成和恶化起到推波助澜的作用。外因具体包括如下内容。

第一，受到两次石油危机的冲击，以发达国家为主导的世界经济衰退。1973 年，世界经济受到第一次石油危机的冲击，西方发达国家经济普遍低迷，因而强化了贸易保护主义。发展中国家出口受到严重损害，国际收支恶化，只能通过举债弥补。20 世纪 80 年代初，第二次石油危机进一步加剧了世界经济衰退，西方国家通过贷款利率、贸易比价等渠道，向发展中国家转嫁其经济危机，加大了拉美国家的经常项目收支逆差，使其举债规模不断扩大。

第二，国际金融市场上美元利率和汇率的上浮。20 世纪 80 年代早期，工业化国家的反通胀政策引起了国际利率的迅速增加。同时，发展中国家的外债一般以外币计价，又以美元为主，美元汇率升值与利率上升双重因素使这些国家原有债务的实际利率大幅提高，利息偿还很快占到许多国家出口价值的 30%以上，债务偿还出现困难。

### 10. 3. 2. 3　欧洲债务危机产生的原因

A　经济发展区域不平衡

欧元区的各个国家经济差距较大，区域之间发展极不平衡。其中，德国、意大利、法国等国家经济较为发达，而希腊、爱尔兰等外围国家经济较为落后，德国的 GDP 占欧元区 GDP 总规模的 20%，德国、法国、意大利三国占比更是高达 50%。在成立欧元区之后，德国、法国、意大利等核心国利用制度的原有优势、技术和资金优势，乃至所谓“地区意识和价值优势”，享受着地区整合和单一货币区域的好处；而在欧元区核心圈的外围，希腊、爱尔兰等国形成了比较劣势带。在单一货币区内，统一的货币政策更加倾向于德国、法国等国家的经济目标，从而导致区域发展不均衡现象越发严重。

B 各国产业结构不合理

第一，希腊、爱尔兰等国资源配置的不合理以及配置效率的低下导致经济较为脆弱，受金融危机影响较大。希腊等国进入工业化的时间较短，且受自然资源的限制，因此整体结构不尽合理，对工业制品进口依赖度较大，其出口产品以农产品、资源性初级加工产品以及金属制品为主，缺少附加值较高的技术密集型产品。随着亚洲新兴国家的崛起，其低附加值的出口产品受影响较大，欧元的升值也打击了其出口，导致贸易赤字逐年扩大。希腊的劳动力、能源等生产要素市场竞争不充分，资源配置效率不高，处于垄断地位的希腊公共企业改革阻力较大，公用事业市场开放相对滞后。希腊的国有企业不仅自身效率低下，服务质次价高，成为财政包袱，而且政府为了拉拢选民，赢得大选，还不得不大力扩展公共部门，进一步降低了资源配置效率。爱尔兰从加入欧元区以来，一直被誉为欧元区的“明星”。在次贷危机以前，其经济增速一直显著高于欧元区平均水平。但是爱尔兰的经济以出口为主，比重占整个国家经济的70%，这意味着爱尔兰出口的提高是以降低其国内消费为代价的，爱尔兰经济过度依赖出口行业导致爱尔兰在次贷危机后遭受重创。

第二，税收制度上的缺陷导致经济波动风险增加。希腊的地下经济规模世界闻名，据世界银行2003年的报告，希腊地下经济占GDP总量的比例高达35%左右，希腊政府每年因偷逃税行为损失的财政收入至少相当于国内生产总值的4%。与希腊不同的是，爱尔兰采取了低税率政策来吸引外商投资，其企业税率只有12.5%，而德国是30%，法国是33%。低税率一方面减少了政府收入，另一方面在经济繁荣时期导致过大的货币流动量，使得经济泡沫化，而在次贷危机爆发后，FDI的流出更对经济造成了较大打击。

C 经济发展过度依赖信贷，房地产泡沫严重

希腊90%的家庭财富是以房地产形式存在的，私人住宅投资占希腊投资的20%左右。在经济发展过程中，西班牙同样也出现了房地产泡沫。金融危机前的2007年，西班牙的地产产值占到当年GDP的17%、税收的20%，建筑业从业人员占全国就业人数的12.3%。西班牙外资12个月累计投资房地产总额占GDP的比例在2003年一度达到90%，经济危机爆发后，FDI大量流出，该比例仅为35%。

爱尔兰的情况略有不同。爱尔兰采取了较低的税率吸引大量的FDI，加上每年的贸易顺差，导致流动性泛滥，房地产价格连续10年上涨，泡沫严重。截至2009年，爱尔兰吸引外国直接投资金额的存量达2100亿欧元；另外爱尔兰每年都存在大量的贸易顺差，2009年的贸易顺差是387亿欧元，这两项合计就是2487亿欧元。从2000年开始，爱尔兰房价指数一路飙升，到了2007年，该指数从70上升到140。

房价上涨对居民形成正财富效应，提高了消费者信心，居民消费增加又带动了经济增长。但在金融危机的冲击下，房地产泡沫破裂，导致失业率高企，银行业坏账率激增。在此环境下，债务危机的爆发难以避免。

### 10.3.3 金融危机

《新帕尔格雷夫经济学大辞典》将金融危机（金融风暴）定义为一个国家或几个国家与地区的全部或大部分金融指标，如短期利率、货币资产、证券、房地产、土地（价格）、商业破产数和金融机构倒闭数的急剧、短暂和超周期的恶化。根据IMF在《世界经济展望

1998》中的分类，金融危机大致可以分为货币危机、银行业危机、外债危机、系统性金融危机四大类。

国际金融危机主要表现为货币危机，具体表现为市场流动性不足、信用紧缩、市场停滞、交易大量减少、市场恐慌性抛售和信心崩溃。其特征是人们基于经济未来将更加悲观的预期，整个区域内货币币值出现幅度较大的贬值，经济总量与经济规模出现较大的损失，经济增长受到打击。往往伴随着企业大量倒闭，失业率提高，社会普遍的经济萧条，甚至有些时候伴随着社会动荡或国家政治层面的动荡。

金融危机的主要表现是货币大幅贬值，企业大量倒闭，失业率提高，从金融到实体到消费，整个社会陷入经济萧条的局面。债务危机的主体更多时候是国家，由于债权方对一国政府信用的悲观预期导致政府债券被抛售，这很容易引起市场的恐慌，债务国的主权信用评级被下调会进一步加剧市场恐慌的蔓延，引发主权债务危机。

10.3.3.1　国际资本流动性危机与金融危机的联系

本质上而言，任何金融危机爆发与传染都是起源于流动性短缺问题，不同的是，最初受到冲击的部门存在差异。国际资本流动性危机起源于国际投资者在悲观预期下减少或撤回投资时引发的流动性不足，在挤兑效应和市场恐慌的双重作用下，微观主体的流动性不足很可能演变为整个国家的流动性危机甚至金融危机。

金融危机可能起源于金融市场上某种金融产品或某家金融机构资本活动出现的问题，并在金融市场上不断放大，资本商品在更大规模、更广范围内的供需不平衡最终集聚形成金融危机。也就是说，金融危机本质上也是因为资本的流动性不足，不管是国内的金融问题还是国际金融市场的不稳定引发的金融危机，都会导致国际资本大规模流出而形成的国际资本流动性危机；相反，如果一国央行有足够的资本或融资渠道来应对起始于国际资本流动突然中断的流动性危机，则不会导致金融危机的爆发。

10.3.3.2　金融危机与经济危机的区别及联系

A　区别

理论上而言，“金融”与“经济”本身就存在较大差别。“金融”是以货币和资本为核心的系列活动总称，与它相对应的主要概念有“消费”和“生产”，后两者则主要是围绕商品和服务展开。所谓金融危机就是指与货币、资本相关的活动运行出现了某种持续性的矛盾，比如，票据兑现中出现的信用危机、买卖脱节造成的货币危机等。就美国次贷危机而言，其根本原因在于资本市场的货币信用通过金融衍生工具被无限放大，在较长的时期内带来了货币信用供给与支付能力间的巨大缺口，最后严重偏离了现实产品市场对信用的有限需求。当这种偏离普遍地存在于金融市场的各个领域时，次贷危机也就是局部金融矛盾，向金融危机的演化就不可避免了。

“经济”的内涵显然比“金融”更广泛，它包括上述的“消费”“生产”和“金融”等一切与人们的需求和供给相关的活动，它的核心在于通过资源的整合，创造价值、获得福利。就此而言，“经济”是带有价值取向的一个结果，“金融”则是实现这个结果的某个过程。因此，经济危机是指在一段时间里价值和福利的增加无法满足人们的需要，比如，供需脱节带来的大量生产过剩（传统意义上的经济萧条），比如，信用扩张带来的过度需求（最近发生的经济危机）。通过比较可以发现，经济危机与金融危机最大的区别在于，它们对社会福利造成的影响程度和范围不同。金融危机某种意义上只是一种过程危机，而经济危机则是一种结果危机。

B 联系

从历史上发生的几次大规模金融危机和经济危机来看，大部分经济危机与金融危机都是相伴随的。也就是说，在发生经济危机之前，往往会先出现一波金融危机，最近的这次全球性经济危机也不例外。这表明两者间存在着内在联系。其主要缘由在于，随着货币和资本被引入消费和生产过程，消费、生产与货币、资本的结合越来越紧密。以生产过程为例，资本在生产过程的第一个阶段——投资阶段，便开始介入，货币资本由此转化为生产资本；在第二个阶段里，也就是加工阶段，资本的形态由投资转化为商品；而在第三个阶段里，也就是销售阶段，资本的形态又由商品恢复为货币。正是货币资本经历的这些转换过程，使货币资本的投入与取得在时空上相互分离，任何一个阶段出现的不确定性和矛盾都足以导致货币资本运动的中断，资本投资无法收回，从而出现直接的货币信用危机，也就是金融危机。当这种不确定性和矛盾在较多的生产领域中出现时，生产过程便会因投入不足而无法继续，从而造成产出的严重下降，引致更大范围的经济危机。这便是为何金融危机总是与经济危机相伴随，并总是先于经济危机而发生的原因所在。

在某些情况下，也不能排除金融危机独立于经济危机发生的可能性，尤其是当政府在金融危机之初便采取强有力的应对政策措施，比如，通过大规模的“输血”政策，有效阻断货币信用危机与生产过程的联系，此时就有可能避免经济危机的发生或恶化。

### 10.3.4 金融危机理论

从20世纪70年代中期开始，发展中国家陆续开始推行结构性的经济自由化改革和宏观经济稳定化计划，以试图打破传统体制的僵化，并保持国内通货的稳定。但所有的这些尝试都未曾在短期内达到预期的效果，反而引起了一系列的宏观经济问题，这些国家的宏观经济绩效、国际收支状况与国际外部经济环境之间表现出日趋复杂的关系，特别是金融危机的频繁爆发。金融危机最开始表现为固定汇率的瓦解，或者称为货币危机，而后则呈现出外汇市场、银行、房地产市场、股票市场同时出现崩溃的复杂症状。为什么追求经济自由化和宏观经济稳定的政策框架反而导致了金融系统的危机呢？金融危机理论由此应运而生，其研究的主要范例包括20世纪80年代初拉美的债务危机、1994年到1995年的墨西哥债务危机、亚洲金融危机和美国次贷危机。

#### 10.3.4.1 第一代货币危机模型

保罗·克鲁格曼在1979年发表的《国际收支危机模型》一文中构造了货币危机的最早的理论模型。

第一代货币危机模型认为扩张性的宏观经济政策导致了巨额财政赤字，为了弥补财政赤字，政府只好增加货币供给量，同时为了维持汇率稳定而不断抛出外汇储备，一旦外汇储备减少到某一临界点时，投机者会对该国货币发起冲击，在短期内将该国外汇储备消耗殆尽，政府要么让汇率浮动，要么让本币贬值，最后，固定汇率制度崩溃，货币危机发生。许多经济学家后来对其进行了改进和完善，最终形成了第一代货币危机理论。该理论从一国经济的基本面解释了货币危机的根源在于经济内部均衡和外部均衡的冲突，如果一国外汇储备不够充足，财政赤字的持续货币化会导致固定汇率制度的崩溃并最终引发货币危机。当宏观经济状况不断恶化时，危机的发生是合理的而且是不可避免的。它比较成功地解释了 20 世纪 70—80 年代的拉美债务危机。

#### 10.3.4.2　第二代货币危机模型

1992 年，英镑危机发生，当时英国不仅拥有大量的外汇储备（德国马克），而且其财政赤字也未出现与其稳定汇率不和谐的情况。第一代货币危机理论已无法对其作出合理解释，经济学家开始从其他方面寻找危机发生的原因，逐渐形成第二代货币危机理论。

第二代货币危机模型最具代表性的是由茅瑞斯·奥伯斯法尔德（Maurice Obstfeld）于 1994 年提出的。他在寻找危机发生的原因时强调了危机自我促成（Self-Fulfilling）的性质，引入了博弈论，关注政府与市场交易主体之间的行为博弈。奥伯斯法尔德《具有自我促成特征的货币危机模型》在其 Models of Currency Crises with Self-Fulfilling Features 一文中设计了一个博弈模型，说明了动态博弈下自我促成危机模型的特点，并呈现出“多重均衡”性质。

该模型认为一国政府在制定经济政策时存在多重目标，经济政策的多重目标导致了多重均衡。因而政府既有捍卫汇率稳定的动机，也有放弃汇率稳定的动机。在外汇市场上有中央银行和广大的市场投资者，双方根据对方的行为和掌握的对方的信息，不断修正自己的行为选择，这种修正又影响着对方的下一次修正，形成了一种自促成，当公众的预期和信心的偏差不断累积使得维持稳定汇率的成本大于放弃稳定汇率的成本时，中央银行就会选择放弃，从而导致货币危机的发生。

以奥伯斯法尔德为代表的学者在强调危机的自我促成时，仍然重视经济基本面的情况，如果一国经济基本面的情况比较好，公众的预期就不会发生大的偏差，就可以避免危机的发生。与此同时，另一些第二代货币危机模型则认为危机与经济基本面的情况无关，可能纯粹由投机者的攻击导致。投机者的攻击使市场上的广大投资者的情绪、预期发生了变化，产生“传染效应（contagion effect）”和“羊群效应（herding behavior）”，推动着危机的爆发，货币危机之所以发生的原因恰恰是因为它们正要发生。

第二代货币危机理论较好地解释了 1992 年英镑危机，当时英国政府面临着提高就业与维持稳定汇率的两难选择，结果放弃了有浮动的固定汇率制。

#### 10.3.4.3　第三代货币危机模型

1997 年下半年爆发的亚洲金融危机呈现出许多新的特征，这次危机发生之前，亚洲许多国家都创造了经济发展的神话，而且大多实行了金融自由化。第一、二代模型已经无法较好地解释这场金融危机，更难理解的是，这些国家和地区经济（尤以韩国为例）在危机过后很短时期内就实现了经济复苏，某些方面甚至还好于危机之前。

第三代货币危机模型是由麦金农和克鲁格曼首先提出，该模型强调了第一、二代模型所忽视的一个重要现象：在发展中国家普遍存在着道德风险问题。普遍的道德风险归因于政府对企业和金融机构的隐性担保，以及政府同这些企业和机构的裙带关系。从而导致了在经济发展过程中的投资膨胀和不谨慎，大量资金流向股票和房地产市场，形成了金融过度（financial excess），导致了经济泡沫。当泡沫破裂或行将破裂所致的资金外逃，将引发货币危机。

第三代货币危机理论出现较晚，但研究者们普遍认为脆弱的内部经济结构和亲缘政治是导致这场危机的关键所在。

10.3.4.4 第四代货币危机理论

第四代货币危机模型是在已有的三代成熟的货币危机模型上建立起来的。该理论认为，如果本国企业部门的外债水平越高，“资产负债表效应”越大，经济出现危机的可能性就越大。其理论逻辑是：企业持有大量外债导致国外的债权人会悲观地看待这个国家的经济，减少对该国企业的贷款，使其本币贬值，企业的财富下降，从而能申请到的贷款下降，全社会投资规模下降，经济陷入萧条。第四代危机模型目前尚不成熟，有待进一步完善。

## 延伸阅读

### 五年来我国国际收支首次出现赤字，哪些原因造成资金净流出？

（资料来源：徐三郎，五年来我国国际收支首次出现赤字，哪些原因造成资金净流出？火星宏观，2024.1.31）

2023年，我国国际收支自2019年以来首次出现赤字，从2022年的净流入763亿美元，转为净流出687亿美元。2023年的中外资金，从哪些渠道离开我国了？资本净流出对我们的经济发展和人民币稳定构成挑战。

根据外汇管理局的《银行代客涉外收付款数据时间序列》数据表中的数据，自2021年我国国际收支净流入达到历史高峰之后，净流入连续两年萎缩，2023年更是从净流入转为净流出，成为2019年以来第一个资金净流出的年份。

10年前的2015年开始，我们当时经历了四年国际收支逆差，即资本净流出。2015年流出1940亿美元，2016年创下资本流出最高峰，达到3053亿美元，直到2019年才恢复资本净流入。

2015—2018年我国资本净流出，源于特朗普上台后的贸易战，以及我国经济从2010年及之前的2位数的高速增长迅速跌落到2015年之后的7%以下的中速。从最近5年的趋势看，初次收入和二次收入（直接投资的回报）这几年一直呈现加速流出的趋势，从2019年净流出1481亿美元，稳步扩大到2023年净流出2490亿美元，证券投资和其他投资是从2022年最早开始净流出的，2022年分别净流出了1918亿美元和298亿美元，2023年继续净流出172亿美元和218亿美元，但流速减缓。

商品贸易一直为净流入，但在2023年外汇局口径的商品贸易顺差从2022年的4774亿美元缩小到4083亿美元，减少了14.5%；服务贸易一直为逆差，即净流出，也从之前净流出逐年缩小，在2023年再次扩大到净流出1038亿美元，是2022年净流出金额的2.3倍。

如果单独观察2023年的资本净流出，我们会发现，与2022年对比，我们国际收支平衡表中的净收入减少了1450亿美元，其中影响最大的是直接投资，净收入比2022年减少了1516亿美元，其次是货物贸易和服务贸易的净收入分别比2022年减少了691亿美元和590亿美元，初次和二次净收入比2022年减少了295亿美元。在我们印象中流出最多的证券投资实际上比2022年少流出了1746亿美元。

2023年直接投资净流出1185亿美元，比2022年减少了1516亿美元，其主要受西方投资者分散投资和跨国公司实行生产链的近岸外包和友岸外包，将生产链转向东南亚、印度、墨西哥和东欧等地的影响。由于我国制造业大多处于生产链的下层，为确保订单，中国企业需要跟随跨国公司的生产链转移而转移，这在一定程度加大了资本的流出规模。而商务部发表的数据也显示，2023年，全国实际使用外资金额11339亿元人民币，同比下降8.0%。其中制造业实际使用外资金额3179亿元人民币，同比下降1.8%；服务业实际使用外资金额7761亿元人民币，同比下降13.4%。在十年前的贸易战中的2015年和2016年，我国直接投资净流出33亿美元和1055亿美元。2023年的净流出规模，创下历史最大。

服务贸易净流出（逆差）规模突然从2022年的448亿美元扩大到1038亿美元，主要原因是取消疫情防控之后，我们在海外的服务购买支出大幅度增加，但我们的服务出口反而大幅度下降。外汇局的服务出口收入从2022年的3663亿美元下降到了3221亿美元，同比下降了12.1%；服务进口则增加了18.7%，达到5520亿美元。其中影响较大的，一是旅行贸易逆差从2022年的1081亿美元扩大到1817亿美元，这一项就增加了736亿美元的净流出；二是运输贸易逆差从2022年的239亿美元扩大到842亿美元，增加了603亿美元的净流出。

截至2023年11月底，我国制造业等工业领域的外国企业数量比上年同期减少了0.4%。在7月减少到了2004年11月以来的低水平。此外，富裕阶层的资金流出被认为也扩大了净流出的规模。

从历史资料来看，我国经济高速增长期，也是资本净流入的高峰期。当资本净流入规模缩小时，往往会导致我们的经济增长速度趋缓，人民币汇率走低。

2022年，我们的国际收支顺差从上一年的3564亿元缩小到763亿元，GDP增速从上一年的8.1%回落到3%，人民币美元平均汇率比上一年下跌4.3%；2023年，我们的国际收支从上一年顺差763亿元，继续萎缩为逆差687亿美元，GDP增速在下调了基数0.45%后，增长5.2%，人民币美元平均汇率比上一年下跌5%。

## 案例分析

**学习目的：**通过对该案例的学习了解国际资本流动的新动向，尤其是在发达国家之间的流动。结合欧洲货币体系的特点分析欧洲债务危机产生的原因以及对欧洲经济政治体制及全球经济造成的影响。对国际金融体系、货币政策和风险管理进行反思。

### 案例5　欧洲债务危机

（资料来源：李乾孙．欧洲债务危机的成因、解决途径及启示．和讯外汇，2011.01.25.
刘立群．深度解读欧洲债务危机金融危机背景下的德国及中德关系［M］.
北京：社会科学文献出版社，2011）

**A　案例材料**

第一阶段：希腊债务危机。

2009年10月初，新一届希腊政府宣布2009年政府财政赤字和公共债务占国内生产总值的比例预计分别达到12.7%和113%，远超欧盟《稳定与增长公约》规定的3%和60%的上限，希腊债务危机由此拉开序幕。随后几个月，全球三大评级公司标普、穆迪和惠誉分别下调希腊的主权债务评级，2010 年 5 月底，惠誉宣布将西班牙的主权评级从“AAA”级下调至“AA+”级，至此，希腊债务危机扩大为欧洲债务危机。希腊债务危机的爆发削弱了欧元竞争力，欧元自 2009 年 12 月开始一路下滑，EURUSD 从 2009 年年底的 1.50 水平跌至目前的 1.20 下方。2010 年 5 月 10 日，欧盟 27 国财长被迫决定设立总额为 7500 亿欧元的救助机制，帮助可能陷入债务危机的欧元区成员国，防止危机继续蔓延。这套庞大的救助机制由三部分资金组成，其中 4400 亿欧元将由欧元区国家根据相互间协议提供，为期三年；600 亿欧元将以欧盟《里斯本条约》相关条款为基础，由欧盟委员会从金融市场上筹集；此外国际货币基金组织（IMF）将提供 2500 亿欧元。欧盟的重拳出击令市场信心得到一定修复，市场对欧债危机的担忧有所缓解，欧元暂获“喘息之机”。

第二阶段：爱尔兰债务危机。

2010 年 9 月底，爱尔兰政府宣布，预计 2010 年财政赤字会骤升至国内生产总值的 32%，到 2012 年，爱尔兰的公共债务与国内生产总值相比预计将达到 113%，是欧盟规定标准的两倍。2010 年 11 月 2 日，爱尔兰 5 年期债券信用违约掉期（CDS）费率创下纪录新高，表明爱尔兰主权债务违约风险加大，由此宣告爱尔兰债务危机爆发。11 月 11 日，爱尔兰 10 年期国债收益率逼近 9%，这意味着爱尔兰政府从金融市场筹资的借贷成本已高得难以承受。爱尔兰债务危机全面爆发，并迅速扩大影响范围。爱尔兰政府从最初否认申请援助到无奈承认，爱尔兰债务危机进一步升级。

欧盟 27 国财长讨论后决定正式批准对爱尔兰 850 亿欧元的援助方案，不过，爱尔兰得到援助须接受苛刻的财政条件，即大力整顿国内财政状况，大幅削减政府财政预算，以达到欧盟规定的水平。爱尔兰成为继希腊之后第二个申请救助的欧元区成员国，欧洲债务危机暂告一段落。

第三阶段：葡萄牙、西班牙、意大利，谁将是下一个？

在爱尔兰债务危机未定之时，市场焦点却转向葡萄牙及西班牙。金融危机后葡萄牙经济下滑，2009 财政年度财政赤字占国内生产总值的 9.4%，大大超出欧盟规定的 3%的上限，这一比例是继希腊、爱尔兰和西班牙之后的欧元区第四高。西班牙，首要问题是总额达 1 万亿欧元的公共债务规模，IMF 预计到 2014 年西班牙债务占 GDP 的比例会达到 80%。IMF 预测，西班牙 2010 年的失业率为 20%，比葡萄牙高出 1 倍。西班牙也是欧洲住房市场问题最严重的国家之一，西班牙存在房产泡沫以及相应的建筑市场过热问题，产能大量过剩，大量房屋空置，建筑行业岌岌可危。危机一旦在西班牙蔓延，后果将不堪设想，因为西班牙是欧元区第四大经济体，希腊、爱尔兰和葡萄牙都属于欧元区小国，经济总量加起来只及西班牙的一半。

身为欧元区第三大经济体，意大利也已经受到波及，其 10 年期国债与德国国债之间的收益率利差已升至欧元流通以来的新高；“余震”还波及地处欧洲心脏的比利时，其 10 年期国债收益率呈现连续上扬态势。目前，欧债危机的熊熊火焰虽已得到控制，但只要欧元机制尚存漏洞，欧债危机就随时有引爆的可能。

欧洲的救市计划：

（1）欧盟成员国的救市计划。

1）“自愿双边贷款救助计划”。早在 2010 年 3 月 25 日，欧元区成员国就希腊债务危机提出了一项由国际货币基金组织共同参与的“自愿双边贷款救助计划”，但是这项计划的实施是以欧元的稳定与否为前提的。只有在欧元陷入最危急的情况下才可以采用。这也说明，欧盟对希腊债务危机的程度估计不足，认为希腊债务危机不会扩大。因此该计划也只是道义上的支援，目的也只是加大市场对希腊的信心，以便让希腊在金融市场上能以同等条件筹措到资金。但事与愿违，希腊债务危机并没有因此而减弱，而是开始向其他欧元国蔓延。

2）欧元区财长就三年救助方案细节达成一致。2010年4月11日，欧元区财长就一项针对希腊危机的三年救助方案的细节达成一致，三年总金额为1100亿欧元。第一年救助总额达到450亿欧元。其中2/3由欧元区成员国承担，而其余的150亿欧元，由国际货币基金组织支付。德国2010年承担的金额达到84亿欧元。在该方案公布后，希腊又可以从国际金融市场筹措到资金，以解决国内巨大的债务问题，但是为此希腊要支付更高额的利息。2010年4月23日，希腊政府正式申请该援助计划。未来三年希腊必须筹措到1200亿欧元，才能避免国家破产。而如此高额的数目，以希腊当时的情况靠自己是不可能做到的。

如果希腊陷入国家破产的局面，那对于欧元区以及欧盟来说，都将是灾难性的。作为一直致力于欧洲一体化以及货币一体化的德国更是不能见到这种局面出现。2010年5月3日，德国方面同意了该援助计划。5月4日，德国联邦银行承诺将购买希腊债券。5月7日，德国联邦议院和联邦参议院通过了援助希腊法案。5月12日希腊获得了该救援计划的一部分资金，来自IMF的55亿欧元资金。

3）7500亿欧元救援机制。随着越来越多的欧元区成员国卷入债务危机，欧元兑美元的汇率连续下跌以及欧美股市的暴挫，特别是希腊被降至“垃圾级”之后，欧元的稳定遭到了11年来最大的冲击。为防止债务危机进一步蔓延，维持欧元及欧元区经济的稳定，欧盟再次重拳出击。2010年5月10日，欧盟出台了总额为7500亿欧元的救助机制，试图为可能步希腊后尘的其他欧元区国家构筑一道“防洪堤”，以遏制危机的发展，保持欧元区的稳定。德国总理默克尔公开表示，德国将不惜一切代价维持欧元的稳定。

这一规模庞大的救助计划不仅折射出当前欧洲债务危机的严重性，也表明各国越发担心局势会恶化到可能阻碍脆弱全球经济复苏的程度。此事打消了人们长期持有的一种看法，即在财政问题上欧盟各成员国应各扫门前雪，眼下欧元区成员国正前所未有地为解决彼此财政困难而联手共同承担责任，从这一角度讲救助希腊债务危机将成为新时代的开始。

（2）主要债务国纷纷推出节支计划。

在欧盟以及国际货币基金组织联合救市的努力下，欧元区的债务危机的大火暂时被控制住了。与此同时，欧元区的债务大国纷纷出台财政紧缩计划，降低国家的债务以及财政赤字。

欧盟成员国中许多国家的财政状况十分糟糕，财政赤字和国内负债总额占国民生产总值（GDP）的百分比都远远超过欧盟《马约》中规定的3%和60%的标准，其中不乏英国、西班牙、意大利，甚至德国等欧元区经济大国。因此在欧盟联手国际货币基金组织推出救市计划的同时，欧盟各国尤其是欧元区面临债务危机的国家在欧盟的要求下，也纷纷开始紧缩财政，节省开支，减少负债，以避免重蹈希腊的覆辙。

意大利推出了高达上十亿欧元的节支计划，争取让2009年的财政赤字从5.3%降到

3%以下，到2012年缩减国家支出240亿欧元。此外，计划还包括将继续加大对偷税的打击力度、未来三年公务员将不加薪、减少官僚主义作风等。

对于已经深陷债务危机的希腊来说，开支节流是目前的头等大事。一是只有这样才能获得欧盟的援助；二是也只有这样，才能真正走出危机。因此希腊政府也推出了数额达300亿欧元的节支计划，包括公务员工资制度改革、养老金改革等，争取将赤字降低6.5个百分点。

对于英国来说，其政府的公共债务截至2010年1月底总计达8485亿英镑，占GDP的60%以上，因此面临着3A评级被下调的风险。其负债规模几乎相当于希腊、葡萄牙、爱尔兰以及西班牙四国债务的总和。因此英国政府也推出了6240亿英镑的节支计划，其中包括缩减公共事务支出等。葡萄牙、西班牙以及爱尔兰也相继推出了自己的节支计划，都力争达到欧盟稳定公约中规定的标准。

**B 思考问题**

(1) 欧洲债务危机爆发的主要原因是什么?

(2) 欧洲债务危机对欧元产生什么影响?

(3) 欧洲债务危机对国际金融业产生什么影响?

(4) 欧元区面临的挑战有哪些?

**C 思政育人目标**

(1) 理解无论是国家还是个人，过度的超前消费都会带来不良后果。要注意收支平衡，控制好债务比率及结构。

(2) 了解经济发展中要关注容易产生泡沫的部门，防止泡沫逐步增大破裂带来经济危机。

(3) 理解国际金融机构要担负起相应职责，关注全球经济发展不均衡现象，公平公正地做好危机预警及救助工作。

(4) 了解欧元区货币政策统一而财政政策分治，是导致区内救助不力的重要原因。

(5) 培养学生广阔的国际化视野，以及坚持全球化、促进贸易自由化便利化的大国担当使命。

(6) 学生分组分工合作，查找资料，阅读案例，组内讨论，课堂辩论，提升综合素质。

## 本章重要概念

国际资本流动　货币危机　债务危机　金融危机　国际资本流动性危机
国际直接投资　国际接投资

## 思考练习题

10-1 简述国际资本流动的概念及特征。

10-2 国际资本流动的动因是什么?

10-3 简述长期资本流动对资本输入国和资本输出国的影响。

10-4 简述国际资本流动性危机、债务危机和金融危机的关系。

10-5 试比较四代货币危机理论的异同。

10-6 简析发展中国家债务危机产生的原因。

## 课程思政

### 著名金融学家——陈雨露

陈雨露，教授，现任南开大学校长，曾任中国人民大学副校长、校长，北京外国语大学校长，中国人民银行副行长、党委委员。陈雨露教授学术兴趣涉及货币金融理论与政策、国际金融、公司金融和固定收益金融工具等领域，主要研究方向为开放经济下的金融理论与政策、国际资本市场。他深入研究了国际金融市场、国际货币体系、国际金融危机等热点问题，分析了这些现象对中国金融市场的影响和挑战。他的研究成果不仅丰富了中国金融学的理论体系和实践应用，也为政府决策、金融机构和企业的风险管理以及金融教育与人才培养提供了重要的支持和指导。

# 参 考 文 献

[1] 陈雨露 . 国际金融 [M].7 版 . 北京：中国人民大学出版社，2023.
[2] 蒋先玲 . 国际金融 [M].2 版 . 北京：中国人民大学出版社，2021.
[3] 姜波克 . 国际金融新编 [M].6 版 . 上海：复旦大学出版社，2018.
[4] 刘园，王亦豪 . 国际金融学 [M].3 版 . 北京：机械工业出版社，2023.
[5] 李伟民 . 金融大辞典 [M]. 哈尔滨：黑龙江人民出版社，2002.
[6] 孟昊，王爱俭 . 国际金融概论 [M].5 版 . 北京：中国金融出版社，2022.
[7] 钱荣堃 . 国际金融学 [M]. 天津：南开大学出版社，2017.
[8] 沈国兵 . 国际金融 [M].3 版 . 北京：北京大学出版社，2021.
[9] 叶蜀君 . 国际金融 [M].4 版 . 北京：清华大学出版社，2022.
[10] 张碧琼 . 国际资本流动对世界经济体系的影响 [M]. 北京：清华大学出版社，2010.
[11] 赵艳平，张梦婷，黄友星 . 资本管制能够抑制国际资本流动吗——基于短期和长期效应的对比分析 [J]. 国际经贸探索，2019，35 (7)：16.
[12] 伊特韦尔 . 新帕尔格雷夫经济学大词典 [M]. 北京：经济科学出版社，1996.
[13] Paul R Krugman，Maurice Obstfeld. 国际金融 [M].10 版 . 北京：中国人民大学出版社，2016.

